当代社会经济学

罗新远 ◎ 著

西北大学出版社
·西安·

图书在版编目（CIP）数据

当代社会经济学 / 罗新远著 .—西安：西北大学
出版社，2023.2

ISBN 978-7-5604-5078-0

Ⅰ．①当… Ⅱ．①罗… Ⅲ．①经济社会学 Ⅳ．
① F069.9

中国版本图书馆 CIP 数据核字（2022）第 247279 号

当代社会经济学　　　罗新远　著

出版发行	西北大学出版社
地　　址	西安市太白北路 229 号
邮　　编	710069
电　　话	029-88303940
经　　销	全国新华书店
印　　装	陕西隆昌印刷有限公司
开　　本	787 毫米 × 1092 毫米 1/16
印　　张	18.75 印张
字　　数	341 千字
版　　次	2023 年 2 月第 1 版 2023 年 6 月第 3 次印刷
书　　号	ISBN 978-7-5604-5078-0
定　　价	58.00 元

如有印装质量问题，请与本社联系调换，电话 029-88302966。

序

　　许多年前，教育部遴选资助西部高校中青年学者到部属著名高校作为访问学者培养深造。罗新远教授有幸作为北京大学光华管理学院的访问学者。因他在北大访学，我们见面的机会自然较多。《光明日报》曾经感慨："这么多的经济学家缘何出自西北大学？"依此而论，我们应该是同门师兄弟。西北大学校友在北京经济学界的人很多，新远教授又是我国著名经济学家、教育家何炼成先生身边的得意门生。北大访学期间，许多人原以为新远教授仅是一位普通教师，后来大家才知道，他不仅是一名中青年专家学者，而且还是一所办学历史逾百年、师生近两万的高校的一校之长。在与新远教授交往的过程中，我常常感到他谦逊好学、经历丰富、知识面广、严谨执着，虽是同门师弟，但新远教授总是谦和地执弟子礼于我，使我倍感惶恐。

　　新远同志在恢复高考制度后入学，本科为化工专业，年轻时的志向是当一名总工程师。由于在化工厂当过车间主任的缘故，他养成了求真务实的工作作风。偶然机会，他通过公开招聘，弃工从政，先后在市级政府部门、县区政府、党政机关担任多个岗位领导职务。从事行政工作以后，化工正高级工程师的头衔只能成为他既往的历史。新远同志又开始发奋攻读经济学专业。长期的文字综合工作使他养成了严谨细腻、关注政策细微变化的工作习惯。多年前，因工作需要新远同志转入高校，担任领导职务。尽管工作岗位多有变动、行业跨度巨大，但是其技术出身的求真务实、文字的严谨细腻、对政府政策的关注为他成为学者增色不少。在教学科研中，他对学问的追求孜孜不倦。近年来他的学术成果层出不穷，先后出版了《西部区域经济发展理论探析与实证》《企业技术创新的比较分析》《周礼村落》等学术专著。这与他多年来注意学习积累、读书思考，坚持理论联系实际、不断求索密切相关。2018年4月，我在西安参加了由社会科学文献出版社、西北政法大学、陕西旅游集团等机构为新远教授《周礼村落》出版而召开的新书发布会，这让我感慨良多。我还特意为《周礼村落》写了一篇书评《以文化旅游促进乡村振兴》，发表在《光明日报》上。

　　近年来，新远教授著述不辍。我翻阅了他寄给我的《当代社会经济学》（征求意见稿）书稿，其特点是以当前社会热点难点问题为专题，用经济学的分析方法，通过现象观察，从概念开始系统地梳理理论，对当前的经济政策进行正本溯源，从而形成对公共政策科学、合理的分析评价。这种贯通现实、理论、政策与实践全过程的对经济学的分析和应用，破解了许多学生虽学习过经济学课程但不知该如何应用其解决现实问题的难题。这门课也因此成为大学精品课程，深受学生喜爱。经济学本身就是一门经世济民、学以致用的学科，能将社会现实、理论与政策、实践全面贯通，本书无疑是一个新的有益尝试。本书可以让人们体验经济学的魅力，激发人们学习经济学的兴趣，训练人们用经济学的基本分析方法和工具解析真实世界的社会经济现象，呼吁人们关注社会问题背后深刻的经济学原因。

大学毕业这么多年，新远同志虽然工作岗位多变，但学术情结历久弥坚，持之以恒。适逢西北大学"百廿校庆"，新远教授将其为学生讲述多年的《当代社会经济学》整理出版，于付梓之际，嘱我为之序。新远教授诚意深切，雅意难却，我只能勉为其难，写下这段话，权作序。

中国人民大学教授、博士生导师

二〇二二年十一月十六日

前　言
——现实、理论、政策、实践

　　中国改革开放 40 多年间波澜壮阔的生动实践为真实世界的经济学提供了鲜明样本，国内外的经济学家都在试图用不同的经济学原理解释，或从不同视角阐释发生在当代中国的一幕一幕经济学现象、社会发展趋势和社会热点问题。《当代社会经济学》是一本研究我国当前热点社会问题并分析解读其中经济学原理的教材，笔者以为称之为"当代中国社会问题经济学"更为恰当。

　　经济学的魅力就在于其思维逻辑和推理。经济学的思维逻辑和推理有助于我们理解和阐释杂乱纷呈的现实世界。任何经济学理论只在一定社会、制度、发展阶段和限制条件下适用，并非包治百病的灵丹妙药。习近平总书记在庆祝改革开放 40 周年大会上指出："在中国这样一个有着 5000 多年文明史、13 亿多人口的大国推进改革发展，没有可以奉为金科玉律的教科书，也没有可以对中国人民颐指气使的教师爷。"党的二十大报告指出："党的百年奋斗成功道路是党领导人民独立自主探索开辟出来的，马克思主义的中国篇章是中国共产党人依靠自身力量实践出来的，贯穿其中的一个基本点就是中国的问题必须从中国基本国情出发，由中国人自己解答。"因此，编写一部结合中国实际、阐释当代中国社会问题的经济学教材很有必要。

　　中国的经济总量全球占比在 1600 年达到顶峰，当时已占全球经济的 1/3 以上。到 1820 年之前，中国经济占全球经济的份额一直在慢慢下降。到 1820 年以后，西方国家因工业革命兴起而获得了飞跃式的经济增长，中国经济占世界经济的份额急剧下降。到 20 世纪六七十年代，中国经济占全球经济的份额已不足 5%。1978 年改革开放以来，中国经济一直保持高速增长。2022 年，中国经济总量（按年平均汇率折算）占世界经济的比重已达 18.5%，稳居世界第二位，人均 GDP 也达 85698 元，即将跨入高收入国家门槛。经济学家迫切需要对当代中国的经济学现象做出有别于"华盛顿共识"的解释。关注当代中国的社会问题、现象以及经济、社会政策与实践，用经济学的逻辑和推理予以阐释，有时也可借用社会学、法学、文化学等其他学科的视角和方法来分析。**本书着重分析了 1978 年以来改革开放 40 多年间当代中国经济发展过程中的现实问题。笔者亦期望写出一本反映当代中**

国社会经济发展波澜壮阔历程的教材。

大学生经常会问："为什么要学习经济学知识？"很多同学学过一些经济学知识（宏观经济学等），但其中许多会用这些知识分析现实世界的社会经济现象。芝加哥学派的奠基者富兰克·奈特有言："从理性（rational）或科学的角度来看，实际生活中的问题无一不是经济学问题。因为生活问题就是'节约或经济地（economically）'利用资源，使它们最大限度地产生预期效果。所以，在有基本原理的世界中，经济学的一般理论就是生活的基本原理。"人类社会发展到21世纪，经济学所发挥的作用越来越重要。经济学可以帮助我们更好地理解这个世界、改善人类社会和生态环境，使我们的生活更加富裕幸福。马克思主义发展史观认为：生产力的发展是人类社会发展的最终决定力量。一切社会变迁，政治变革，法律、艺术和宗教观念的变化，其终极原因都要在各时代的经济领域去寻找。经济学家凯恩斯曾经说过："经济学家与政治学家的思想，无论正确与否，都比一般所想象的更有力量。的确，世界就是由这些思想统治的。实用主义者认为他们不受任何学理的影响，其实他们经常是某个已故经济学家的俘虏。"[1] 马克思从未到过中国，但他关于中国的预言却是极其精准的："如果我们欧洲的反动分子在不久的将来逃奔亚洲，最后到达万里长城，到达最反动最保守的堡垒的大门，那么他们说不定就会看到这样的字样：'中华共和国''自由、平等、博爱'。"[2] 第二次鸦片战争期间，马克思撰写了十多篇关于中国的通讯，向世界揭露西方列强侵略中国的真相，为中国人民伸张正义。2018年5月4日，习近平在纪念马克思诞辰200周年大会上的讲话中也提到：马克思、恩格斯高度肯定中华文明对人类文明进步的贡献，科学预见了"中国社会主义"的出现，甚至为他们心中的新中国取了靓丽的名字——"中华共和国"。

学习掌握经济学知识，并运用经济学的理论工具对现实世界中各种经济社会现象进行解释，是一件令人愉悦的事情；同时，学习掌握经济学原理、分析经济社会存在的现实问题，帮助一个社会或组织选择其最优的经济目标，也是一件功德无量的善举。期待"当代社会问题经济学"课程能对有一定经济学基础的学生和关心当代中国社会问题的实际工作者有所帮助。本书希望帮助读者达到如下效果：①激发学生和其他读者学习经济学的兴趣；②提供有助于理解社会问题的经济学基本分析工具和框架；③培养广大读者关注社会问题和学以致用的良好习惯；④训练人们的批判性思维，并开拓其眼界和视野；⑤帮助大学生提高科研写作能力，

---

① 约翰·梅纳德·凯恩斯：《就业、利息与货币通论》，商务印书馆1981年版，第396页。
② 《马克思恩格斯全集（第7卷）》，人民出版社1959年版，第265页。

并掌握相关的基本技巧。

世界上的一切经济现象、社会思潮，背后都有着其深刻的政治经济学根源，这是本书的基本观点。面对世界百年未有之大变局，唯一不变的，就是一切都在不停的变革之中。许多当代中国的经济现象、社会思潮，迫切需要经济学家做出客观公允、有说服力的解释。如何用经济学的原理、分析工具剖析当前的热点、难点社会问题是一件非常有意义的工作。本书尝试用经济学原理和分析方法探讨当代中国的社会问题，尽管有浅尝辄止之嫌，却尽力追求抛砖引玉之效。

很早以前，曼德维尔医生的《蜜蜂的寓言》启迪了许许多多的经济学大家，如亚当·斯密、凯恩斯、弗里德曼，张五常等。亚当·斯密主观上为了个人利益、客观上增进社会福利的观点和凯恩斯提出的经济萧条时扩大内需、逆周期调节，开创了宏观经济学之先河。弗里德曼认为，只要给予充分的自由，无须政府干预，市场就可以解决几乎所有的问题。张五常通过对北美果农和蜂农的合约研究，证明市场的有效性。在大多数经济学教材中，政府已经被抽象掉了，似乎可有可无。但是，在当代中国，政府无处不在，包罗万象，这与西方经济学教材中的"政府"是大有区别的。西方的"政府"往往是社会的组成部分之一，因为它有独立的大学、社会组织、研究机构、媒体等。而在中国，"政府"几乎相当于西方社会的全部。中国的政府承担着无限责任，因此包罗万象。在中国，经济政策的解读对于理解当代中国社会经济问题是必不可少的。如果没有理论作为依据和支撑，政策只能是昙花一现。大多数学者在研究政府时，将国家、政府，中央政府、地方政府混为一谈。解决现实问题需要理论指导。由理论到政策，需要对政府的决策有所了解。政府的决策是具象的，而不是抽象的，它往往是各个利益主体博弈、方方面面利弊权衡、前后左右平衡妥协的结果。政策基于现实，以理论为依据。但现实的复杂性使得凡事皆有例外，而例外之中皆有原则。任何政策的出台都会带来意想不到的结果。许多政策要根据现实的变化而不断调整、修订、延续和完善。理论、现实、政策与实践往往相去甚远。本书基于现实，分析理论，研究政策，注重实践，四者兼而有之，力求面面俱到，却不免挂一漏万，也请同行专家和广大读者批评指正。

卡尔·波兰尼认为，市场古已有之，市场经济的出现则是西方资本主义发展起来之后的事情。有人认为市场是万能的，但也有人相信市场失灵的存在，这也成为政府干预市场的理论依据。正是基于对市场和政府的认知差异、市场和政府配置资源相互作用的力量大小和手段，现实世界的市场经济远不止一种模式，而是多种模式并存。党的十九届五中全会提出，充分发挥市场在资源配置中的决定性作用，更好发挥政府作用，推动有效市场和有为政府更好结合。改革开放使中国的经济体制由计划经济开始向市场经济过渡，这经历了漫长的认知过程和艰难的选择。对改革开放过程中的历史经验和教训做一些记录是我们当代人义不容辞的责任和义务。这本书对改革开放以来中国的一些现实选择、理论争论、政策调整和改革实践历程，进行了原原本本的记录或整理。可能这些记录或整理是片面、不完善的，但期望它们可供相关理论和实际工作者参考。

二○二二年十月三十日

Contents | 目 录

第一章
经济学的逻辑与推理

本章概要

稀缺性与经济学

机会成本原理

经济的生产能力

GDP 与福利评估

经济增长的前提条件与贫困的原因

经济学的思维逻辑

经济学推理易犯的谬误

关键词

经济学　机会成本　经济增长

　　经济学是一门具有一定严密性和实用性的科学。尽管经济学家在阐释现实社会问题或者提供政策建议时往往无法达成共识，但研究的问题却是有共性的。他们往往以广阔的社会背景作为思考问题的出发点和立足点，常常会以生动鲜活的案例深入浅出地解读经济学的基本原理。许多人会因为社会经济问题层出不穷、杂乱纷呈，经济学家们的意见和政策建议常常相左而丧失对经济学的信心。人们不禁要问：经济学到底要解决什么问题？经济学是研究什么的？其实，抛开纷繁复杂的种种表现，归根结底，经济学研究的是稀缺性，正是稀缺性赋予了经济学无穷的魅力。

一、稀缺性与经济学

亚里士多德在《政治学》一书中提出一个问题：在收获的艺术与从商业中获得财富的活动之间是否存在差别？他通过区分家庭可能从事的两种财富获取活动，认为前者是"必要且荣耀的"活动，后者则是"非自然的"活动。亚里士多德认为，私人财产权在保持和提高家庭生产能力中具有重要价值。中国《商君书》中的"定分止讼""奖励耕战"也包含了类似思想。中国古代传统社会并不鼓励过多地获取财富，而要适可而止。古罗马的齐诺（约公元前335年—公元前263年）创立了斯多葛学派。斯多葛学派亦不鼓励个人想方设法地改善自己的物质状况。数千年以来，中国人对财富的追求和对商人的鄙视，以及对财富观的负面态度，使中国传统社会中不可能产生商业寡头或巨子。中国的士大夫崇尚安贫乐道的生活态度，藐视财富，认为财富和物质需求对人生的幸福是不足挂齿的。直到物质需求的满足成为人类活动的必需，经济学才成为一门独立的学科。人们很快发现在商业社会里，经济活动源于人类的需要和欲望。人类的需求和欲望是无限的，而人类满足这些需求和欲望的手段却是有限的，这就导致了稀缺性。正是稀缺性才使得经济学应运而生。

二、机会成本原理

经济学是一门专门研究稀缺性资源如何有效配置的科学。机会成本原理（The Opportunity Cost Principle）是经济学中最重要的概念之一。

（一）生产可能性曲线

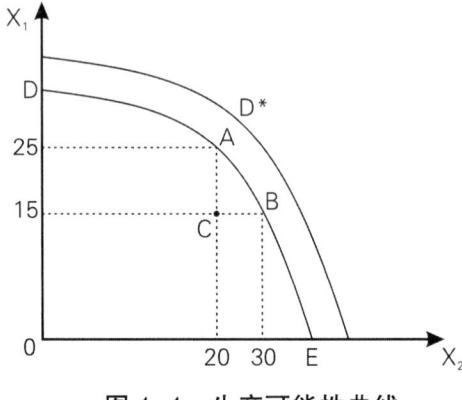

图 1-1　生产可能性曲线

如图 1-1 所示，曲线 DE 被称作生产可能性曲线，它表示当一种商品给定时，另一种商品的最大产出。一国的生产资源是有限的，假设这个国家把所有的资源都用来生产 X_1 和 X_2 这两种商品，曲线 DE 将整个区域划分为 3 个部分，分别为生产可行区域、生产无效率区域和生产不可行区域。图中 C 点表示此时可以生产 20 单位的 X_2 和 15 单位的 X_1。但是还可以在 20 单位 X_2 的情况下生产更多单位的 X_1，而 A 点是生产了 20 单位的 X_2 和 25 单位的 X_1。所以 C 点是无效率的，因为用现有的资源可以生产更多的商品。显然 A 点是更有效率的，且 A 点恰好在生产可能性曲线上。那么再来看 D* 点，此时意味着生产更多 X_1 和 X_2，但显然现有的资源和技术水平都无法实现，只有通过改进技术或拥有更多资源，才能达到 D* 点所代表的商品数量。所以，C 点是可以生产但没有效率的，而 D* 点处在不可生产区域，只有 A、B 点都在生产可能性曲线上，这时商品才是可生产的，并且是最有效率的。

（二）机会成本

如图 1-1 所示，在 A 点可以生产 25 单位的 X_1 和 20 单位 X_2。如果要生产更多的 X_2，如要生产 30 单位的 X_2，就只能生产 15 单位的 X_1，所以多生产 10 单位的 X_2 所付出的机会成本是 10 单位的 X_1。由于资源是有限的，所以每增加一个单位产品，就必须放弃另一种产品（价值或服务），这就是机会成本。同时，生产可能性曲线与机会成本是相互联系的，机会成本又是一直递增的，因此生产可能性曲线是向下倾斜且呈凸形的。

经济学家米尔顿·弗里德曼有句大家耳熟能详的名言："世界上没有免费的午餐。"这其中为午餐所交付的费用就是机会成本。机会成本就是人们为了满足某种需求或欲望不得不放弃的最大价值。人们无限的需求或欲望与有限的满足需求或欲望的手段是一个永恒的矛盾。这个永恒矛盾所导致的稀缺性无时无地地存在。正因为稀缺性的存在，人们不得不在满足需求或欲望时有所选择。任何一种选择都意味着对另一种选择的放弃。这正是人们常说的"免费往往更昂贵"。

三、经济的生产能力

任何社会面临的基本经济问题都是稀缺问题。贫困也可以理解为稀缺。在对有限资源进行配置的过程中，一些人成为资源的富有者，另一些人成为资源的稀缺者，进而导致财富创造能力的不足。稀缺会直接转化为某种极度贫困问题。任何经济体系的目标都希望把稀缺的影响降到最低，或者使社会福利最大化。国内生产总值（Gross Domestic Product，简称 GDP）的主要用途就是衡量一个国家或经济体的生产价值。

GDP 指的是一个国家（地区）领土范围内（包括本国居民、外国居民在内的常住单位）在一定时期内生产或提供的可以用货币衡量的最终产品和服务的总价值。要深刻、准确地理解 GDP 定义的实质，需了解 GDP 定义具有五层含义：① GDP 用货币来衡量；②生产出的，不管卖掉与否；③最终产品和服务；④常住单位与个人；⑤按照市场价值计价。名义 GDP 是指一个国家或经济体用生产物品和服务的当年价格计算的全部最终产品的市场价值。由于每年物价都有所变化，难以估量经济增长状况，因而必须剔除物价因素，按通货膨胀调整 GDP，称实际 GDP。实际 GDP 是指一个国家或经济体以从前某一年的物价作为基期价格计算出来的全部最终产品的市场价值。如我国贫困家庭脱贫标准为人均年收入 2300 元（以 2010 年不变价计），这里的 2010 年就是基期年份。在这里 GDP 可用来衡量一国或一个经济体的最终产品和服务的总价值，但是，GDP 无法衡量总体福利水平，因为用 GDP 衡量福利水平时并没有把 GDP 的不公平分配纳入考虑。通常用人均 GDP 衡量一个国家的发展水平和富裕程度。人均 GDP 指一个国家核算期内（通常是 1 年）实现的国内生产总值与这个国家的常住人口（目前使用户籍人口）相比进行计算后的数值。从不同国家 GDP 所占家庭群体份额来看，发展中国家的收入不公平现象要比发达国家更严重。但这并不意味着发达国家没有收入分配不公平的现象或接近绝对公平。简而言之，用人均 GDP 来反映贫困程度，并不能准确判断人们的收入是否公平。

四、经济增长的前提条件与贫困的原因

贫困是指由于经济或精神上的贫乏导致长期难以用自我行动改善这种状况进而形成的长期生活水平低下的现象。狭义的贫困是指绝对收入的低下，包含两个层面的内涵：一是强调需求的绝对数量少，二是这种需求量与其他社会成员的比较及变化处于低下的状况。广义的贫困是在绝对收入的层面上考虑能力的贫困。绝对收入低下难以维持最低生活水准，也称生存贫困。

从词源来看，"贫"是低下，一般指经济或精神上的某种程度的低下，低于一定水平；"困"是陷于艰难痛苦或无法摆脱的环境；"贫困"就是长期处于经济或精神贫乏的艰难状况。

生产可能性曲线同样也有助于我们理解经济增长。如图 1-2 所示，生产可能性曲线向外扩展至最后一条线，这时 X_1 和 X_2 数量都较原来增加了，这代表一般经济增长。

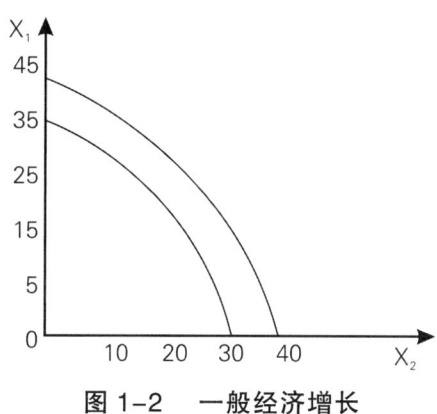

图 1-2　一般经济增长

假如给定商品 X_2 的数量，由于资源、资金或技术水平的改进，商品 X_1 数量增加，生产可能性曲线向外扩展。这就是特殊经济增长，如图 1-3 所示。反之亦然。

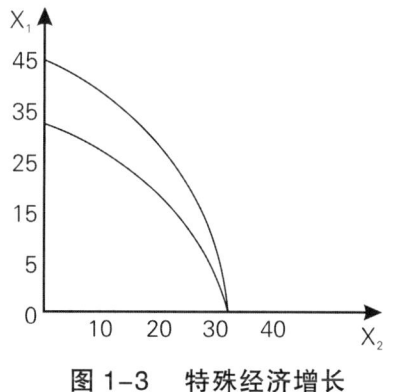

图 1-3　特殊经济增长

经济增长与贫困通常与劳动力的质量、资本存量与资本积累、技术、效率、人口等有密切关系。

五、经济学的思维逻辑

（一）经济学的逻辑

经济生活是一系列活动的复杂集合。经济学家利用科学方法来解读经济生活，通过观察经济事件，利用统计分析和历史记录，利用实证经济学和规范经济学的分析方式，得出结论或提供建议。实证经济学讨论的是经济社会事实，而规范经济学则涉及价值判断。只要利用分析和经验例证，就可以解决问题，大致可归入实证经济学范畴；规范经济学则涉及伦理信条和价值判断，而非单纯的事实本身。因此问题答案的正确与否倒在其次，争论和关注的焦点可能是各种方案产生的后果。人们在讨论现实经济问题的时候，经常会为事实本身及其是否公平而纠结。实证经济学更重视事实本身，而规范经济学则偏重公平与否。规范经济学有许多主观的价值判断，有时很难达成一致，实际决策过程中只能依靠政治辩论和表决解决。当然这也是文明社会的普遍做法。

数量化的概念和技术的发展、知识的增长，伴随着人类生产生活的全过程。经济学家往往依赖逻辑分析和数据处理，但由于经济系统的复杂性、研究跨度时间变化和研究对象的非均质性，经济学逻辑分析存在较多偏离现实世界的假设，计量、统计分析的不完整性、不确定性等问题，而数据处理也可能存在种种问题。经济学理论的定律、定理虽然具有一般性，但由于现实的复杂性、差异性，经济学推理易犯谬误也在所难免。

（二）经济学家常犯的逻辑谬误

经济学对逻辑分析和统计数据处理的依赖过多。人类创造了逻辑学，但人的思维并不是在所有情况下都能严格依照逻辑性。人的非理性感觉、情绪、印象、好恶等，都会导致逻辑谬误。逻辑漏洞和谬误防不胜防，无孔不入，即使经济学大家有时也难以避免，如合成谬误、不能保持条件一致谬误、后此谬误、错误归因、不当类比、轻率归纳、分解推理谬误等。

合成谬误。在经济学中，人们经常发现总体并不等于部分之和。而人们常犯的错误之一，就是误以为对局部而言成立的东西，放到总体上也必然成立。作者曾在县区政府工作过，深刻体会过"谷贱伤农"的无奈之感。农业生产有生产周期长、易受自然灾害影响、比较效益差、小生产与大市场对接难、农民抵御风险能力差等特点。农民深知丰产不丰收、欠收未必收入少的道理。但并不是所有人都能依靠经验积累而获得这些知识。许多官员和经济工作者总是在鼓励农民增产，认为增产可以解决农民收入的问题。《山海情》是一部由福建对口帮扶宁夏脱贫攻坚的真实故事改编的电视连续剧。看过《山海情》的人们都知道，从福建来的凌教授帮助宁夏西海固的贫困群众种蘑菇，起初很多人靠种蘑菇赚了钱，后来种的人多了起来，鲜蘑菇供大于求，价格一落千丈。后来引入烘干技术解决了鲜蘑菇不耐贮藏的问题。我国是传统农业大国，战国时期郑国子产推行平准制度，后该制度被汉朝推广并发展。所谓平准制度就是：丰年国家实行保护价收购政策，防止谷贱伤农，确保农民收入；荒年则开仓抛售粮食，赈济灾民，平抑粮价。20世纪90年代以来，我国重新建立了国家粮食储备制度。合成谬误最直观的例子就是，我们将各省公布的GDP相加，其结果绝不等于全国GDP总值。

不能保持其他条件一致的谬误。理论的适用性取决于条件的一致性。经济学逻辑分析存在较多严格假设，而这些假设多是与现实世界相偏离的。我们并不能保证在运用经济学定理的时候，确保其相关条件完全一致。在考虑某一个问题时，不能保持其他相关条件不变，其得出的经济学结论就有可能产生谬误。学经济学的人要切记：当你分析一个变量对经济体系的影响之时，一定要确保其他条件不变。例如，只要商品的价格下跌，市场需求量就会增加，这种推断忽略了居民收入增加、消费者偏好对商品需求量的影响。

后此谬误指逻辑上前因后果的谬误。这也是经济学家常犯的错误之一。作者曾在渭北旱塬铜川市进行农业产业化调研，有幸访问过铜川现代葡萄产业观光园。在与园主交谈的过程中，园主说，他最早流转当地农民土地 2000 多亩，原想将世界上的几百个葡萄品种都移植到渭北旱塬，希望在这里建立一个世界级葡萄观光产业园。但经过了几年的严酷冬旱，他发现大部分葡萄品种无法完全适应渭北的气候条件，于是只得将 2000 多亩中的大部分退还给农民，仅保留了二三百亩的适生葡萄品种园。关于葡萄死亡的原因，园主与留法多年的葡萄博士看法完全相左。葡萄博士认为葡萄是冻死的，而园主坚持认为葡萄是旱死的。因为几年来他观察发现，凡是浇过水的葡萄都成功越冬存活下来，而没浇水的葡萄的确冻死了。园主坚持认为，留法博士没有像他那样实际观察过葡萄越冬，肯定犯了经验主义错误。作者不是搞植物学的，无法判定他们谁对谁错，但可以肯定的是他们中有一个人的认识存在后此谬误或错误归因。通过以上实例我们会发现，身边的后此谬误和错误归因随处可见。我们要注意，A 事件发生在 B 事件以前，并不代表 A 就一定是 B 的原因。

（三）经济学研究的模型

众所周知，经济学理论的发展不在于数学模型多么完美，而在于其理论的适用性、解释力和经世济民的实效性。但是，为什么经济学家还是热衷于建立经济学模型（model）呢？这是因为模型可看作一个简化的现实世界（a simplified representation of reality）。真实世界很复杂，我们在做科学研究时，往往要忽略真实世界的某些方面，只关注与手头问题联系最紧密的现实。尤其是在解释真实世界的某个现象时，我们往往需要借助一个经过简化、代表真实世界的东西来表达我们的想法，我们把它叫作模型。不光是经济学家，其他各个领域的学者都使用模型，特别是在做理论化工作时。

经济学家所用的模型也是一样的。我们也做简化，如有的模型直接忽略了政府的存在，有的假设这世界上只有两个国家或两种产品。不同的是，我们不经常使用实物模型，而是运用图形和数学方程式。也就是说，除了简化，我们还做了抽象化，如用曲线上每一点的高度代表消费者的支付意愿，用函数关系代表企业的生产技术约束等。从这个角度来看，经济学家使用的模型特别像地图。地图也做简化，如交通图会忽略地面建筑，地铁路线图会把弯道拉直；地图也做抽象化处理，如有宽度的街道变成一条细线，城市变成了一个圆点等。地图不真实，但我们都知道它有用。有意思的是，正是地图的不真实让它变得更加有用。想找行车路线的人，会上网查路线图，很少有人去查更真实的卫星照片。经济学家用的模型也是一样的，不求真实，只为有用。

当然，经济学模型在理论工作中起的作用最大。在近几十年的经济学发展过程中，主流经济学理论的展示几乎全是通过模型推导来实现的，模型也因此占据了理论最核心的逻辑推理部分。

那么，实证经济学研究为什么也要用模型呢？一是因为一部分实证研究的目的是检验理论和表述理论，此时使用模型推导，会使表述更方便、清晰、严谨。二是应用类的实证工作要用现存理论，而现存理论多是根据模型写成的，自然也会用模型来表述。

（四）经济学理论与经济政策

经济学理论的创新和发展来源于许多不能为现有经济学理论所阐释的新的社会经济现象。经济学理论本身并不是政策，但它是制定政策的依据，可以指导政策制定。经济学理论成果往往滞后于鲜活生动的社会实践。如安徽小岗村 18 户农民勇敢创举，推动了家庭联产承包责任制的诞生。又如 20 世纪 60 年代美国经济学家芒德尔从理论角度研究了开放经济中浮动汇率和固定汇率下货币和财政政策对宏观经济的不同影响。其结论是，浮动汇率下货币政策的作用大于财政政策，固定汇率下则相反。19 世纪 90 年代，美国根据这一理论，采取紧缩的财政政策和宽松的货币政策，实现了财政收支平衡和经济持续增长。任何政策都有其理论指导，不论是正确的还是错误的。所以，经济学家提出并不断发展正确理论，是非常重要的。实践是理论的源泉。改革开放以来中国经济奇迹般的增长，是许多西方经济学理论无法解释的。西方经济学理论对政府和市场关系的认知为"零和博弈"，林毅夫教授的"有效市场与有为政府"、张维迎教授的"价格双轨制"都是对中国转轨时期经济理论的创新和贡献。

问题与思考

1. 简述 GDP 的定义及五层内涵。
2. 简述名义 GDP 与实际 GDP 的区别。
3. 如何运用机会成本原理分析问题？
4. 常见的经济学思维谬误有哪些？

第二章
经济体制与资源配置

一、经济体制要解决什么

大卫·休谟说过：概念永远先于理解，而当概念模糊时，理解也就不准确了；在没有概念的时候，必然也就没有理解。因此，我们在探讨某个社会问题或经济问题时先要澄清概念。概念不清，讨论就只会成为无谓的争论，而不会有任何有益的结论和进展。理论是行动的先导，没有理论指导的行动往往是盲目的。崇尚实践主义的人们认为：行动胜过一切理论。事实上，除非是紧急或必须采取行动的事件，在其他大部分情况下，走得快永远代替不了方向正确。科学研究是一个循序渐进而又不断突破的过程。任何结论都是构建在一定的实践观察和理论基础之上的。在探讨当代中国社会问题所蕴含的经济学原理时，往往迫切需要澄清语境和范式，因为无谓的争论多由此生。中国的经济学家迫切需要对发生在当代中国的经济学现象做出不同于"华盛顿共识"的解释，但又不能违背和偏离经济学常识。库恩范式（Thomas Kuhn Paradigm）可能对我们探讨中国当代经济和社会问题有所裨益。库恩范式是指，科学赖以运作的理论基础和实践规范是从事某一科学研究的群体所共同遵从的世界观和行为方式。关注当代中国的社会问题、经济现象或经济社会政策的经济学家，用经济学的逻辑、推理和实证予以合理阐释之时，一定要遵从弗朗西斯·培根的忠告——"只有将新概念成功地运用于实际，才是正确性的最终象征"。

经济学始终面临两大难题——稀缺与效率问题。因此，经济学研究总是围绕如何有效地利用好稀缺资源生产更多有价值的产品和服务展开的。资源是稀缺的，社会必须有效地利用好这些资源。稀缺是一种状态，相对于永无止境的需求或欲望，资源和满足需求或欲望的手段总是有限的。如何有效地利用好有限的资源，效率是至关重要的。效率是指最有效地使用有限资源以尽可能地满足人类的需求或欲望。人们总是在探讨不同经济体制的优劣，以更好地解决稀缺与效率问题。经济体制是我们理解、分析、研究和解决经济问题的大框架和范式。在澄清概念的同时，我们必须把握研究框架和探讨问题的范式。

二、经济体制的形式

（一）三个基本经济学问题

每个经济体都面临稀缺资源的状况。为了更好地解决稀缺与效率问题，人类社会任何一个经济体都必须解决三个最基本的经济问题：

第一，生产什么（what）：

包含"生产什么"和"生产多少"两层内涵。每个经济体都必须决定在有限的稀缺资源下，应生产哪些产品和服务，每一种产品和服务应该生产多少，何时生产。

第二，如何生产（how）：

每个经济体都必须决定由谁来生产，使用何种资源、技术生产。

第三，为谁生产（who）：

即由谁来分享产出的成果和财富，收入和财富分配是否公平合理。

如何解决上述三大问题？有哪些不同方式？不同国家或经济体选择了不同的经济

体制。不同经济体制的稀缺资源配置制度、机制和效率是经济学家的研究方向。如何区分两种本质不同的经济组织方式？有两种极端的组织方式：一种是政府制定大部分经济政策，以国有企业和集权计划（centralized planning）为标志，称计划（指令）经济（pure command economy）；另一种是通过市场对分散的决策进行协调，由市场来做决策，个人或企业自愿交换产品和服务，称市场经济（pure market economy）。市场经济主要由个人和企业决定生产和消费；而计划经济则由政府做出生产和分配的重大决策，政府通过资源所有权和实施经济政策的建制性权力，解决上述三个基本经济问题。现在世界上没有一个经济体完全按照这两种极端的经济体制配置资源。几乎所有国家和经济体都采取了折中方式——混合经济。混合经济就是既有市场经济体制成分、又有计划经济体制成分的一种经济体制。

（二）市场结构

市场结构是一个反映市场竞争和垄断关系的概念。它决定了市场价格的形成方式，从而决定了产业组织竞争性质的基本因素。产业的市场结构是指企业市场关系（交易关系、竞争关系、合作关系）的特征和形式。作为市场构成主体的买卖双方有以下四种市场关系：卖方之间的关系；买方之间的关系；买卖双方之间的关系；市场内已有的买方、卖方与正在进入或可能进入市场的买方、卖方之间的关系。

按照市场上的厂商数量、厂商所提供产品的差异、对价格的影响程度以及进入障碍等，可将市场结构划分为完全竞争、垄断、垄断竞争和寡头垄断四种。在完全竞争市场中，厂商数目众多，厂商所提供的产量相对于市场规模而言只占很小的份额，且厂商进入、退出自由。在垄断市场中，只有一家厂商提供所有供给。在垄断竞争市场中，每个企业通过使自己的商品产生差异来创造个人垄断。如果它能使自己的商品足够与众不同，它就能成为唯一卖方，并具有垄断者的市场能力。在寡头垄断市场中，一个市场只有少数几个卖方，卖方通常受到进入壁垒的保护；产品或是标准化的，或是有差异的。

理论上市场是资源配置的基础性制度，竞争性市场是一个经济体制资源配置的最优机制。但是，"竞争性市场是一个经济体制资源配置的最优机制"的观点常常会招来一些有关市场运行效率的质疑。

三、经济体制是如何运作的

经济是一种体制，用来协调大众的生产性活动。市场经济是一种没有协调者的协调机制。亚当·斯密的"看不见的手"理论是经济学的一个枢纽性概念。斯密之后的经济学家力图将其精确化、规范化。新古典经济学家运用数学原理证明了市场机制的有效性假设。当然，市场机制的有效性是建立在以下六组假设的基础上的：第一，完全和对称信息；第二，完全竞争；第三，规模报酬不变或递减；第四，生产和消费没有外部性；第五，交易费用忽略不计；第六，经济人完全理性。

就上述六组假设条件而言，每一组都看似与现实完全不符，但这并不能代表市场机制的有效性是错误的。

（一）供给与需求

推动市场经济体制运行的力量源自供给与需求的变化。在市场经济中，供给与需求决定价格，价格可视作引导稀缺资源配置的信号。亚当·斯密认为有一只"看不见的手"引导着市场经济，价格制度就是引导市场经济有序运行的信号灯。供给与需求共同决定了市场经济中不同商品与服务的价格，价格又引导着稀缺资源的配置。

需求定理认为，在其他条件不变的情况下，一种商品或服务的价格上涨，该商品或服务的需求量会减少；反之亦然，价格下降，需求量会增加（图2-1）。

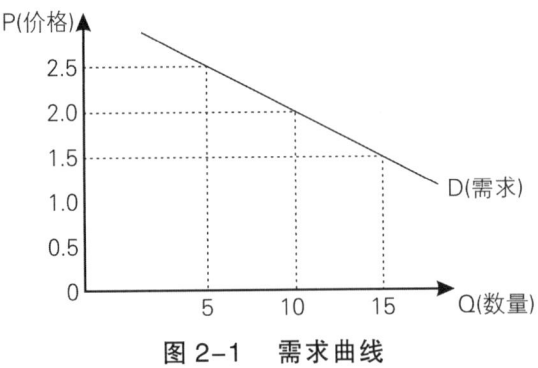

图 2-1　需求曲线

供给定理则认为，在其他条件不变的情况下，一种商品或服务价格上涨，该商品或服务的供给量会增加；反之，价格下降，供给量会减少（图2-2）。

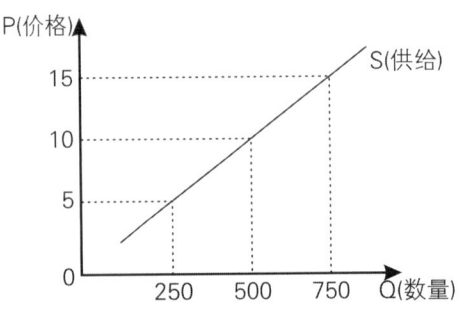

图 2-2　供给曲线

（二）均衡价格——达致均衡的手段计划或市场

马歇尔在1890年出版了《经济学原理》，这是经济学思想史上第二次伟大的综合。马歇尔将古典经济学与边际主义的需求理论结合在一起，用"局部均衡"的研究方法，提出了美丽的"马歇尔十字交叉"（图2-3），即均衡价格。"均衡"本是一个物理学概念，指两种相反的力量形成的平衡。经济学中的"均衡"是指市场价格在供给量与需求量相等时的状态。均衡是供给与需求的平衡。怎样达致均衡成为计划经济和市场经济的"分水岭"。计划经济学派认为，众多厂商的无序竞争会导致资源浪费，需通过计划调节，达致均衡；而市场经济学者则认为，在大多数自由市场上，过剩与短缺都是暂时的，价格变动将会使供给与需求自动达到均衡水平。由福利经济学第一定律可得出：完全竞争市场的均衡是帕累托最优。在完全竞争市场之中，可以使贸易利益最大化。完全竞争的市场能实现帕累托最优，后经经济学家证明是可行的。

市场经济体制充分尊重个人选择。个人选择相互作用的五条原则：

第一，贸易可以增进福利；

第二，市场会走向均衡；

第三，为了实现社会目标，资源应当尽可能地被利用；

第四，市场通常可以实现有效状态；

第五，当市场失灵的时候，政府干预可能增进社会福利。

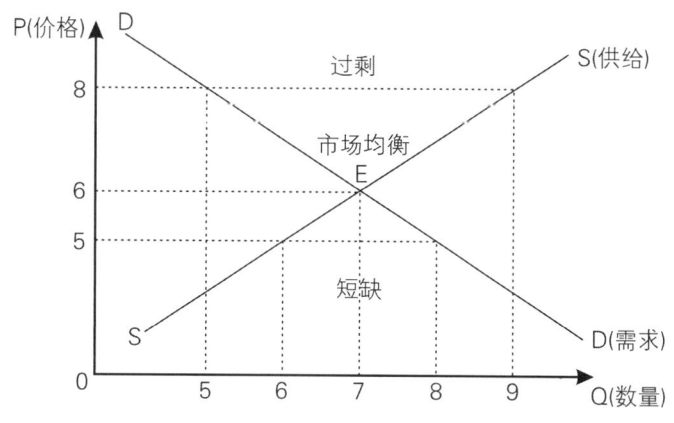

图 2-3　供给和需求的均衡（马歇尔十字交叉）

帕累托最优是指当不存在既能使某人的处境变好，又不能使某人的处境变坏的任意变化时，就会出现福利最大化。帕累托提出用帕累托最优衡量社会福利最大化的方法。后来经济学家建立了严密的数学模型，论证了完全竞争的市场能实现帕累托最优。帕累托最优意味着以下三点：一是产品在消费者之间的最优分配；二是资源的最优配置；三是最优的产出数量。

供求定理是市场经济的基石。供求定理无时无地不在发挥"看不见的手"的作用。供求定理是指任何一种商品或服务的价格都会自发调节，使该商品或服务的供给与需求达到平衡。福利经济学第二定律认为：在完全竞争市场的条件下，政府要做的就是确保个人禀赋的初始分配状态，其余一切都可以让市场解决。科斯认为，产权的初始配置与经济效率息息相关。科斯的文章从未提及外部性，张五常等人认为，外部性不可以成为政府干预经济的借口。产权明晰、完全竞争市场可以自发地解决好外部性问题。更有人提出福利经济学第三定律：在信息完全对称的情况下，任何市场结构的均衡都是帕累托最优。但是这一观点颇有争议。

哈耶克的思想与经济学界以经济理性为号召的主流学派南辕北辙。哈耶克强调对经济理性的迷信可能导致经济制度的失败。人的知识是有限的，对什么叫理性、什么叫非理性，在很多情况下都无法判断，或会做出错误的判断。世界上很多从常理看来非理性的行为，也许会对人类社会做出贡献，如很多破产的企业，就为成功的企业提供了必要的经验，每一个成功的芯片企业背后都有无数个"殉道"的企业。我们最好放弃对经济理性的追求，承认自己对经济理性的无知，只追求游戏规则的公平，接受这些游戏规则下出现的东西，不论其是理性还是非理性的。

根据供求定理和需求定理，二者相互作用使均衡的价格和均衡的数量得以形成。如图2-3所示，价格水平为5，生产者的供给量为6，而消费者的需求量为8，此时就会出现商品短缺现象，人们开始竞相寻找他们愿意购买的商品，价格就会被抬高；若价格水平为8，消费者的需求量为5，而生产者的供给量为9，商品过剩现象就会出现，此时生产者倾向于降低商品价格，使库存不会过量。生产者和消费者不断挤压产品价格，直到生产者愿意提供的商品数量与消费者愿意购买的商品数量相等（E），此时双方做出了一致决策。这就是一般均衡理论。

（三）一般均衡理论

任何一本严谨的现代经济学教科书，都有两部分核心内容：一般均衡理论和社会选择理论。一般均衡理论，又称市场经济理论或价格理论，是经济学的核心。一般均衡理论是在充分竞争、完备市场中商品供求通过价格机制达致均衡的一整套理论。萨缪尔森在《经济学》中特别强调均衡及其稳定性。他认为：市场经济是一个"一般均衡的制度"，是一种"逐步接近均衡的价格和生产的制度"。在社会选择理论中可运用"阿罗不可能定理"。阿罗开创性地运用严格的数学推理研究社会偏好与个人偏好之间的关系，推导出投票选举这一集体决策机制可能遇到的基本困难。这两部分内容分别是关于市场经济中的资源配置机制和民主政治中的投票选举机制的基础性分析。

一般均衡理论有一个漫长的演变和发展过程。亚当·斯密最早提出，自由和平等交易的市场活动将引导个人无意识行为，进而达成有益的社会福祉。这就是著名的"看不见的手"理论。尽管这个理论非常出名，但这一表述在亚当·斯密的著作中只出现过两次，一次是在《道德情操论》，另一次是在《国富论》第四卷。亚当·斯密的"看不见的手"理论更像一个假想或一种信念。他仅仅提出了问题，并没有证明。瓦尔拉斯为斯密的问题建立了最初的数学模型，把价格理论转变为学术上的一般均衡理论，从而正式拉开了解决斯密问题的序幕。瓦尔德率先指出瓦尔拉斯一般均衡体系得以成立的数学条件。乔拉德·德布鲁在斯密提出问题近 200 年以后解决了它，他也因此于 1983 年获得诺贝尔经济学奖。在他们四人中，瓦尔德和德布鲁的贡献更多地属于爱因斯坦所说的"数学上或实验上的技巧"。这样的技巧在经济学成为一门科学的过程中起着极其重要的作用。然而，它们本质上是数学的而非经济学的。相反，亚当·斯密和瓦尔拉斯的贡献是经济学的。亚当·斯密提出经济学问题，瓦尔拉斯在近 100 年后把亚当·斯密的问题引向新的方向，并成为经济学在 20 世纪的主导方向。尽管他们两人没有解决问题，但在大部分经济学家的眼中，亚当·斯密是"现代经济学之父"，瓦尔拉斯是一般均衡理论的创始人。

一般均衡理论备受批评。这是因为它建立在一些假设的基础上，而这些假设具有非现实性。一般均衡理论有 5 组假设，即人的理性、充分竞争、完备市场、生产技术没有外部性、没有收益递增，而每一组假设从五种不同的角度看都是错误的。但是，它是经济学中最有用的理论之一。新古典综合派将凯恩斯的宏观经济理论与之前的微观经济理论加以综合，在方法论上接近于马歇尔的均衡概念，并融合瓦尔拉斯的一般均衡理论。"均衡观可以说是新古典综合派的基本分析方法。"[①] 当然，新古典综合派的均衡观点受到新剑桥学派的批评。新剑桥学派认为新古典综合派的均衡观点背弃了凯恩斯的"历史观"。凯恩斯在《通论》中强调"打破均衡的束缚，并考虑现实生活的特性——昨天和明天的区别"，"就这个世界和现在说来，过去是不能召回的，未来是不能确知的"。所谓"过去是不能召回的"，即现实世界发生的各种事件均有其历史和制度的根源；"未来是不能确知的"，是指应考虑由信息的缺乏、不对称而产生的"不确定性"。"不确定性"对于市场经济理论分析是极其重要的。

（四）转型国家的路径依赖

经济体制由一系列制度集合而成。制度作为一个社会的博弈规则，约束着人们的日常生活与相互交往，使这些活动少了许多不确定性。不确定性的降低意味着风险的下降。经济体制对一个国家或经济体的经济绩效的深刻影响是毋庸置疑的。有些体制提高经济效率，有些则反之。以科斯交易成本的观点来看，一个经济体的经济绩效反映了其经济体制交易成本的高低和转型成本的大小。阿尔钦于 1950 年将达尔文的进

---

① 任保平：《西方经济学说史》，科学出版社 2014 版，第 194 页。

化论导入经济学，其重要意义在于：随着时间的推移，无效率的制度将被剔除，存活下来的将是那些有效率的制度。诺斯将无效率经济体长期存在的原因归结于路径依赖（path dependence）。路径依赖是指一些微小事件的结果和机会环境能决定结局，且结局一旦出现，便会产生一条特定的路径。诺斯将技术变迁的观点引入制度变迁领域。不去追溯制度的渐进性演化过程，我们就无法理解今日的选择。

下列这则趣闻可能会使你对经济学的路径依赖问题有个初步的理解：

中国的高铁风靡世界，令他国羡慕不已（图2-4）。坐过高铁或火车的人很多，但是很少有人知道世界各国（除苏联）铁路的标准轨距是1435mm。为什么要选择这个尺寸呢？大多数人认为：这一定是工程师经过反复测算，最后确定下来的最科学、最合理的尺寸，然而真相并非如此。真实的答案也许是一个冷笑话，因为1435mm相当于4英尺8英寸，这恰好相当于两匹战马的臀宽。英国铁路标准最早来源于马车的轮距，因为最早造电车的人可能以前是造马车的，他在造第一辆有轨电车时就沿用了马车的轮距。古罗马人的战车宽度就是这个标准。两千年前的马屁股居然决定了世界上最先进的运输系统的设计，这看起来有些荒谬，然而这就是事实。这就是人类路径依赖症的问题。千万不要忽视路径依赖的力量，这种力量可能影响太空事业。如长征火箭立在发射台上，两旁分别有一个火箭推进器。人类要想探测更遥远的太空，就要在火箭推进器里装填更多的燃料。工程师希望把火箭推进器造得再宽或再长一些，这样容量就会大一些，但是他们不能这样做。因为火箭的长径比及直径除了受制于技术规范的要求，还要受制于往来于火箭制造厂和发射场的运输工具的宽度。

中国的经济转型也是一个复杂渐进的过程。中国恢复关税与贸易总协定（GATT）和加入世界贸易组织（WTO），是中国对市场经济认识深化的过程。由社会主义计划

图2-4　中国高铁

经济，到社会主义有计划的商品经济，再到社会主义商品经济，又发展到以计划调节为主、市场调节为辅，直到 1993 年 11 月党的十四届三中全会正式提出社会主义市场经济——这是一个艰辛的不断探索的过程。从农村改革、推行家庭联产承包责任制，到城市工业、国有企业的改革，市场经济体制处于不断的完善之中。

（五）中国转型经济学

1. 计划经济与市场经济

1902 年，意大利经济学家和社会学家帕累托提出计划经济的构想，但一直没有付诸实施。20 世纪初期，在经济理论界曾经有过一场关于社会主义经济理论的大论战。这场论战所涉及的问题是社会主义能否与市场经济兼容，社会主义计划经济能否进行经济核算，能否实现资源的有效配置。以哈耶克、米塞斯、罗宾斯等人为首的西方经济学家认为，社会主义计划经济不可能实现资源的有效配置。其原因是计划经济体制一不能解决信息问题，二不能解决消费偏好问题，三不能解决激励问题。哈耶克认为：市场经济是天然、自然、自发的，具有很大的优越性。它能够让分散、自发的个体采取使其自身利益最大化的经济行为，进而达到社会总体利益最大化的结果。波兰经济学家奥斯卡·兰格对上述观点进行了批判，同时也对传统的计划经济体制进行了批判。兰格通过上述两个批判，确立了计划模拟市场理论：一是多元的所有制结构和多元的产品主人；二是两种运行机制并存；三是集中决策与分散决策并存；四是行政手段与经济手段两种计划方法并存。计划模拟市场理论首次突破了传统的社会主义计划经济模式，较早提出市场中性论和改革的渐进模式，用试错法来克服计划经济的弊端。两派的观点都有一个暗含假设，就是信息完备问题。芝加哥大学乔治·斯蒂格勒摒弃完备信息的暗含假设，提出信息不充分、信息有价值、信息获取有成本的观点，使信息成为现代经济分析的一个重要考量变量。他也因此获得了 1982 年诺贝尔经济学奖。2001 年诺贝尔经济学奖得主约瑟夫·斯蒂格利茨、乔治·阿克罗夫、迈克尔·斯宾塞进一步提出，不仅信息是不完备的，而且信息在生产者、消费者、所有者、委托代理者之间的分布是不对称的，所以会出现道德风险，因此必须用各种制度安排来解决信息不对称问题，经济才能良性、有效地运行。

2. 市场经济的兴衰评价

凯恩斯与哈耶克是影响 20 世纪人类经济社会发展进程、现代经济学理论和各国经济政策的两大经济学家。1936 年，凯恩斯出版了革命性著作《就业、利息和货币通论》（简称"《通论》"）。《通论》的出版不仅带来了一场现代经济学的革命，使宏观经济学得以产生，而且对西方乃至全世界的宏观经济政策产生了持续、长久的影响，史称"凯恩斯革命"。与凯恩斯关注短期政府宏观经济政策不同，哈耶克则注重人类社会长期历史走向，数十年坚持宣扬自由社会的核心理念，在 20 世纪 20—

40 年代，他与奥地利学派的经济学家米塞斯一起发起了针对奥斯卡·兰格和阿巴·勒纳等经济学家关于市场社会主义可行性的理论大论战。1946 年，哈耶克出版了《通向奴役之路》，此书一面世便震惊了世界。哈耶克批判计划经济的非可行性和低效率，阐述了现代宪政民主、法治社会的基本理念。哈耶克认为，自然、自发的市场经济如此美妙，政府没有必要干预自由市场，应该让市场机制自由地运作。在大多数情况下，市场经济机制可以高效、和谐地运作。因此，政府应尊重市场价格机制，减少管制，缩减开支，缩小规模，"小政府、大社会、大市场"就是一个标准的模式。政府的活动越多、干预越广，人类离"通向奴役之路"越近。米尔顿·弗里德曼写了一本《选择的自由》，影响巨大。卡尔·波兰尼的观点与哈耶克大相径庭。卡尔·波兰尼指出："一个自我调节的市场概念，意味着一个十足的乌托邦。在不清除社会的人性和自然本质的情况下，从时间上来说，这种制度根本上无法存在。它在毁灭人类并把人类环境变为一片荒野。"在 20 世纪 90 年代初苏联和大批东欧社会主义国家由计划经济向市场经济转型时，加尔布雷斯警告说："哈耶克和弗里德曼鼓吹的那种市场经济，在历史上从来没有存在过，今天的世界上也不存在，将来也不可能存在。如果存在，那将是人类的灾难。"斯蒂格利茨也抱怨道："市场的局限性比林毅夫认为得更为严重——即使运行良好的市场经济体系，本身既不稳定，也并不有效。"他还补充解释道："历史上唯一一个没有反复发生金融危机的现代资本主义时期，是 1929—1933 年大萧条之后世界主要国家实行强力的金融管制的短时期。有趣的是，那段时期也是经济增长和增长的成果被广泛共享的时期。"

准确理解波兰尼关于市场、市场经济、市场社会与社会市场的概念，对于深刻理解市场经济至关重要。市场在历史上一直存在，但市场经济是非常少见的。如果存在市场经济，也绝不是一个自我调节、不受限制的市场经济。从历史的角度来看，市场经济在人类历史上存在的时间很短。市场经济只能存在于市场社会之中。市场经济必须有包括劳动力、土地、货币、资本等在内的所有生产要素。卡尔·波兰尼预见到自然资源商品化必然会造成严重后果，如环境污染、生态破坏等。他将国家为保护人与自然而进行干预的市场经济称为社会市场。社会市场并不排除竞争和市场的作用，而是以不危害人和自然为前提，以人性和社会为归依。在国际贸易的过程中，也不存在完全的自由主义市场经济。从中美贸易战的案例来看，那些提倡完全自由竞争的贸易理论基础与美国的实际行动所得出的结论是不一致的。

3. "华盛顿共识"与中国经济转型

20 世纪 30 年代的世界经济危机使凯恩斯的理论付诸实践并大获成功。凯恩斯并不完全否定新古典经济学，他只是提出了对新古典经济学的补充和完善。他认为，只要修补好市场机制的缺陷，新古典经济学就仍然是正确的。这种不彻底性注定了凯恩斯理论的局限性。到 20 世纪 80 年代，面对越来越严重的经济滞胀，凯恩斯理论失去了解释力，英美等发达国家开始推崇新自由主义经济学，形成了所谓"华盛顿共识"。"华盛顿共识"认为：一个国家的经济要有效运行，就要有一定的制度保证，包括价格市场化、产权私有自由化、政府预算平衡等。许多发展中国家也以此理论为指导，向市场经济国家转型过渡，其典型案例就是很多拉美、南亚、非洲发展中国家的经济政策及俄罗斯的"休克疗法"。这些依靠"华盛顿共识"推动经济转型的国家，绝大多数出现了经济崩溃、停滞的危机，同时面临着严重的腐败、贫富差距扩大、贫困人口激增等问题。其中最主要的原因在于，"华盛顿共识"是建立在发达国家经济基础之上的理论，而广大发展中国家与发达国家呈现明显的差异性。

中国渐进式改革开放政策所取得的巨大成就正在受到越来越多的关注。中国推行渐进式改革，实行价格双轨制，国有企业没有私有化，而是推行产权制度改革，实行"有效市场和有为政府"的稳妥政策，虽不为西方经济学家理解和认同，却使得经济长时间快速增长。林毅夫将"自生能力"（将在本书第四章论述）引入发展经济学和转型经济学，指出"休克疗法"和"华盛顿共识"的政策制定者认为，这些转型国家的企业都具有自生能力。然而事实上，企业不具备自生能力的情况在转型国家及发展中国家是普遍存在的。依据"华盛顿共识"制定的"休克疗法"，没有考虑新古典经济学中企业具有自生能力的暗含假设。因此，由该理论导致的失败是难以避免的。而中国采取渐进式改革及价格双轨制的办法，让国有企业先培育自生能力，发展更多民营企业，先易后难，平稳地推进改革，这种做法更可圈可点。李义平认为：市场是配置资源最有效率的形式，但市场经济并非只有一种模式，它与各个国家的历史、文化、现实国情等密不可分，即便在发达国家，也存在不同的市场经济模式。市场经济是不断发展变化的，市场经济模式是多种多样的。社会主义市场经济是一种重要的市场经济模式。但也应认识到，根据我国现实国情和发展阶段的变化，全面深化改革，不断完善社会主义市场经济体制，仍然是摆在我们面前的一项重要任务。

问题与思考

1. 简述经济体制对资源配置所起的作用。

2. 一般均衡理论的假设条件有哪些？

3. 简述诺斯的路径依赖对经济体制转型的意义。

第三章
政府的管制与市场的力量

国家的存在是经济增长的关键，然而国家又是人为经济衰退的根源。

——诺斯（美国经济学家，1993 年诺贝尔经济学奖获得者）

本章概要

混合体制下的政府

政府的调控

房地产的中国现象

最高限价（以房地产为例）

最低限价（以最低工资为例）

调控的外部性问题

经济学批判性思维

关键词

经济体制　政府调控　最高限价　最低限价

　　大多数经济学教科书分析社会经济问题时，政府往往已经被抽象掉了，似乎可有可无。但是在当代中国，政府是无处不在、包罗万象的。中国的政府承担着无限责任。传统西方经济学理论认为政府与市场是此消彼长、相互替代的"零和"关系。在当代中国，对政府经济政策的解读对于理解当代中国社会经济问题是必不可少的。解决现实问题需要理论来指导。从理论到政策，需要对政府决策有所了解。政府决策是具象的，往往是各个利益主体博弈、方方面面利弊权衡、前后左右平衡妥协的结果。政策是基于现实、以理论为依据的。政策如果没有理论作为依据和支撑，就只能是"昙花一现"。

大多数学者在研究政府时，将国家、政府，中央政府、地方政府混为一谈。在研究中国当代社会问题时，经济体制是一个不容回避的问题。但如果仅谈经济体制可能有些抽象，让我们从房地产政策和最低工资这些具体问题入手，分析经济体制。

一、三种经济体制

世界上现有三种经济体制。一种是完全市场经济。市场经济中的价格通常是由供求力量决定的。另一种是混合体制。在混合体制中，政府常常更积极地介入某个领域。还有一种是现在已经很少的计划经济体制，即政府对价格的全面管制。人类自进入文明时代以来，政府就没有停止过对市场的干预。从古埃及托勒密王朝对物价和工资的管制，到美国尼克松政府的工资—物价管制；从古希腊雅典的粮食监督员，到20世纪纳粹德国的物资统配官——政府管制的手段可谓多种多样。尽管某些管制也取得了短期效果，但总体而言，管制不仅导致效率低下，还会带来社会不公，滋生腐败。正因如此，如何防止过度管制对市场的破坏是人类面临的永恒问题与挑战。政府的管制通常体现在价格管制、市场准入等。在混合经济中，政府经常使用合法的制度化价格或理由来取代或实施干预和管制，如房地产限购政策、最高限价（price ceilings）、最低工资标准、最低限价（price floors）等。政府管制时需谨记，市场会对政府的管制做出反应，在一定程度上会抵消管制的效果。有时政府的管制会产生负面效应，还会产生非预期后果，如最低工资会导致更多的失业。而政府往往会忘记这一点。

经济学是一门社会科学。由于其学科、学理特点，我们习惯试图用一些逻辑、抽象、简洁的理论来描述、解释复杂现象，并通过经济学视角和分析工具来分析研究。使市场在资源配置中起决定性作用和更好发挥政府作用，是中国特色社会主义市场经济规律认识的一个新突破。习近平总书记曾指出，"看不见的手"和"看得见的手"都要用好，努力形成市场作用和政府作用有机统一、相互补充、相互协调、相互促进的格局，推动经济社会持续健康发展。经济发展就是要提高资源，尤其是稀缺资源的配置效率，以尽可能少的资源投入生产尽可能多的产品，获取尽可能大的效益。理论和实践都证明，市场配置资源是最有效率的形式。市场决定资源配置是市场经济的一般规律，市场经济本质上就是市场决定资源配置的经济。要使市场在资源配置中起决定性作用，主要靠市场发现和培育新的增长点。科学把握"更好发挥政府作用"，显得尤为重要。第一，更好发挥政府作用，不是让政府更深地介入资源配置活动，而是要在保证"使市场在资源配置中起决定性作用"的前提下，管理那些市场管不了或管不好的事情。第二，政府要尽量减少对微观经济活动的直接干预。第三，要按照社会主义市场经济的内在运行规律来界定政府职能。第四，选择最有效的方式来履行政府职能。

各地政府频繁出台房地产限购新政，各省市竞相出台最低工资标准。关于这些政策的利和弊，我们有必要认真分析。

二、频繁出台的房地产新政的利弊分析

近年来，房地产产业是地方政府出台调控、限购政策最为密集的产业，全国大中城市的房地产市场波动更是人们普遍关注的问题。"房子是用来住的，不是用来炒的。"众所周知，一个城市炒高房价，意味着"炒"走企业。各地政府陆续出台了许多房地产调控和限购政策，但是房价反而越调越高。广大市民更是不买账，更加踊跃地投身房地产市场，排队、摇号，甚至离婚也在所不惜。是什么原因导致房价越调越高？地方政府为何如此"青睐"房地产？

（一）中国房地产市场化的历程

1978 年以前，中国主要实行实物福利分房制度。整体而言，城镇居民住房水平都比较低。以陕西省为例，1978 年人均住房面积仅有 5.3m²。1996 年，面对经济的疲软态势，时任国家总理朱镕基提出"住房建设可以成为新的国民经济增长点和新的消费热点"，开启了中国房地产市场化的进程。1998 年 7 月，国务院颁布《关于进一步深化城镇住房制度改革加快住房建设的通知》，宣布从当年下半年起取消房屋实物分配，因此 1998 年也被称为"中国房地产元年"。此后房地产发展势头强劲，并成为我国经济的支柱产业之一。2000—2015 年，商品房平均销售价格涨了 2 倍。其中，2015 年住宅商品房价格是 2000 年的 3.32 倍，办公楼商品房价格是 2000 年的 2.72 倍，商业营业用商品房价格是 2000 年的 2.93 倍。2016 年以前，一线城市的涨势已极为明显；从 2015 年 6 月起，一线城市的房价开始了极为迅速的增长，不仅增速远高于二三线城市，甚至也远高于一线城市的历史涨幅。2016 年，除一线城市带动房价大涨外，合肥、南京、苏州、厦门等城市的房价也开始暴涨，故有"四小龙"之称。一线城市全年同比涨幅高达 30%，新一线、二线城市下半年同比涨幅在 15% 上下。此后，随着政府出台各种限购限贷政策，一二线城市房地产有所降温，但三四线城市房地产反趋于火热，一转负增长的颓势，增幅约 6%。房地产市场蓬勃发展，陕西省城镇居民人均住房面积由 1998 年的 12.35m² 增至 2018 年的 39m²。

高房价为政府调控房价带来了严峻的挑战。为了抑制商品房价格上涨，政府有关部门采取了价格管制的方式，用行政手段强压商品房价格的上涨势头。政府对商品房价格的调控手段是遵循市场需求和供给关系规律，任其合理回归，还是采取超常的行政手段，用计划价格或中断市场交易的极端方式来防止房地产市场价格的快速上涨或下跌？需要对其做出科学分析判断。

（二）房价剧烈波动带来的危害

高房价为经济社会带来了系统性风险。从发达国家和地区的实践来看，高房价形成的泡沫经济是不可持续的。从经济社会发展的影响来看，如果房价过高，连中高收入的工薪阶层都买不起商品房，这会导致青年人失去希望，造成新生劳动力的外流。高房价也会使实体经济受到重创，造成实体经济迁移。高房价给金融体系带来的系统性风险也不可小觑。资料显示，我国银行系统 60%~70% 的贷款余额被房地产所占有。高企的房价还会使市民负债率和杠杆率大幅度攀升，人们的幸福指数和对城市的满意度都会下降。

从世界发达国家和发展中国家的房价收入比（即住房价格与城市家庭年收入比）来看，通常为 6 倍左右，最高不超过 10 倍。根据国际货币基金组织的报告数据，2016年上半年深圳以 38.36 倍的房价收入比，位列全球大城市第一。从深圳房价上涨的速度来看，2005—2015 年房价从每平方米不到 6000 元迅速上涨到 5 万元以上，增幅接近 10 倍，2015—2016 年仅仅 1 年价格上涨了 1 倍。在房地产市场较为成熟的发达国家和地区，房价上涨速度与经济增长速度大体上是同步的。而深圳 2005—2015 年经济增长 3.55 倍，人均可支配收入增长 2.08 倍，社会平均工资增长 2.5 倍，房价增速远超经济增速。

高房价为社会经济发展带来了严重影响。但房价下跌较快，同样也具有负面作用。房价下跌过快，会造成政府投资规模、卖地收入、财政税收、GDP 增长等的下降，社会经济健康持续发展将受到极大影响。

（三）地方政府的"软激励"与"硬约束"

1. 分税制对地方政府的"软激励"

我们现在的财税体制源于 1994 年的分税制。20 世纪 90 年代初东欧剧变震惊世界，社会主义阵营的国家都在总结苏联解体的教训。历史学家、政治家和意识形态方面的专家等都从不同角度给予了很好的解释。经济学家对苏联解体经济层面的原因也有不同解释。大多数经济学家认为苏联解体源于经济危机。苏联的财政收入主要依赖石油、天然气出口，而西方国家将石油、天然气的价格压到很低，使得苏联财政收入锐减。当时苏联的财政收入不要说满足实现戈尔巴乔夫雄心勃勃的工业振兴计划，就连粮食、饲料都无法正常进口。另外，财政税收专家研究发现，苏联中央政府与各加盟共和国之间缺乏明晰的法制化财税体系。这些都是要汲取的深刻经验教训。

我国的分税制为地方政府提供了"软激励"。20 世纪 90 年代，我国中央政府财政收入拮据，常常处在"等米下锅"的窘迫状态。中央财政收入的宏观税负仅占 GDP 的 12% 左右。可以想象，如此拮据的政府是很难有所作为的。张五常分析中国经济增长时认为，中国经济增长得益于地方政府之间的竞争。事实上，分税制改革才是真正激励地方政府竞争发展经济的动因。1994 年，我国开始推行国税和地税的分税制改革。分税制采取分成制的办法，极大地激励了地方政府发展经济的积极性。可以说，分税制对我国经济快速增长起到了积极的促进作用。

2. 经济考核机制和干部选拔体制的"硬约束"

现行经济和干部考核体制导致了"GDP 锦标赛"的"硬约束"。中国现行的地方行政干部的任命制与任期制及经济发展的刚性需求，决定了政府对地方干部的行政考核以经济绩效为主要指标。加之我国公有制的经济基础及土地国有的性质决定了地方政府对土地、国企等国有资产负有经营责任。地方政府经营化的趋势愈来愈明显。所谓"经营城市"的理念，导致地方政府财政收入愈发依赖房地产行业。1999—2015 年，地方政府土地出让收入上涨了 60 倍，占地方预算省内财政收入的比重从 9% 上升到 36%。城镇土地增值税、耕地占用税、土地增值税、契税和房产税等 5 项房地产税收收入占地方财政预算内财政收入的比重由 1999 年的 7% 上升到 2015 年的 17%。地方政府垄断着土地一级市场，是开发土地主要供应者。因此，以土地开发、经营城市为主要手段的增长模式成为地方政府的首选。地方政府通过土地财政筹集大量建设资金。但随着时间的推移，分税制带来的负面影响不可忽视。税收与税源分离导致地区不平衡，现行的分税制财税体制使地方政府财权与支出事权责任不相匹配。

（四）地方政府的债务压力导致财政过度依赖房地产

我国地方政府过去长期利用地方融资平台融资，隐性债务负担较重。2016 年包含融资平台债务的政府债务负担占 GDP 的比重为 55.6%。非金融企业债务中，有 70% 是国企和地方融资平台债务，而国企包含大量过剩产能部门，如钢铁、有色、煤炭、基础化工等。2016 年底，我国住户部门杠杆率已达 44.85%（图 3-1），以 2015 年年末 GDP 为基数，2016 年二季度住户部门杠杆率已达 49.93%。但同发达国家相比，我国居民的杠杆水平还相对较低。

地方政府对房地产及土地财政的过度依赖源自高企的债务压力。尤其是经济下行的时候，地方政府的财政压力很大。于是，通过城市投资公司以土地抵押贷款融资成为地方政府最便捷高效的融资渠道。因此，最不愿意看到房地产下行的也许就是地方政府。

尽管地方政府征收的财政税收很多，但需要财政支出的项目更多。"增长至上"的地方政府往往在追逐高 GDP 增长目标时，其在基础设施方面的投资缺口也是巨大的。地方政府通过城市投资公司的融资平台不断举债，扩大城市规模，经营城市的同时，地方政府债务杠杆节节攀升。依据经营城市的逻辑,房价上涨的最大受益者是地方政府。对大多数地方政府而言,房地产是经营城市的"必修课"。地方政府会采取各种方法推高房价,以达到城市资产升值的目的。

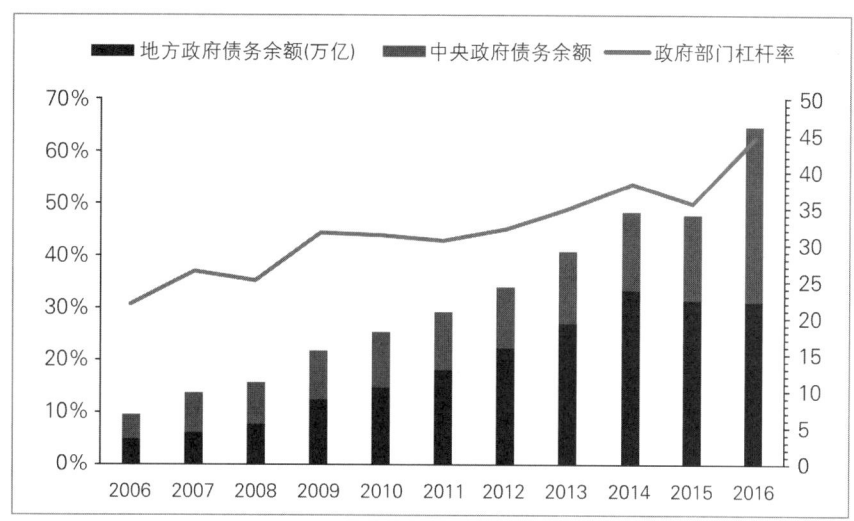

图 3-1　2006—2016 年政府部门杠杆率变化
（数据来源：中华人民共和国财政部）

　　地方政府经营化与政企混合经营模式成为"增长至上"的地方政府的特征。"增长至上"的地方政府在治理形态上出现政企交叉跨界的区域,在治理手段上采用政治、经济、行政、公司混合治理机制,在权力架构上集立法者、执法者、违法者"三重逻辑"于一身。经济学家阿瑟·奥肯指出,从资金使用效率来看,政府征税后总会陷入非效率的"漏桶效应"。地方政府的过度经营化带来了诸多社会问题,需要不断地举新债还旧债,才能避免债务违约。每届政府都要搞政绩工程,这也会导致地方政府的支出不合理、浪费严重、土地出让过程中的腐败、负债攀升和房价高企等问题。

（五）破解房价与地方政府的财政难题

　　西方国家的地方政府都有房地产税,而中国目前尚未开征房地产税。同时,中国的地方政府往往没有一个稳定的税收来源,只有中央政府分成的一些税收。这种税收来源与结构导致了地方政府的变相行动。土地拍卖价格很高——某种意义上相当于把几十年的土地税收以拍卖的形式一次性拿了回来。现在,政府引入房产税,意味着要交两次土地税收吗？房产税征收难度很大。如果真的要收房产税,就不应该让地方政府炒高地价。

　　2017 年全国 70 个大中城市中,有 61 个新建商品住宅销售价格同比上涨,9 个下降。全国新建住宅竣工面积同比下降 7%,房地产去库存成效初显。但是 2019 年以来,房价上涨速度较快，个别城市房价与上一年相比上涨78%。不断有大中城市推出限购和调控新政。为何在如此密集的房地产调控政策和限购措施之下，房价不仅不降反升呢？经济学中有一种"哈伯格三角"现象。简单而言就是，出台任何限购措施或房地产调控新政，均会减少房地产以及相关产品的市场需求或供给，从而对整个社会产生一个三角形的"无谓损失"。而这种"无谓损失"大多会转移到房价中去，继而由购房者承担。

1996年中国居民杠杆率只有3%，2008年也仅为18%。但是2008年以来，居民杠杆率开始呈现迅速增长的态势，至2016年达到45%，增长1倍有余（图3-2）。

如果说地方政府因面临财政困境而对房地产"情有独钟"是不得已而为之，那么央行的货币政策可能是房价走高的更深层次的原因。21世纪以来，我国货币供应量增长速度较快。2000年我国货币供应量为13.46万亿，而到2017年增长到167.7万亿，货币同期增长12.46倍；而同期的GDP则从2000年的8.9万亿增长到2017年的82.7万亿，同期增长9.3倍。根据弗里德曼的研究，增加货币供应对一个国家生产总值的影响是暂时和有限的（不然政府可以用增加货币供应来促进经济发展），但是对物价的影响是持久的。这个说法适用于很多国家。中国货币供应如此巨大而没有形成通货膨胀，是因为房地产市场形成了巨大的"消纳池"。有人对1990—2013年中央银行货币政策与房价做了关联研究后，选择支持这个观点。

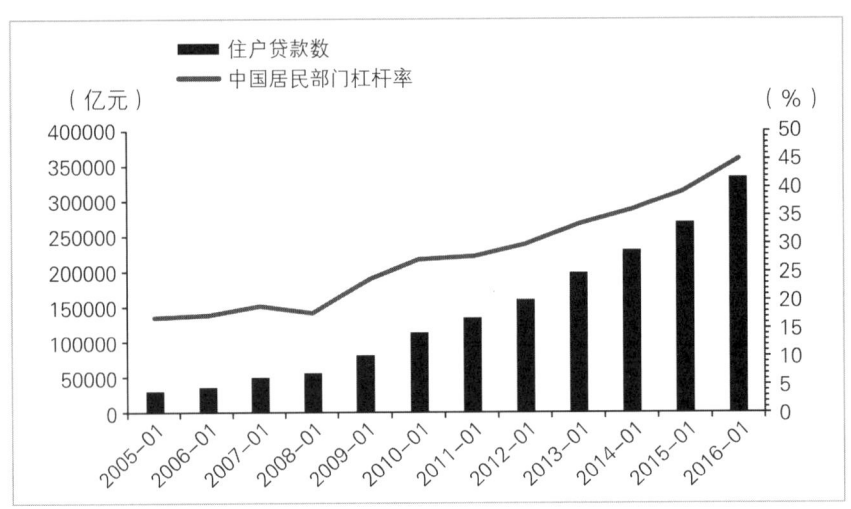

图3-2　2005—2016年我国居民部门杠杆率
（数据来源：联讯证券、中国人民银行、国家统计局）

（六）货币政策与房价关联研究

有人曾对1990—2014年这24年间中国中央银行的货币发行、经济增长和通货膨胀做了深度研究。24 年间实际 GDP 平均涨幅为 9.9%，CPI 平均涨幅为 4.6%，房价（全国房地产销售额除以销售面积）平均涨幅为 10.7%，广义货币供应量的平均涨幅为 21.0%。24 年间中国货币的超发之"谜"是一个不等式：实际 GDP 的增长率加上消费价格指数的增长率仅为 14.5%，远远小于广义货币供应量的增长率。有趣的是，实际 GDP 的增长率加上房价的增长率为 20.6%，与广义货币供应量的增长率基本相符，不等式变成了等式。这 24 年间，CPI 的涨幅和房价的涨幅大幅度偏离，但是实际 GDP 与房价涨幅之和与广义货币供应量的涨幅却基本一致。这种吻合足以支持一个判断，即以 CPI 为锚，通胀可能被低估，因为不同商品和资产对货币增发的反应不同。货币增发并非没有代价，只是承受对象的表现不同。在 1990—2013 年这段时间里，房价更多地被货币，而非收入或实际经济增长所驱动。房价涨幅更多地是一个货币现象。

　　具体而言，房价涨幅和人均收入、实际 GDP、名义 GDP、CPI、M0、M1 和广义货币供应量的相关性分别为 35%、35%、40%、31%、52%、63% 和 71%。从这组数据中可以发现，房价涨幅与经济增长、收入增长的相关性是最低的，均为 35%；与货币涨幅的相关性却是最高的，尤其是广义货币，高达 71%。这说明房价上涨的最大驱动力并不是刚需，而是货币。另一个有意思的证据是，房价与当年 CPI 的关系并不密切。在过去 24 年中，当年广义货币供应量的增长率与次年 CPI 涨幅的相关性高达 63%，即广义货币供应量的增加先是与房价密切相关，然后才是 CPI，且 CPI 的涨幅低于房价。

　　多年的宽松货币政策支持了中国的投资拉动。到 2011 年，中国央行终于把房价纳入 CPI，并在过去两年中严格控制广义货币供应量的增长率。可以想象，这让已经习惯了宽松货币的和房地产相关的部门，包括地方政府叫苦连连。

——摘自《中国货币超发之谜（深度研究）》

　　1998 年东南亚金融危机以来，尤其是 2008 年美国次贷危机以来，全球央行都推行了不同程度的量化宽松货币政策，推动了全球资产价格的飙升。目前全球经济规模排名前三的美国、中国和日本，分别选择了股市、房地产和债券作为信贷泡沫的载体。资产价格的飙升从来不会计入当代政府的通胀数据，反而通常被看作政府"政绩"。中国央行前行长提出过著名的人民币"池子论"，意思是中国的房地产和股市，就是央行海量数字人民币供应的"蓄水池"。"银行里的钱"绝大部分都被用来增加债务，推升资产价格。

　　中国家庭金融调查与研究中心的调研报告表明，中国主要一二线城市的住房空置率维持在 22%~26%。虽说这类统计不是那么精确，但也可供参考，国内住房空置率较高是不容争辩的事实。通常情况下，国外住房空置率一般都控制在 10% 以下。就算是美国在 2007—2008 年的次贷危机时期，自有住房空置率最高也只有 2.9%。欧洲等发达国家的住房空置率也都较低：荷兰、瑞典只有 2%，法国约为 6%，德国约为 8%。房地产领域资产泡沫问题仁者见仁，智者见智。房地产价格像过山车一样绝对不是件好事。如果过快挤掉泡沫，会引起资产大幅缩水，购房者会断供，银行坏账率上升，系统性金融风险会增加。唯一的办法就是有效控制新增负债，降低政府部门杠杆率，通过 GDP 的不断增长，慢慢降低资产负债率。

（七）政府宏观调控的政策分类

长期且普遍存在的问题，多是体制机制或结构性问题。凡体制机制或结构性问题，若单靠限购措施和调控政策，则只能扬汤止沸。体制机制问题必须通过改革体制、调整结构来解决。分税制实行后，的确出现了财政收入高速增长的局面，但分税制的财政体制弊端及给社会发展带来的现实问题也不能不引起重视。近几年，国家在房地产调控的指导思想上，将过去实行全国统一的房地产去库存的基本政策和基本要求，调整为"因城施策，分类指导，夯实城市政府主体责任"，即把房地产市场和房价调控权由国家下放给城市。根据现代住房制度的基本要求，未来城市房地产市场应该逐步形成由两类市场所构成的基本格局：一类是面向中低收入或中等收入群体、以保障性住房为对象封闭运营的内部交易市场；一类是面向高收入或中高收入群体、以商品房为对象、按商品市场规律运行的公开交易市场。两类市场面向不同的收入群体，按照不同的机制运作，相互独立，共同构成统一、完善的现代房地产市场体系。

如今政府部门杠杆率虽有所下降，但居民部门杠杆率却在上升。现在已经到了改革财税体制、调整房地产供给结构、从货币供给量和宏观上把控房地产市场的时期。中央已经启动建立全国统一联网的不动产登记平台，国地税合并统一征收各种税费。这些步骤都为下一步的全面改革做好了基础性准备。应该相信房地产乱象会得到一定遏制。

综上所述，分税制采取分成制的办法极大地激励了地方政府发展经济的积极性，其财税体制为地方政府提供了"软激励"。现行经济和干部考核体制又导致了"GDP 锦标赛"的"硬约束"，地方政府经营化的趋势愈来愈明显。地方政府的过度"经营城市"，财政支出的非效率安排，造成高企的债务压力，使地方政府财政收入陷入严重依赖房地产行业的困境。地方政府对房地产及土地财政的过度依赖，客观上导致房价越调越高。另外，央行的货币政策可能是房价走高的更深层次的原因。

三、最低工资标准

（一）最低工资的由来

1795 年 5 月 6 日，英国伯克郡的法官在斯品汉姆兰靠近纽伯里的佩里坎旅馆开会讨论后，做出一个简单的决定：工资之外的津贴应该通过与面包价格挂钩的方式来确定，以确保穷人能够得到一个最低收入，不管他们实际挣的钱有多少。这就是斯品汉姆兰法令（Speenhamland Law）。若工资收入不足以购买面包，则必须予以补贴。法官要求保障个人有购买面包的最低收入。对工资实施补贴的标准：当具有确定质量的 1 加仑面包"价格为 1 先令时，则一个贫穷而勤勉的人每周要有 3 先令的收入来满足他的需要。无论这些钱是由他自己或他的家人的劳动所得，或者是从济贫税中获得的津贴"。斯品汉姆兰法令本身虽未经国会批准通过，但因为英国实行不成文的惯例法，它很快就成为大部分地区推行的法令。斯品汉姆兰法令出台的背景是英国灰暗低沉的时期，当时欧洲发生严重的饥荒，食品极度短缺，英国各地也因食品短缺而时常发生骚乱。斯品汉姆兰法令的意义在于首次将保障穷人"生存权利"的经济和社会变革问题提了出来。斯品汉姆兰法令在 1834 年被废除。

政府的管制往往会产生非预期的后果，如最低工资会导致更多的失业。我国当前的最低工资政策在实行过程中存在劳动力价值被严重低估的现象。当前最低工资的调整标准参考了当地就业者赡养人口的最低生活费用、城镇居民消费价格指数、职工平均工资、经济发展水平等因素。

（二）最低工资产生的原因

1. 劳动力的市场需求（Minimum Wages-Market Demand for Labor）

最低工资的提出是对劳动力市场需求中合理的劳动力支出进行的合理付费。在劳动力市场中支付较高工资时，企业更希望劳动者花费的劳动时间更少，创造的经济社会价值相对更高。随着工资率的逐渐降低，劳动者所需的工作时间越多（图 3-3），所创造的经济产品单位价值也逐渐降低。这是符合市场客观发展规律的。对简单、机械的创造价值活动而言，通过限定最低工资，可以维持一个相对稳定的工资率水平。但是，如果最低工资持续维持在较低水平，将严重影响就业者的生活水平；日常生活资料基本价格的降低会导致工资降低，长期维持最低工资反会使生活成本增加，导致更多的失业。

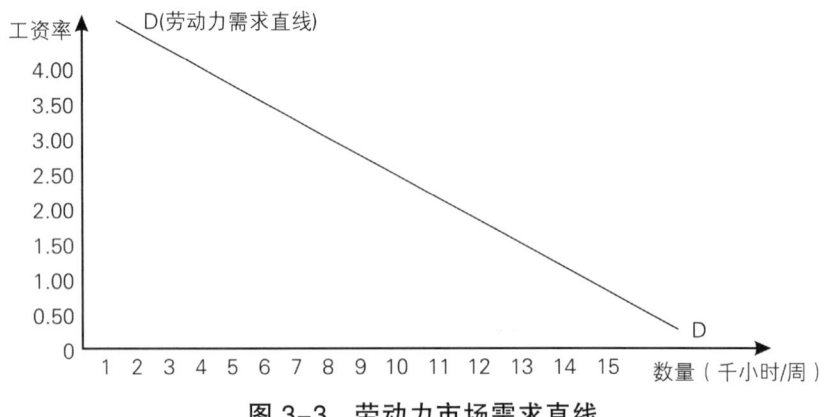

图 3-3　劳动力市场需求直线

2. 最低工资效应（Effect of the Minimum Wage）

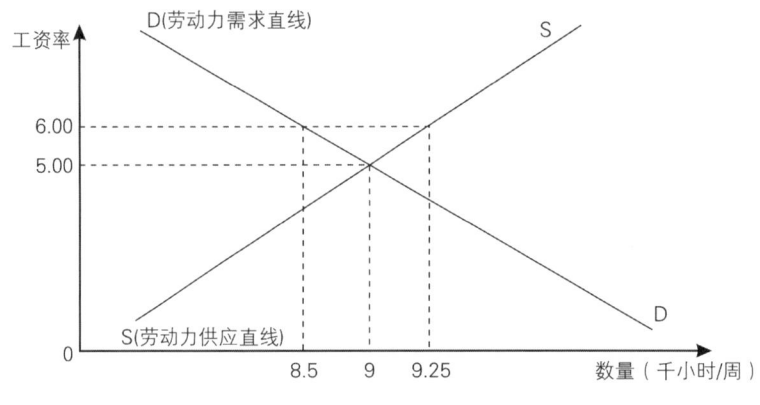

图 3-4　最低工资效应分析

如图 3-4，在劳动力市场中，劳动者工作时间和工资率的均衡点是市场中劳动力供应直线和劳动力需求直线相交点对应的工作时间和工资率。在需求变动或供应变动时，都会触发相应的变动。当工资率持续降低时，在需求市场中需要更多的工作时间；但这时劳动力供给市场提供的劳动量的数量相对较少，这就会造成大量的失业，因此在最低工资效应下，政府控制失业的最佳手段就是不断提高最低工资水平，满足劳动者对基本生产资料的需求。

（三）最低工资与"涓滴效应"

改革开放以来，中国贫困人口迅速减少，这主要依赖经济增长的"涓滴效应"。适当增加低收入人群的工资收入，对于抑制收入不平等、缓解贫富差距和保障社会稳定都是非常必要的。按照相关规定，最低工资标准至少每两至三年调整一次。根据统计，上海、广东、北京、天津、江苏、浙江的月最低工资标准超过 2000 元。其中，上海达到 2420 元，为全国最高。陕西月最低工资为 1800 元。

　　中国人民大学公共管理学院教授董克用表示，最低工资标准是根据一套严密的公式计算出来的。如果标准过低，一些低收入劳动群体的基本生活得不到保障；如果标准过高，会使企业人力成本压力增加。若最低工资造成企业亏损甚至倒闭，最终吃亏的还是劳动者。所以适合当地的实际情况才是关键，才是可持续的。

　　从企业的角度来讲，维持低劳动力成本是保障盈利的关键。但对劳动者而言，较低的工资水平难以维持正常生计，会造成潜在的社会矛盾，这也是政府城市治理面临的最大挑战。全国各地不断上调最低工资标准，最直接的受益者是低收入劳动群体。现行的最低工资标准，在制定时会参考当地就业者及其赡养人口的最低生活费用、城镇居民消费价格指数、职工个人缴纳的社会保险费和住房公积金、职工平均工资、经济发展水平、就业状况等。切实提高劳动者的满意度，是政府在参与市场运行、稳定社会秩序过程中的重点工作。

　　最低工资标准的制定是政府积极参与的内容之一，更为现实的问题是如何保障劳动者的权益。《中华人民共和国劳动法》第四十八条提到："国家实行最低工资保障制度。最低工资的具体标准由省、自治区、直辖市人民政府规定，报国务院备案。用人单位支付劳动者的工资不得低于当地最低工资标准。"除了政府部门的监督，劳动者个人对提供正常劳动后用人单位违反规定，以低于当地最低工资标准支付其工资的，有权向人力资源和社会保障部门举报、投诉，维护自己的合法权益。

　　综上所述，政府出台最高限价或最低限价政策，其本初目的是保护生产者或消费者，减轻他们的负担或避免不公平的市场价格。但不能忽视价格是市场供求变化的信号。中国曾经在计划经济下彻底消灭了市场，结果国民经济遇到严重困难。邓小平认识到市场的重要性，中国由此开启了市场化导向的改革开放，创造了经济增长的奇迹。政府在进行管控时必须谨记：市场总会对政府定价做出反应，在一定程度上抵消政府政策的效应。

📖 问题与思考

1. 如何理解"有效市场和有为政府"的相互作用？
2. 你对你所在城市的房价调控有何看法？
3. 你对政府出台最低工资有何看法？
4. 房价上涨的主要原因有哪些？

第四章
发展经济学：
中国经济增长的动因

本章概要

经济增长（高速、中高速、低速增长）
经济增长的理论
中国经济增长的流行观点
中国经济增长的分析

关键词

经济增长　中国现代化进程　儒家文化的悖论　经济增长的预期理论

一、中国经济增长的历史趋势与对比

　　1979 年的中国是世界上最贫穷的国家之一，人均年收入仅有 210 元。这个数据仅是撒哈拉以南非洲国家平均水平的 1/3。1990 年世界银行公布的国际贫困标准是每人日均消费不足 1 美元（2005 年调整为 1.25 美元，2015 年 10 月调整为 1.9 美元）。中国现在确定的贫困线以 2011 年 2300 元不变价为基准。1978 年中国的贫困人口达 77039 万人；改革开放 40 多年后的 2020 年，中国终于全面消除绝对贫困，实现按照现行标准的全面脱贫。曾经世界 80% 以上的贫困人口生活在中国，而如今中国已形成至少覆盖 3 亿人口的"发达板块"。迄今为止，中国的经济总量已跃居世界第二，外汇储备连续多年居世界第一。中国已成为世界第一大制造业和货物贸易大国。中国 GDP 占全球 GDP 的份额由 1979 年的约 5% 增加到 2021 年的 18.5%。中国 2022 年人

均 GDP 达到 1.27 万美元，已位居中高收入国家行列。中国的经济增长受到全世界的
关注。中国不仅是全球经济的重要组成部分，更是引领全球经济增长的引擎。2008 年
全球金融危机爆发以来，世界经济增长的 3/4 得益于新兴市场，其中中国经济贡献了
1/3 的经济增长。

　　在唐代，中华文明进入鼎盛时期，而进步速度最快则是在两宋时期。这一时期涌
现出一批先进的技术发明，如接近现代形式的火枪、水泵、水力推进的纺织机等。但是，
北方游牧民族的入侵阻断了中国的技术进步。明清时期中国的农业生产虽然得到较快
发展，但技术发展基本停滞。

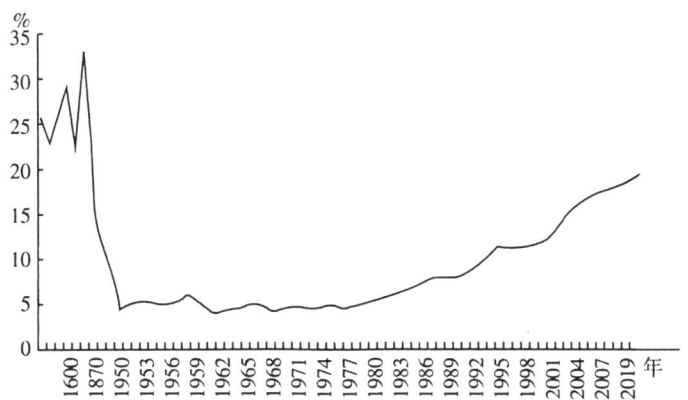

图 4-1　1600—2007 年中国 GDP 占全球 GDP 的份额
资料来源：Angus Maddison，Historical Statistics of the World Economy：1–2008 AD.

　　图 4-1 是安格斯·麦迪森对 1600—2019 年 GDP 的比较分析。1950 年，中国 GDP
只占世界总量的 5%；到 2021 年，中国 GDP 已经达到世界总量的 18.5%，经济总量位
居世界第二。

　　1950 年以来，中国的经济增长举世瞩目。图 4-2 显示了 1961—2019 年中国 GDP

图 4-2　1961—2019 年中国经济增速
（数据来源：国家统计局）

总量的增长速度。1961—1978 年，中国实行计划经济，以世界水平观之，经济增长的平均速度并不低，达到 6.5%。1978 年实行改革开放政策以来，中国经济总量每年的平均增长率达到 9.7%，和日本及亚洲"四小龙"在经济高速增长时期的增长速度相当。因此，把中国的经济增长称为一个奇迹一点都不为过。

中国作为一个典型的发展中国家，在制定经济发展政策时，需要经济发展原理的指导。发展经济学是研究发展中国家从贫困走向富裕的理论。自 1978 年改革开放以来，中国引进西方学者的发展理论和政策主张，为经济改革和发展提供了重要启蒙。特别是当时西方发展经济学出现的工业化战略转向，极大地影响了中国经济发展进程。

中国经济发展现正处于重要的转型发展时期，面临许多困惑、问题和挑战。主要包括：经济发展结构失衡问题严重，经济长期增长动力偏弱，产能过剩形势严峻，企业生产经营困难加剧，中小企业融资难、融资贵，财政金融风险加剧等；"三农"问题依然严峻，收入不平等与城乡差距扩大，资源利用效率低下，环境破坏严重，自主创新能力不足，逆全球化挑战加剧等。这些问题都是影响中国经济发展速度和质量的重大问题，需要认真研究，予以应对。

要解决这些问题，不能仅寄希望于现有西方主流理论和发展经济学体系。要积极创新发展理论、构建新的发展经济学体系可为观察、分析并解决这些问题提供依据及探索空间。[①]

二、影响经济增长的因素

经济增长是经济事件综合而成的长期过程。度量经济增长可采用实际 GDP 增长率。经济增长通常按照增长率的高低分为高速增长（8% 以上的增长率）、中高速增长（4%~8% 的增长率）、低速增长（4% 以下的增长率）和负增长（0 以下的增长率）。纵观世界经济发展史，经济学家总是在不断地探索经济增长的决定因素究竟有哪些，即经济增长的函数主要是由哪些决定性因素影响的。主流经济学家认为，经济增长的决定因素有以下几个方面：

第一，制度要素。包括产权制度、意识形态、国家、伦理道德等。

第二，生产要素。包括自然资源、劳动力和资本。资本积累的速度决定经济增长的速度。

第三，生产率要素。包括人力资本和技术。技术进步是现代经济增长最重要的决

---

① 张建华：《发展经济学与中国经济发展问题》，《长江商报》，2013 年 11 月 16 日。

定因素。

经济史学家认为，经济增长与许多因素相关，其中有经济因素、政治因素、历史因素、文化因素、地理因素、资源因素等。如果单纯强调经济因素而撇开其他方面的因素，很难对现实世界的经济现象做出令人信服的客观解释。下面我们将从多角度梳理中国现代化的历程及经济增长的路径依赖和演化过程。

（一）政治与历史因素：中国现代化的历程

道格拉斯·诺斯说过："历史总是重要的，向过去经验取经连接着未来。今天和明天的选择是由过去决定的，因此路径依赖意味着历史是重要的。若不去追溯制度的渐进性演化过程，就难以理解今日的选择。"

1. 中国经济发展概况

工业革命是现代社会与前现代社会的分水岭。工业革命前的社会为前现代社会，工业革命之后的社会为现代社会。诺贝尔经济学奖（1971）获得者西蒙·库兹涅茨发现：在前现代社会，经济增长的特征是人口增加、经济规模扩大，但是人均收入基本保持不变，这种增长属于外延性增长。哈佛大学的德怀特·珀金斯分析了中国 2000 多个县的人口、生产数据，出版了《中国农业的发展：1368—1968 年》一书。他发现，从 1368 年到 1968 年，在这 600 年里，中国的人口增加了 10 倍，耕地面积增加了 5 倍，单产增加了 2 倍，由此可推算出粮食增产 10 倍，但人均粮食产量维持不变。有人甚至认为，1978 年前的 2000 多年里，中国人均 GDP 没有太大变化。[①]前现代社会经济增长的特征就是人口增加，但人均产量没有增加。在曾经很长一段时期内，中国经济规模的扩大主要依赖人口的增加，技术进步非常缓慢，对经济增长的贡献相对不大。这也表明，中国在前现代社会的经济增长是一种依靠人口增加的外延性经济增长。据经济史学家安格斯·麦迪森的《世界经济千年史》，18 世纪以前的一两千年，最发达的欧洲国家每年人均 GDP 的平均增长率仅为 0.05%。按照"72 法则"推算，大约要 1440 年人均 GDP 才能翻一番；到 20 世纪，年均增长率达到 2%，人均 GDP 翻一番的时间缩短到 36 年。现代经济增长可以定义为，人均国民收入会长期持续增加，当然人口数量及人类预期寿命也会有所增加。简而言之，现代经济增长的特征是人均国民收入长期持续的增长。

要真正了解中国经济，必须要追根溯源。18 世纪以前，中国在将近两千年的时间里一直是世界上最大最强的经济体。18 世纪中叶，随着工业革命的爆发与扩散，西方

---

①钱颖一教授曾绘制中国人均 GDP 两千年的变迁图。麦迪森于 2001 年将世界经济与中国经济的人均 GDP 变迁做了比较研究。工业革命以后世界经济增长速度极快，而在 1978 年以前的 2000 多年，中国经济及人均 GDP 增长都是比较缓慢的。

经济突飞猛进，中国经济在世界所占份额逐渐下降。1840 年鸦片战争中国战败是中国近代屈辱历史的开端。中国被动地成为以西方为主导的世界资本主义市场的组成部分。"师夷长技以制夷""中学为体、西学为用"的洋务运动并没有从制度上对中国进行改良。1894 年中日甲午海战和 1900 年 "庚子之乱" 使变法图强的呼声高涨，要求建立君主立宪制的呼声日益高涨，民主共和的思想也开始萌发。1911 年辛亥革命爆发，封建帝制被推翻。1917 年俄国十月革命给中国送来了马克思主义。1919 年五四运动爆发，觉醒的中国人举起了反帝反封建的大旗，引入民主与科学。中国面临着全盘西化和社会主义的选择。1921 年中国共产党在上海成立。陈翰笙通过田野调查阐明 20 世纪初中国为半封建半殖民地性质的社会。1945 年第二次世界大战结束，世界分为两大阵营，即以苏联为首的社会主义阵营和以美国为首的资本主义阵营。

　　1949 年中华人民共和国成立。如何在一个贫穷落后的农业国家建设社会主义？改变以农业经济为主的经济结构，实现工业化无疑是一条可供选择的道路。苏联从 1929 年开始，仅用了短短十几年的时间，就将一个贫穷落后的农业国家改造成一个工业化军事强国，这无疑是中国社会主义建设的现实模板，计划经济和优先发展重工业战略全面导入中国也就顺理成章。20 世纪 60 年代，冷战迫使中国开展大规模的三线建设运动。三线建设使重工业优先发展的战略得到了进一步强化。由于中国、朝鲜等国身处资本主义和社会主义两大阵营的对立前沿，而与之对应的是日本、韩国。重工业优先发展战略发挥了计划经济体制下集中力量办大事的优势，在很短时间内中国就建立起发达的资本、技术密集型产业和工业体系，跻身世界举足轻重的大国行列。中国的重工业优先发展战略是在特定的历史条件下形成的。由于西方国家对社会主义中国的封锁和军事威胁，必须优先发展重工业来打破西方国家的封锁。但这种依靠国家意志推动的经济快速增长很难长期维持下去。1952—1978 年，中国重工业总产值年均增长 12.1%，重工业所占比重从 35.5% 大幅提高到 56.9%。但这种轻工业与重工业失调的经济结构也导致资源配置效率不高、投资和消费比例不当、价格扭曲、工业企业效率低下，以及人民生活水平没有得到明显改善等问题的凸显。匈牙利经济学家科尔奈将社会主义计划经济称为短缺经济。在 1949—1979 年的 30 年时间里，中国是世界上不可小觑的大国，但人民生活水平却没有快速提高。

　　1979 年中国拉开了以经济建设为中心的改革开放序幕。薛暮桥提出以公有制为主体、多种所有制经济共同发展的商品经济模式。由计划经济到商品经济再到市场经济的认知过程，在当时的中国可谓石破天惊。从以计划调节为主、市场调节为辅，到发挥市场资源配置的决定性作用，无不体现着我们对社会主义市场经济体制认知的深化。改革开放使中国经历了从重工业优先发展战略到发挥比较优势的工业化发展战略的转型。从 20 世纪 80 年代开始，轻工业增长速度明显快于重工业；从 20 世纪 90 年代起，

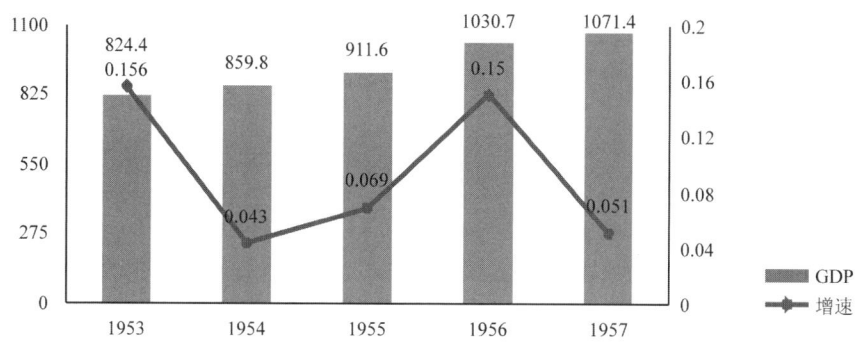

图 4-3　1953—1957 年"一五"计划期间 GDP（亿元）及增速
（数据来源：国家统计局）

轻工业和重工业发展基本均衡。20 世纪 80 年代开始设立经济特区，实施沿海开放战略。20 世纪 90 年代，中国开始恢复关贸总协定（GATT）缔约国地位谈判；2000 年中国加入世界贸易组织（WTO），从而融入经济全球化的浪潮。到 2021 年，中国 GDP 已占世界总量的 18.5%，经济总量位居世界第二。

2. 中华人民共和国成立以来中国的经济变革

中华人民共和国成立以后，曾进行过三次较大的经济变革。

第一次经济变革是新民主主义革命时期，即 1949—1952 年。当时中国经济主要分为五大类：国营经济、合作社经济、农民和个体手工业者的个体经济、私人资本主义经济和国家资本主义经济。到 1952 年底，实现国民总收入 589 亿元，其中国营经济占比 19.1%、合作社经济占比 1.55%、个体经济占比 71.8%、私人资本主义经济占比 6.9%、国家资本主义经济占比 0.7%。1950—1952 年，由于国民经济处于恢复时期，这 3 年的 GDP 平均增速达到 22.9%。

第二次经济变革是 1953—1957 年，即第一个五年计划时期（图 4-3）。1953 年中国提出向社会主义过渡时期的总路线和总任务，即在 10 到 15 年或更多一些时间内，基本完成国家工业化和对农业、手工业、资本主义工商业的社会主义改造。1953—1957 年，中国历史上第一个五年计划开始执行。这一时期，国民收入总额由 824.4 亿元增长到 1071.4 亿元。其中，国营经济占比由 19.1% 上升到 33.2%，合作社经济占比由 1.5% 上升到 56.4%，公私合营经济占比由 0.7% 上升到 7.6%，私人资本主义经济占比由 6.9% 下降到 0，个体经济占比由 71.8% 下降到 2.8%，国民收入年平均增长幅度达 11%。1956 年底基本完成社会主义改造。1958—1978 年，中国的基本经济制度和经济体制都没有发生根本性变化。其间中国经历了"大跃进""三年困难时期"（1959—1961）、"文化大革命"（1968—1978）。到 1978 年，中国国民经济陷入严重困难。

1978 年党的十一届三中全会召开，确立了以社会主义经济建设为中心的改革开放方针；1979 年开启了中华人民共和国成立以来的第三次经济变革。中国自此进入经济

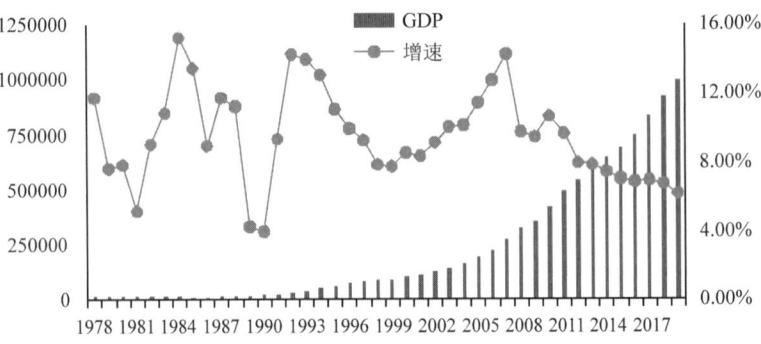

图 4-4 1979—2019 年 GDP（亿元）及增速

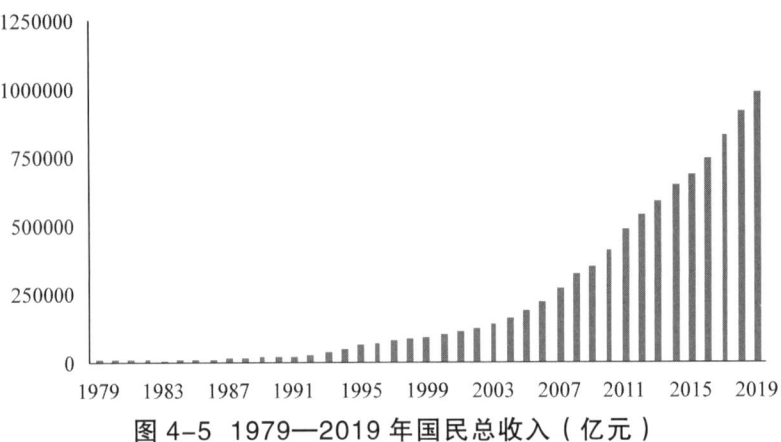

图 4-5 1979—2019 年国民总收入（亿元）

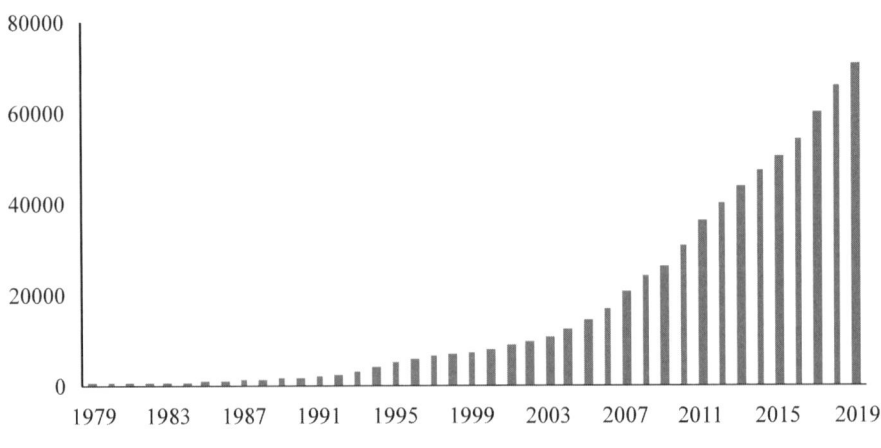

图 4-6 1979—2019 年人均 GDP（元）

（图 4-4 至图 4-6 数据来源：国家统计局）

增长快车道（图 4-4 至图 4-6）。1979—2019 年 GDP 平均年增长率达 9.39%。

历史和政治差异对中国经济现代化有着重要影响。中国在鸦片战争前长期为世界经济强国、大国，而鸦片战争后逐渐丧失主权，经济开始衰退。十月革命使中国选择了社会主义道路，中国历史与政治发展道路发生改变，经济开始复苏。中华人民共和国成立以后，国民经济迅速恢复和增长，后因历次政治运动，国民经济发展速度缓慢。改革开放以后，中国经济得到迅猛发展，一跃成为世界第二大经济体。取得这样的成绩离不开这个阶段的时代背景与稳定的政治环境。由此可见，历史与政治因素对任何国家的发展都是极其重要的。

（二）文化地理因素：儒家文化的悖论

马克斯·韦伯在《新教伦理与资本主义精神》中指出：资本主义形成发展强调的是勤劳、节俭、积累、投资的新教伦理。不同文化的伦理观大致是相通的。儒家文化也有很多相似的特性。儒家文化强调勤劳、节俭、投资、教育，同时还强调社会秩序与尊重权威。尊重权威有利于社会秩序的稳定，而勤劳节俭有利于积累和投资，这为工业化提供了社会或经济基础。20 世纪 70 年代东亚的日本、韩国、新加坡和中国的台湾、香港地区经济快速发展。这 5 个经济体都是受儒家文化影响较大的地区。这就让人们认为，儒家文化是日本和"亚洲四小龙"成为现代工业化经济体的主要原因。但是五四运动以来，儒家文化一度饱受诟病，甚至被认为是不能实现现代化的主要原因。而日本和"亚洲四小龙"成功跻身发达经济体行列，再加上今天中国改革开放取得的经济成就，这些不能不使人们对儒家文化的影响进行反思。过去把失败原因归咎于儒家文化，现在又将经济高速发展归功于儒家文化。由此可见，儒家文化对经济增长的影响是一个悖论。

如何解读儒家文化对经济增长影响的悖论？我们应从文化的本初定义开始。也许文化功能学派对文化的准确定义有助于我们解读这一悖论。文化功能学派摒弃了过去文化学者注重文化形式变异的研究，而重视文化对人类生活的效用及功能，认为文化是人类生活和获取知识的手段，包括物质设备、精神方面、语言、社会组织。概括而言，文化包括一套工具及一套风俗——人体和心灵的习惯，它们都能直接或间接地满足人类的需要。文化功能学派更加注重制度、风俗、工具及思想功能，他们深信文化历程有一定的法则，这些法则蕴藏在文化要素的功能之中。如果我们将物质设备视为生产要素，将精神与人力资本和技术进步相对应，将制度和社会组织视为制度要素，那么我们就不难理解文化对经济的重要意义。

（三）制度因素对经济增长的影响

制度是经济增长的影响因素之一。意识形态、国家、伦理道德、产权制度等都是制度的主要要素。不同经济学家从不同角度出发解释了各因素对经济增长的影响。下面将针对意识形态因素对经济增长的影响进行细致分析。

凯恩斯认为，观念（意识形态），而非既得利益，才是对经济而言最危险的东西。道格拉斯·诺斯认为，意识形态是举足轻重的，意识是一个社会政治经济的制度基础。意识形态最重要的功能是证明现有政治体制的合理性和合法性。林毅夫认为：意识形态可以解释为一种人力资本。意识形态并非与生俱来，它需要人们花时间学习、了解和接受。意识形态是一种投资，当意识形态被接受以后，就会保持相对稳定，具有类似资本的特性。

意识形态的存在影响着经济发展。以下以现代社会主义与资本主义发展作为研究案例，重点论述在特定意识形态下经济是如何增长的。社会主义的发展建立在清除固有文化影响的基础上。其典型案例为中国进入社会主义初级阶段的象征——社会主义三大改造完成。此时，意识形态背景主导了整个国家的政治形势，自然也就主导了这个国家的经济增长方式。社会主义三大改造完成之后，中国迅速进入模式化的社会主义新时期。模式化的社会主义经济制度、政治制度、思想意识形态已完全确立。显而易见，自此中国的经济增长方式始终由意识形态所主导，在数十年的发展之中均由意识形态把控方向。而资本主义的发展是在经济发展过程中不断地充实、丰富意识形态内涵的过程。以往的世界近代史研究认为，西欧的发展道路具有放之四海而皆准的普遍意义。西欧道路其实主要是英国模式，其核心为工业革命所展现的经济变革。此处以英国资产阶级革命为例，资产阶级革命的前提是已具备发展资本主义的成熟意识形态背景。作为西欧道路的主要代表，英国模式是在经济发展过程中促成了民众意识形态的改变，进而使意识形态与经济增长相互影响。

综上所述，在经济增长过程中，意识形态的影响是方方面面的。从计划经济到中国特色社会主义市场经济，无不彰显着文化在经济增长过程中的主导地位。而西方从传统资本主义的经济增长，逐渐演变为帝国主义，再到现代资本主义，则是意识形态与经济增长相互影响的典型过程。

（四）技术进步对经济增长的影响

技术进步是直接促进经济增长的关键因素，同时也是经济发展的源泉。从广义上讲，技术进步指技术所涵盖的各种形式知识的积累与改进。由技术进步的含义可知，技术进步不仅可以促进技术创新，还可以节约能源资源，从而实现经济的可持续发展。从另一角度看，技术进步有利于劳动生产率的提高，因而有利于经济增长。西蒙·库兹涅茨对经济增长（即国家经济增长）的定义是为居民提供种类繁多的经济产品的能力长期上升。此种不断增长的能力是建立在先进技术以及所需制度和思想意识的相应调整的基础上的。由此可见，技术进步是经济增长的必要条件。技术进步已成为一国经济增长最重要的因素，也是现代经济增长的基础。

关于经济增长的研究众多。经济增长不仅仅是短期问题，更是长期问题。下面以全要素生产率方法对经济增长进行分析。目前全要素生产率已成为衡量技术进步最基本的指标。在经济增长中，资本积累固然重要，但技术进步更为重要。针对技术进步如何促进经济增长这一问题，索洛经济增长模型给出了充分解释。他用仅有的3个变量——资本的增加、劳动力的增加、创新和技术进步，分析上百个国家的百年经济发展历史，对未来经济增长做出有用的预测。

新古典经济增长理论（供给侧因素）中有一重要方程，即索洛方程：

$$Y = A * K^{\beta} * L^{1-\beta}$$

其中，K 为资本投入，L 为劳动投入，Y 为产出，β 为劳动力弹性系数，A 为索洛余数。索洛余数为衡量要素投入以外的因素对产出水平的贡献，因此也可理解为全要素生产率，即 TFP（Total Factor Productivity）。实现经济增长有两个途径，即增加经济资源投入和提高全要素生产率。通过增加劳动、资本、自然资源等投入实现的增长被称为粗放式增长；通过提高全要素生产率实现的增长被称为集约式增长。全要素生产率是指在生产过程中诸如技术、制度、人力资本、产业结构、经济开放程度等无法准确测度的因素（详见第十八章有关分析）。全要素生产率可分为需求侧动能、供给侧动能与结构转换动能三类。在对经济增长的研究中，通常认为经济增长过程中可利用的经济资源主要由劳动力和资本构成；从生产率要素角度看，主要包括人力资本和技术两项要素。我们深知技术和模式创新影响企业发展和经济增长质量，但这个过程比我们想象的要漫长、复杂得多。

GDP 作为衡量经济增长的重要指标，主要依靠投资（I）、消费（C）、净出口（X–M）这"三驾马车"。中国的经济增长与需求增长有着密切关系。在农业社会，中国需求主要以粮食为主；进入 21 世纪以后，中国人民的基本生存需求已得到满足，但经济增长并没有因生存需求得到满足而停滞。随着技术的进步，中国人民已经有了超越生存需求的新需求。这种需求是 21 世纪以来由中国经济增长动能转换而创造出的高质量需求，同时这种需求也促使中国经济发展方向转向经济发展质量，具体表现为中国大力鼓励新兴行业发展、支持传统行业改造、进行大规模创新投资等。通过深化教育与科技体制改革，从根本上激励人力资本投资，以全要素生产率持续增长的方式释放动能，带动中国经济进入高收入阶段。

三、经济增长的理论

经济增长理论是指一个国家或一个地区生产商品和劳务能力的增长。其研究始于亚当·斯密及其《国富论》。但他并未提出"经济增长"的概念，而是主要研究增加国家财富及收入途径，即实际意义上的经济增长。在亚当·斯密之后，李嘉图、马歇尔、熊彼特等人也相继提出增加社会财富的方式。"经济增长"四个字首次见于《就业、利息和货币通论》，由凯恩斯提出。在凯恩斯提高有效需求的主张中，增加投资是关键。增加投资可以扩大生产，增加国民收入。这必然会涉及经济增长问题，但由于前文所述原因，凯恩斯并未对经济增长理论进行深入探讨。直到二战之后，资本主义国家的经济飞速增长，社会生产力水平大幅提升，众多经济学家才开始从多个角度对经济增长理论进行研究。

（一）经济增长的预期理论

凯恩斯于 1936 年发表了《就业、利息和货币通论》，开启了经济学宏观总量的分析方法。凯恩斯推翻了萨伊定理，认为不是供给创造需求，而是有效需求决定产出或就业。按照凯恩斯的解释，资本主义危机的根源在于有效需求不足。正是因为有效需求不足，非充分就业才是资本主义的常态，而充分就业不是。根据凯恩斯的有效需求原理，总就业量决定总需求，失业是由总需求不足造成的，而有效需求不足的原因在于"三个基本心理规律"，即消费倾向、灵活偏好和未来资本收益预期。由于消费边际递减，心理上的灵活偏好和资本收益边际递减，当收入增加时，消费也会增加。预期是影响经济波动的决定性因素。凯恩斯认为就业水平、货币需求、投资水平和贸易周期都与预期有关。就业、货币均与经济增长有直接关系。

（二）经济增长的周期理论

"增长周期"概念产生于第二次世界大战以来美国经济和其他市场经济所表现出的不稳定性。经济增长周期理论着眼于经济扩张中仅由增长率减慢或阻滞而形成的衰退时期，是用于考察经济周期的理论框架。经济增长周期理论认为，经济始终处于"繁荣—萧条—危机—复苏"的波动状态，周期一般为 5~8 年，其中增长期只有 2~3 年，经济活动是短期波动的，增长速度是不稳定的。经济增长实际周期理论认为，在整个经济活动中并不一定存在绝对下降或下跌的变化，经济波动源于总供给变化。

（三）经济增长的创新理论

经济增长的创新理论最早主要从技术与经济相结合的角度出发，探讨技术创新在经济发展过程中的作用，主要代表人物是现代创新理论的提出者约瑟夫·熊彼特。经济增长的创新理论认为经济增长是创新的结果。熊彼特的经济增长创新理论主要包含以下几个观点：第一，创新是生产过程中内生的。在他看来，除了资本和劳动力会引起经济生活的变化外，还存在一种从体系内部发生的、促使经济发生变化的力量。第二，创新是一种"革命性"变化。"革命"意味着翻天覆地的改变，而正是这种"革命性"变化，使我们在一种非常狭隘和正式的意义上研究经济发展的问题。同时强调了创新的突发性、间断性，主张从"动态"的角度研究经济增长问题。第三，创新同时意味着毁灭。在竞争性经济生活中，新组合的出现意味着通过竞争对旧组织加以消灭，消灭方式各式各样。如完全竞争状态下的创新和毁灭往往发生在两个不同的经济实体之间，而随着经济的发展和经济实体的扩大，创新更多地表现为一种经济实体内部的自我更新。第四，创新必须能创造新的价值。在任何领域，发明与创新都相互联系。发明是新工具或新方法的发现，而创新是新工具或新方法的应用。只有发明在实际生活中得到应用，才有可能在经济中发挥作用。这种作用在经济上表现为创造新的价值。但这一理论自身也存在不足，它一味强调创新是新工具或新方法的应用，必须产生新的经济价值。这对创新理论研究也有着重要意义。第五，创新是经济发展的本质规定。在他看来，发展是一种特殊现象，它是在流转渠道中的自发和间断性变化，是对均衡的干扰，永远在改变和代替以前存在的均衡状态。因此，发展是经济循环流转过程的中断，即实现了创新。第六，创新的主体是"企业家"。熊彼特将实现"新组合"为职业的人称为"企业家"。只有实现了某种"新组合"的企业家才是名副其实的企业家。这就使企业家不再是一种职业，一般来说也不是一种持久的状态，企业家并不是一个从专门意义上讲的社会阶级。

按照熊彼特的观点，创新就是建立一种新的生产函数，把一种从来没有的关于生产要素和生产条件的"新组合"引入生产体系，以实现对生产要素或生产条件的"新组合"。经济发展就是整个社会实现了这种新组合。

（四）经济增长的货币理论

货币对经济增长的影响研究从重商主义时期开始。在主流经济学中，瓦尔拉斯一般均衡理论较有代表性。在该理论的瓦尔拉斯模型中，均衡价格形成的前提是市场出清，市场出清的结果是价格均衡的实现。这个时候货币的价值为零。一些经济学家根据货币的自然演进历程提出"需求双向吻合"的观点。该观点认为，最初的物物交换经济中存在一个极大的缺陷，即只有当交易双方的需求相互"吻合"时，交易才能成功。这就使得物物交换方式在劳动分工较为发达的经济中交易费用高昂。随着社会生产的发展，人们开始用"间接选择性吻合"取代"双向直接吻合"，以降低交易费用，从而促成了一般等价物的形成和货币的出现。

（五）库兹涅茨经济增长理论

西蒙·库兹涅茨是美国著名经济学家，他建构了国民收入核算体系，于1971年获得诺贝尔经济学奖，被誉为"美国 GNP 之父"。库兹涅茨的代表作《各国的经济增长》系统地研究了各国经济增长的问题。库兹涅茨认为，经济增长应关注长期因素。经济长期增长依靠技术革新的积累，技术革新的高速度和高扩散是经济增长的主要原因。要重视人口因素对经济增长的积极作用。库兹涅茨同时强调经济增长与结构有关系，经济增长与生产结构、消费结构的变换相联系。生产结构的改变对新需求的发生或扩大起着巨大作用，而新需求的扩大以种种方式对技术革新施加影响，从而形成高速的全面增长。

（六）经济增长的外生理论

经济增长研究可从不同角度进行，从而形成各有侧重的经济增长理论。经济增长的外生理论认为，经济增长是由经济理论不能预见的所谓外在的技术进步推动的，代表观点是索洛经济增长模型，其基本内涵是通过资本主义市场机制的作用调整生产中资本与劳动的组合比例，在不增加要素投入的情况下，借助不断进步的技术，通过改变生产函数，使生产函数向上移动，从而达到经济增长、充分就业均衡增长的目的。索罗经济增长模型改变了经济增长过程中技术进步对资本积累作用的解释，扭转了经济理论界的悲观情绪。

（七）自身能力与比较优势

自生能力是指在一个自由、开放、竞争的市场中，一个正常经营管理的企业不需要外力的扶持保护，即可预期获得可接受的正常利润的能力。该理论首次由经济学家林毅夫提出。自生能力与比较优势这两个概念高度相关，但各有侧重。自生能力着眼于一个企业的预期获利能力，比较优势着眼于从一个产品或产业在一个开放竞争市场中的竞争力，即前者着眼于企业，后者着眼于产业。两者共同取决于一个国家的"要素禀赋结构"[①]。最优产业结构的概念就是符合要素禀赋结构特性的产业结构。有了自生能力的概念，就比较容易理解最优产业结构。符合要素禀赋结构特性的产业结构就是最优产业结构；如果违背要素禀赋结构的特性，就不是最优产业结构。要想真正提高一个国家的产业结构和技术结构，就必须从改变这个国家的要素禀赋结构入手。现代发展经济学以改进产业或技术结构为目标的发展思路有很大弊端，这是因为没有很好地从改变要素禀赋结构入手来制定本国具有比较优势的产业战略重点。要素禀赋结构的改进是发展中国家实行发挥比较优势发展战略的关键。传统经济学观点认为，

---

① 要素禀赋结构一般指资本、劳动力、土地和各种自然资源的相对拥有量。出自林毅夫：《解读中国经济》，北京大学出版社2012年版。

发达国家与发展中国家最大的差距在于产业和技术结构不同，而实质上这种差距来源于要素禀赋结构不同。一个国家的发展目标应从提升产业、产品和技术结构转变为改进要素禀赋结构。林毅夫提出一国"资源禀赋（endowments）—比较优势（comparative advantage）—企业自生能力（viability）—符合比较优势的产业发展战略（strategy）—经济发展（economic development）"的理论框架（简称"ECVSE框架"），并发展了新结构经济学（New Structural Economics，简称"NSE"）的分析框架。通过新结构经济学的研究，探究经济发展的深层次原因。在对中国经济增长动力的研究中，林毅夫认为，中国经济中的有效市场和有为政府是中国经济增长的重要力量。政府推动与产业结构升级的双重作用为中国经济增长提供了强劲动力。

四、中国经济增长的流行观点评价

关于中国经济持续增长的动因，研究切入点、视角各不相同，观点纷呈。纵观各种观点，大致可以归纳为制度动因、要素动因、需求动因和其他动因四大类。国内外经济学家关于中国经济增长的研究成果很多，上述四大类归纳难免有以偏概全之嫌。目前关于中国经济增长，并没有一致性结论，就连同一个经济学家的解释也有可能是多元的。下面仅归纳主要流行观点：

（一）制度动因观点

制度动因包括市场制度、法律制度、产权制度、企业制度、贸易制度、汇率制度等。吴敬琏认为"制度高于技术"，市场制度的建立解放了被束缚压抑的生产力，这是中国经济持续增长的原因。张维迎的观点是"市场化的改革"和"企业家的崛起"为中国经济高速增长做出了巨大贡献。韦森认为中国之所以到20世纪80年代才出现近30年的"经济奇迹"，是因为在经济社会改革过程中引入市场资源配置方式，并逐渐确立市场经济这种"非刻意达致的结果"（un-intended result），而非中国独有的经济改革过程中地方政府之间的竞争。周其仁提出，制度的变迁和民营经济的发展是中国经济增长的核心动力。从上述学者的观点不难发现，制度在经济增长中发挥着重要作用。他们塑造了一个社会中关键经济主体的激励机制，尤其影响了对物质、人力资本、生产组织的投资和技术等。制度从根本上影响着市场份额的大小，进而影响分配方式，改变经济增长速度。

（二）要素动因观点

要素动因大致包括投资、投资效率、人口红利、企业及企业家等。曾繁华、罗长远认为，中国经济增长源于要素的不断积累和优化配置，而制度的持续调整与完善则强化了这一过程，同时技术进步、对外贸易及政府角色的转换也有效地推动着中国的经济增长。蔡昉的"人口红利说"认为，一个国家或地区如果恰好处于人口年龄结构最富生产性的阶段，且能对这种人口红利加以充分利用，经济增长就可以获得一个额外的源泉，从而创造经济增长奇迹。充分就业是利用机遇、保持经济持续增长的关键。张军则更加强调投资、投资效率、资本形成和劳动生产力提高在中国经济增长中的作用。发展经济学家刘易斯认为，经济发展的核心事实是快速的资本积累。在过去20多年中，随着高投资、高资本积累的工业化和城市化的加速，中国制造业的劳动生产率大幅提高，这是中国经济高速增长的根本原因。从推动经济增长的要素动因中可明显看出，一国经济增长受多个要素影响，不同因素的影响程度不同。上述学者在不同时间段立足于不同视角，阐述了不同要素的重要性，但就如何平衡这些要素之间的相互作用这一问题，并未给出解释。因此在未来探究要素动因对经济增长的影响作用时，还需进一步分析各要素在经济增长影响中的占比问题。

（三）需求动因观点

需求动因涵盖了出口导向的外需、不断扩大的内需、产业结构的升级等。刘瑞翔、安同良基于最终需求视角分析了中国经济增长的动力来源，认为中国经济增长主要源于最终需求的拉动，但动力来源结构在1987—2007年发生了根本性的变化。林毅夫认为，"因势利导型的政府"是产业升级和技术进步的最好推动者。经济增长的真正本质是技术的不断创新和产业的不断升级，只有这样，劳动生产力水平和收入水平才能不断提高，且这种创新主要应由政府主导推动。韦森在评介林毅夫的《新结构经济学》时说，现代经济增长的实质及其普遍性特征事实是持续性的技术创新、产业升级、经济多样化或收入增长加速。樊士德认为，结构变迁历来是经济发展与增长的重要动因，当经济发展处于转型升级阶段时，经济结构变迁则成为主要的驱动因素。需求侧因素作为拉动经济增长的有效手段，发挥着举足轻重的作用。中国是一个人口大国和出口大国，内需和对外出口量逐年递增，这又带动中国经济快速发展。进入21世纪以后，人民的需求已发生改变，高质量需求成为当下中国人民的需求形式，产业结构调整升级对中国来说迫在眉睫。

（四）其他观点

除了上述具有代表性的三个方面的动因观点外，关于中国经济高速增长的动因，还有诸如地方政府竞争、中国人经商精明、经济低起点等其他有关经济高速增长动因的观点。张五常提出，地方政府之间的竞争是中国经济高速增长的主要原因之一。张晖深化了张五常的观点，认为中国经济的高速增长得益于地方政府之间的竞争。地方政府竞争是中央与地方关系变迁的附属物，不同时期竞争的形式和内容不同。中华人民共和国成立以后的不同时期，中央与地方政府的关系变迁各有特点。改革开放以后的分权真正激励了地方政府为发展经济而竞争，即经济制度变迁引起了中央地方关系的变迁，进而引发了地方政府的竞争。本书作者认为，经济增长可以表述为经济组织与效率相关的函数，中国经济持续增长的动因是经济组织大量增加和经济效率大幅提升双重因素的结果。另有更宽泛的观点认为，中国经济增长是多重因素复合作用的结果。改革开放以来，学者对经济发展影响因素的研究更加深入、细致。众多学者支持地方政府竞争促进中国经济发展这一观点，地方政府之间的竞争由"为经济增长量的竞争发展到了为经济增长质的竞争"。从当前中国社会的发展现状来看，财政分权体制在中国已逐步确立，地方政府利益独立化，政府之间的竞争也越来越激烈。如何加大此类竞争方式对经济增长的正向作用，找出经济增长效益最大化区间，是当前应重点考量的问题。

五、市场配置资源的决定性作用

党的二十大要求"构建高水平社会主义市场经济体制""充分发挥市场在资源配置中的决定作用，更好发挥政府作用"。历史经验证明：市场不可能独立有效地运行，政府也并非无所不能。市场失灵与政府失灵都可能存在。中国经济增长动能在结构上已经转变为要素、企业、居民等微观主体动能，当前应切实遵循市场规律，让市场在资源配置中发挥决定性作用。全面精简政府职能，用政府职能和政府权力的减法换取市场活力的乘法。理顺政府与社会、市场之间的关系，合理划分三者边界，从而培育高效率的经济组织，促进中国经济持续增长。另外，文化对于推进一国经济的发展有着不容忽视的作用。凡是比较发达的经济体系，其物质产品和精神产品生产都必然比较发达，具有较强的国际竞争力。社会主义的根本任务是解放和发展生产力，发展生产力的目的是满足人民群众日益增长的物质和文化需要。在强调市场对资源配置的决定性作用的同时，有为的政府、完善的社会组织、先进的文化观念对市场经济的发展而言都是不可或缺的。

问题与思考

1. 简述经济增长的主要理论。
2. 影响经济增长的因素有哪些？
3. 如何理解经济增长的意义？
4. 简述政府和市场在经济增长中的作用。

第五章
创新经济学：
中国的"双创"

创新是引领发展的第一动力，是建设现代化经济体系的战略支撑。

——习近平

本章概要

创新经济学的历史脉络

熊彼特的创新经济学

国家创新体系建设

"双创"：大众创业、万众创新

关键词

经济增长　大众创业　万众创新　技术创新

　　2015 年 10 月，党的十八届五中全会首次提出"创新、协调、绿色、开放、共享"的新发展理念，其中"创新"在新发展理念中居于首位。2017 年 10 月，党的十九大报告强调："加快建设创新型国家。创新是引领发展的第一动力，是建设现代化经济体系的战略支撑。"建设创新型国家和创新发展理念是中国改革开放 40 多年来学习借鉴国际创新理论的精华，是结合中国发展实践的经验总结和理论指导。2022 年 10 月，党的二十大报告再次强调，要"完善科技创新体系""坚持创新在我国现代化建设全局中的核心地位""加快实施创新发展战略"。

　　2014 年 9 月，时任国务院总理李克强在天津达沃斯论坛上公开发出"大众创业、万众创新"（以下简称"双创"）的号召。中国经济从 2014 年开始步入"新常态"，中国开始从供给侧结构性改革入手寻找新的发展动力。全面推动"大众创业、万众创新"能否成为新常态下经济发展的"双引擎"？由于"双创"涉及创新和企业家两个范畴，有必要从熊彼特的创新经济学理论与企业家理论入手，系统地梳理创新经济学的历史发展脉络、分野及在中国的理论与实践，希望能对中国"双创"有所启示。

一、创新经济学发展的历史脉络

（一）熊彼特创新理论的发展与分野

熊彼特于 1912 年出版《经济发展理论——对于利润、资本、信贷、利息和经济周期的考察》一书，率先提出创新的基本概念和理论，并将创新定义为五种新组合：①产品创新（一种新产品）；②工艺创新（一种新的生产方法）；③市场创新（开辟一个新市场）；④供应链创新（一种新的供应来源）；⑤生产组织创新（一种工业的新组织，垄断或打破）。

熊彼特是与凯恩斯同时代的伟大经济学家，他开创了把创新作为经济研究对象的先河，是举世公认的创新经济学之父。创新驱动发展理论是熊彼特创新经济学的核心理论，其要点可总结如下：所谓经济发展，就是经济内生的质变过程；推动经济发展的力量是创新；创新的发起者是企业家；资本主义本质上是实现创新的一种机制，持续的创新及其引起的结构变迁是资本主义的本质特征；波浪式运动是资本主义经济发展所采取的形式，创新的"蜂聚"会引发经济繁荣，而创新冲击之后的经济适应过程产生了衰退；资本主义社会现实中的竞争根本上是垄断性企业进行的创新竞争。熊彼特为经济学的发展做出了开创性贡献，这种开创性贡献使他的经济学说与包括新古典主义和凯恩斯主义在内的西方主流经济学有所区分。除了首次把创新作为经济学研究对象，他的重要贡献还包括：第一，发动中观经济学革命。熊彼特把企业创新视作经济变迁的动力源，创新驱动的经济变迁是产业层面上的一种现象，所谓经济结构变迁就是产业变化。熊彼特通过突出产业层次的重要性，构建起"微观（创新）—中观（变迁）—宏观（发展）"的经济学分析框架。第二，把经济发展视为创新驱动的衍化过程。在熊彼特的世界中，经济发展是一个持续的衍化过程——经济是异质的，经济成分具有多样性，市场竞争提供了选择机制，优胜劣汰持续发生，多样性被消灭。然而创新又创造了多样性，紧接着是选择、保留、创新，周而复始，历史车轮滚滚向前，"从不可改变的过去走向不可预知的未来"。第三，注重经济有机体自身机能的发挥，反对采取饮鸩止渴式的干预措施。在熊彼特看来，资本主义市场经济"繁荣—衰退"的周期性是经济有机体内在"创新—适应"机能的外在表征。周期波动是经济发展的形式，健康的经济不是没有波动的经济，而是能够激励创新发生、保障适应过程顺利完成的经济，其关键在于充分发挥经济有机体自身的调节功能。熊彼特批评凯恩斯主义的反停滞的干预政策是要制造一个"氧气罐中的资本主义——用人工器械来维持它的生命，让造成过去成功的所有功能发生瘫痪"，结果只能适得其反，这种停滞状态将永久地维持下去。凯恩斯关注的是宏观政策的短期疗效，而熊彼特却更关注宏观政策的长期影响，尤其是负面影响。

熊彼特还创立了企业家理论，赋予了企业家一个非常神圣的形象。他认为，企业家拥有一种梦想和意志，要去找到一个私人王国；拥有征服的意志、战斗的冲动；拥有创造的快乐。在他看来，创新精神是企业家精神最重要的元素。熊彼特的创新经济理论认为创新的主体就是企业家及企业。"企业家"的职能就是实现"创新"，引进"新组合"，所谓"经济发展"也就是整个资本主义社会不断实现这种"新组合"。按照熊彼特的观点，"创新"就是建立一种生产函数，也就是说，把一种从来没有过的关于生产要素和生产条件的"新组合"引入生产体系。

（二）创新经济学的发展

第二次世界大战后的很长一段时间内，熊彼特经济学的影响是微弱的。然而自 19 世纪 80 年代起，在熊彼特开创的道路上继续前行的一批人逐渐形成了所谓"新熊彼特学派"，代表人物包括纳尔逊、温特、多西、弗里曼、伦德瓦尔、佩蕾丝、艾奎斯特。他们一方面遵循熊彼特的思路，强调创新在经济发展中的核心作用，坚持有机、系统、开放的动态衍化观；另一方面发展了熊彼特的理论，更深入地揭示了创新的产生和传播过程，强调了国家在创新活动中的作用。新熊彼特学派的研究主要集中在三个领域：一是国家创新体系；二是经济长波；三是产业演进。西方经济学创新理论学派林立，新古典增长理论（外生增长理论）、新增长理论（内生增长理论）、演化经济理论等从不同视角论述了技术进步对经济增长的意义及内在机理，构成了庞杂的理论体系。这些理论的意义更多地体现在对具体创新政策制定和实施的指导上。国家在制定创新政策时，面对庞杂的知识体系，需要根据国情和时机进行权衡选择。

亚当·斯密以来关于经济增长的争论主要有：古典增长理论注重基础的制度因素和经济因素（包括政府作用、分工与市场、收益递减、比较成本、要素价值等）；新古典增长模型则用资本和劳动的投入来解释增长，把资本劳动比、资本产出比、储蓄率、劳动力数量、技术进步率等看成外生变量（即理论模型的参数），并把分工、财政、制度、文化、地理、资源等排除在分析模型之外。此后，相关理论进一步发展，基本沿着新古典增长理论的思路，逐步把上述的外生变量内生化（即把参数转化成自变量），并把模型外的其他因素纳入模型（即转成参数或自变量）。美国经济学家罗伯特·索洛等人率先把资本劳动比和资本产出比内生化；英国数学家、经济学家拉姆齐等人将储蓄率内生化；罗默内生增长理论的贡献则是把知识和技术创新内生化。

长波理论从历史衍化视角考察技术变革及其同更大范围的经济、社会、政治变迁的互动方式。技术变革不仅在企业层面影响着管理和组织，构成"技术—经济范式"变迁，而且也能作用于整个社会和政治调节系统，并受到后者的反作用，形成"技术—经济—社会范式"整体变迁和协同衍化。产业衍化研究是将创新置于产业衍进与转型的过程之中，指出创新与产业创生、成长和衰退之间的密切关系。该研究已形成路径依赖和产业生命周期等理论成果。

经过众多经济学家的努力，熊彼特创新经济学已发展为与主流经济学截然不同的经济学体系。它承认经济异质性，重视经济结构问题；把创新作为研究对象，把创新驱动发展作为研究任务；坚持动态、开放、历史、系统的世界观和方法论，注重对真实世界问题的分析；反对极端自由主义和干预主义，主张政府和市场的平衡性结合；敢于提出制度改革方案。熊彼特创新经济学的特征完全符合中国改革实践对经济学的客观要求。可以说，熊彼特创新经济学不仅为理解中国改革提供了方法论指导，而且在创新和创新驱动发展方面取得的一些研究成果具有很强的现实意义，可直接落实到实践中。

（三）技术创新与制度创新经济学

创新理论的产生和创新经济学的开端以熊彼特的经典著作《经济发展理论——对于利润、资本、信贷、利息和经济周期的考察》为标志。兰斯·戴维斯和道格拉斯·诺斯在 1971 年出版的《制度变与美国经济增长》中将创新理论分成了两个学派：一个是以技术进步和技术应用为研究对象的技术创新学派，另一个则是以制度变迁和制度形成为主要研究对象的制度创新学派。从此便产生了技术创新经济学与制度创新经济学两大分野。1971 年，诺斯将创新与制度相结合，考察了制度因素与企业技术创新和经济效益之间的关系。1974 年，弗里曼在其《工业创新经济学》中从创新的宏观经济学和微观经济学出发，建立了第一个较为系统的创新经济学理论体系。1976 年，罗森伯格通过分析技术、制度与经济变迁，为创新研究提供了一个更全面、更系统的视角。1987 年，弗里曼考察了二战后迅速崛起的日本经济，首次提出"国家创新系统"的概念。

（四）马克思关于创新的理论

马克思虽然没有直接使用"创新"这个词，但在马克思的诸多论著中曾出现过"创造""创立""发明""革命"等与"创新"含义相近的概念。已有研究将马克思创新理论中对"创新"的定义概括为：人们针对新的现实情况，有目的地从事一种前人未曾从事过的具有创造性、复杂性的高级实践活动，是人的自觉能动性的重要体现。[①]

---

①黄群慧：《论中国特色社会主义的创新发展理念》，《光明日报》，2017 年 9 月 5 日。

马克思强调的物质生产实践、社会关系实践与科学实验人类实践活动，与技术创新、制度创新、科学创新三种基本形式相对应。生产力理论是马克思主义理论体系的基石，也是马克思主义政治经济学最基本的内容。社会主义的根本任务是解放和发展生产力。把创新作为引领发展的第一动力，这种核心动力观是马克思主义政治经济学关于解放和发展社会生产力的思想在中国现有的历史条件和国情下的具体应用和发展。第一次产业革命的开端，珍妮纺纱机的发明者哈格里夫斯是英国的纺织工人，而常压蒸汽机的发明者纽可门是苏格兰的一名铁匠。这些发明对工业发展和人类进步的意义重大。

马克思还指出职业创新者的存在对创新的意义："发明成为一种特殊的职业。因此，随着资本主义生产的扩展，科学因素第一次被有意识地广泛地加以发展和应用，并体现在生活中，其规模是以往时代根本想象不到的。"

二、国家创新体系的比较

（一）国家创新体系建设

本书作者于 2002 年在《中外企业技术创新政策的比较研究》中较为系统地论述了国家创新体系对企业技术创新的影响和作用。[①]"国家创新体系"研究是把技术创新与社会、制度、政治等因素结合起来，从系统的角度研究一个国家创新能力的决定性因素。该研究关注国家层面，认为经济主要在国家层面运行，所以全球竞争主要是国家层面的竞争。对落后国家而言，不借助国家力量将无法改变创新竞争上的劣势。该研究坚持"体系"（系统）的视角，强调创新是创新主体之间和各环节之间复杂的交互作用的结果，创新过程是微观主体和宏观环境之间复杂的交互作用的结果，创新发生在网络系统和动态系统中；认为"创新政策是一个补充创新体系的自发发展的有意识的活动"。

（二）几种技术创新的制度比较

技术创新本身具有高度不确定性。技术创新不是一个孤立的事件，事实上它与一个国家的资源禀赋及其特殊性有关。国家创新体系具有多样性。事实上绝大多数创新活动主要集中在发达的工业化国家；而每一个国家的创新体制不尽相同，呈现多样性，其原因是自然资源的差异性、国家规模不同。英、美等国用于国防目的的创新优先于民用技术；而德国、日本等国的民用技术发展却处于优先地位。美国在军事工业中的R&D（科学研究与试验发展）活动居世界领先，北欧各国在民用领域的创新却更具活力。

[①] 罗新远：《中外企业技术创新政策的比较研究》，西北大学博士论文，2002 年 7 月。

1. 英美以金融市场为中心的市场制度

二战后，美国成为世界霸主，这很大程度上来自它对英国和德国科学技术及制度创新的创造性吸收、综合和超越。美国构建了一整套能够激励创新的制度和政策，依赖金融市场的风险资本解决投资问题,使创新活力经久不衰,促进了经济的可持续发展。从爱迪生发明电灯、莱特兄弟发明飞机，到比尔·盖茨创办微软公司开发出 Windows系统，这些持续不断的重大发明和创新，催生了新产业，大幅提高了美国的生产率，增强了美国的经济实力和综合国力。美国约 45% 的产品创新发生在四大都市地区——纽约、圣弗朗西斯科（旧金山）、波士顿、洛杉矶，只有约 4% 的创新发生在大都市圈以外的地区。[①] 创新具有巨大的溢出效应。城市是创新的主要发源地，重要专利和创新绝大多数源于大城市。为什么创新绝大多数发生在大城市？这是因为城市在一定地域范围内聚集了人口、财富、资源、建筑、服务、信息、大学等人类文明要素的载体，大城市巨大的集聚效应促进了创新。另外，美国完善的金融市场，知识产权市场，产品、人力、股票市场等和健全的法治环境有力地保障着其技术创新体制。

2. 德、日以银行为中心的市场制度

德国和日本政府的创新政策主要融入其科技、产业和教育等政策。日本政府特别强调产业、政府与研究机构在研究开发和创新活动中的有效合作，特别重视推动大企业研发部门作为创新的主力。新古典经济学认为竞争会促进技术变革，而垄断会阻碍技术创新。依此观点，在完全竞争的情况下中小企业最能有效地推动技术创新。加尔布雷斯则认为："现代社会的特征在于大企业体制，技术创新的主体不是个人，而是名为'专家组合'的集团，大企业会促进创新，而小企业则会妨碍创新。"而现实则表明，大企业在创新活动中具有明显的优势。不同规模的企业创新特点不同。中小企业的渐进性创新较多,大企业的突破性创新较多;中小企业对引进技术的模仿创新较多，而大企业更可能产出独创性的创新成果；中小企业主要致力于短期见效的创新项目，而大企业则更注重周期较长的创新项目。

3. 中国的国家创新体系

中国过去自上而下的计划创新制度在追赶阶段创新方面有明显优势。但这种制度无法有效地解决好激励、资源配置等问题。如果不能很好地解决创新的激励问题，发挥市场对资源配置的决定性作用，那么国家创新体系的效率就会大打折扣。

（三）制度创新的意义

创新对长期经济发展的重大影响举世公认。但创新从来不是单纯的技术创新，尤其是对于像中国这样的正在转型的发展中国家。我们应当深入思考最重要的是技术创

---

①布伦丹·奥弗莱厄蒂：《城市经济学》，中国人民大学出版社 2015 年版。

新还是制度创新。

1995 年诺贝尔经济学奖获得者卢卡斯提出，资本并没有从富裕国家向贫穷国家大规模自由流动的问题。我们称之为"卢卡斯之谜"。按照新古典经济增长模型，资本的边际收益递减。根据这一观点，资本充裕的发达国家应比资本相对匮乏的发展中国家的资本回报率低。那么，考虑到资本的逐利性，资本应由发达国家向发展中国家自由流动。但卢卡斯比较了美国和印度的资本回报率，发现印度的资本回报率要比美国高 40 多倍，但并没有出现美国资本大量流向印度的情况。如果所有国家都是法治下有秩序的市场经济，没有制度上的差别，也没有严重的自然灾害和不可应付的严重疾病，那么所有国家的经济发展程度应该趋同。但事实是，当今世界上不发达的经济体比比皆是。卢卡斯和保罗·罗默发展了经济学的一个新理论分支——新增长理论。二人抛弃了新古典增长模型中关于技术外生和规模收益不变的假设，采用收益递增的假设建立模型。由于允许资本（包含了知识）的收益不变或递增，罗默模型认为最发达的国家可能增长最快。卢卡斯则强调人力资本在经济增长中的关键作用，并界定了人力资本的外部效应。德国、日本、以色列、韩国、中国的香港和台湾地区依靠足够良好的市场经济制度，在创新方面表现出色。除了人力资本因素，"卢卡斯之谜"的谜底就是国家不够发达的主要原因是制度，是非市场制度或没有法治的无秩序制度限制了经济发展。如果认识不到制度的重要性，误认为技术决定一切，忽视技术发展和创新的基本制度条件，以强制的方式大规模推行技术创新，不但会事与愿违，而且可能由于制度原因，造成巨大的风险甚至灾难。由发展中国家到发达国家，必须先消除限制发展的制度，并以有利于发展的制度取而代之。消除落后制度、采用先进制度本身就是一个艰难的创新过程。

三、中国的国家创新体系建设

（一）对"韦伯之问"的反思

德国社会学家马克斯·韦伯提出一个疑问："为什么资本主义利益只影响了西方？而印度和中国却没有发生相同的事情。现代西方在资本主义利益的影响下，已经在科学、艺术、政治和经济领域走上了理性化的发展道路。为什么印度和中国没有取得同样的进步呢？"[①]17—18 世纪欧洲受笛卡尔理论的影响，理性主义得到广泛的传播。理性主义认为，人的推理可以作为知识来源的理论基础。该观点从本质上体现了资产阶级

---

① 马克斯·韦伯：《新教伦理与资本主义精神》，江西人民出版社 2016 年版。

的科学和民主。现在的理性主义认为，人类的行为应该由理性这一正常的思维方式来支配。显然韦伯将西方出现资本主义归咎于西方特有的理性主义。韦伯于 1915 年发表了《世界宗教的经济伦理：儒教与道教》，比较了中国与西方国家的不同之处，并进一步提出"为什么资本主义不能在中国得到发展"的疑问。在深入研究中国古代史，特别是战国时期的历史和诸子百家之后，他指出，中国的城市虽然也是贸易中心，却不像欧洲的城市一样享有自治权。同业公会只会争夺皇帝的宠幸，却从来没有尝试联合起来争取更多的政治权利，所以城市居民也无法组成一个像资产阶级那样的独特阶级。按照韦伯的观点，没有独特的资产阶级，资本主义就无从谈起。

（二）"李约瑟之谜"给当代中国的启示

在构建国家创新体系的过程中，必须认真理解"李约瑟之谜"给中国的历史启示。在 18 世纪以前将近 2000 年的时间里，中国一直是世界上最大最强的经济体。那么为什么在 19 世纪中叶以后却衰落了？著名的"李约瑟之谜"包括两重疑问：其一是为什么在前现代社会，中国的科学、技术、经济非常发达？其二是为什么在现代社会，中国又成为技术落后的国家，没有维持原来的领先地位？简而言之，"李约瑟之谜"就是为什么工业革命没有在中国发生？解读"李约瑟之谜"的理论有文化决定论、国家竞争假说、专利保护假说、高水平均衡陷阱假说等。林毅夫认为，19 世纪以后，科学对技术进步的作用有了定论，几乎所有的新技术发明都要依靠科学知识的进步。科学增进了人们对自然界特性的理解，更为新技术的发明创造了很大的空间。18 世纪以后，欧洲出现了工业革命。工业革命最重要的特征是技术变迁的速度加快。技术变迁的速度能够不断加快，是因为经验的重要性已为实验所取代。"在前现代社会，经验主要用于生产农副产品。农民通过偶然的试错发明新技术。"[①] 为什么工业革命没有在中国发生的另一个社会政治制度方面的原因是，"以儒家思想为主要内容的科举制度可以说是一种制度创新。但是，这种制度安排并不鼓励人们学习数学和可控实验，后者恰巧是科学革命的关键。在西方国家产生了科学革命和工业革命之后，中国迅速从最先进的国家跌至低谷。"[②] 18 世纪以后，技术创新的范式发生了革命性的变化，科技创新率明显提高。18 世纪 60 年代，欧洲的工业革命标志着人类社会开始由农业社会进入工业社会。而中国长期以来奉行的自给自足的自然经济思想观念还停留在农业时代。面对浩浩荡荡的工业革命，中国完全没有任何思想启蒙、观念改变的准备，不知科举教育的弊端，科学人才的贮备严重不足。这些都使中国最后错失了

[①] 林毅夫：《解读中国经济》，北京大学出版社 2018 年版。

[②] 林毅夫、王飘怡：《李约瑟之谜和中国的复兴：新结构经济学的视角》，《新华文摘》，2018 年第 11 期。

这一次工业革命的机会。技术创新革命源于科学革命，而科学革命是以社会政治制度作为保障的。这是我们必须汲取的历史教训。

（三）构建中国国家创新体系

面对21世纪汹涌的第四次工业革命浪潮，2016年5月，中国出台《国家创新驱动发展战略纲要》，提出建设国家创新体系的任务。2017年党的十九大报告强调"建立以企业为主体、市场为导向、产学研深度融合的技术创新体系"，即促进创新链条有机衔接、创新体系协同高效，构建科学的创新治理体系。这一复杂的系统工程主要包括创新主体、创新能力、创新机制，以及各种资源优化配置的整体效能。创新主体包括企业、科研院所、高等学校、社会组织等。在制度安排方面，构建政府与市场相结合的机制，完善激励政策体系和保护创新的法律制度。在创新制度安排中，政府和市场作用的边界和机制是最容易引起争议的问题。我们习惯笼统地称"科技创新"，其实科学和技术是完全不同的两个概念。政府应该资助的是科学发明和基础科学研究，这是创新的理论基础。另外，对商业化创新也可给予一定政府支持。要严格区分创新和发明的区别，只有成功实现商业化的发明，才可称之为创新。要重视市场机制在创新要素配置中的决定性作用。如果混淆发明与创新，就会影响创新资源配置的效率。创新是经济发展的动力，企业利润源自技术创新，利润是对创新者的最好回报。但也要注意对创新激励的滥用会产生许多负外部性，从而破坏公平的创新环境。营造鼓励创新的社会环境，激发全社会的创新活力，是《国家创新驱动发展战略纲要》的重要组成部分。

四、中国"双创"的理论与实践

（一）"双创"的理论与实践

生产力理论是马克思主义理论体系的基石，也是马克思主义政治经济学最基本的内容。社会主义的根本任务是解放和发展生产力。创新是引领发展的第一动力与核心动力。习近平总书记指出："抓创新就是抓发展，谋创新就是谋未来。"自上而下全社会对创新引领和驱动发展的重视已成为中国发展的共识和迫切要求。其原因一是突破经济发展瓶颈，解决深层次矛盾和问题要依靠创新；二是从全球视野来看，抓住新工业革命带来的赶超机遇需要依靠创新。要化解经济发展中的瓶颈和深层次矛盾，实现经济增长方式的转型和经济社会持续健康的发展，根本出路在于不断推进科技创新，不断解放和发展社会生产力，不断提高劳动生产率。世界主要发达国家纷纷出台新的创新战略和政策，加强对人才、专利、标准等战略性资源的争夺，抓紧布局新兴技术，培育新兴产业。抓住新一轮工业革命和产业变革的历史机遇，解放和发展生产力的关键在于创业创新。改革开放以来，中国先后已出现过三次全民创新创业的高潮。第一次是 1978 年农村实行家庭联产承包责任制后掀起的乡镇企业、"草根经济"浪潮；第二次是 1984 年在城市实施国有企业改革和集体承包经营模式以及发展"个体经济"的创业浪潮；第三次是 1992 年邓小平南方谈话之后的"下海"经商浪潮。"大众创业、万众创新"的创业创新举措能否成为第四次新浪潮，引起了大众和经济学家的普遍关注。

"双创"的经济学意义是不言而喻的。"双创"能够促进就业，改善民生，有利于发展。其社会学意义更为重大。"双创"拓宽了社会纵向流动通道，打破了社会阶层固化，激发了社会生机活力，让更多的"草根"创业者通过自身拼搏、机会公平实现人生价值，创造社会财富，促进市场繁荣，推动社会进步。

（二）R&D 的强度与规模对创新的影响

R&D 的强度与规模是创新的两大支柱。在科技、经济和综合国力竞争日益激烈的国际环境下，拥有知识产权的数量和质量及保护、运用知识产权的能力和水平，成为反映一个国家或地区科技、经济实力以及综合竞争能力的"晴雨表"。中国从相对贫穷的国家一跃成为世界第二大经济体，"尽管中国在生产和规模方面表现得举世无双，但其竞争优势正被持久模仿——而非创新所钝化"这种流行于西方国家的观点正在受到越来越多的质疑与挑战。世界知识产权组织在 2015 年发布的《世界知识产权指标》中指出，中国在专利、商标、工业品外观设计等知识产权领域的申请量均位列世界第一，已成为世界知识产权事业发展的主要推动力。中国于 1984 年颁布《中华人民共和国专利法》，从 1995 年开始官方每年公布专利申请和专利批复的统计数字。如图 5-1 所示，进入 21 世纪以后，中国专利申请和专利批复的增速明显加快。除 2014 年专利申请数和专利批复数为负增长（分别为 -0.67% 和 0.79%）外，其余年度均呈现高速增长的态势。2016 年发布的《世界知识产权指标》再次强调，中国是首个年发明专利申请量超百万的国家，申请量占全球总量的近 40%，超过美国与日本之和，继续引领全球。世界知识产权组织于 2017 年公布的《全球创新指数报告》中，中国在中等收入经济体中的排名由 2016 年的第 25 名上升至第 22 名。在 2017 年瑞士洛桑国际管理发展学院和世界经济论坛分别发布的《世界竞争力报告》和《全球竞争力报告》中，中国的排名都得到了跃升。以智能手机行业为例，中国的华为、中兴通讯等企业连续多年稳居全球企业 PCT 专利申请排行榜前三，市场占有率节节攀升，迅速成为全球高端智能手机的主要生产商。创新具有巨大的不确定性，因此只有大企业和大国才能维系较高的 R&D 强度与规模。从历史上看，美国半导体公司一直将其收入的 17%~20% 用于研发，大大高于世界其他地区半导体公司 7%~14% 的水平。美国半导体的研发强度、水平和规模使美国一直在半导体领域保持领先。

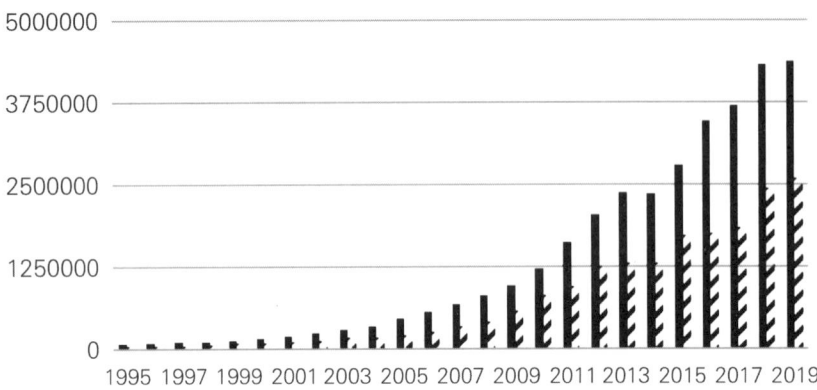

图 5-1 1995—2019 年中国专利申请情况

现在美国不断制裁华为公司并制造一系列经济摩擦，严重阻碍了双方经济交流和贸易往来，如果美国失去中国巨大的市场，其在半导体行业的 R&D 强度和规模就会极大地降低，这必然会打破现有的良性创新循环，长此以往将会影响美国在半导体领域的竞争力。

一个国家应将技术外溢效应最大化，研究与试验发展经费支出是其物质基础。另外，对研发采取税收优惠政策、完善产权框架等措施有助于促进技术的创新和传播。国际货币基金组织最新分析表明，目前全球研发支出仍然低于理想水平。2011—2015 年，发达国家平均研发支出占 GDP 的 2%，新兴市场国家只占 0.65%，而低收入国家只占 0.15%。如图 5-2 所示，从 2000 年起中国的研发支出一直保持较大幅度的增长，2013 年研究与试验发展经费支出首次达到 GDP 的 2%，2019 年则占 GDP 的 2.19%。

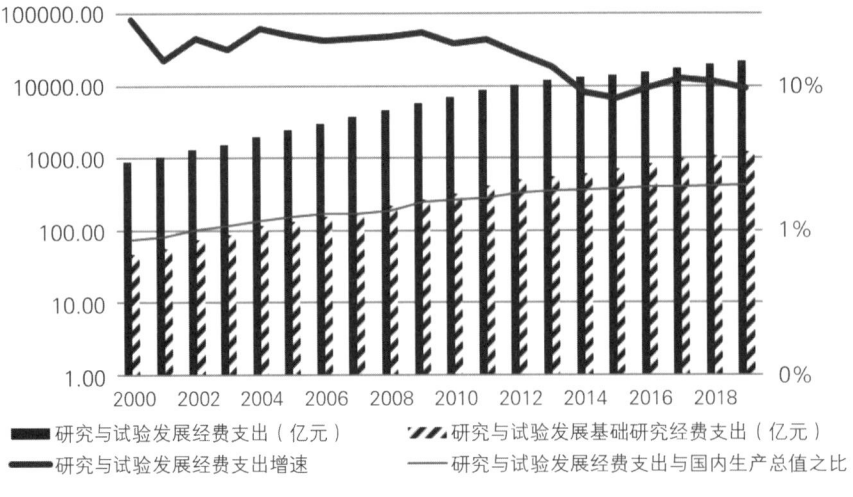

图 5-2 中国科研创新能力

研究与试验发展经费支出的加大，以及经费支出增速的提高，研究与试验发展经费占国内生产总值比重的提高，形成了良性创新循环，有力地推动了创新型国家的建设。

（三）企业持续创新的动力何在

根据凡勃伦《企业论》的观点，现代文明的物质基础是工业体系，而使它活跃起来的主导力量是企业。企业的动机是金钱上的利益，方法实质上是买和卖，而目的和通常的结果是财富的累积。企业的精神基础则出于所有权制度。"企业原则"是在所有权前提下的必然结果，是财产的原则、金钱的原则。[①] 而财产的现代理论可以追溯到洛克，他主张所有权是一种"自然权利"。更多的利润是对企业创新最好的激励。创新的利益何在？企业通过发现市场不均衡进行套利，用创新打破市场均衡而获利。创新中的知识创新和自主创新最为重要。

（四）知识产权对创新的影响

良性创新循环有赖于对知识产权的充分保护，有赖于核心技术和专利自由公平的市场交易。物质经济时代的发展主要以产品和能源的丰富程度来表征。物质生产开始过剩，能源问题得到根本性解决之后，科技创新便成为经济社会发展的主要驱动力。对知识的追求正在成为人类的主要需求，当前知识转化为财富空前加速，人类已进入知识经济时代。世界知识产权组织原总干事弗朗西斯·高锐表示："作为用以保护无形资产的重要工具，知识产权的地位在世界经济中日益重要，成为企业维持无形资本竞争优势的手段。当今全球价值链中的无形资本将逐渐决定企业的命运和财富。它隐藏在我们所购买产品的外观、感受、功能和整体吸引力中，决定了产品在市场上的成功率。"2017 年 11 月 20 日，世界知识产权组织发布了《2017 年世界知识产权报告：全球价值链中的无形资本》。该报告通过咖啡、太阳能电池板及智能手机 3 个行业的案例，揭示在全球销售的制成品中，近 1/3 的价值源于品牌、设计及技术等无形资本。2000—2014 年，知识产权等无形资本的份额平均占所销售制成品总值的 30.4%，在 2014 年就达到 5.9 万亿美元。中国的华为公司掌握移动通信 4G 技术超过 15% 的标准必要专利（SEP），与高通、爱立信和诺基亚等主要国际竞争对手处于同一层面，且仅在移动通信技术领域获得的专利许可费用就占全部中国企业专利许可费用总额的近 30%。在 5G 方面，华为更是一骑绝尘，遥遥领先。

知识产权法的法理采取知识公开、权益垄断的原则。创新的制度条件需要完备的知识产权保护法律体系。企业家对产权保护（自由、产权、法治）更为敏感和强调。发达国家由于具有完善的所有制制度，技术创新容易产生蜂聚效应；而对发展中国家来说，最为重要的是制度创新，要增强企业对长期稳定的制度预期，才能激励其积极

---

①凡勃伦：《企业论》，商务印书馆 2011 年版。

创新。

中国知识产权保护是一个渐进的过程。《中华人民共和国商标法》（1982）、《中华人民共和国专利法》（1984）、《中华人民共和国著作权法》（1990）相继颁布。2021 年 6 月 1 日开始实施的《中华人民共和国专利法》（2020 年修正）将知识产权侵权的法定损害赔偿额由之前的 1 万 ~100 万元人民币提升至 3 万 ~500 万元人民币，并且扩大了地方知识产权局的权力，加强专利的行政执法，有助于更好地打击盗版。中国还成立了专门的知识产权法院。专利侵权的最新司法解释完善了侵权举证责任、损害赔偿额计算方式，以及海关对贸易相关的知识产权侵权的公开透明报道等做法。

五、"双创"的进展及"担忧"

世界上所有能快速崛起的发展中国家，最需要创新的一定是制度，而不是技术。经济不发达的主要原因是制度缺失，非市场制度或没有法治的无秩序制度限制了经济发展。强制推行技术创新而不管制度条件，意味着忽略创新中的一个非常基本的问题——支持持续创新激励机制的构建。

（一）"双创"政策回顾

中国于 2015 年陆续发布了诸多有关"双创"的政策文件，主要包括：3 月 11 日，国务院办公厅发布《关于发展众创空间推进大众创新创业的指导意见》；6 月 11 日，国务院正式出台《关于大力推进大众创业万众创新若干政策措施的意见》；9 月 8 日，科技部发布《发展众创空间工作指引》；9 月 26 日，国务院出台《关于加快构建大众创业万众创新支撑平台的指导意见》。

（二）"双创"应该注意的问题

由各级政府机构、企业、大学、科研院所强力推动的"大众创业、万众创新"取得了不少成效。但这种以行政手段大规模推动创新的方式引发了一些担忧，主要如下：

首先，中国经济正面临一些挑战，其原因之一是一些法律规章制度存在滞后性，已不能完全适合当前的经济形势。不改革这些制度，以行政手段大规模推动创新，不仅不会如愿以偿，反而可能带来一些风险。制度创新的核心是改革和完善市场制度、政府管理制度等。制度创新是全面创新的基本条件。不顾制度创新和经济发展水平而大面积推进技术创新，很可能适得其反。

其次，以行政手段推动大规模的技术创新，会给欺骗性项目提供生存的机会，以致"劣币驱逐良币"，真正的创新者反而有可能得不到应有的资源和支持。

最后，如果认识不到制度的重要性，误认为技术决定一切，忽视技术发展和创新的基本制度条件，以强制行政方式大规模推行技术创新，可能事与愿违。

（三）“双创”工作的启示和对其的建议

当前世界经济进入调整期，由 20 世纪 90 年代初到 21 世纪初的快速增长变为深度调整的中低速增长，世界经济结构调整正在更广的范围展开。中国经历了改革开放以来 40 多年的高速发展，也进入了发展模式转型期。这一系列内部和外部因素决定中国经济已进入新常态，在使增长速度放缓的同时，也给中国经济转型升级提供了新机遇，促使中国经济在更有质量、可持续的基础上保持中高速稳定增长。目前，供给侧结构性改革正在全面开展，“大众创业、万众创新”已经成为中国经济继续前行的“双引擎”之一。对“双创”工作，在此给出以下建议。

1. 加强政府引导和支持

中国政府出台了大量政策支持国内的“双创”建设，极大地推动了国内创新创业工作的开展。其他国家也开启了“双创”建设，但是由于国情不同，各国政府实际支持“双创”的做法也各具特色。国外资源集中，绝大多数“双创”型企业都扎堆首都，政府的各项政策能得到迅速落实，几乎所有被政府认可的“双创”型企业都能够得到财政补贴。而中国市场庞大，各地经济发展水平不均，各地落实和执行情况也不尽相同；各地方政府在国家政策的引导下也制定了许多适合本地的“双创”政策。但与此同时也出现了“众创空间”、孵化器数量过剩的情况。国家财政补贴有限，不可能对所有项目进行支持。因此，建议政府继续加强引导，合理规划财政投入和社会资源的使用，使“双创”真正成为经济发展新的动力。

2. 开拓新型经营方式

“众创空间”是创新创业孵化链条的重要组成部分，既具备创业孵化载体的一般特点，也具有鲜明的自身特征。目前中国的“众创空间”多以营业性餐饮的形式出现，低成本和便利化的优势非常明显。在中国，一般初创企业的目标客户大部分都在国内。而相对地，法国初创企业的发展目标基本都着眼于国际市场，注重英语网站的建设和品牌的打造。企业在起步阶段善于向专业的创业导师学习，申请政府补助比较容易；同时，法国的“众创空间”基本以专业公司的形式出现，注重孵化过程的全要素融合，重视规范管理，通常由创业者自己创办公司，且绝大部分的初创企业都具有国际视野，将欧洲甚至全球市场作为其发展方向。我国“众创空间”发展可借鉴法国模式，不仅关注初创企业的起步阶段，还应加强对初创企业后期发展的支持。另外，可将发展目光投向全球，积极发展“离岸孵化器”“远程孵化”等全新的孵化方式，灵活运用全球资源。

3. 提高"双创"项目质量

我国"双创"企业目前绝大多数是基于"互联网+"的小创业型公司。虽然很多公司都具有创新理念和思维，但是离创新引领行业发展的目标还很远。而法国的很多"双创"公司从初创阶段就着眼于某个行业的发展趋势，从宏观上占据该行业的未来市场。因此，建议我国重视扶植真正具有创新能力的企业，并努力支持其发展成行业的"领头羊"，成为具有强大品牌价值的创新型企业。

4. 完善"众创空间"服务功能

目前我国的"众创空间"大部分通过提供场地和餐饮设施吸引和聚集创业者，从而实现盈利。建议我国的"众创空间"合理借鉴法国同类机构的运营方式，并结合国内高新技术开发区、创业园等的经验，完善各项服务功能，包括：为不同领域的创新者提供商业、管理、市场、法律、税务等方面的专业培训；提供产学研一条龙的专业化技术创新服务；利用天使投资、众筹等方式，为"双创"型企业提供融资服务；建立"双创"导师队伍，提供长效服务；积极开展项目路演、宣传推介等活动，举办各类创新创业赛事，为创新创业者提供发展平台及申请政府支持等服务。

5. 推动"双创"国际合作

充分利用全球创新创业资源，积极鼓励、支持国内"双创"企业"走出去"；有效整合利用国外资源和国际市场，扩大中国"双创"的国际影响；开展与海外资本、人才、技术项目及孵化机构的交流与合作，实现创新创业要素跨地区、跨行业的自由流动；利用"中国创新创业大赛"等方式，将中国的"双创"企业推介给国际社会。同时，积极将国外先进创业孵化理念和模式、创新项目、创业人才"引进来"，为其搭建国际创新创业合作平台，开拓合作业务，推动我国创新能力建设。通过"双创""走出去"和"引进来"的有机结合，不断营造我国创新创业的良好国际环境，进一步激发创新创业的活力和潜能。

综上所述，创新发展是摆脱旧常态增长困境、实现新常态健康发展的钥匙，是实现经济长期中高速增长的不竭动力源泉。客观经济形势也决定了供给侧改革的根本目的是找到这个动力源泉，然后塑造好、发挥好这个源泉的驱动力。中共中央、国务院决定实施国家创新战略，建设创新型国家，让创新成为经济增长的根本驱动力，其意义也在于此。能否建成创新型国家，决定着中国的前途命运。这就要求我们把经济发展政策的重心转向认识创新、适应创新和引领创新。倡导创新文化是建设创新型国家的精神力量，建设国家创新体系是建设现代化经济体系的重要内容。从创新文化到创新型国家，再到现代化经济体系，这是我们分析问题和制定政策的逻辑链条。全面建成社会主义现代化强国，实现中华民族伟大复兴的中国梦，迫切需要贯彻新发展理念，弘扬创新精神，用创新文化培育中国的企业家、科学家和广大人民群众，真正形成促进创新，特别是颠覆性创新的文化环境。通过自主创新推动技术和产业升级，使我国真正进入全球价值链的高端，从经济大国迈向经济强国。

问题与思考

1. 如何理解熊彼特的创新观点？
2. 简述各国创新政策的异同和绩效评价。
3. 简述国家创新体系建设问题。
4. 如何看待"大众创业、万众创新"？

第六章
产业政策经济学：
林、张产业政策之辩

本章概要

产业政策
选择性产业政策
功能性产业政策
外部性
市场失灵

关键词

经济增长　产业政策　外部性　市场失灵

从 2016 年 8 月林毅夫的演讲《经济发展有产业政策才能成功》，到张维迎的文章《为什么产业政策注定会失败》，林张二人围绕产业政策展开了长达数月的多回合隔空激辩。2016 年 11 月 9 日，两位经济学家同时出席产业政策思辨会，面对面展开辩论。此后不久的 2016 年 11 月 20 日，张维迎在奥地利经济学年会上发表的主题演讲，就其之前与林毅夫关于产业政策争论的一些经济学问题，进行了进一步澄清与阐释。

一、林、张关于产业政策的观点

林毅夫与张维迎这两位经济学家公开辩论的主题是中国政府"产业政策的是与非"。

林毅夫的观点是，如果没有产业政策，发展中国家不可能取得成功，发达国家也不可能持续发展。他强调外部性和协调失灵是需要产业政策的两个基本原因，提出比较优势战略，并进一步为制定产业政策提出六步骤甄别法。林毅夫在《新结构经济学》中还具体提出他的"增长甄别和因势利导框架"（Growth Identification and Facilitation Framework，即 GIFF）的"两步六法"：第一步是确定一国可能具有潜在比较优势的新产业；第二步是消除那些可能阻止这些产业兴起的障碍，并创造条件使这些产业成为该国的实际比较优势。在此基础上，林毅夫提出六项具体实施方法：①政府可提供一份符合本国要素禀赋结构的贸易商品、服务的清单；②在这份清单中，可优先考虑那些国内私人企业已自发地进入的产业；③清单上的某些产业可能是全新的产业，可鼓励外资进入，还可制订孵化计划，扶持国内私人企业进入这些新产业；④关注本国成功的私人企业，为新兴产业扩大规模提供帮助；⑤建立工业园区和出口加工区，为新兴产业的成长提供良好的基础设施和商业环境；⑥为国内先进企业或外资提供一定激励，如减税或其他优惠政策。林毅夫及其合作者希望通过上述"因势利导"的激励措施，帮助发展中经济体的企业实现技术创新、产业升级和经济结构的变迁，实现整个经济体"有活力的可持续增长"。

林毅夫在 NSE 框架中更加"强调市场在资源配置中的核心作用"，因而基本主张"市场应该成为经济的基础性制度"。他在强调"市场应是资源配置的基础性制度"的基础上，又对所谓新古典经济学"自由放任"（laissez-faireist）的精神传统有所取舍，提出其发展经济学的第三个主要观点：政府在经济发展中在协调投资、减少外部性、增长甄别、因势利导从而促使一国要素禀赋结构升级和转变方面要发挥积极作用。林毅夫 NSE 框架的第三个主要经济学主张是：政府既不应完全取代市场，也不应无所作为，而应在经济发展中，尤其是在助推企业技术创新、扶植产业升级和实现经济多样化方面起积极的因势利导作用。他还进一步提出政府在一国经济发展中的"增长甄别和因势利导框架"。

张维迎认为，林的理论存在逻辑问题。人们不能用任何事实来证明什么事情是正确的，外部性和协调失灵都不能构成产业政策干预的理由，这也是米塞斯、哈耶克等人一直强调的观点。林的比较优势战略本身存在内在的逻辑矛盾，不能自洽；六步骤甄别法看上去逻辑缜密，但事实上试图按他的标准找出值得中国在制定产业政策时学习的榜样时又无法找到。张维迎认为由于认知限制和激励扭曲这两个原因，产业政策注定会失败。哈耶克特别强调认知问题。因为新技术和创新是不可预测的，所以政府制定的产业政策不可能成功。如果新技术和创新可以预测，那就不需要产业政策，因为如果可以预测的话，政府能看得到的，企业家更能看得到，产业政策多此一举。政府要做的是什么？就是保护个人自由和私有产权，建立法治社会，在这样一个制度环境下让企业家精神发挥作用，产业政策想要解决的问题都可以得到解决（当然不包括保护落后和既得利益者）。

二、林、张辩论的焦点问题

林毅夫和张维迎关于产业政策的辩论，一石激起千层浪，影响巨大。

（一）林毅夫的观点

林毅夫认为，为了解决逻辑上的矛盾，唯一的途径就是承认产业政策与市场并不矛盾，所以林毅夫的主要观点为有效市场和有为政府。他用于抵挡张维迎进攻的"盾牌"，是反复强调他并不否认市场是最有效的竞争机制，张维迎所反对的东西，他一样是反对的。可是这样一来，林毅夫的问题就变成，要说出新结构经济学所倡导的产业政策，有哪些是市场调节机制做不到的，或是比市场调节机制更有效率的，不能把市场机制下政府本应为市场提供的基础性服务统统纳入产业政策的范畴。

（二）张维迎的观点

张维迎的观点包括如下几个方面：第一，论证产业政策必要性的逻辑。不能因为成功的国家有产业政策，就认为是产业政策可导向成功，或者没有产业政策就不可能成功。这是一个很简单的逻辑关系。第二，逻辑上的问题更为关键。新结构经济学的核心，即"比较优势战略"，是自相矛盾的，逻辑上无法自洽。要素禀赋所决定的比较优势，原本就是自由贸易的理论基础，因为存在不同的比较优势，市场交换才会带来好处。林毅夫强调要根据比较优势来实施产业政策。如果这种产业政策是符合比较优势要求的，它本身毫无必要，因为市场本身就可以解决资源配置问题；如果产业政策不符合比较优势，那么它就违背了比较优势的要求，必然遭到失败。

（三）关于辩论的评价和后期的发酵

众所周知，西方发达资本主义国家的执政党及其执政集团，在做出关乎国计民生的重大决策之前，都要进行不同形式的公开辩论，特别是议会辩论更具民主决策的代表性。其实中国早在战国时期，一些诸侯国的国君在做出一些重大决策之前，也要"朝堂辩论"，正所谓"理不辩不明"。正因如此，这两位经济学家的公开辩论才具有不同凡响的意义。

林、张两位经济学家各持较为绝对的意见：一个认为中国非常需要产业政策，另一个认为中国不需要产业政策。这就使得整个辩论变成一个无法证伪的信念之争，很难深入下去，且很难为实际工作提出建设性意见。为什么这次辩论陷入了僵局呢？关键就在于政府对经济生活的干预内容不同、类型不同。我们需要对产业政策的来龙去脉进行梳理和回顾。

张维迎反对在宽泛的意义上界定产业政策，认为林毅夫所说的产业政策的范围过于宽泛，包括许多实际上不属于产业政策，而是政府在市场机制下基于其角色和定位固有的内容。林毅夫的矛盾是，在下定义的时候，为了强调产业政策与市场机制的区别，他与张维迎的界定大体上是一致的。但在展开论述时，他找不到一个不同于市场机制的、有效的产业政策来为自己提供支持，于是有意无意地将产业政策扩大化、宽泛化，混同于一个有效市场机制下的政府应当承担的角色。

林毅夫的政府理论恰恰是新自由主义的立场。早在 2013 年，北京大学的顾昕曾在《读书》杂志上连续刊发文章，评价林毅夫的新结构经济学。其中提到，世界银行对于政府在经济发展中的角色，曾提出过"五核心使命论"：①奠定法治的制度框架；②实施正确的宏观经济政策；③提供公共物品；④治理市场活动的外部性；⑤推进社会公平。可以看出，林毅夫强调的"有为政府"基本没有超出这个框架。而这个框架恰恰是张维迎的立场，即所谓米塞斯—哈耶克的立场，新自由主义的立场。哈耶克作为著名的自由主义经济学家，并没有完全否认政府的作用（区别于罗斯巴德一类的无政府主义立场），他是承认政府在法治秩序等方面的作用的。林毅夫在这次辩论中的亮点是，他也承认市场化、私有化、自由化是中国过去 40 多年经济发展成功的原因。如果说新结构经济学有什么意义，那就是它的提出能刺激中国的经济学家更深入、具体地研究中国政府在过去 40 年中国经济发展中的成败得失，而不是仅仅强调市场化、自由化、私有化的作用。这"三化"的作用应当成为一个基本共识。可惜的是，有人认为，林毅大所提出的新结构经济学，放在当前的人背景下，放在政府干预依然大量存在的情况下，更像是在为现状背书，甚至鼓励政府加强干预，而不是朝放松管制、鼓励创新的方向发展。

三、产业政策的由来及在中国的实践

（一）日本的产业政策

"产业政策"一词最早出现在 20 世纪 70 年代一位华裔美国经济学家的《经济意识形态与日本产业政策》一书中。本书详细介绍了日本在战后，特别是 20 世纪五六十年代所实行的产业政策实际上延续了日本战时的意识形态，这种意识形态的代表人物很特别，拥有两重属性：一个是马克思主义者；另一个，本书说得很客气，叫民族主义者。由于 20 世纪日本战时统计经济的沿袭和一批经济学家的助推，日本在 20 世纪五六十年代采取了一系列后来被命名为"产业政策"的政府干预经济的做法。这种产业政策主要有两种，一种是产业结构政策，另一种是产业组织政策。其中最重要的是前者。

日本东京大学的资深教授小宫隆太郎曾组织几十位经济学家用 2 年时间完成了一份研究报告——《日本的产业政策》。在该报告中，产业结构政策的核心内容就是"运用财政、金融、外贸等政策工具和行政指导手段，有选择地促进某种产业或者某些产业的生产、投资、研发、现代化和产业的改组，而抑制其他产业的同类活动"。用现在的话讲就叫作"有保有压，选择产业"。这种产业政策后来被叫作"选择性的产业政策"。但是，林、张辩论没有提到另外一个产业政策。这在中国从日本引进产业政策时已非常明显。1973 年第一次石油危机时，石油价格猛涨，日本出现了长达 4 年的经济衰退，从 20 世纪 60 年代 10% 以上的年均增长率下降到负增长，这时许多有识之士对产业政策提出了质疑。在 20 世纪 70 年代有一些经济学家认为日本的高速增长得益于产业政策，在石油危机发生以后，人们开始怀疑这套产业政策的正确性，特别是一些受过现代教育的经济学家提出了质疑。这些经济学家对日本 20 世纪 50 年代到 60 年代执行的"选择性的产业政策"进行了从政策到理论的深入批判。这些经济学家并不否定政府的作用，而是以新古典经济学为依据，指出在市场失灵的情况下，也应依靠政府的干预来弥补，恢复市场功能。在现实的压力和学者的批判之下，从 20 世纪 70 年代中后期起，日本开始将选择性的产业政策逐步调整为改进市场功能的产业政策，即功能性的产业政策。到 20 世纪 80 年代，东京大学另外一位教授把选择性的产业政策叫作硬性产业政策，把功能性的产业政策叫作软性产业政策，这时，日本开始从硬性产业政策，即运用补助金、低息贷款等干预市场的产业政策，转向软性产业政策，即以提供信息、引导民间企业为中心的一套政策。这种以提供有关产业结构的长期展望和国际经济信息为中心的产业政策变成日本主要的产业政策。

（二）产业政策在中国的实践

中国从 20 世纪 80 年代后期开始引进产业政策。但是这时有一个很大的遗憾，中国负责产业政策的官员中，很少有人知道还有软性产业政策，日本经济学界已对硬性产业政策进行了深入批判。1985 年在"中日经济学术交流会"上，小宫隆太郎就对时任国务院发展研究中心主任马洪说："现在流行对日本产业政策进行批判，认为硬性的产业政策是有问题的，我们几十位日本经济学家写了一本书，对产业政策做了全面的考察和讨论，我把这本书送给你。"马洪将这本书带回国，并让社科院日本研究所翻译成中文。该书于 1988 年出版，但影响很小，也没有人深入研究日本早期产业政策的机制和变迁。现在非常有必要重读《日本的产业政策》。中国上下对产业政策的理解的确存在偏差。日本经验告诉我们，选择性的产业政策的作用基本是负面的，而功能性的产业政策能起到更好的作用。

张维迎引用了 21 世纪一些美国、日本学者对当时情况的说明。日本在战后发展最好的产业并非得到了产业政策的特殊优惠。其实在小宫隆太郎的书里就有大量研究结果。他们选了 24 个在 20 世纪五六十年代取得最好成绩的产业，包括拉锁、录像机等，发现它们都是在没有得到政府政策支持的情况下发展起来的。在这些为数众多、取得高速发展的产业中，许多企业几乎是从零或极小的规模起步，依靠自己的力量得以壮大，因此这些企业的经营者对日本曾经普遍实行了系统而有力的产业政策的说法抱有最强烈的反感。

国务院在 1989 年 9 月出台了中国第一部产业政策，叫作《关于当前产业政策要点的决定》，要求计划财政、金融、税务、物价、外贸、工商行政管理等部门，通过经济、行政、法律、纪律手段和加强政治思想工作来确定所规定的产业发展序列目录。该文件后面有一个很长的附录，叫作"产业发展序列"，规定了哪些产业是重点产业，哪些产业的发展要受到抑制、要放慢。1994 年 4 月，中共中央、国务院颁布 20 世纪《90 年代国家产业政策纲要》，对产业结构政策、产业组织政策、产业技术政策、产业布局政策都做了细致规定。如"产业序列目录"就规定了鼓励哪些产业、产品、技术，以及哪些是限制的，哪些是禁止的。该做法即所谓"有保有压、有浮有控"。之后陆续发布的各种产业政策、发展规划、产品目录都用了这样的方法。用这种"有保有压、有浮有控"的办法来对经济发展进行干预，并不能适应市场化改革的需要。这一问题在 1992 年中共十四大确定市场经济改革目标以后显得更加突出，实现产业政策向市场友好的方向转型的呼声变得越来越高。长期从事产业政策规划和执行工作、时任国家计委长期规划和产业政策司副司长的刘鹤，在 1995 年的一篇论文中非常明确地提出，应当用功能性的产业政策逐步替代选择性的产业政策。政府要改善经济环境，尽可能地降低税负，改善法治环境。对企业而言，重要的是可预测性。如何提高可预测性，是政府应当考虑的，需要做很多。但不论发展哪一个行业，官僚都不能出现。在较为"幼稚"的经济发展阶段，产业政策是必要的，但同时也不能忽视产业政策可能产生生产过剩等负面效应。

（三）产业政策在世界

自 1955 年发展经济学家刘易斯提出"离开一个高明的政府的正面激励，没有一个国家能获得经济进步"之后，历史证明政府能发挥有效主导作用的国家经济快速增长的例子很多，而政府采取自由放任态度，不去解决市场失灵问题的国家很少能获得成功。

近年来，中国先后出台《新一代人工智能发展规划》《促进新一代人工智能产业发展三年行动计划（2018—2020 年）》，以 BAT（百度、阿里巴巴、腾讯）为代表的互联网巨头加速 AI 开发，欧美国家深感来自中国的竞争压力。面对这种压力，2019 年 2 月德国宣布：为了应对中国和美国的大企业（如华为、苹果）的竞争优势，特制定德国产业振兴规划。时任美国总统特朗普于美国东部时间 2019 年 2 月 11 日签署行政命令"美国人工智能倡议（American AI Initiaive）"。这是一项事关美国人工智能发展的国家级战略，从投资、开放政府数据资源、相关标准建设、就业危机管理，以及制定相关国家标准五大维度规划了美国未来一段时间的人工智能发展方向。该行政命令要求重点帮扶智慧医疗、智慧城市等领域，并明确表示了对来自敌对国家有关人工智能技术的跨国并购的排斥。2023 年 1 月 24 日，欧洲议会工业和能源委员会通过"芯片法案"立法草案，旨在通过吸引投资和建立生产能力来提高欧盟芯片供应的安全。由此看来，产业政策并非中国独有，世界各国都乐此不疲。

四、产业政策背后的经济学

张维迎和林毅夫关于产业政策的辩论提出了一些经济学问题。他们辩论的背后，一些基本经济学问题还有待澄清。第一，无论是林毅夫还是其他持类似观点的人，包括一些政府官员和学者，有一个根深蒂固的观念，就是所谓的市场失灵理论。但坚守自由市场观点的经济学家坚信市场是可以解决绝大多数问题的，前提是政府法制健全。第二，所有支持产业政策的人，都不理解企业家精神，或者说对市场中企业家如何行动没有正确的认识。第三，传统贸易理论在对比较优势与要素禀赋关系的理解方面存在误区。

关于市场失灵的问题。经济学的"市场失灵理论"是由完全竞争模型推出来的。根据福利经济学第一定理，完全竞争市场，并且只有完全竞争市场，是帕累托有效的，偏离完全竞争就存在效率损失。完全竞争假定没有外部性，没有所谓的垄断，没有信息不对称。反过来说，只要存在外部性，只要存在所谓的垄断，只要存在信息不对称，就存在市场失灵，就会带来效率损失。这就是政府干预的理论依据。

新古典经济学家认为，尽管完全竞争不符合现实，但它是一个理论标杆，也就是我们所期望的理想状态，我们可以由此检验现实中的市场在多大程度上偏离了理想，然后采取政策措施矫正它。只有在市场失灵的情况下，才需要政府干预，这听起来似乎是在捍卫市场。但他们没有认识到，按照完全竞争的标准，在现实市场中，垄断无处不在，外部性无处不在，信息不对称无处不在，因此，市场失灵无处不在，政府干预也应该无处不在。哈耶克早在 1946 年就指出，完全竞争实际上是没有竞争，而真正的竞争被当作垄断。

在竞争中要想与众不同，最好方式是创新。创新是真正与众不同的竞争，是市场中企业家竞争的最重要手段。市场经济带来的好处，主要是企业家创新的结果。

外部性无处不在。外部性本身并不构成任何政府干预的理由。如空气污染需要政府干预不是因为外部性，而是因为空气污染相当于一部分人给另一部分人放了毒气，侵害了后者呼吸新鲜空气的权利，当然应受到处罚。这时，政府干预实际上是在履行产权保护的职责，政府设定排污标准实际上是界定空气产权，气候交期就是交易产权。

关于信息不对称会不会导致市场失灵这一问题，哈耶克批判计划经济、政府干预的观点认为，恰恰是信息不对称才需要市场。市场建立在分工和专业化的基础之上，分工和专业化意味着每个人都仅有局部知识，不同的人懂的东西不一样，因此信息不对称是市场的基本特征，也是市场优越性的源泉。如果每个人的知识都一样，就没有任何市场可言了。市场创造了信息不对称，也提供了解决信息不对称的手段，这就是市场的声誉机制。建立品牌本身就是市场竞争的手段。信息不对称并不会导致市场失灵。观察表明，政府对市场干预最多的国家，也是市场秩序最混乱的国家。

现在判定林、张产业政策之辩谁胜谁负尚为时过早。林、张产业政策之辩的经济学实质问题可以概括为以下四点：第一，存在不存在市场失灵的问题，如果存在又该如何看待它？是依靠政府干预来解决问题，还是依靠市场来解决问题？新古典经济学和哈耶克的解决方案是截然不同的。第二，解决市场失灵的问题主体应是政府还是市场本身？第三，发现比较优势并将其转换为市场优势，这一行为的主体是国家还是企业家？第四，如何解决外部性问题，应由政府主导还是市场主导？

新古典经济学和新自由主义经济学的分歧是，后者坚信，在完善的法制条件下市场可以解决大部分外部性问题。但有专家学者认为，产业政策对于一国的经济发展是不可或缺的。纵观历史，一国在发展的起始阶段都有产业政策，即使已经成为发达国家，其经济发展和国家利益依然需要产业政策的支持。李义平教授指出，发展之初的国家，特别是后来被称为发展中国家的国家，之所以需要产业政策的支持，原因在于：第一，一国在发展之初要构成相对健全和具有竞争力的产业结构，需要关键性的四梁八柱式的产业，而一国发展之初又力量有限，必须集中力量才能形成关键性产业。放任市场选择，可能分散有限的资源，且市场多会选择短期内回报高的产业。企业的角度毕竟不同于国家的角度。第二，发展之初的关键性产业基本上是幼稚性产业。对于幼稚性产业如果没有适当的支持，一旦放在世界市场上与发达国家的同类产业竞争，多会招致失败。第三，发展中国家在发展之初市场体制并不健全，必须依靠政府的支持。换言之，这一阶段，政府仅仅提供亚当·斯密意义上的公共产品是远远不够的。而发达国家依然需要产业政策，原因在于：第一，在一些领域、一些产业，国家较之于企业，具有信息、角度、战略、力量上的优势。第二，竞争是一个过程，是不断进行的，新的起点有新的产业,有新的、更高层次上的幼稚性产业,尖端产业代表了一国的竞争力,在一定意义上决定着一国的国际地位,但其研发又具有不确定性,必须依靠国家的大力支持。如果仅仅指望企业去探索,可能会因为风险和不确定性而裹足不前。

当然,上述产业政策是市场经济下的产业政策,应当尽可能地发挥市场机制的作用,发挥竞争本身的魅力,尽可能直面产业而不是具体的企业,尽可能防止资源浪费和寻租的发生。

问题与思考

1. 简述功能性产业政策与选择性产业政策的异同。
2. 林、张产业政策之辩的实质问题是什么?
3. 简述你对经济结构调整的看法。
4. 简述你对市场失灵的看法,并提出相关建议。

第七章
企业经济学：
中国的国企改革

本章概要

国有企业
现代企业理论
国企改革国际比较
竞争中性原则
混合所有制改革

关键词

国有企业　企业理论　国企改革

从 20 世纪 80 年代开始，国企改革就一直是我国经济体制改革的中心环节。经过 40 多年的不断探索，我国国企改革取得了一定进展，国有企业的结构和效益都有了明显改善。时至今日，国企改革仍经常成为人们争论的焦点。未来如何推进我国国有企业改革，仍是经济改革的重中之重。那么，如何在我国经济发展进入新时代的背景下加快国企改革？国有企业的弊端如何根除？国企改革的战略方向何在？要做好国有企业的未来发展规划，我们先要系统地梳理一下我国改革开放 40 多年来国企改革的历程和国内外现代企业理论，借鉴国内外国企改革的实践经验，为判明我国国企改革的趋势及方向做一些尝试性探索。

一、中国国有企业改革发展脉络回溯

以 1978 年党的十一届三中全会作为历史分水岭,我国自此进入改革开放的新时期。作为我国国民经济中流砥柱的国有企业,改革势在必行。多年来国企改革从来没有停止探索的脚步。没有坚持不懈的勇于探索,就不会有国企的今天。回顾 40 多年坎坷曲折的改革之路,可以看到一幅波澜壮阔的改革开放史画卷。

(一)"放权让利"阶段(1978—1992 年)

国企改革的第一阶段为 1978—1992 年。我国自改革开放以来就开始了以放权让利、鼓励企业自主发展为主要内容的国有企业改革。当时人们认为通过改善国有企业内部的管理机制、引入竞争和鼓励机制就可以提高国有企业的发展效率,没必要进行产权变更。1979 年 7 月,我国颁布了《关于扩大国营工业企业经营管理自主权的若干规定》和《关于国营企业实行利润留成的规定》,其主要措施是下放财政和物资分配权,允许企业保留一部分经营利润,以激励企业内部管理层及员工的生产经营积极性。放权让利在一定程度上的确起到了刺激生产积极性、提高企业绩效的作用,但产权界限不明确使政府陷入"放权—收权—再放权"的死循环。1986 年 12 月 5 日,我国又发布了《关于深化企业改革增强企业活力的若干规定》。该规定指出推行多种形式的经营承包责任制,给予企业必要的经营自主权,企业经理人可根据市场供需状况和企业内部情况做出相应的经营决策。从扩大经营自主权到承包制的放权让利改革,一系列举措使企业有了一定活力。然而,在承包制下企业所有权和经营权分离,但所有权不能约束经营权,不能防止经营管理者对经营权的滥用,这极易导致管理者以权谋私。这种结果使一部分人认为,国有企业改革不能以承包制为方向,必须进行制度上的创新和彻底的产权结构调整,不然国企改革将寸步难行。但总体来说,在这一阶段,我国国有企业在各项政策的影响下有了一定活力,整体呈现扩张趋势。

(二)"抓大放小"阶段(1993—2002 年)

1993 年 10 月,党的十四届三中全会提出了企业改革的新思路,要在国有大中型企业建立现代企业制度,主要对国有大中型企业进行公司化改造,并指出现代企业制度的特征是产权清晰、权责明确、政企分开、管理科学。从此,我国的国有企业改革从上一阶段的"放权让利"转变为中小型企业民营化和大型企业制度创新。1999 年党的十五届四中全会提出了战略性重组的国企改革任务,还指出国有大中型企业通过规范上市、中外合作和企业参股等形式发展混合所有制企业。2002 年党的十六大报告再次指出:"除极少数必须由国家独资经营的企业外,积极推行股份制,发展混合所

有制经济。"1993—2002 年 10 年间，"抓大放小"政策刺激了企业的活力，我国的
GDP 从 1993 年的 35673.2 亿元增加到 2002 年的 121217.4 亿元（图 7-1），约增长了
3 倍，10 年间 GDP 平均增速约为 9.84%。在此期间我国鼓励中小型企业民营化，大型
企业建立现代企业制度，加之多种所有制共同发展的政策鼓励，集体经济、个体经济
及私营经济都有了很大发展，相对应地，国有企业由于战略重组出现了大范围的收缩，
国有工业企业由 1992 年的 103300 个直接缩减到 2002 年的 29449 个，不到 1992 年的
1/3（图 7-2）。

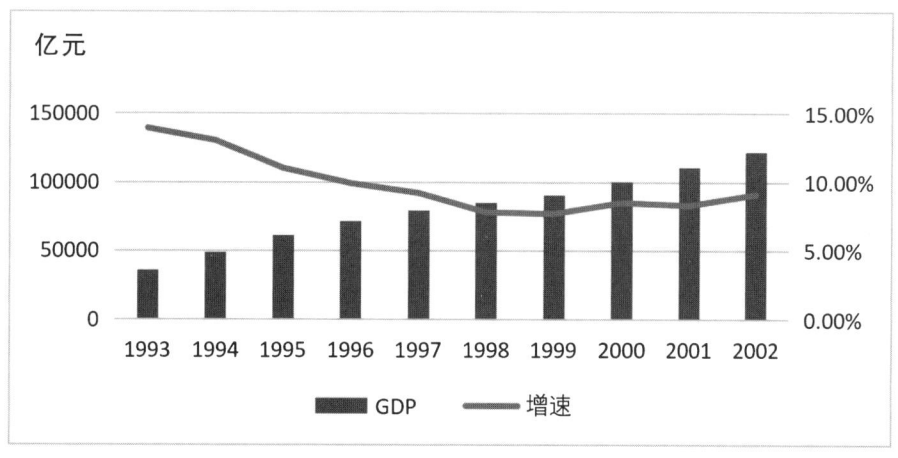

图 7-1　1993—2002 年 GDP 及增速

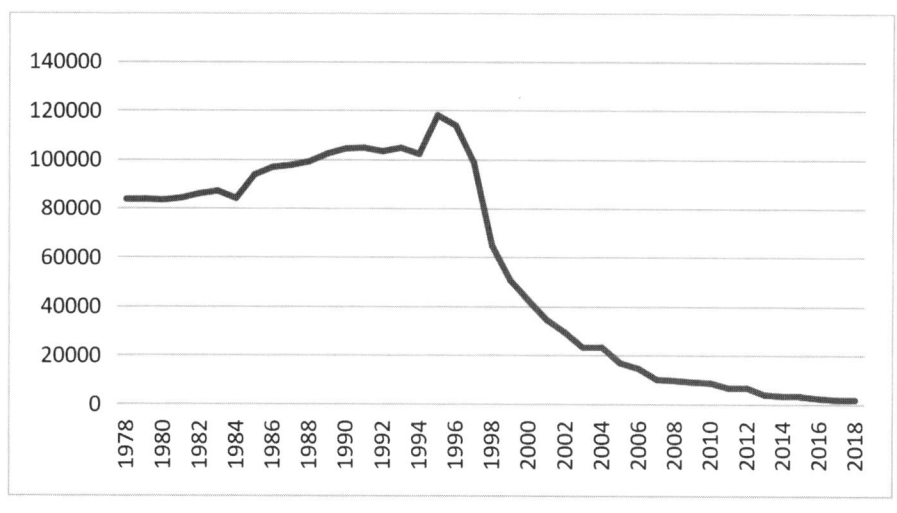

图 7-2　国有工业企业数

（三）"整体放活"阶段（2003—2012年）

进入21世纪，国有企业改革在完善的市场经济体制目标下深入进行，体制改革与结构调整并进。2003年国企改革进入第三阶段。2003年10月，党的十六届三中全会发布《中共中央关于完善社会主义市场经济体制若干问题的决定》，指出要大力发展国有资本、集体资本和非公资本等参股的混合所有制经济，同时要推进国有资本更多地投向关系国家安全和国民经济命脉的重要行业和关键领域。同年，国务院国有资产监督管理委员会（简称"国资委"）成立，原国家经济体制改革委员会并入国家发展计划委员会（之后更名为"国家发展和改革委员会"，简称"发改委"）。国企改革由上一阶段的"抓大放小"逐步转向国有经济布局结构的战略性调整。国资委成立后，对国有企业进行了机构改革与调整。这一阶段的国有企业改革主要采取重组与上市两种方式，通过重组，国有企业户数大幅减少，国有企业逐渐从一般竞争性行业退出，向关系国民经济命脉的重要行业和关键领域集中，所以这一阶段也被看作"国进民退"的阶段。但是从国企与民营企业户数来看，实际上总的趋势是国有领域的收缩和民营领域的扩张，因为国有企业集中到了重点行业与领域，民营企业开始占据绝大多数的一般竞争性行业。10年间，民营企业户数由2003年的300.55万户增加到了2012年的1085.42万户（图7-3）。但是，国有企业在一些关键行业与领域中占据垄断地位，仍然掌握着我国的经济命脉。

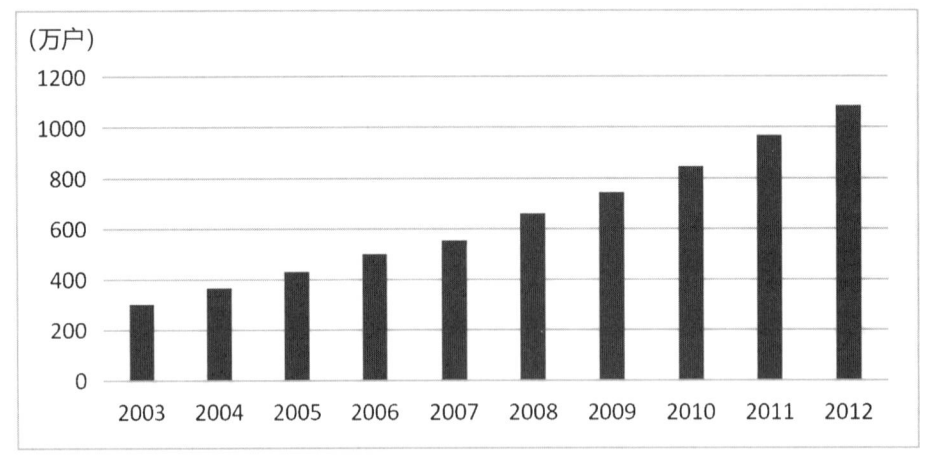

图7-3 民营企业户数

（四）"全面深化"阶段（2013年至今）

党的十八大尤其是十八届三中全会以来，国企改革进入新阶段，从之前的"整体放活"转入"全面深化"。这一阶段的主要任务包括产权制度、监管体制和改革模式三个方面。在产权制度上，明确提出混合所有制经济是基本经济制度的重要实现形式，将混合所有制提到新的战略高度；在监管体制上，明确提出以监管资本为主，加强国有资产监管，监管重点从以监管国有企业为主转向以监管国有资本为主；在改革模式上，强调要准确界定不同国有企业的功能，实施分类改革和分类监管。

经过 40 年的改革，国有企业的面貌已经焕然一新，由过去的普遍亏损走向普遍盈利。国有企业在中国经济发展过程中具有不可替代的地位，发挥着无可比拟的作用，造就了"国企崛起"或"新国企"现象。然而，随着改革进入"持久攻坚战"和"施工高峰期"阶段，国有企业改革动力明显不足，改革阻力显著增大。

正如习近平总书记在庆祝改革开放四十周年大会上所指出的："我们现在所处的，是一个船到中流浪更急、人到半山路更陡的时候，是一个愈进愈难、愈进愈险而又不进则退、非进不可的时候。"中国的经济改革没有回头路，只能向完全的市场经济体系前进。只有有效地解决国有企业改革难题，向市场经济体系的过渡才能最终实现。在经济全球化的今天，企业在全球市场上的竞争力决定着国家的竞争力，甚至决定着民族的生存力，因此国有企业的改革可以说决定着中华民族的未来。就目前我国的发展状况来看，国有企业改革依然任重而道远。

二、企业理论来源与分析

通过对改革开放以来整个国有企业的改革历程进行阶段性回顾，可以看出，在时间序列上，国有企业改革是围绕"放权让利""抓大放小""整体放活"和"全面深化"这些目标展开的，不同阶段的改革目标与措施都以现代企业理论指导为前提，在我国改革实践过程中不断改进和升华。理性地思考与分析现代企业理论，并借鉴这些理论来指导我国国有企业进行改革，显得尤为重要。

（一）新古典企业理论

总的说来，企业理论的发展基本可以划分为两个阶段，即新古典企业理论和现代企业理论。19 世纪末形成的新古典经济学认为企业在经济活动中是完全理性的，赋予企业以"经纪人"的含义。企业作为生产者掌握完全的信息，消费者作为个人掌握不完全信息；企业在成本既定的情况下追求产量最大化，即追求利润最大化。新古典理论将企业当作一个生产函数，以利润最大化为目标函数，把企业看作一种投入与产出之间的技术关系，企业内部被当作一个利润最大化的转换工具。企业是一个黑箱，黑箱的一端是投入要素，如资本、劳动、土地等，另一端则是产品和劳务的输出。新古典企业理论注重企业的配置效率而忽视其组织效率，实际上是一种研究如何实现利润最大化的生产理论，而非研究企业的理论。

（二）现代企业理论

现代企业理论是在对新古典企业理论的反思与批判中发展而来的。在现代企业理论看来，新古典企业理论并不是真正的企业理论。新古典企业理论把企业当作一种投入与产出的技术关系，而现代企业理论则把企业看作人与人之间的交易关系。新古典企业理论追求的是既定条件下的利润最大化，而现代企业理论追求的是既定条件下个人效用的最大化。具体来说，现代企业理论从个人交易行为的角度理解企业，企业是经济主体之间产权交易的一种组织形式，是一系列契约或合同组成的契约网络，企业行为是在既定产权安排下企业成员博弈的结果。

1. 间接定价理论

间接定价理论的主要代表人物是科斯、张五常、杨小凯和黄有光，主要观点是：企业的功能在于节省市场中的直接定价成本，即市场交易费用。该理论的奠基之作是科斯于 1937 年出版的《企业的性质》。既然市场配置资源是最优安排，那为什么企业还会存在？科斯是第一个利用市场价格机制下交易费用的方法研究企业存在合理性的人。他从交易费用入手，说明市场和企业是两种不同的组织劳动分工的方法，企业的出现一定是企业交易费用低于市场交易费用的结果。他认为，企业与市场作为资源配置的两种手段是可以相互替代的，他们之间的不同主要体现在市场依靠由供求关系决定的价格来调节资源配置，而企业则通过权威关系来调节。两者之间的选择主要是由市场定价的成本和企业内部的成本之间的关系所决定的。企业之所以出现，是为了减少市场交易费用，把交易转移到企业内部。后来在科斯间接定价理论的基础上，张五常、杨小凯和黄有光又发展与改进了这一理论。张五常认为企业与市场并无不同，仅仅是用要素市场取代中间的产品市场，即"一种合约取代另一种合约"，当间接定价费用小于直接定价费用时，企业才会出现。而杨小凯与黄有光基于科斯与张五常的理论，借助消费者—生产者、专业化经济和交易成本三个因素，建立了一个关于企业的一般均衡契约模型。

2. 资产专用性理论

资产专用性理论是由威廉姆森等人在科斯的理论基础上建立和发展起来的。威廉姆森认为，资产专用性是决定交易费用高低的关键因素，即资产专用性决定采用市场交易还是企业制度。当资产专用性较强时，内部组织的优势就会显现出来，宜采用企业制度；当资产专用性较弱时，宜采用市场交易。后来在威廉姆森的基础上，克莱因、泰若勒、罗斯曼和哈特进一步发展了该理论。这一派理论将企业看作连续生产过程中由不完全合约所催生的纵向一体化实体。企业之所以会出现，是因为当合约不完全时，纵向一体化能够消除或至少能减少资产专用性所产生的机会主义问题。

3. 代理理论

前两个理论的研究重点是企业与市场的关系，而代理理论则侧重于在企业所有权与控制权分离情况下的代理问题，以及通过竞争性市场机制及激励机制约束和刺激经理的代理行为，从而减少代理成本，提高代理收益。一般可分为代理成本理论和委托代理理论。代理成本理论的主要代表人物有阿尔钦、德姆塞茨、詹森和麦克林等，他们将研究重点转移到了企业内部结构（横向一体化）的问题上。在他们看来，企业实质上是一种团队生产方式，即一个产品是由若干个集体成员共同生产出来的，最终生产出来的产品是所有成员共同协作的结果，但是根据每个成员的劳动成果并以此为依据支付报酬是不可能的，这会导致团队成员的偷懒问题。为了减少这种行为，就要有专门的成员负责监督其他成员的工作。企业内的监督活动反映出一种委托代理关系。当管理者不是企业的完全所有者时，就会产生代理成本。委托代理理论的主要代表人物有威尔森、斯宾塞、罗斯和莫里斯等。他们认为企业是委托人和代理人之间围绕风险分配所做的一种契约安排，由于利己的动机和信息的不对称，必然会出现"道德风险"和"逆向选择"。因此，企业问题的关键在于委托人应设计一套有激励意义的合约，以控制代理人的败德行为和逆向选择，从而增强代理效果，减少代理费用。

4. 企业的企业家理论

企业的企业家理论的主要代表人物有奈特、柯斯纳、熊彼特、沙特和卡森等。该理论强调企业家主导企业，着眼于企业家精神和企业家职能的分解。奈特认为，企业家功能决定干什么以及如何去干，企业是对参与者与共同生产人的组织，通过企业，"自信或勇于冒险者承担起风险，并保证犹豫不决者或者怯懦者得到一笔既定的收入"。柯斯纳认为企业家是"经纪人"，不但能感知机会，还能捕捉机会并创造利润，使企业家与旁人相区别的是"悟性"和特殊的"知识"。熊彼特认为企业家是创新者，能够"改革和革新生产方式"，具有战斗的冲动，并希望建立自己的"王国"。沙特认为企业家做决策时具有非凡的创造力和想象力。卡森在上述几人的理论基础上进行了一定扩展，他认为企业家擅长对稀缺资源进行协调和利用，并强调企业家是"市场的创造者"。

三、国有企业的弊端分析

国有企业作为一种制度安排遍布于世界各国，对各个国家的国民经济起着举足轻重的作用。当今世界，国有企业已经不仅仅存在于各国的公共领域，在一些国家的竞争性行业同样也存在着国有企业。但是，纵观世界各国的国有企业发展历程，均存在着一定的缺陷，主要体现为：

第一，国有企业在一定程度上具有资源配置效率低下的先天缺陷。这是因为，首先，国有企业是非营利性的，这就影响了国有企业的资源优化配置，造成了国有企业普遍效率低下。其次，作为政府一部分的国有企业要承担一些社会责任，在国有企业经营管理不善时，政府也会对其进行资金上的支持。最后，有时通过国有企业来实现一些政治目标并不是最优选择，这也使得资源配置无法达到最优。

第二，国有企业所有者缺位会导致代理风险增加。国有企业的所有人、出资人就是国家，国家是所有公民的代表，因此并没有具体的某一机构或具体的某个人是国有企业的所有者。这种国有即全体公民所有的逻辑，实质上是个体公民没有，这就使公民个人没有办法对国有企业进行直接监督和管理。同时，由于所有者不直接参与经营，所以无法知道经营的收益和成本，这就给经营者利用手中的经营权和信息上的优势侵犯所有者的利益提供了可能。因此，国有企业经常出现"内部人控制"现象。在这种情况下，只要国有企业内部的管理监督制度不够完善，国有企业代理人就很有可能为自利性所驱使去追求自身利益，而不惜损害他人利益，最终给国有企业造成代理风险。再者，国有企业，因所有者人数众多，权力也相对较为分散，代理人虽然少，但权利足够集中，委托代理关系一旦处理不好，国有企业必然出现所有者缺位的问题，从而加剧委托人与代理人之间的矛盾。

第三，激励机制失效。众所周知，国有企业管理者大多数是由政府直接任命的，对管理者的任命可以根据需要随时调换。这种机制存在一定缺陷。首先，随意变动管理者的行为不仅会大大降低国有企业管理模式的连续性和稳定性，而且在很多情况下国有企业并不能根据生产经营的需要选拔真正优秀的经理人。党政机关任命国企经营者，容易造成角色错位，企业家认为自己也是官员，官僚主义是国有企业难以根除的通病。其次，企业所有者和经营者的激励不一样，前者追求投资回报率，后者追求工资和福利。最后，若经理人的激励机制不能有效实现，管理者的付出和回报不成比例，激励机制的失效就会挫伤管理者的上进心，在一定程度上很容易滋生腐败问题。因此，有人调侃说，国企是"廉价的企业家，昂贵的企业机制"。

第四，国有企业拥有一定特权。张维迎曾说："我认为所有企业，国有也好，外资也好，民营也好，都应该公平竞争，国有企业不应该有任何特权。但实际上这是很难做到的。"在很多国家，国有企业都有自身特权，民营企业和其他企业无法得到真正意义上的公平。这就导致一部分国有企业没有将广大人民群众的利益放在首位，而是把控制资源的能力放在了第一位，这种本末倒置的观念如果不能得到及时改变，国有企业的改革将寸步难行。

四、国企改革国际比较研究

国有经济是国家经济的重要组成部分。目前世界上几乎所有国家都有一定数量的国有企业。每个国家又会根据经济发展形势和国有企业经营状况，不断地对国有企业进行改革和调整。各国的国有企业改革都有其特定的发展趋势，既有成功经验，又有失败教训。他山之石，可以攻玉。面对世界各国不同的国有企业改革和管理办法，如何取其精华去其糟粕就显得尤为重要。面对复杂的国际环境，对各国国有企业改革进行比较研究十分必要。

（一）英国的国企改革

英国是一个老牌资本主义国家，也是最早出现国有经济的国家，国有企业对英国经济的发展具有不可替代的作用。从 19 世纪到 20 世纪 70 年代初，英国成立了大量国有企业，这些企业得到了迅速发展，其数量和涉足范围都是发达国家中最多的，几乎垄断了电力、煤炭、铁路、邮政、电信、造船、钢铁等基础设施部门，对英国国民经济的发展起到了非常重要的作用。20 世纪 70 年代初，英国国有企业的固定资产已经占整个英国固定资产的 30%。但是当时世界经济风向已发生变化，新自由主义抬头，英国经济增长开始放缓，通货膨胀严重，失业率上升，经济进入"滞胀"状态。此时，英国国有企业的问题开始暴露出来，国有企业效率低下，大部分出现经营不善的状况，很多企业甚至处于亏损状态，需要政府财政拨款才能勉强维持运转。这一局面导致在1979 年大选中，保守党候选人撒切尔夫人以其民营化的主张获得了大选胜利，撒切尔夫人的上台对英国国企改革而言是一个重大转折点，她大力推动"小政府、大社会"模式，放弃了英国之前一直奉行的凯恩斯主义，转向货币主义和供应学派的新经济政策，大大减少了国家对国民经济发展的干预，对国企进行私有化改革。英国的国企改革主要分为三个阶段。第一阶段是 1979—1983 年，这一阶段改革的主要措施是出售处于竞争性行业且运作模式已经符合市场经济要求的国有企业，由政府和购买者直接谈判完成出售，如英国国家石油公司、英国宇航公司等。第二阶段是 1984—1994 年，在这一阶段，政府将国企民营化的范围扩大到有较多亏损的自然垄断性行业和公共事业部门，如电信、电力、煤气、交通等行业。这一阶段除了采取出售股权的方式，还采取证券化和员工持股等方式。第三阶段是 1995 年之后。民营化进一步深入，那些完全依赖政府补贴维持经营的非竞争性企业也纳入改革范围，包括邮政系统、环卫系统、公共运输系统等公共事业部门。这类企业的民营化方式主要是发放特许经营权。特许经营模式，就是购买者与政府签订中长期特许经营合约，代表政府管理和运营企业。在特许经营期内，购买者拥有企业的全部自主权利，政府只起监督监管作用。在特许经营到期之后，政府可以更换购买者或直接执行回收。经过撒切尔夫人的大力改革，民营化在英国取得了显著效果，英国成了欧洲国企改革最成功的国家，不仅成功走出了滞胀的困境，而且进入良性增长期，国有企业的生产效率、服务质量都有了显著提高。

（二）美国的国企改革

美国作为世界上市场经济最发达的国家，其国有企业的数量与规模近年来一直呈现递减趋势。其国企改革的主要途径就是国有企业私有化，减少政府干预，发展私人经济，从而降低国有企业的管理成本，提高国有企业效率。具体措施如下：首先，国家向私人企业出售国有企业，通过与私人签订管理合同将国有企业的管理权限承包给私人，特许经营转让。其次，放松市场管制，把原本属于政府的职能转让给私人企业，取消电子通信、公共交通、广播电视、计算机等行业的国有企业管制，允许私人企业进入国有企业垄断的行业，以形成公平竞争的市场环境。美国国有企业的私有化过程，特别是在放松对市场管制这一方面，有许多可借鉴之处。

（三）新加坡的国企改革

新加坡于 1965 年建国，之后由于自身独特的地理位置和石油危机的契机，政府出资成立新加坡石化集团、新加坡石油公司等一批国有企业。但是随着国有企业的增多，国有企业的效率出现了明显的下降，政府管理国有企业的成本也越来越高，国企改革迫在眉睫。新加坡的国企改革大体可分为两个阶段：

第一阶段是通过"淡马锡化"来提升企业运营效率。1974 年，由新加坡财政部出资组建了淡马锡公司。它是当今世界最著名的国有控股公司之一，创造了"全球国有企业赢利神话"，其 40 多年的成功运作形成了一套独特的国有企业管控模式，被称为"淡马锡模式"。淡马锡模式的关键首先在于政企分开，实行代理人制度，虽然政府 100% 控股，但是企业坚持独立自主的市场化导向，一切以市场化为前提，政府不干预企业的日常经营管理活动。实行所有者和管理者分离的制度，并不意味着政府完全放任不管，政府肩负着外部监管作用。全方位的监管机制使系统内各类经营目标和重大经营活动都处于政府的掌控之中。其次在于以董事会为核心的企业治理结构。淡马锡的董事会成员结构非常强调专业性和独立性，公司不设立专门的监事会，而由董事会发挥监督职能，建立内部防范机制。企业内部董事会与经营层职责分工非常明确：董事会主要负责制定企业发展战略、批准重大投资、考核经营层高管人员等，经营层则主要负责公司及子公司的日常运营管理，经营层向董事会报告，董事会将公司财务报告上交到国家财政部。最后，淡马锡注重保持子公司的活力，对旗下子公司的管理保持着"一臂之距"，不对子公司过多地进行干涉，给予子公司独立自主的经营权。

第二个阶段是淡马锡把其占有的一些市场化领域退让给民营企业，类似于国有企业退出竞争性领域及广泛的混合所有制。新加坡于 1985 年宣布进行民营化，出售国有企业的部分股权。

新加坡国企改革的突出特征是减少政府干预，强调国家控股。淡马锡模式的成功，证明国有企业也能像私人企业一样有效率。这对增强我国国有企业的经济活力、加快我国国有企业改革进程具有重要的借鉴意义。

（四）外国国企改革的启示

从国际经验来看，国企改革通常包括两个方面，一是国有企业管理体制改革，二是国有企业内部治理体制的完善。国企管理体制改革与国企内部治理改革通常是同时进行的，只是各国改革的重心可能有所差异。如新加坡侧重于厘清政府与企业的关系，专门成立有关机构负责国企改革；而美国、英国侧重于国企私有化改造，但最终都是殊途同归，即政府减少干预，保持总体上的国家控股权，企业注入社会资本，市场化经营。

以上这些国家的国企改革经验，对于我国的国企改革具有很好的借鉴意义和参考价值，但我们也不能完全盲目照搬。首先，各国国情不同，各国国有企业的使命也不同。其次，不同国家的经济发展水平也各不相同，英国、美国和新加坡是发达资本主义国家，而我国还是发展中国家，还处于社会主义初级阶段，市场经济体制还不完善，很多情况还需要政府的干预支持。目前，我国的国有企业改革进入"持久攻坚战"和"施工高峰期"阶段，尚未形成一套固定模式。我们既要借鉴其他国家的成功经验，又要结合我国的基本国情和市场经济的实际情况，在夯实国民经济的基础上培育具有全球竞争力的国有企业，做好政府监管的"加减法"，激发企业活力，打造适合中国的新模式。

五、竞争中性原则

竞争是市场的灵魂，要发挥市场在资源配置中的决定性作用，就必须给竞争政策以更基础的地位。只有通过竞争，才能"发现"价格，使之真实反映供求状况和资源稀缺程度，从而引导资源实现优化配置和再配置。与此同时，也只有竞争的激励鞭策，才能推动企业努力提高自己的核心竞争力，为社会持续提供成本最低、质量最好的产品。目前，竞争中性原则已经成为国际社会高度关注的议题。近年来我国学者对竞争中性原则的研究逐渐增多，并就其对我国的影响及应对策略等进行了有益的探讨。把国有企业置于公平竞争的环境，是一项十分重要的改革任务，这既是在国内促进多种所有制经济共同发展的需要，又是实现中国全球发展战略的需要。

在今天的中国经济中，民营企业不仅占据半壁江山，而且是大众创业的主要载体和经济增长新动能的主要源泉。国企与民企的公平竞争对经济发展的意义日益重大。

尽管国企经营环境相对透明，但国企在与民企的竞争中拥有来自其所有制身份的独特优势是不争的事实。由于相对软化的预算约束，国企对亏损和资不抵债的承受能力远高于民企。更公平的竞争可以带来非国有经济更大的发展和整个经济更高的效益。因此，国企改革的重点应该放在为企业建立一个有硬预算约束条件的公平竞争的市场环境。这种市场环境一旦形成，国家将不再需要给予任何一种企业以特殊帮助。

要确保国企不利用国家权力强化自身的竞争优势，就应接受经济合作与发展组织（OECD）推崇的竞争中性原则，根据中国的实际情况提出并实施一个保障竞争中性的中国方案。竞争中性原则的要义是，政府采取的所有行动，对国企与其他企业之间的市场竞争的影响都应该是中性的，也就是说政府的行为不给任何实际或潜在的市场参与者，尤其是国企带来任何"不当的竞争优势"（unduecompetitive advantage）。竞争中性原则最初是由澳大利亚于1996年提出的，当时的表述是"政府的商业企业不应仅因其为政府所有而享有对私营部门竞争对手的净竞争优势"。时任国务院总理李克强在2018年12月24日国务院常务会议上和2019年政府工作报告中明确提出竞争中性原则，激起了全社会对该原则的广泛热议。实际上，无论是党的十八届三中全会提出的"坚持权利平等、机会平等、规则平等，废除对非公有制经济各种形式的不合理规定"，党的十九大报告强调的"清理废除妨碍统一市场和公平竞争的各种规定和做法"；还是国家在多个场合明确要求的要对国企和民企一视同仁、平等对待；抑或是2019年政府工作报告专门提出要"按照竞争中性原则，在要素获取、准入许可、经营运行、政府采购和招投标等方面，对各类所有制企业平等对待"，以及现实中国家经济政策体系开始从以产业政策为主导向以竞争政策为基础转型，都表明竞争中性原则在政策思路层面获得认同。

在经济全球化的今天，每个国家的市场都是世界市场的一部分。由于当今的国内市场已经大幅对外开放，国企在国内市场获得的竞争优势不可避免地影响其在全球市场上的竞争对手，加上近年来国企在海外的投资并购，国际市场的参与度迅速提高，公平竞争问题日益受到我国主要贸易伙伴的关注，这也是中美经贸关系紧张的一个重要原因。在多边主义和经济全球化遭遇阻力的今天，中国自身的未来发展比过去任何时候都更需要让贸易伙伴包括"一带一路"倡议的合作伙伴相信，中国的国企确实是在公平参与国际竞争，换句话说，别国的企业是在和中国的企业而不是和中国的政府竞争。

显而易见，竞争中性原则和中国一再重申的保证各种所有制企业公平竞争的原则是完全一致的。在国内和国际两个市场上接受这个原则，有利于和贸易伙伴通过谈判寻求共识。由于中国的国企数量多、规模大、体制独特，如何才能实现竞争中性，需要根据中国的实际情况确定，提出一个实施竞争中性原则的中国方案，对外作为同贸易伙伴沟通和谈判的基础，对内作为进一步促进国企和非国企公平竞争的指南。要实现这一目标，首先我国应全面完善国企改革政策、产业政策、竞争政策及相应法制法规，因为从我国国企改革、产业规划和市场竞争领域的现状来看，政策与法规的界限比较模糊，国家应按照竞争中性原则的价值取向和具体规则，对这些政策和法规加以检视和完善。要想让竞争中性原则真正落到实处，就要积极构建由竞争评估、竞争倡导、竞争执法与司法构成的完整实施机制。公平竞争已不单单是一个国家的问题，而是全世界共同的追求。因此我国应该通过自由贸易试验区引入并创新竞争中性规则，积极借鉴和吸收他国成功经验。

六、中国国企改革的趋势及方向

党的二十大报告指出："深化国资国企改革，加快国有经济布局优化和结构调整，推动国有资本和国有企业做强做优做大，提升企业核心竞争力。"国有企业改革是新时代构建我国现代经济体系的重要环节，不仅是焕发我国国有经济活力的关键所在，更是社会主义市场经济的热点和难点问题。我国的国企改革是一项全新的任务，其他国家的历史经验很难作为参照。每一项改革措施的出台和推进，即便已经过事前反复论证，在落实过程中还是会遇到问题，进而使改革成果大打折扣。国企改革是一个循序渐进的过程。改革开放以来，我国始终遵循循序渐进改革的思路，先易后难，先试点，后推广，再铺开；先调整体制内的资源和权力，再推动制度创新；遵循从量变到质变的规律，通过长期改革逐步实现了国有企业改革的根本性转变。这是改革开放40多年来我国国有企业改革最根本的经验。未来的国有企业改革之路将面临更多问题，仍应坚持这条循序渐进的改革之路。

随着改革开放的不断深入，国企改革也在同步推进。国有企业领域在不断地收缩，允许民营企业进军的领域在不断地扩张。但是这种趋势并没有动摇国企在关键行业的地位，如在能源、原材料、装备制造等行业，国企依旧是主要角色；在金融、通信、石油天然气和公用事业领域，国企稳居垄断地位。换句话说，国有企业在改革开放40多年后依然掌控着中国经济的命脉。

党的十八届三中全会确立了"让市场在资源配置中起决定作用"的改革目标，并提出"混合所有制"的政策主张，这表明我国国企改革没有回头路，只能向完全的市场经济体系前进。这主要因为：

首先，近年来我国经济增长速度放缓，除非彻底实现国有企业的改革，否则我国很难维持经济持续高速增长。过去几十年的经济增长主要依靠劳动成本和出口导向。但是随着劳动成本的增长，加之近年来出口也日益困难，我国企业必须变更以往的发展模式。而这一变更的主导力量是民营企业，而非国有企业。国有企业的创新性亟须加强。

其次，国企在关键行业的垄断地位也备受质疑。一方面，国有企业的服务水平与价格不相匹配；另一方面，其他企业也认为国有企业加剧了不公平竞争。在当今社会，国有企业的形象不再像以前那样风光无限，这在一定程度上为国企改革发展提供了积极的公众基础。

再次，诸多事实证明国企的效率较低。由于国有企业的非营利性目标和特殊的垄断地位、官僚主义，国企普遍面临着效率低下的问题。国企之所以可以实现高利润，并不是由于其自身经营管理效率高，仅仅是因为它的垄断性地位。这就需要依照竞争中性原则加大对国企的监管和改革。

最后，全国性的社会保障体系需要更多社保基金。有人建议把国家在国企中的股份转化为社保基金，或通过出售国企股份为社保基金筹措资金。事实上，国有股份的转化工作已于近几年开始了。

基于以上四个原因，国企会逐渐回到市场化道路，政府也将给予民企更大的支持，最终目标是使我国完全过渡到市场经济体制。然而，让国企继续成为市场的主要角色，并不意味着违背竞争中性原则。在市场化进程中，并不是所有的国企都应市场化，有的国企应该市场化，而一些天然垄断行业的国企并不一定需要完全市场化，但适当的市场竞争是必需的。应该针对不同类型的国有企业选择不同的改革思路与路径。新一轮国企改革绝不是国有企业民营化或完全退出竞争性领域，而是要以划分国有企业的商业属性和公益属性为着力点，在明确国有企业双重属性的基础上引入分类管理，明确国有企业的功能定位和分类，并针对不同类型的国有企业设计相应的治理机制，不能搞"一刀切"。

深化国企改革也是促进我国经济市场化的关键。我国大力推进国企全面深化改革，需要借鉴他国的成功经验，同时结合本国的实际情况，积极推进混合所有制的发展，树立多元化发展的理念。深化国有企业改革是一个经常性的漫长过程，不可能毕其功于一役。

▰▰ 问题与思考

1. 简述熊彼特的企业家理论。
2. 简述竞争中性原则。
3. 简述各国对国有企业管理方法的异同。
4. 你对混合所有制改革有何看法？

第八章
环境经济学：
中国的"双碳"目标

我们不应过分陶醉于我们对自然界的胜利，对于每一次这样的胜利，自然界都报复了我们。

——恩格斯

本章概要

环境问题的认知

环境经济学

污染的经济学分析

针对污染的公共政策

"净经济福利指标"

"双碳"目标

关键词

环境经济学　外部性　污染的边际成本　净经济福利指标　"双碳"目标

一、从令人厌恶的雾霾说起

2017 年，我国多地出现雾霾天气，严重影响了空气质量。国务院派遣许多专家小组到各地指导雾霾治理工作。经济学家是如何看待雾霾现象的？经济学家应为雾霾治理贡献哪些智慧？两则新闻引起了本书作者的深思。

库布其沙漠曾被称为"死亡之海"，经过 20 年的治理，库布其沙漠的植被覆盖率增至 53%。环境问题是当今社会经济发展过程中需重点关注的问题。如今的库布其沙漠，绿树掩映，生机勃勃，开始逆转自然界 2000 年的轮回。森林覆盖率从 2002 年的 0.8% 提高到 2016 年的 15.7%，植被覆盖率从 2002 年的 16.2% 提高到 2016 年的 53%。生物多样性得到恢复，曾经绝迹的野生动物增加到 500 多种。2017 年年末，中国开始禁止进口"洋垃圾"，这其中就包括废弃塑胶、纸类、废弃炉渣与纺织品。在中国宣布对"洋垃圾"实施进口禁令后，西方措手不及，不知如何应对。

很多垃圾出口国没有充足的基础设施，难以充分实现对废旧物品及垃圾的回收利用。美国媒体以"chaos"（混乱）为题来形容在中国的禁令之下美国的垃圾回收现况。由于没有了中国买家，美国西北部的垃圾回收品成了垃圾堆放场。这 980 吨垃圾本应在一个星期以前就进入中国，现在却还在回收站。由于一直将垃圾出口给中国，美国根本没有用于回收垃圾的基础设施，White City 垃圾站的"回收品"一个星期就"爆仓"，被堆到外面风吹日晒（图 8-1）。这些垃圾中有很多有毒的、含重金属的电子废料，按照美国标准，它们只能是废料。

图 8-1　不堪重负的美国垃圾回收站

二、人类对环境的认知与环境经济学的研究范畴

（一）人类对环境保护重要性认知的渐进性

人类对环境保护重要性的认知是一个循序渐进的过程。原始社会人们敬畏自然，崇拜自然力量。农业社会人们顺应自然，基本靠天吃饭。进入工业社会以后，人们开始利用科学技术征服自然，人与自然的矛盾日趋激化。恩格斯早在 1886 年就已指出："我们不应过分陶醉于我们对自然界的胜利，对于每一次这样的胜利，自然界都报复了我们。"

20 世纪 60 年代，美国学者卡森在《寂静的春天》中指出农药对生态的危害，自此这方面的研究和报道陆续问世，并逐渐引起了人们的注意。1987 年，联合国世界环境与发展委员会在其报告《我们共同的未来》中正式提出了"可持续发展"的概念。1992 年，联合国环境与发展会议通过《21 世纪议程》，进一步深化了对可持续发展的认识。2015 年 12 月 12 日，《联合国气候变化框架公约》的近 200 个缔约方在巴黎气候大会上达成《巴黎协定》，并于 2016 年 4 月 22 日在纽约联合国大厦签署。《巴黎协定》是继 1992 年《联合国气候变化框架公约》、1997 年《京都议定书》之后人类历史上应对气候变化的第三个里程碑式的国际法律文本，也是继《京都议定书》之后第二份有法律约束力的气候协议，对 2020 年后全球应对气候变化行动做出了安排，2020 年后的全球气候治理格局自此形成。

《巴黎协定》共 29 条，包括目标、减缓、适应、损失损害、资金、技术、能力建设、透明度、全球盘点等内容。从环境保护与治理来看，《巴黎协定》的最大贡献在于明确了全球共同追求的"硬指标"。《巴黎协定》指出，各方将加强对气候变化威胁的全球应对，为把全球平均气温的升高较工业化前控制在 2℃之内，并把升温控制在 1.5℃之内而努力。只有全球尽快使温室气体排放达到峰值，21 世纪下半叶实现温室气体净零排放，才能避免气候变化给地球带来的生态风险及给人类带来的生存危机。然而北京时间 2017 年 6 月 2 日凌晨，时任美国总统特朗普在白宫玫瑰园宣布美国退出《巴黎协定》。

人类逐渐意识到，面对全球性的生态环境问题，需要开创一个新的文明形态来延续人类文明，这就是生态文明。生态文明是绿色文明，凝结了绿色发展的深刻内涵。与农业文明强调顺应自然、工业文明热衷于征服自然不同，生态文明更加强调人与自然的和谐发展。绿色发展是新发展理念的重要组成部分，其核心是人与自然的关系。

（二）环境经济学的研究范畴

环境经济学（environmental economics）是研究环境科学和经济学关系的边缘学科，主要讨论环境资源的可持续利用和环境保护的经济手段。环境经济学研究侧重于环境资源的经济价值，强调利用环境经济规律解决环境污染问题。从经济原因上看，环境问题源于人们没有全面权衡经济发展与环境保护之间的关系，忽视了经济发展给自然和社会带来的长远影响。

20 世纪 70 年代污染经济学的出现，对防治环境污染的经济学问题进行了阐述。一些经济学家认为，经济发展引起的环境退化应看作一种特殊的福利经济问题，应责令生产者支付损害环境的费用。经济发展必须既能满足人类的基本需要，又不能超出环境负荷，一旦超出负荷，自然资源的再生增殖能力和环境的自净能力就会遭到破坏，影响社会经济的发展。生态经济学是研究经济发展与生态系统之间的相互关系、经济发展如何遵循生态规律的科学，这同环境经济学研究对象和内容是相同的。资源经济学研究的是整个资源开发利用中的经济问题。环境保护从实质上讲也是保护环境资源、合理利用环境资源的问题，两者研究的内容基本一致。社会经济的再生产过程包括生产、流通、分配和消费，它不是在自我封闭的体系中进行的，而是同自然环境有着紧密的联系。自然界为劳动提供资源，而劳动则把资源变为人们需要的生产资料和生活资料。劳动和自然界共同成为一切财富的源泉。社会经济再生产的过程，就是不断地从自然界获取资源，同时又不断地把各种废弃物排入环境的过程。人类经济活动与环境之间的物质变换说明，社会经济再生产只有既遵循客观经济规律，又遵循自然规律，才能顺利进行。

环境经济学研究的是如何合理调节人与自然之间的物质变换，才能使社会经济活动遵循自然生态平衡和物质循环规律，不仅能取得近期的直接效果，而且能取得长期的间接效果。

三、对污染的经济学分析

大多数人认为，污染绝对是"一件坏东西"。那么能否消除所有污染？然而，消除一切污染，意味着我们现在享有的美好生活将大打折扣。美好的城市生活需要电力来驱动；没有化肥，粮食的产量可能降低，许多人会面临饥饿。发电会污染我们的空气；化肥会污染土壤，还会造成农产品品质的下降。光明还是黑暗？温饱还是饥饿？这一切都使我们不得不回归现实——一定程度上的污染是我们为享有美好生活而不得不付出的代价和成本。

尽管人们对污染的看法和容忍度千差万别，但在面对和处理复杂的环境保护问题时需要用经济学方法分析，当然也需要其他自然科学。环境经济学作为一门环境科学和经济学的交叉边缘学科，主要讨论环境资源的可持续利用和环境保护的经济手段，并利用基本环境经济学原理为环境保护政策和环境管理提供理论支持。在此我们主要讨论如何用经济学的分析方法明智地处理复杂的环境污染问题。

经济学分析和处理环境污染问题并不是对某一个污染个案提供治理的具体技术措施，而是帮助我们理解：①污染是如何产生的？②污染对资源配置和社会福利的影响；③污染应该控制到何种程度？④怎样能更有效地控制污染？

经济学家总是希望在有限的污染情况下使资源配置更加有效，以实现社会福利最大化。这一切都必须从分析污染的成本和收益开始。

外部性是指经济活动中一个经济主体的行为直接影响另一个经济主体的利益，却没有给予相应赔偿或得到相应补偿的现象。正外部性是指经济活动中一个经济主体的行为对另一个经济主体的利益有益（外部经济），负外部性是指经济活动中一个经济主体的行为对另一个经济主体的利益有损（外部不经济）。根据外部性理论，外部性造成了私人边际成本和社会边际成本的不一致，解决这种不一致的策略就是解决外部性的对策。当存在外部性问题时，私人边际净产值总会与社会边际净产值存在差异，所以完全利用市场机制实现资源的最优配置是不可能的，必须采取政府征税或提供补贴的办法。生产的外部性可分为负外部性和正外部性。负外部性表现为污染的排放、外部性的内在化；正外部性则表现为技术的溢出效应和技术政策。技术政策强调政府为促进技术进步而对行业所采取的经济干预。如专利就是赋予企业对其发明的产权，将外部性问题内在化。

环境污染是一个典型的外部性实例。环境污染的外部性使私人（生产者与消费者）不愿为保护生态环境支付成本，这就可能导致私人对生态环境的过度使用，直至边际效益为零，且不会关心边际社会成本的增加。所以，市场机制难以激励私人主动开展环境保护，只能依靠政府干预。

（一）污染的成本与收益

污染的真相是什么？人们对污染的容忍程度如何？多少污染是我们必须付出的代价？这些都取决于额外一单位边际收益与额外一单位边际成本的比较。

污染的边际社会成本（marginal social cost of pollution）是指每多出一单位的污染为社会增加的成本。对整体而言，额外一单位的污染会给社会带来额外成本。如化肥有助于粮食增产，但也会破坏土壤，造成水和空气的污染。一定量的化肥是确保粮食安全所必需的，超出必需的额外部分则使污染的危害加剧。

污染的边际社会收益（marginal social benefit of pollution）是指每多出一单位的污染为社会带来的收益。污染的边际社会成本我们比较容易理解，污染怎么能带来边际社会收益？这是否是在为令人讨厌的污染"洗白"吗？答案是否定的。

以雾霾的治理为例，中国北方城市冬季取暖大多依靠煤炭。过去家家户户各自解决取暖问题，城市内气流不畅，二氧化硫、一氧化碳、氮氧化物等物质的毒性会严重危害人体健康。后来，大多数城市改为用低硫煤集中供暖，随着城市规模的扩大，北方冬季空气污染日趋严重。现在大多数城市都强制改用天然气取暖，以防治越来越严重的雾霾。天然气取暖意味着二氧化硫、一氧化碳、氮氧化物等毒性物质的排放量大大减少，而热力公司却为毒性物质排放量的减少而增加了成本。假如每增加1吨毒性物质的排放量可使城市的供暖面积和质量明显扩大和提高，则污染的边际社会收益仍是可取的。当污染的边际社会收益为0时，毒性物质的排放量为最大。

这种为减少污染而增加成本的例子在垃圾无害化处理的过程中也体现得较为明

显。垃圾焚烧过程中容易产生二噁英（二氧杂芑）。二噁英是强力致癌物质，是在碳氢化合物燃烧时有氯元素存在的情况下产生的。由于垃圾中含有大量的聚氯乙烯塑料，因此氯元素在垃圾中的比例不低。二噁英生成的温度为300℃~700℃。垃圾焚烧是一个精细且复杂的过程。要保证焚烧温度在850℃以上，因为二噁英在800℃以上几乎可全部分解。现代化垃圾焚烧炉有温度监控，温度过低的情况一般只出现在开炉和停炉时，所以垃圾焚烧炉在启动和停止时，需要使用化石燃料。另外，要避免在垃圾焚烧的烟气中重新合成二噁英。但当含氯垃圾燃烧所产生的烟气在经过垃圾焚烧炉由过热蒸汽管和水管组成的换热器之后，温度会下降到700℃以下，二噁英在300℃~700℃的条件下会重新合成。因此，烟气在这个温度区间存在的时间要尽可能短，以尽量避免二噁英重新合成。

污染既产生成本也产生收益。当污染的边际社会成本与边际社会收益相等时，污染达到其社会最优数量，这意味着社会福利的最大化（图8-2）。

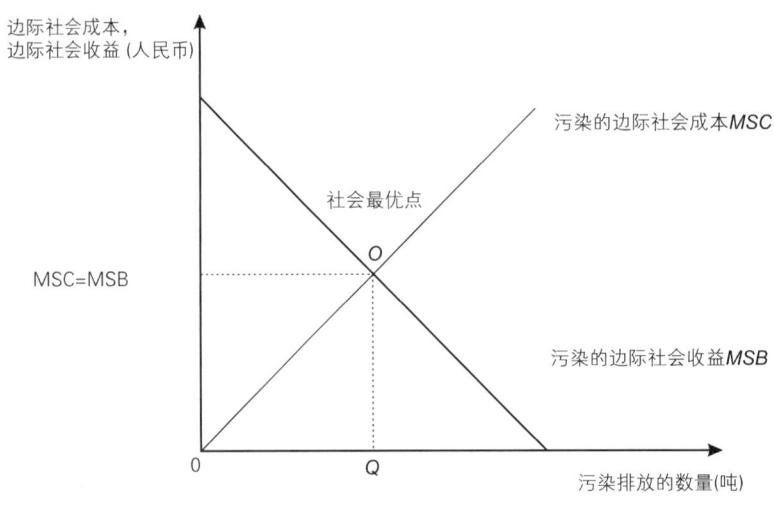

图8-2　污染的社会最优数量

理论上我们可以求得污染的社会最优数量Q。但是，污染的边际社会收益与个体的边际社会收益恰好相反。在市场经济的情况下，若任污染的边际社会收益自由发展，是不可能实现污染的社会最优数量的。那些从污染中获利的个人或公司直接决定着污染物的排放量，如果没有政府和公众的压力，他们就没有动力和意愿自发地将生产或消费产生的污染计入成本并支付给受害者。这一切都是由于污染的外部性所导致的。

（二）外部性与市场无效率

1. 正外部性与负外部性

污染的环境成本是显而易见的。我们可以将污染看作一种外部性成本。这种由个人或企业造成的外部性成本是强加于他人的未予补偿的成本。

例如，空气污染治理是一道世界性难题。美国实施了《清洁空气法案》；当今中国城市治理雾霾、保卫蓝天的行动可谓不遗余力；而这些都需要付出巨大的社会成本。所谓外部性成本是指个人或企业强加给第三方的没有补偿的成本。热力公司采用价格较高的低硫煤或者将煤改成天然气供热，意味着供热成本的上升，这其中就存在外部性收益问题。如果这种外部性收益得不到补偿、褒奖或政府制度、政策的强制，就没有公司愿意为了大众利益而增加自身的生产成本。降低外部性成本，就是增加外部性收益。外部性收益是个人或企业带给第三方的没有补偿的收益。外部性（externalities）表现为外部性成本（external cost）和外部性收益（external benefit）。外部性成本我们称之为负外部性，外部性收益则被称为正外部性。

外部性又可分为生产外部性和消费外部性。

当存在生产外部性时：边际社会成本 = 边际私人成本 +(−) 外部性

只要存在生产外部性，市场供给线就只是边际私人成本线。当不存在生产外部性时，市场供给线与边际社会成本线吻合（图 8-3）。

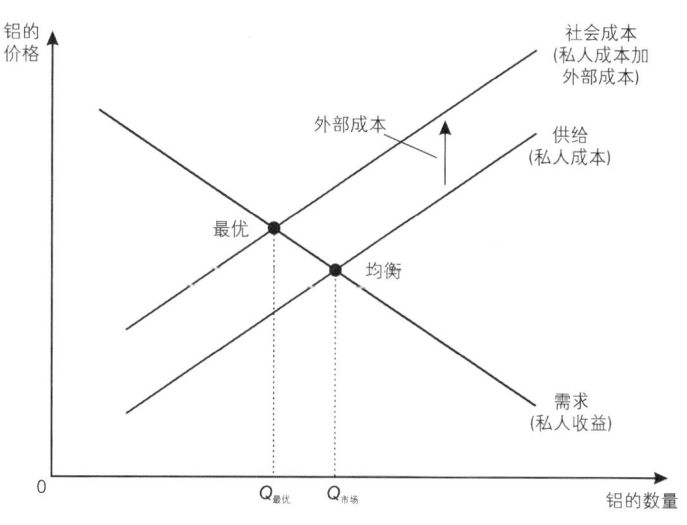

图 8-3　生产外部性（以制铝业为例）

消费外部性使边际社会收益小于边际私人收益，如酒驾导致交通事故频发，抽烟使不抽烟者吸入二手烟。当消费外部性存在时：

边际社会收益 = 边际私人收益 +（−）外部性

当消费外部性存在时，市场需求曲线就只是边际私人收益曲线。当外部性为零时，市场需求曲线与边际私人收益曲线、边际社会收益曲线相一致（图 8-4）。

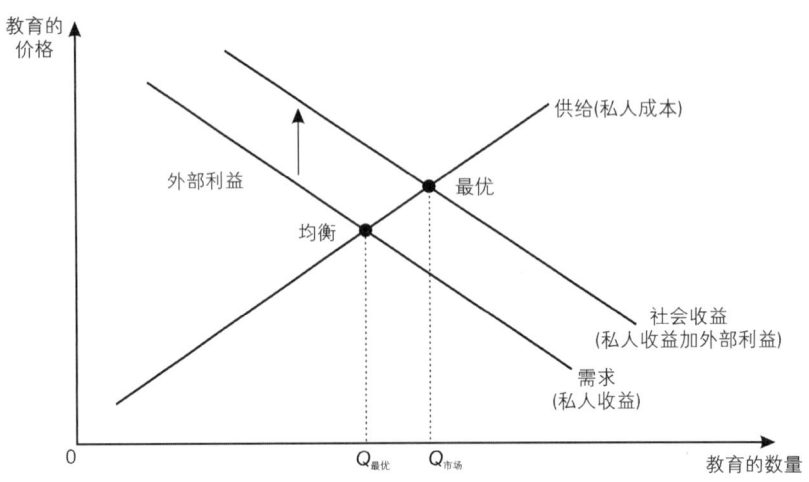

图 8-4 消费外部性（以教育产业为例）

人们往往只关注生产的外部性，却忽视了一些外部性与消费有关，如酒驾、抽烟、教育等。

政府可以通过外部性的内在化纠正市场失灵。负外部性可通过征收税收加以抑制，正外部性可通过补贴加以扶持。如对酒精饮料征收消费税，对教育实行生均经费补贴。外部性造成边际私人成本与边际社会成本的不一致，当存在外部性问题时，私人边际净产值总与社会边际净产值存在差异。当正外部性存在时，市场生产的数量往往低于社会合意需求量；当负外部性存在时，市场生产的数量可能大于社会合意需求量。所以，完全依靠市场机制实现资源的最优配置是不可能的，必须采取为正外部性产品提供补贴或对负外部性产品进行征税的办法，使外部性内在化。

2. 市场的无效率

理论上在市场充分竞争的情况下，不存在外部性，市场会主动达成资源最优配置（图 8-5）。充分竞争使买卖双方信息趋于对称，从讨价还价到价格形成，用于免欺诈和信用保证的费用大大减少。但现实是当外部性存在时，并不存在一个充分竞争的市场。环境污染是一个典型的负外部性实例。环境污染负外部性使私人（生产者与消费者）不愿为生态环境支付成本，这就可能导致私人对生态环境的过度使用，直至边际效益降为零，且不会关心边际社会成本的增加。环境污染的负外部性发生时，确定受害者的被侵害程度、损失和为污染者带来的收益往往非常困难。污染问题多是个别地、偶然地、特殊地、非标准化地产生的。在没有其他竞争者压力的情况下，双方提供扭曲的信息或价格的可能性非常大。所以，依靠市场机制难以解决这类负外部性问题。当负外部性存在时，充分竞争市场是不存在的，这就导致了市场的无效率。

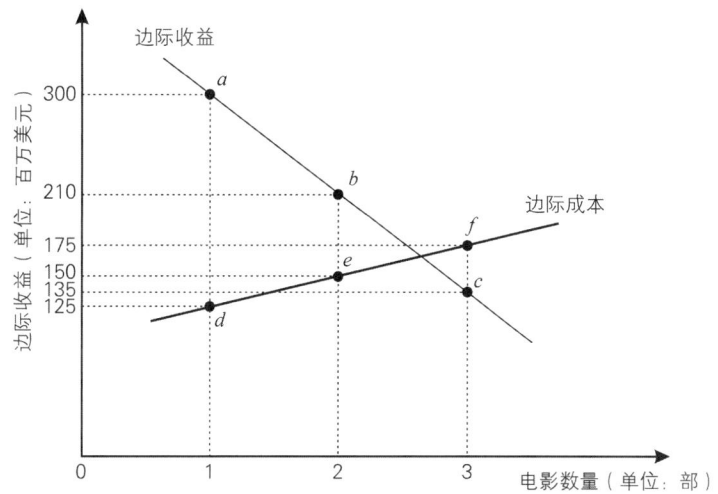

图 8-5　不存在外部性的市场均衡（以电影市场为例）

（三）外部性问题的私人解决方案

1. 外部性的外在解决方案

在解决外部性问题时，一方面可利用道德或社会约束对私人的行为进行限制，降低外部性成本，减少外部性损失；另一方面鼓励采用慈善行为或签订合约的方式。科斯定理指出，当交易成本为零时，私人可以有效地解决外部性问题；而当交易成本大于零时，外部性解决方案将会失效。

罗纳德·哈里·科斯于 1937 年发表《企业的性质》，1960 年发表《社会成本问题》。这两篇论文被公认为新制度经济学的开山之作，开创了经济分析法学的先河。以科斯为代表的新制度经济学提出"交易费用"的概念，并使之一般化。著名的科斯定理为：若交易费用为零，则无论权利如何界定，都可通过市场交易达到自愿的最佳配置。科斯定理得出结论：在解决负外部性问题时，可以用市场交易的手段替代司法程序或者政府管制手段。根据科斯定理，如果私人各方可无成本地对资源配置进行协商定价，那么私人市场就可以解决外部性问题，也就是说私人市场可达成有效率的结果。

2. 外部性的内在解决方案

孔子有言："己所不欲，勿施于人。"这句名言已被世界和传统宗教领袖大会确定为金律。其实，《圣经》里也有类似的话：爱人如己（Love your neighbor as your family）。如果每个人都能设身处地地为他人着想，许多外部性问题就可以内在化。

传统法学的理论基础是：理性的个人使自己不断适应集体的规范和惯例，并最终按照集体的意志和要求行事。尽管大多数人用感情和信念而非理性处理日常事务，但当人们发现顺从道德规范和社会约束能使自己更受尊重且获得更多利益时，顺从道德规范和社会约束就会成为一种理性的习惯。用道德规范和社会约束使外部性问题内在化无疑是一种便捷、高效、低成本的好办法。

生活在同一社区的居民消费必然会产生垃圾，这时消费的外部性就会发生。如果大家都"以邻为壑"，小区的环境卫生则可想而知。社会公德要求人们尽可能少地产生垃圾，并将自己的垃圾妥善处理，以免影响他人。如云南省发生罕见的大旱，企业家、慈善家曹德旺捐出2亿元人民币为村民修建水窖。这种慈善行为具有很强的正外部性。政府应对这种慈善行为予以褒奖或税收上的减免，以示鼓励。教育也具有很强的正外部性，捐资助学者理应受到社会广泛的尊重和政府的褒奖与税收优惠。

蜜蜂经常是经济学寓言里的主人公。张五常在1972年春用3个月的时间，调查了美国华盛顿州养蜂业的定价和合约安排。众所周知，苹果种植者和蜜蜂养殖者互相为对方提供了正外部性。正外部性的存在是否会导致市场失灵或产生无效率的问题？市场失灵是否需要政府介入？张五常的调查数据表明，养蜂者和果园主之间存在着由来已久的合约，即有关花粉传播服务、蜜蜂采蜜的价格确定及劳务分配的私人合约，且价格定位的精准程度不亚于市场上的其他物品。苹果种植者和蜜蜂养殖者的定价和合约安排非常精准且有效率。这个案例给人们的启示是，私人市场可通过利益各方协商达成外部性的解决方案，不存在市场失灵或需要政府行动的逻辑。可见，天下本无事，庸人自扰之。苹果种植者和蜜蜂养殖者的定价和合约安排，使苹果种植者能够分享蜜蜂酿蜜带来的益处，蜜蜂养殖者分享蜜蜂授粉的益处。苹果种植者和蜜蜂养殖者可以通过签订市场合约将外部性问题内在化，从而主动解决外部性产生的无效率问题。

3. 交易成本与市场失灵

"外部性"是福利经济学的一个核心概念，但是科斯并不喜欢使用"外部性"这个名词。外部性往往暗示着，当外部性产生的时候，政府应该采取行动予以矫正。科斯在评价米德和张五常对蜜蜂为苹果园授粉的研究时认为，张五常研究证明的在合约安排下的市场有效性是令人信服的。米德则认为，蜜蜂为苹果园授粉这一事件由于存在外部性，市场无法处理好果农与蜂农之间的关系。很显然教科书与"黑板经济学"同现实世界之间还是存在较大差距的。

按照科斯定理，如果市场总是有效的话，市场就可以主动解决好外部性问题。人们发现，个体和私人企业并不会主动消除外部性，其原因是消除外部性的收益要比成本高很多。由于交易成本的原因，市场并不总是有效的。所谓交易成本，就是在交易过程中获取信息、谈判、签约、履行合约、制度安排等相关活动所产生的费用。在现实世界里，即使是对合约双方都有利的协议，有时都不能顺利达成。当存在市场失灵之时，需要政府干预以矫正外部性，这时务必要考虑政府干预的成本收益。如果得不偿失，那么此外部性的存在就是合适的。

四、针对污染的公共政策理论

在面对环境污染时，政府通常会采取一系列行动以减少污染对经济社会造成的损害，通常采用的手段是管制、庇古税与补贴、可交易的污染许可证和选择付费污染。

在面对逐渐复杂的环境问题时，最直接的方法是明确各自的产权。在产权明晰的条件下各方为应对环境污染需要付出的成本将进一步明确。

目前针对污染的公共政策主要来源于以下几种理论：

①现代产权理论。现代产权理论强调产权的界定可以有效克服外部性，促进资源的优化配置，这就为解决外部性问题、提高资源配置效率提供了新的思路。按照现代产权理论，发挥市场机制作用的前提条件是清晰的产权界定和有效的产权制度安排。只要产权界定清晰、产权制度安排合理，外部性问题就可通过市场机制得到解决。

②自然资源资本化理论。自然资源资本化有利于高效利用自然资源，促进经济发展。自然资源资本化是指对自然资源进行确权、开发或流转，使之转化为货币资本的行为或过程。

③排污权交易理论。受现代产权理论的启发，作为生态环境的所有者，政府可以创建一种生态环境的新产权，即排污权。如果法律规定保护经济主体向生态环境排污的权利，那么经济主体就可以向政府购买这种权利，并进行权利买卖，即进行排污权交易。

④诺德豪斯的"净经济福利指标"。1972年，托宾和诺德豪斯共同提出"净经济福利指标"（net economic welfare）。与传统GDP核算中"做加法"的逻辑不同，净经济福利指标在"做加法"的同时也"做减法"。其主要思路是将环境污染纳入考量。国家制定每一项污染的允许标准，对于超出污染标准的，则列出改善所需经费，将这些改善经费从GDP中扣除。同时，净经济福利指标还加入了容易被忽略的家政活动、社会义务等经济活动。托宾和诺德豪斯二人都尽力把经济活动的外部性加以"内部化"。

经济过程对环境和资源产生的破坏，在很大程度上是一种经济负外部性——这些破坏会产生高昂的社会成本，但经济主体并不需要为这种破坏买单，而把这些成本从GDP中扣除，就相当于一个负外部性"内部化"的过程，其逻辑与让一个对渔场造成污染的工厂将渔场收购并重新计算工厂利润是一个道理。家政活动、社会义务等就是一种正外部性——这些活动能带来社会收益，但没有人为其支付费用。一个合理的经济核算指标必须考虑这些活动产生的收益，将这些正外部性"内部化"。诺德豪斯认为，环境变化与人类的经济行为之间存在着紧密的联系。如果将目前的一些环境指标视为一个"存量"，人类的经济活动则会产生一个让环境变动的"流量"。显然，随着"流量"的逐渐引入，"存量"将产生变动，这就是我们观察到的环境变化。这个道理就好像传统经济学对财富和投资关系的分析一样，只不过在诺德豪斯的分析框架中，环境变量代替了财富，而人类经济行为对环境的影响只能看作某种意义上的投资。

诺德豪斯还对新经济指标的建立做出贡献。GDP 作为政府对国家经济运行进行宏观计量与诊断的一项重要指标，也是衡量一个国家经济社会是否进步的最重要的标准。但从人民福祉的角度看，GDP 这个指标有很多难以克服的缺陷。GDP 没有考虑对环境的影响，因此若片面追求 GDP 的增长，则可能导致资源的过度消耗和环境的严重恶化，这也是以 GDP 衡量经济的缺陷之一。基于 GDP 作为经济指标存在众多缺陷的现实，不少经济学家主张用一种新的经济指标来代替 GDP，而诺德豪斯和托宾的工作是其中最具代表性的。

⑤环境经济学的波特假说。波特假说认为，适当的环境规制将刺激技术革新。适当的环境规制可促使企业进行更多创新活动，技术创新将提高企业的生产能力，抵消由环境规制带来的成本上升，提高产品质量，增强企业竞争力，使企业在国内国际市场上获得竞争优势。大量实证分析证明，现实中确实能观察到波特假说的现象，这表明适当的环境规制有利于经济增长及增强企业竞争力。但也有研究认为，波特假说难以得到验证。

五、中国的"双碳"目标

党的十八大以来，生态文明建设被提到前所未有的高度，环境污染防治和生态文明改善成为社会经济工作重点。2020 年 9 月 22 日，中国在第 75 届联合国大会上正式提出"二氧化碳排放力争于 2030 年前达到峰值，努力争取 2060 年前实现碳中和。"上述表述被概括为"碳达峰碳中和"，即 2030 年中国的二氧化碳排放量达到峰值后不再增加而缓慢减少；到 2060 年所有二氧化碳排放将通过各种节能减排、植树造林活动抵消掉。这就是中国的"双碳"目标，也是中国政府对国际社会的庄严承诺。2021 年国务院统筹制定了《2030 年前碳达峰行动方案》《国务院关于加快建立健全绿色低碳循环发展经济体系的指导意见》，支持重点行业和重点企业率先碳达峰，严格控制煤电等高耗能项目，大力发展碳市场，加强二氧化碳和其他类型温室气体管控，用市场调节的手段，更有效率地实现碳达峰、碳中和目标。2021 年 5 月，生态环境部发布了《碳排放权登记管理规则（试行）》《碳排放权交易管理规则（试行）》和《碳排放权结算管理规则（试行）》。这些是为全国碳市场启动进行的制度设计。全国碳市场于 2021 年 7 月正式启动上线交易，年覆盖二氧化碳排放量约 45 亿吨，已经是世界覆盖二氧化碳排放量规模最大的碳市场。2022 年 10 月，党的二十大报告再次强调“积极稳妥推进碳达峰碳中和”。二十大报告指出：“实现碳达峰碳中和是一场广泛而深刻的经济社会系统性变革。立足我国能源资源禀赋，坚持先立后破，有计划分步骤实施碳达峰行动。完善能源消耗总量和强度调控，重点控制化石能源消费，逐步转向碳排放总量和强度‘双控’制度，推动能源清洁低碳高效利用，推进工业、建筑、交通等领域清洁低碳转型。”

碳达峰碳中和目标是我国生态文明建设的一个重大举措。全国碳市场建立是实现碳达峰、碳中和目标的市场政策调节场所，运用市场机制控制二氧化碳等温室气体排放，采用总量控制的顶层设计，统筹碳排放配额目标的交易体系。排污权交易理论，包括碳排放权交易、水权交易、林权交易、矿业权交易等对建立市场化、多元化生态补偿机制，提供了绿色经济发展的经济学方案。以森林、草原等为主体的生物固碳措施，能够不断提升生态碳汇能力。对于减缓全球气候变化具有十分重要的作用。联合国粮农组织曾对 2020 年全球森林资源进行评估并得出结论，全球森林的碳储量约占全球植被碳储存量的 77%，森林土壤的碳储量约占全球土壤碳储量的 39%，森林是陆地生态系统最重要的碳库。我国现在已建成全球规模最大的碳市场和清洁发电体系，可再生能源发电装机容量超过十亿千瓦，水电、风电、太阳能发电、生物质发电装机容量均居世界第一。但是我们要清醒地看到作为世界上最大的发展中国家，我国目前的产业结构、能源结构尚不合理，煤炭占比重较大，“双碳”目标的时间窗口又非常紧迫。我国碳排放的法律法规、交易机制等仍然需要不断完善和提高。总而言之，实现“双碳”目标的任务相当艰巨。但是必须要认识到实现“双碳”目标是一个深刻的变革，必须要坚持绿色发展，加快推动生产方式、生活方式、思维方式、价值观念等全方位革命性的变革，着力推动产业结构、能源结构、交通运输结构等方面的调整和优化，要把双碳目标纳入生态文明建设的整体布局和高度来认识，让绿色发展成为一种普遍的形态，如期实现“双碳”目标。

环境污染和生态失调，很大程度上是对自然资源的不合理开发和利用造成的。合理开发和利用自然资源，合理规划和组织社会生产力，是保护环境最根本、最有效的措施。为此必须改变单纯以国民生产总值衡量经济发展成就的传统方法，把环境质量的改善作为经济发展成就的重要内容，使生产和消费的决策同生态学的要求协调一致；要研究把环境保护纳入经济发展计划的方法，以保证基本生产部门和消除污染部门按比例地协调发展；要研究生产布局和环境保护的关系，按照经济观点和生态观点相统一的原则，拟定各类资源开发利用方案，确定一国或一地区的产业结构，以及社会生产力的合理布局。

人与自然和谐共生是中国式现代化的时代内涵。环境治理中，经济方法应与行政、法律、教育相互配合使用，通过税收、财政、信贷等调节经济活动与环境保护之间的关系，促进和诱导经济单位和个人的生产和消费活动符合国家保护环境和维护生态平衡的要求，常见的手段有：征收资源税、排污收费、事故性排污罚款、奖励废弃物综合利用、提供其他财政补贴和优惠贷款等。这些方案为建设人与自然和谐共生的中国式现代化，为创造人类文明新形态做出积极贡献。

问题与思考

1. 简述《巴黎协定》的主要内容。
2. 简述中国碳达峰与碳中和的时间表。
3. 简述碳交易市场建设。
4. 中国"双碳"目标如何实现？

第九章
贫困经济学：
中国的精准扶贫

世界上大多数人是贫穷的，所以如果我们懂得了穷人的经济学，也就懂得了真正重要的经济学原理。

——舒尔茨（美国经济学家，1979 年诺贝尔经济学奖获得者）

本章概要

能力贫困

多维贫困

精准扶贫

基尼系数

贫困与教育

绝对贫困

相对贫困

关键词

精准扶贫　绝对贫困　相对贫困

一、中国扶贫的成就

中国贫困治理的历史逻辑大致经历了由开发扶贫到精准扶贫的过程。现在我们处于巩固拓展脱贫攻坚成果同乡村振兴的有效衔接期（2021—2025 年）。2013 年 11 月，习近平总书记在湖南湘西考察时，针对当地"大水漫灌"粗放式扶贫，首次提出"精准扶贫"这一概念。2015 年 10 月，党的十八届五中全会拓展了全面建成小康社会的目标内涵："到 2020 年，我国现行标准下农村贫困人口实现脱贫，贫困县全部摘帽，解决区域性整体贫困。"2015 年 11 月，中共中央、国务院印发《关于打赢脱贫攻坚战的决定》。脱贫攻坚正式成为全党、全社会普遍关注的头号工程。中央确定的脱贫标准是：到 2020 年以户为单位，以"两不愁"（吃、穿）和"三保障"（义务教育、基本医疗、住房安全）为基础，实现我国现行标准下的农村贫困人口脱贫，贫困县全部摘帽。党的十八大以来，精准扶贫、精准脱贫有力地促进了我国经济发展和政治稳定，维护了民族团结和社会和谐。改革开放 40 多年来，中国是扶贫攻坚事业积极的倡导者和有力的推动者，其脱贫速度之快、成果之显著让世人赞叹，也为全球减贫事业做出重大贡献。

二、贫困研究的现实意义

贫困问题自古以来就是人类面临的最为严峻的问题之一。从某种意义上说，历史就是经济增长与反贫困协同发展的过程。在社会发展的不同阶段，贫困表现出不同的本质特征。在经济和社会发展水平低下的时期，贫困主要表现为物质贫困，即人们在食物、保暖方面难以满足自身需求，主要任务为解决基本生存需要。随着经济技术的进步，人们生活水平提高，生产力迅速发展，物质贫困的状况在很大程度上得到缓解。但与此同时，贫困显露出其更深层次的形式，转变为集政治、经济、文化、制度为一体的复杂现象，且发达国家与发展中国家都难以避免。

2018 年中央一号文件明确指出：实施乡村振兴战略，是解决人民日益增长的美好生活需要和不平衡不充分的发展之间矛盾的必然要求，是实现"两个一百年"奋斗目标的必然要求，是实现全体人民共同富裕的必然要求。贫困地区、贫困人口、贫困现象的存在，是发展不平衡不充分最集中的体现。2021 年中国共产党成立 100 周年之际如期实现脱贫攻坚目标，向全体人民共同富裕迈出了坚实的一步。只有消除绝对贫困，中国农村才可能走上乡村振兴之路。

三、贫困与精准扶贫

（一）贫困的定义及研究

贫困是一个既复杂又简单的现象。我们可以说，贫困是一种物质生活状态，但又绝非仅是一种简单的物质生活状态。从词源来看，"贫"是低下，一般指物质或精神方面某种程度的低下，低于一定水平。"困"是陷于艰难痛苦或无法摆脱的环境。"贫困"的定义分为两种：一种是区域意义上的贫困，另一种是个体意义上的贫困。我们通常所说的"贫困"指的是个体意义上的贫困。

狭义的贫困是指绝对收入的低下，它包括两个层面的内涵：一是强调需求的绝对数量少；二是与其他社会成员相比较这种需求量及其变化处于低下的状况。

在社会学中，贫困是指在物质资源方面处于匮乏或遭受剥夺的一种状况，其典型特征是不能满足基本生活需求。其实，贫困如同世界上其他复杂的社会现象一样，我们难以为其确立过于细致的标准，但这不能妨碍一些最基本判断的成立。

马克思在 1844 年提出"绝对贫困"和"相对贫困"。他认为，绝对贫困是指工人所处的除了拥有自身劳动能力以外其余一无所有的处境。"工人的绝对贫困……无非是说，劳动能力是工人唯一能出售的商品，工人只是作为劳动能力与物质的、实际的财富相对立"，"被剥夺了劳动资料和生活资料的劳动能力是绝对贫困本身"。相对贫困则是指工人在参与社会总产品分配时，所取得的份额与资本家占有的那一部分相比是微乎其微的，而资本主义生产就是"以剩余价值为目的，即以生产者群众的相对贫困为基础的"，资本主义"在产生财富的那些关系中也产生贫困"。为了消除这些歧义，学者又提出绝对贫困和相对贫困的概念。绝对贫困是指个人或家庭不能维持最低生活水平，而相对贫困则是相对于正常生活水平而言的。一般而言，如果一个人或家庭的收入低于全国中等水平的一半，我们就可以说他或他们处于相对贫困状态。绝对贫困往往更容易受到人们的关注，因为绝对贫困往往是与缺衣少食、露宿街头、营养不良、面黄肌瘦、乞讨、疾病甚至死亡联系在一起的。根据有关资料，目前世界上还有 28 亿人每天收入不足 2 美元，占发展中国家人口的一半以上，其中 12 亿人每天收入不足 1 美元。而相对贫困往往会使人们形成一种名叫"相对剥夺感"的社会心态。这是一种以他人或其他群体为参照物的心理感受。而在现实社会生活中，这种与周围人比较所形成的感受，可能会更强烈地影响人们的态度和行为。

（二）贫困理论综述

国内外的专家学者从多个角度理解贫困，对其定义和思考也各不相同。贫困研究经历了收入贫困、能力贫困、多维贫困的不同发展阶段。本章将简要介绍这三个研究阶段，并做出总结。

1. 收入贫困

收入贫困是从生物学上衡量人对消费品的最低生存需要，即按照家庭、个人的经济消费状况来定义贫困程度。在早期，对贫困的定义以收入贫困为主，其中以下列学者的观点为代表：

英国著名经济学家马尔萨斯是最早提出贫困理论的学者。他于 1878 年在其著作

《人口论》中阐明了贫困的含义。他认为"人口必定被压低至生活资料的水平",人口的增长总会受到生活资料的限制,若生活资料增长的速度赶不上人口增长的速度,就会产生贫困,且无法彻底消除。

1989 年,欧洲共同体认为:贫困是个人、家庭和群体占有的资源——包括物质的、文化的和社会的——是如此有限,以至于他们被排斥在国家可以接受的最低限度的生活方式之外。

英国学者奥本海默认为,贫困是指物质上、社会上和情感上的匮乏,它意味着在食物、保暖方面的开支低于社会平均水平。另一位英国经济学家汤森德也认为,贫困就是那些缺乏获得各种食物、参加社会活动和最起码的生活和社交条件、资源的个人、家庭和群体。

世界银行则以量化的方式制定了国际贫困标准,详见表9-1。

表 9-1　世界银行的国际贫困标准

极端贫困标准				一般贫困标准	
数值（美元/天·人）	发布年份	价格基期年份	测算标准	数值（美元/天·人）	测算标准
1.01	1990	1985	12 个最穷国的最高标准		
1.08	1994	1993	10 个最穷国的平均标准		
1.25	2008	2005	15 个最穷国的平均标准	2	发展中国家贫困标准中位数
1.9	2015	2011	15 个最穷国的平均标准	3.1	发展中国家贫困标准中位数

（数据来源：世界银行相关年度《世界发展报告》）

中国的扶贫标准以 2010 年不变价为标准,计算结果为每人每年 2300 元。这个标准是参照世界银行和联合国公布的贫困标准制定的。根据价格上涨的趋势,2020 年陕西扶贫标准当年约为每人每年 4000 元。

以上学者早期提出的观点均可归结为收入贫困,他们都主张经济增长和公平的收入分配是解决贫困的有效途径。但是由于不同地区的经济发展状况、气候条件、文化、政治等因素的不同,人们对消费品的最低生存需要也不尽相同,因此要建立一个客观、符合实际、统一的最低生活标准线是十分困难的,收入贫困的思想也存在着一定局限性。

2. 能力贫困

能力贫困指的是因人的能力被剥夺而产生的贫困。由于贫困中的能动主体是处于贫困中的个体，所以能力贫困着重指个体的能力被剥夺。用能力定义贫困的学说是在收入贫困的基础上发展起来的，比收入贫困更符合人自身发展的需要。

诺贝尔经济学奖获得者、印度经济学家阿玛蒂亚·森认为：贫困不仅仅是相对地比别人贫穷，更应被视为基本可行能力的被剥夺，这是识别贫穷的基本标准。概括地说，他认为贫困的原因不仅仅是收入和物质的缺乏，更是基本能力被剥夺，贫困的实质是能力的缺乏，应通过重建个人能力来避免和消除贫困。相较于收入贫困，这种方法更注重自身固有的重要性的剥夺。由此可以看出，阿玛蒂亚·森能力贫困理论的落脚点在于，他试图通过重建个人能力来避免和消除贫困，在阐述能力贫困时把人的全面发展和生活质量纳入理论范畴，其贫困理论体现了以人为本的全新理念。阿玛蒂亚·森的代表作是《贫困与饥荒》和《以自由看待发展》。他在《以自由看待发展》一书的第二章中特别强调：自由既是发展的目标，又是发展的手段。他区分了自由的构建性作用和工具性作用：构建性作用是指实质自由对提高人的生活质量的重要性；而工具性作用则是指自由作为一种工具，可以达到实质自由的目的。他划分了五种工具性自由：一是政治自由，二是经济条件，三是社会机会，四是透明性保护，五是防护性保障。阿玛蒂亚·森关于自由的定义及自由的构建性作用和工具性作用，对我们今天的扶贫工作极具现实指导意义。他特别强调，自由不仅可以防止饥荒，也可以防止亚洲金融危机或预防腐败。阿玛蒂亚·森有一个非常重要的观点，就是饥荒往往不是因为粮食短缺，而是因为获取粮食的权力被剥夺。即使人均食物供应量没有减少，剥夺人们的食品获取权也可能造成饥荒。食品供应量的减少仅是食物获取权被剥夺的主要原因之一。

能力贫困的分析角度将人们的注意力从中间变量收入转移到希望实现的最终目标，或者说转移到实现这些最终目标的自由。收入贫困仅仅以收入和消费衡量贫困，以收入作为目标，而事实上收入仅是达成目的的手段。人生活的目的是改善生活质量，提高自身能力，追求自由。能力贫困理论加深了人们对贫困与剥夺特征及贫困原因的理解。

3. 多维贫困

在贫困发展的后期阶段，逐渐形成了多维贫困的视角。它的内涵更加全面丰富。多维贫困是以阿玛蒂亚·森的能力贫困理论作为基础的。阿玛蒂亚·森认为，除了收入和物质不足，贫困更应表现为人类发展的机会、权利、健康、尊严和体面生活等被剥夺，并指出教育和医疗可有效提高人们的基本能力。多维贫困能够更加全面地反映贫困群体的经济水平和生存状况。

但是，多维贫困究竟包括哪些维度，贫困阈值应如何设定，国际上的各种研究并未达成一致。这既反映了人们对贫困的主要成因认知不同，又表明了不同国家和地区贫困的成因及表现也有所差异。近年来国内学者在致力于引进多维贫困理论和研究方法的同时，开展了相关研究，并取得了一些成果。这些研究建构的贫困维度和贫困阈值各不相同，在认可中国农村贫困具有多维性的同时，在维度数量确定、贫困阈值选择等多方面均有差异。另外，所使用的数据大多基于地区性调查，而运用全国性调查数据所进行的分析研究仍然不足。

从上述不同定义来看，在历史发展的不同阶段，专家学者的思想各有千秋。总体而言，贫困是一个动态、长期的过程，具有历史性和发展性，其含义和具体形态也在不断地改变。学者普遍认为贫困是机会、权利和能力的缺乏，要想摆脱贫困，不仅要保证最低生活收入来源，还要确保其社会权利的实现。

（三）测量贫困的一般方法

1. 贫困标准

家庭或某一地区贫困与否的测定标志或体系，称为贫困标准。它通常由世界银行提出的 7 个指标组成，分别为人均收入、家庭消费、人均食品消费、食品比率、热量、医学数据和基本需求。而大多数国家以人均收入作为评判标准。

2. 贫困线制度

贫困线制度是围绕贫困线而制定的社会救济制度，核心内容是由政府向低收入者提供满足基本生活需要的救济金及其他帮助。通常利用洛伦兹曲线、基尼系数和恩格尔系数判断贫富水平。

（1）洛伦兹曲线

洛伦兹曲线是用来描述财富分配状况的曲线。曲线的弯曲程度越大，收入分配越不平等。若所有收入都集中在一人手中，而其余人一无所获时，收入分配为完全不平等，洛伦兹曲线将成为折线 OEL。若任一人口百分比均等于其收入百分比，则收入分配是完全平等的，洛伦兹曲线将成为通过原点的 45 度线 OL。一般来说，一个国家的收入分配，既不是完全不平等，又不是完全平等，而是介于两者之间。相应地洛伦兹曲线也既不是折线 OEL，又不是 45 度线 OL，而是向横轴突出的弧线 OL。洛伦兹曲线与 45 度线之间的部分 A 叫作"不平等面积"，当收入分配完全不平等时，折线 OEL 与 45 度线 OL 之间的面积（A+B）叫作"完全不平等面积"（图 9-1）。不平等面积与完全不平等面积之比，称为基尼系数。

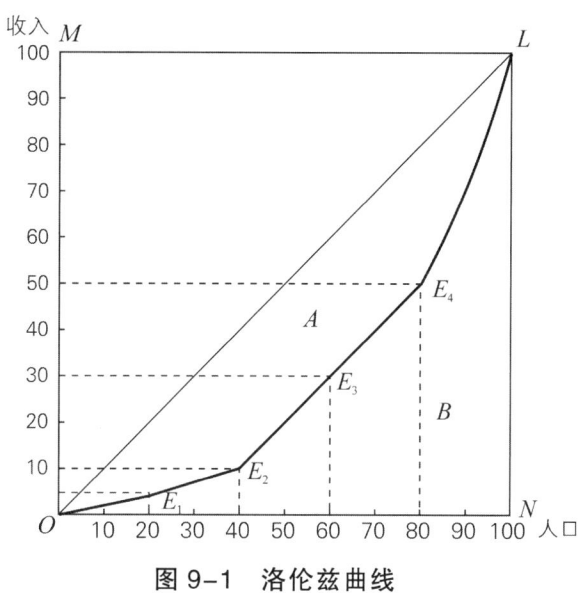

图 9-1　洛伦兹曲线

（2）基尼系数

基尼系数是衡量一国贫富差距的标准。它的公式是 A/（A+B），介于 0 到 1 之间。A 越大，基尼系数越大，贫富差距也就越大。

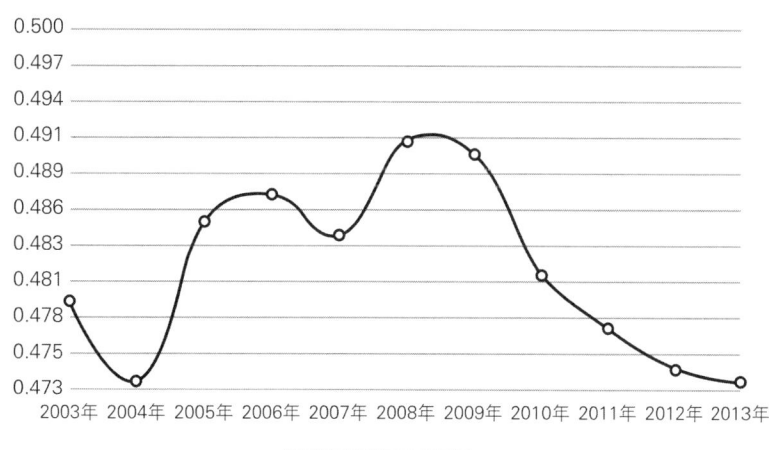

图 9-2　中国基尼系数十年（2003—2013 年）变化图

2008 年我国城乡居民人均可支配收入的基尼系数达到峰值为 0.491（图 9-2），2020 年降为 0.468，但一直高于 0.4 这一国际公认警戒线。将全国居民按人均收入水平从低到高进行排列，平均分为 5 个等份（每等份 20%）。2022 年统计公报的数据显示：2021 年度，低收入组年人均可支配收入 8333 元，中间偏下收入组人均可支配收入 18445 元，中间收入组人均可支配收入 29053 元，中间偏上收入组人均可支配收入 44949 元，高收入组人均可支配收入 85836 元。可以看出，中间偏下收入组每人收入在 1500 元左右，而低收入组人群的月收入不足 1000 元。要实现城乡协调发展，不能 "城市像欧洲，乡村像非洲"，一个发达的城市，一个落后的农村，不可能是一个现代化国家的样貌。

（3）恩格尔系数

恩格尔系数用于衡量一个国家和地区的人民生活水平状况。恩格尔系数越大，生活越贫困；反之生活越富裕。它的公式是：食品支出总额 / 家庭或个人消费支出 ×100%。联合国粮食及农业组织规定的标准是：恩格尔系数 > 59% 为贫困，50%~59% 为温饱，40%~50% 为小康，30%~40% 为富裕，恩格尔系数 < 30% 为最富裕。截至 2017 年，我国恩格尔系数已降至 29.3%，进入最富裕国家行列（图 9–3）。

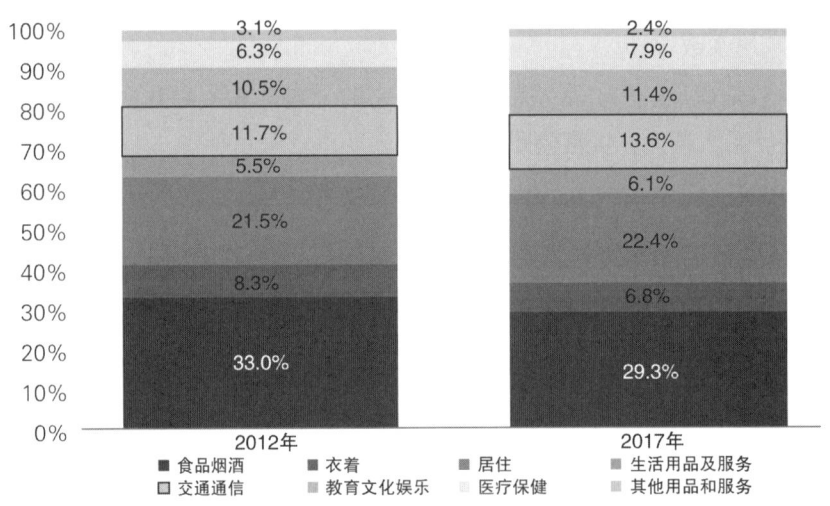

图 9–3 恩格尔系数

（四）经济学角度的精准扶贫

1. 精准扶贫的经济学理解

拥有资源的 "贫" 与 "富" 是导致贫富差距的重要原因。合理安排稀缺资源在 "贫困者" 与 "富有者" 之间的配置，才能逐渐缩小贫富差距，使全体公民共享经济发展成果。

在任意资源初始分配状态下，通过市场的自由交换，资源配置的结果都是帕累托最优状态。这里的资源，是指创造财富所必需的一切要素及环境条件，包括土地、资本、劳动力、制度、管理、技术、信息等。但效率并不等于公平，一是初始资源禀赋存在差异，二是初次分配结果存在差异，二者都会导致贫困。经过初次分配，这一稀缺状态会进一步恶化，贫富差距也会因此加大。

扶贫是对贫困者所处的资源稀缺状态进行的干预，通过扶贫资源的供给，弥补初始资源禀赋稀缺和初次分配的不公，是对财富总量进行再分配的过程。至于如何干预，由于初始资源禀赋和初次分配都可能是致贫因素，因此要采取差异化的干预方式，最终使资源稀缺者具备创造财富的能力和机会，实现真正意义上的脱贫。精准扶贫工作的有效推进，要建立在需求侧与供给侧改革的基础上。有效识别贫困人口和贫困区域对扶贫资源的需求，是需求侧改革的基本内容；提高扶贫资源供给的质量与效率，是供给侧改革的基本方向。

2. 贫困与教育

在《贫穷的本质》一书中，作者阿比吉特·班纳吉提出，穷人在主观上常常存在目光短视的问题，这是由于信息不畅、缺少教育和外部环境影响所导致的。例如，他们不明白基础教育的重要性，不清楚给儿童接种疫苗的好处，对疾病的态度是防不如治，没有存钱的坚强意志等。在现实中，一些穷人为了生存，努力白手起家，但由于他们的知识、技能和信息储备不足，大部分人都做着相似的小生意，如开小超市，结果依旧无法赚到很多钱。又例如，当今世界，信息技术发展很快，迅速改变着学习方式和教育方式，"富人的孩子"和"穷人的孩子"似乎接受的是截然不同的教育。曾有研究表明，如果家庭劳动力受教育不足 6 年，贫困概率就大于 16%；如果接受教育的年限增加 3 年，贫困的可能性将降至 7%；如果接受教育的年限为 9~12 年，贫困的可能性将降至 2.5%。我国的教育扶贫应着重转变扶贫理念，健全教育扶贫法制体系，构建教育扶贫精准机制，整合教育扶贫共建资源，充分发挥教育事业在精准扶贫工作中的重要作用，目的是让所有的人都能享受到公平的教育。医疗体系也是如此。目前我国实行健康扶贫，要求健全医疗卫生服务体系，提高医疗保障水平，要因地因人施策、因病分类救治，提高健康扶贫的针对性和有效性，保障农村贫困人口享有基本的医疗卫生服务，防止因病致贫返贫。

3. 经济增长与减贫

《经济增长的迷雾》一书研究的是穷国的经济增长问题。减少贫困是所有发展中国家共同关心的主题。几十年的经验表明，扶贫是一项艰巨、困难的任务。事实表明，仅仅有好的动机是远远不够的，好的动机甚至可能引出坏的结果。例如，单纯增加对贫困地区的资金援助和外国援助并没有达到好的减贫效果，反而增加了腐败。经济增长对减少贫困、提高发展中国家的福利至关重要，这是有事实依据的。中国的经济学家也证明了改革开放以来经济持续快速增长的"涓滴效应"使许多人成功脱贫。《经济增长的迷雾》所引的经验证据表明，一国的经济增长是减少贫困的重要推动力。经济学家研究了 65 个国家在 20 世纪 80 年代和 90 年代的数据，发现高速的经济增长使贫困率快速下降，而经济衰退则使贫困率上升。如果一国的人均收入每年下降 9.8%，那么该国的贫困率每年将增加 23.9%。反之，如果一国的人均收入每年增长 8.2%，那么贫困率每年将减少 6.2%。因此，GDP 增长并非像一些人批评的那样是一种神话。GDP 增长不仅对一国的发展有益，对减贫也非常重要。中外实证的数据表明这一结论是真实可信的。

（五）中国的扶贫过程

贫困问题自始至终伴随着人类社会的发展。1949 年以后，我国分阶段进行了卓有成效的贫困治理工作，绝对贫困人口大幅减少，截至 2021 年基本消除农村绝对贫困，区域性整体贫困现象得到根除，为世界反贫困事业做出了巨大贡献。梳理我国扶贫政策发展的历史脉络，最基本的经验就是在不同历史阶段制定了符合国情的政策措施，走出一条具有中国特色的扶贫开发道路。

一是计划经济体制下的广义扶贫阶段（1949—1977 年）。1949 年中华人民共和国成立，推翻"三座大山"，从此大踏步进入新时期。为了改变一穷二白的落后样貌，以毛泽东为核心的第一代党中央领导集体采取了有效措施。一是完成社会主义工业化。对于如何实现工业化这一问题，毛泽东提出要优先发展重工业。二是对农业、手工业和资本主义工商业进行社会主义改造。毛泽东指出，实现农业现代化就要走集体经济道路。毛泽东的扶贫思想是毛泽东思想的重要组成部分，是对马克思列宁主义理论的总结和升华，是由中国共产党人推动的马克思主义中国化扶贫事业的开端。在农村土地改革运动的推动下，我国通过大规模基础设施建设，初步建立起农村供销合作及信用合作系统，形成了以"五保"制度和特困群体救济为主要内容的社会基本保障体系，中国第一次在全国范围内减少了农村贫困。但由于基础薄弱等因素的制约，到 1978 年改革开放前，农村绝对贫困人口仍有 2.5 亿之多，占农村人口总数的 30% 左右。

二是体制改革下的大规模缓解贫困阶段（1978—1985 年）。通过土地经营权转移、农产品价格提升、农村劳动力转移等制度改革，极大调动了农民的积极性，解放了农村生产力，从根本上改善了农村的贫困状况，使农村绝对贫困人口降到 1.25 亿人。1980 年中央设立支援经济不发达地区发展资金，1984 年发布《关于帮助贫困地区尽快改变面貌的通知》，在全国范围内划定了 18 个贫困片区，并对其进行重点扶持，开展"以工代赈"贫困地区基础设施建设，农村贫困现象大幅减少。这一时期的诸多扶贫政策与措施为下一步扶贫工作的开展提供了宝贵的实践经验。为改变中国贫困的面貌，以邓小平为核心的第二代中央领导集体对这一阶段的扶贫思想进行了积极探究。1985 年邓小平提出"让一部分地区、一部分人先富起来，带动和帮助其他地区、其他的人，逐步实现共同富裕"。1987 年党的十三大提出中国经济建设"三步走"总体发展战略，随后邓小平提出"让一部分人先富起来""先富带后富，最终能实现共同富裕"的理论，将中国共产党对扶贫的认识提高到了一个新层次。

三是经济高速增长期的开发式扶贫阶段（1986—2000 年）。随着我国经济的高速增长，政府开始有计划、有组织、大规模地开展扶贫攻坚工作。1986 年国务院扶贫开发领导小组正式成立，各级地方政府也成立了相应机构，负责本地区的扶贫开发工作。同年开始实施的贫困线制度，标志着我国的扶贫思路从"人口瞄准"（即政府对贫困人口的直接救济）转向"区域瞄准"。为进一步解决农村贫困问题，缩小地区发展差距，1994 年国家制定和发布全国扶贫开发工作纲领，出台《国家八七扶贫攻坚计划》，提出力争用 7 年左右的时间基本解决全国农村 8000 万贫困人口的温饱问题。这是我国第一个有明确目标、明确对象、明确措施和明确期限的扶贫开发行动纲领。面对我国东部、中部和西部地区经济发展不平衡的现实状况，以江泽民为核心的党中央实施"西部大开发"战略，将扶贫开发的重点向中部和西部倾斜，以此缩小东、中、西部地区发展差距。自此我国扶贫开发进入攻坚阶段，标志着我国从救济式扶贫向开发式扶贫的转变。经过多年努力，全国农村贫困人口开始明显减少。

四是全面建成小康社会的扶贫开发阶段（2001—2012 年）。伴随着改革开放的不断深入，中国的经济实力不断增强，综合国力和国际地位不断提高。2001 年颁布的《中国农村扶贫开发纲要（2001—2010 年）》标志着我国扶贫工作进入巩固扶贫成果、提高发展能力、缩小发展差距的综合开发阶段，并把贫困人口集中的中西部少数民族地区、革命老区、边疆地区和特困地区作为扶贫开发的重点。面对新的情况，胡锦涛从更宽广的视角来对待中国的扶贫事业。他立足科学发展观，坚持科学发展为反贫困发展提供新战略，坚持以人为本赋予反贫困新内涵。在党的十七大上，胡锦涛提出要全面建成小康社会，这为我国 21 世纪的反贫困事业提供了新的方向。科学发展观的提出，是中国共产党对马克思扶贫理论进一步丰富和发展，为中国的扶贫事业提供了重要指导。2011 年出台的《中国农村扶贫开发纲要（2011—2020 年）》又提出建立健全扶贫对象识别机制，做好建档立卡工作，实行动态管理，并明确把连片特困地区作为主战场。

五是精准扶贫与乡村振兴的新阶段（2013 年至今）。2013 年习近平总书记在湖南考察，首次提出"精准扶贫"这一概念。他指出新时期扶贫工作必须反对"一刀切"，要根据各个贫困地区、贫困家庭的不同情况，"实事求是、因地制宜、分类指导、精准扶贫"。自此"精准扶贫"成为这一阶段扶贫思想的代名词。为了实现"2020 年前农村人口的全部脱贫"的目标，习近平总书记指出，一是要开创扶贫开发新方式，探索特色扶贫之路；二是要扶贫到户到人，用一定的方法对贫困户进行精准识别，找出贫穷的缘由，对其进行精准帮扶，概括贫困户的实际情况进行动态治理，对贫困户扶持成效进行考核，以确保贫困户可以精准脱贫。同年，国务院出台了《建立精准扶贫工作机制实施方案》，自此在全国范围内拉开了精准扶贫工作的序幕。经过 8 年的不懈奋斗，按照"两不愁，三保障"（不愁吃、不愁穿，义务教育、基本医疗、住房安全有保障）的标准，农村贫困人口全部如期脱贫，我国基本消除了绝对贫困，区域性整体贫困现象也得到彻底改善。按现行标准衡量，我国农村已经从普遍贫困迈入整体消除绝对贫困的新阶段（图 9-4）。脱贫攻坚成效显著，取得了决定性进展。2017 年党的十九大提出实施乡村振兴战略。从 2021—2025 年我国进入巩固拓展脱贫攻坚成果同乡村振兴的有效衔接阶段。

按现行农村贫困标准衡量的农村贫困状况

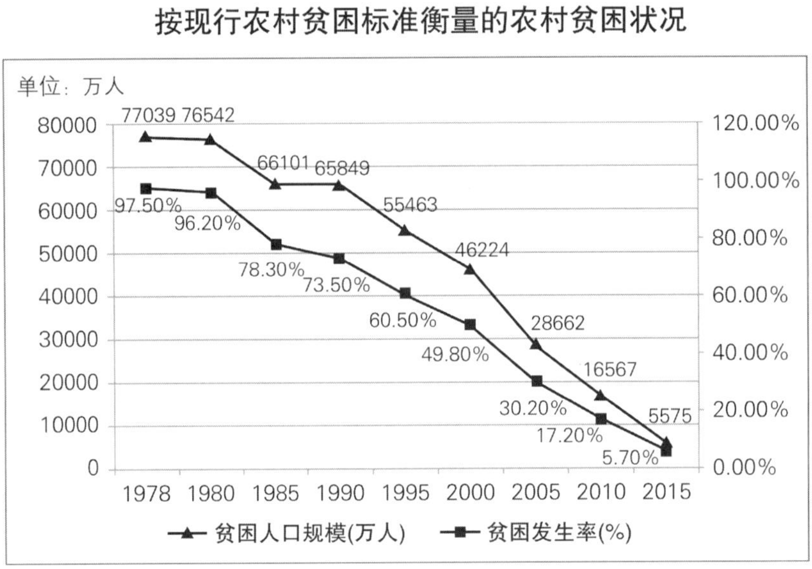

图 9-4 贫困人口与贫困发生率下降

中华人民共和国成立以来，中国共产党将扶贫事业一步一步地深入推进，不断更新中国扶贫思想，不断赋予中国扶贫事业新的理论内涵和时代特征。党的十八大以来，我国把扶贫开发事业摆在更加突出的位置，把精准扶贫、精准脱贫作为基本方略，开创了扶贫事业的新局面，脱贫攻坚取得了决定性进展，历史性地解决了绝对贫困问题，全面建成小康社会再向前推进一步。

（六）巩固脱贫攻坚成果与乡村振兴有效衔接

在长期反贫困的实践中，中国成功走出了一条有中国特色的扶贫开发道路，消除了绝对贫困，实现了千年小康梦想。2021—2025 年中国处于巩固拓展脱贫攻坚成果同乡村振兴的有效衔接阶段。我们应怎样实现有效衔接呢？

1. 继续加大对贫困地区基础设施和基本公共服务的投入

继续加大对脱贫地区基础设施和基本公共服务的投入力度，改善群众生产生活条件，补齐基础设施短板。坚持把教育扶贫作为长远的治本之策，以保障义务教育为核心，构建完善的教育体系，全面落实教育扶贫政策，大力实施教育扶贫工程，提升贫困地区的教育质量和均等化程度。大力实施健康扶贫工程，改善、提升基层乡镇卫生院、村卫生室的医疗条件和医疗技术水平，强化基本医疗保险、大病救助、临时救助等医疗保障措施，提高特困地区群众的健康水平，补齐基本医疗短板。

2. 完善社保制度和救助体系

首先，对那些年老体弱且患有重大疾病、基本无劳动能力的人，建立最低生活保障兜底贫困救助专项基金，将所有符合条件的贫困人口全部纳入农村低保范围。完善城乡居民基本养老制度，特别是加大对农村社会保障的扶持力度。其次，建立与各村经济发展水平相适应的农村社会救助制度。健全农村孤儿、事实无人抚养儿童、单亲贫困妇女的福利保障体系；逐步建立并完善困难残疾人生活补贴和重度残疾人护理补贴制度，适时调整残疾人生活与护理补贴标准。最后，搭建政府部门救助资源、社会组织救助项目与贫困农户救助需求相对接的信息平台，鼓励社会组织、企事业单位和爱心人士开展慈善救助活动，引导有影响力的慈善组织和企业设立社会救助扶贫公益基金，组建慈善救助机构。

3. 建立消除贫困的长效机制

要确保贫困者永久脱贫、永不返贫，就要建立贫困户退出的"后扶持"制度，以保障政策的连续性，打破"脱贫—扶贫—返贫—再扶贫"的恶性循环。建立防止返贫动态管理和长效脱贫机制，确保脱贫退出的稳定和可持续。建立农产品价格支持体系，确保农民的生活水平不断提高，维持稳定发展。不同类型返贫风险的特点及对不同贫困人口的冲击力不同，需要干预的工具及策略组合也会相应不同。这就对当前的治理工作提出了更高要求，在突出风险防范机制构建的同时形成精准化、个性化的脱贫减贫长效机制，从根本上杜绝返贫发生，使中国真正成为远离贫困的乐土。

4. 实现经济持续增长和产业扶持

改革开放 40 多年，中国经济快速、持续地增长，创造了大量就业机会。绝大多数的贫困人口依靠工资性收入，而非财产性收入实现了脱贫。经济持续增长的"涓滴效应"和溢出效应也惠及千百万贫困家庭，这是我们打赢脱贫攻坚战的主要原因。经济增长和就业是解决贫困问题的关键。要加大对脱贫地区的产业扶持力度，让脱贫地区的人员有机会持续获得工资性收入。打赢脱贫攻坚战，目前只是消除了绝对贫困，而缓解相对贫困将是长期任务。要确保对口帮扶焦点不散、靶心不变、力度不减，持续将扶贫相关的政策措施优先在脱贫摘帽县村实施，保持政策支持力度，巩固脱贫攻坚成果。按照党的二十大报告要求，发展乡村特色产业，拓宽农民增收致富渠道。拓展脱贫攻坚成果，增强脱贫地区和脱贫群众的内生发展动力。统筹乡村公共服务布局，建设宜居宜业和美乡村。期待到 2035 年人民生活更为宽裕，城乡区域发展和居民生活水平差距显著缩小，基本公共服务均等化基本实现，朝着全体人民共同富裕的目标迈出坚实步伐，继续前进。

问题与思考

1. 简述精准扶贫的意义。

2. 中国消除绝对贫困的标准是什么？

3. 如何理解收入贫困、能力贫困、多维贫困？

4. 如何建立反贫困的长效机制？

第十章
农业经济学（上）：
家庭联产承包责任制

土地出产之多少，主要不在于土地肥沃程度，而在于人民是否享有（耕种）自由。

——孟德斯鸠

本章概要

中国农业的成就及现状

中国农业政策的历史沿革

家庭联产承包责任制的经济学解读

农业现代化的路径

农业强国

关键词

城乡二元结构　家庭联产承包责任制　"三农"问题　粮食安全

一、中国农业的成就及现状

中国作为一个人口众多的农业大国，人均耕地面积仅为世界的1/3，中国人均淡水资源也仅为世界的1/4，但是中国却用不到世界1/10的耕地生产了世界1/4的粮食，养活了世界近1/5的人口。改革开放之初，中国的粮食产量只有6000亿斤/年，到2022年，粮食年产量已连续9年超过13000亿斤；人均粮食占有量也由改革开放之初的300千克提高到2022年的470千克。中国贫困发生率1978年为97.5%，到2020年已消除绝对贫困。在如此短的时间内成功解决众多人口的吃饭问题，很大程度上要归功于家庭联产承包责任制（图10-1）。解读改革开放以来的中央农业政策，对于了解真实的中国农业农村工作十分必要。

图10-1　1984年天安门广场国庆巡游盛赞联产承包责任制

改革开放以来，为了解决粮食问题，保障人民的基本生活，我国推出了许多促进农业发展、解放农业生产力的政策。其中一项政策在我国农业史上备受瞩目，这就是从1982年开始正式实行的家庭联产承包责任制。这一制度的主要内容是：农民以家庭为单位，承包集体所有的土地等生产资料，享有土地的使用权和剩余农产品的分配权。家庭联产承包责任制结束了当时我国已实施20多年的生产队制度，极大地调动了农民的生产积极性与主动性，短时间内提高了我国农业生产力，改变了我国长期以来农业生产低效率的局面，解决了我国粮食供给不足的问题，人民温饱开始有了保障。时至今日，延续了40多年的家庭联产承包责任制依旧备受关注。多年来我国农业农村事业都取得了举世瞩目的成就，由政策实施之久，可见其活力之强。但在新形势下，我国农业的主要矛盾已经发生了很大变化：农产品由总量不足转变为质量不高的结构性矛盾；快速的城镇化导致不可逆的人口迁移态势，"人户分离"问题严重；城乡居民人均收入差距仍然较大，农民兼业问题严重，"农二代"基本上不回村，农村后继乏人；家庭联产承包责任制下的"大国小农"在一定程度上限制了农业现代化进程，农业竞争力正在逐步下降；我国农业总体发展质量效益不高，农民增收后劲明显不足，农村自我发展能力弱；等等。家庭联产承包责任制的弊端日益显现。尽管如此，农业的基础地位不能变，农村是国家现代化的短板这一问题没有变，大量农民生活在农村的国情也不会变。因此，要在坚持和完善家庭联产承包责任制的基础上，加快农业农村的现代化进程，真正实现农业强、农民富、农村美的现代化目标。

二、改革开放以来中国农业政策的历史沿革

（一）"三农"政策的演变

1976 年 10 月以来，中央高度重视农业。据称当时中国仍有 1 亿 5 千万人挣扎在温饱线下。当时的农业农村工作主基调是农业学大寨、普及大寨县。1978 年 9 月，安徽阜阳开始实施包产到户，粮食作物长势良好。经过漫长的争论，1982 年 1 月 1 日，中共中央出台一号文件，肯定了安徽阜阳农民的首创精神，正式承认家庭联产承包责任制的合法性。1983 年、1984 年、1985 年、1986 年中共中央连续 4 年出台一号文件，提出放活农村工商业、发展农村商品生产、取消统购统销、增加农民收入等。毋庸置疑，1982 年的家庭联产承包责任制是第一个一号文件，是至今仍然发挥效力的重要文件。在中央出台的一号文件中，真正影响全局性工作的有三个：一是 1982 年的中央一号文件，家庭联产承包责任制由此合法化；二是 2006 年的中央一号文件，开展社会主义新农村建设；三是 2018 年的中央一号文件，实施乡村振兴战略。家庭联产承包责任制实行至今，意味着家庭经营仍是我国农业生产的最主要方式。家庭联产承包责任制肯定了家庭经营，而这也是国内外农业生产的大趋势。今天我们回过头来看，中国的农村改革始于安徽阜阳小岗村 18 户农民的包产到户，更准确地说是责任到户。换句话说，安徽阜阳小岗村的这 18 户农民是家庭联产承包责任制的带头人。

家庭联产承包责任制的主要特征是所有权和经营权的分离，土地所有权归集体，而农户通过承包享有土地经营权。这一制度解决了大集体劳作、"大锅饭"平均分配挫伤农民生产积极性的问题。家庭联产承包责任制使农户拥有了土地自主经营权，使我国农业取得突破性发展。今天 6 亿多农民、2 亿多农户耕种着 20 亿亩耕地，规模效益较差，但土地和庄基地是农民的一种福利和保障。正是由于这种福利和保障，中国才没有像其他人口大国那样，在快速城市化的过程中在大都市郊外出现大批"贫民窟"。农村依然是进城农民的重要保障和"战略后方"。我国的改革开放首先是从农村开始的，从某种意义上讲，家庭联产承包责任制的确立是中国市场经济的发轫，使中国农业开始走上市场化道路，其影响极为深远。

（二）回顾中央一号文件

深入了解农村发展，必须从解读政策开始。中华人民共和国成立后，很长一段时间人民政府依靠政策治国。改革开放以后为消除城乡二元结构，破解三农难题，中共

中央先后出台了许多农业政策。政策虽多,但效力作用却不尽相同。1982年至今,中共中央出台的涉及"三农"工作的文件是指导我国更好地解决农业、农村和农民问题的工作纲领。对历年中央一号文件进行梳理和分析,能够使我们更深刻地理解和把握长期以来"三农"政策的精髓(图10-2)。

图 10-2　涉及"三农"工作的中央一号文件的主题

改革开放以来，中央十分重视"三农"工作。每年 1 月 1 日发布的中央一号文件几乎都在安排、部署、指导"三农"工作。中央一号文件也成为当年"三农"工作的指导性文件。回顾梳理中央一号文件，可以大致看出改革开放以来中国农村发展变化的趋势。

以 1982 年中央出台第一个一号文件为起点，至今已发布了二十多个中央一号文件。除 1987—2003 年外，其他中央一号文件均是以农村工作为重点。尽管主题各不相同，但剖析这些中央一号文件，又可以将其分为三个时期：第一个时期是建立与完善家庭承包经营制度和农业市场化；第二个时期是促进农民增收，建设新农村，发展现代农业，统筹城乡发展；第三个时期是继续发展现代农业，提高农业综合生产能力，实施乡村振兴战略。

1. 1982—1986 年：开始实施家庭联产承包责任制

1982 年 1 月 1 日，中共中央发布我国历史上第一个关于"三农"问题的一号文件，此后连续 4 年都出台了关于农村政策的一号文件，包括《当前农村经济政策的若干问题》《关于 1984 年农村工作的通知》《关于进一步活跃农村经济的十项政策》《关于 1986 年农村工作的部署》。这 5 个中央一号文件真实地反映了亿万农民的心声，开启了中国农村大发展的第一个新时期，成为迅速推动农村改革的强大动力。这一时期中央一号文件的主要贡献是正式承认包产到户的合法性，肯定了家庭联产承包责任制；同时聚焦推动我国农业从自给经济向较大规模的商品化生产转化，从传统农业向现代农业转化。在此目标的指引下，取消了此前 20 多年的统购统销制度，搞活了农村经济，解决了农民经营自主权的问题。于 1986 年发布的中央一号文件致力于调整工农、城乡关系，强调农业在我国国民经济中的地位。这 5 个中央一号文件意在突破人民公社体制，确立家庭联产承包责任制和农业市场化，调动农民的生产积极性，使我国农业生产取得前所未有的发展。

2. 2004—2012 年：社会主义新农村建设

1987—2003 年的 17 年间，我国都没有出台有关"三农"问题的中央一号文件。因为在这段时间，我国的改革重心已转向城市，城市改革和工业发展都取得了不错的进展。但在 20 世纪 90 年代后期，我国"三农"问题开始凸显：90 年代末农业受到城市化、工业化的冲击，税负逐步加重，农产品价格被强行压低，农民种粮积极性极大受挫，收入增幅不断放缓，随之而来的是城乡居民收入差距的不断扩大，并在 21 世纪前后达到最高峰。1997—2003 年的 6 年时间里，城乡居民收入比由 2.47 扩大到 3.23，粮食产量由 1998 年的 10246 亿斤减少到 2003 年的 8614 亿斤，粮食安全形势日益严峻，城乡矛盾、工农矛盾、干群矛盾凸显。面对这一形势，我国及时调整城乡发展战略，开启统筹城乡发展的政策进程。2004 年，时隔 17 年后，我国中央一号文件政策回归"三农"问题。2004年的中央一号文件主要聚焦农民增收困难，因为这一问题不仅制约着农村经济的发展，也制约着整个国民经济的增长，已不仅仅是一个经济问题，更是一个政治问题。《关于促进农民增加收入若干政策的意见》提出要坚持多予、少取、放活的政策，调整现有的农业结构，提高科技水平，深化农村改革，增加农业投入，扩大农民就业，争取促进农民收入增长，缩小城乡收入差距。这一决策极大地调动了农民的积极性，使我国农业产量有了明显增加，农民收入有了较快增长，城乡矛盾有了一定缓和。但是农业在我国国民经济中依然属于薄弱环节，农业基础较为脆弱，相关技术投入不足，粮食增产和农民增收的长效机制并没有建立起来。如何保持农村发展好势头依旧是一个艰巨任务。因此2005年的中央一号文件指出，要加强农业的基础设施建设，加大农业方面的技术投入，提升科技水平，从而提升农业的综合生产力。连续两年的中央一号文件对我国"三农"问题的解决有显著的作用。为了巩固"三农"发展的良好态势，2006年党中央提出建设社会主义新农村的重大历史任务。紧接着，2007年的中央一号文件就指出社会主义新农村建设要把建设现代农业放在首位。发展现代农业的政策一出，我国的单产就创历史新高，粮食产量继续稳定增长，农民收入增速也达到历史最高。之后的3年我国都出台了中央一号文件。连续几年中央一号文件的有效落实，使得我国的"三农"政策体系和制度初步形成。后一阶段的任务就是抓薄弱环节，逐个击破。2011年的政策主要集中于加快水利改革，稳定农业发展。2012年的中央一号文件突出强调部署农业创新，把推进农业科技创新作为"三农"工作的重点。由此可见，这一阶段的9个中央一号文件主要致力于促进农民增收、发展现代农业、统筹城乡发展，开启"以工促农、以城带乡"的新时代。

3. 2013年至今：实施乡村振兴战略

党的十八大以来，我国社会经济发展进入转型时期，全面建成小康社会进入关键时期。粮食产量连续9年获得丰收，农民收入持续增加，农村人口开始大规模转入城镇。但"三农"事业也面临着许多新的挑战，在我国经济发展进入新常态的背景下，农民持续增收难度加大，资源环境约束日益趋紧，如何实现可持续发展、提高农产品国际竞争力和推进农业供给侧结构性改革等重大问题亟待解决。2013年党中央再次聚焦发展现代农业，增强农业发展活力。2014年中央一号文件的主要目的是解放思想，深化农村改革。2015年中央一号文件明确指出当前我国经济发展进入新常态，正由高速增长转向中高速增长，改革创新和农业现代化建设再次被作为主题。2016年中央一号文件是党的十八大以来第三次聚焦农业现代化，明确提出农业现代化的时间目标，即到2020年现代农业建设取得明显进展，农民生活达到全面小康水平，社会主义新农村建设水平进一步提高。2017年中央一号文件将"三农"主线转为农业供给侧结构性调整和改革。党的十九大提出实施乡村振兴战略。2018年的《关于实施乡村振兴战略的意见》

主要围绕乡村振兴战略展开，确立乡村振兴的"四梁八柱"是乡村振兴战略的顶层设计。2019 年的中央一号文件指出要坚持农业农村优先发展，做好"三农"相关工作。截至2019 年年底，我国农村贫困人口累计减少 9500 多万，770 个贫困县"摘帽"退出，贫困率降至 2% 以下，创造了历史最低纪录。2020 年是全面建成小康社会之年，是全面打赢脱贫攻坚战的收官之年。2020 年的中央一号文件指出，本年度我国的"三农"政策主要包括较快补上农业基础设施和公共服务短板，保障重要农产品的有效供给和促进农民持续增收，加强农村基层治理，强化农村补短板保障措施，坚决打赢脱贫攻坚战 5 个部分。

如果说1982—1986年的5个中央一号文件是为了解决农民经营自主权和温饱问题，那么 2004—2012 年的 9 个中央一号文件就是为了统筹城乡发展，构建强农惠农富农政策体系，发展现代农业和使农民增收致富。2013—2020 年的 8 个中央一号文件则是为了贯彻党的十八大精神。2017 年 10 月，党的十九大提出实施乡村振兴战略，致力于激活农业农村发展的内在活力，推进农业农村的现代转型，促进"四化"同步发展，让广大农民平等参与现代化进程、共同分享现代化成果。1982 年以来，党中央下发的多个中央一号文件一脉相承，虽侧重点各有不同，但都有一定的内在联系，主要反映在三个方面：首先，战略目标是一致的，都是为了实现农业现代化，确保国家粮食安全，促进农民增收；其次，在政策措施上具有连续性，各个文件的内容从未脱离"农业""农村""农民""改革"4 个方面，由此形成了中国"三农"政策的基本框架；最后，毫不动摇地坚持党的领导，加强党对农村工作的领导。

（三）中央一号文件的绩效评介

改革开放以来，我国农村改革已有 40 多年的历史。在 20 多个中央一号文件的引领下，我们解决了基本的吃饭问题，实现了农民的增收致富，激发了农村发展的内生活力，也推动了农业现代化、国家工业化、城镇化的长足发展。就我国的现实情况来看，作为全球人口最多的国家，我国在相对落后的情况下发展至此，可以说是举世罕见的一个奇迹。我国农业发展经历了 40 多年的艰苦岁月，也创造了 40 多年的奇迹。这些中央一号文件作为我国农业的顶层设计，对我国农业、农村的发展做出了历史性贡献，主要体现在如下几个方面：

第一，在中央一号文件的引领下，我国农业的生产力水平有了质的飞跃，粮食也实现了连年增产增收，粮食年产量提高到 1.3 万亿斤，人均产量高于世界平均水平，人均粮食占有量提高到 470 千克，粮食供应能力大幅提高。

第二，我国农民的收入大幅提高，城乡居民的收入差距逐渐缩小。2004 年的中央一号文件为平衡城乡居民收入做出了历史性的贡献，结束了我国农民收入长达 7 年的徘徊局面。除了 2009 年受金融危机影响外，农民收入都在持续增加，家庭恩格尔系数也在不断下降，农民生活水平显著改善，城乡居民的消费差距也在不断缩小。加之精准扶贫政策、农村扶贫工作取得显著成效，贫困发生率下降到 1.7%，基本实现了农民"两不愁、三保障"。

第三，我国农业的现代化水平明显提高，农业转型升级步伐加快。从 2005 年中央一号文件鼓励增加农业经济投入，到后来的社会主义新农村建设、发展现代农业，再到现在的乡村振兴战略，都能明显看出，我国的农业科技水平在不断提高，农业生产转变为机械化生产，农业标准化、产业化、规模化水平不断提高。近年来，农业转型步伐加快，新形态农业层出不穷，特色小镇、农村电商、农家旅游业发展迅猛。

第四，我国农村发生了翻天覆地的变化，基础设施得到了明显改善，农村面貌焕然一新。从 2004 年的中央一号文件开始，我国开始注重缩小城乡差距，加之 2006 年的新农村建设，城镇基础设施开始向农村地区普及蔓延，农村的衣食住行条件得到全面改善，尤其是农村地区的出行条件。截至 2015 年底，全国 99.99% 的乡镇和 99.87% 的建制村都通了公路。2010 年统筹城乡发展，农村全面推进电网改造，信息化水平明显提升。再加上乡村振兴战略的实施，农村环境整治覆盖全国，"脏乱差"现象得到遏制，村容越来越好，村民居住环境越来越整洁卫生（图 10-3）。

图 10-3　江西婺源农户晒秋图　摄影：惠秾敏

第五，我国农村改革深入推进，农村公共服务能力不断提升。多年来中央一号文件为我国农业发展提供了源源不断的活力，农业投入增长机制逐渐稳定，农村发展的内生活力被激发。随着农村改革的持续不断推进，我国农村地区的教育水平、医疗卫生水平、社会保障水平显著提高，基层政府的公共服务能力和地方管理能力也有了质的改变。乡风文明建设，民主法治建设在农村地区也取得了不同程度的发展。

总之，中央一号文件作为解决"三农"问题的行动纲要，对中国"三农"发展产生了深刻而长远的影响。中国连续几十年密集地出台惠农富农政策，使农业得到较快发展，农村面貌焕然一新，农民生活水平不断提高。

三、家庭联产承包责任制的经济学解读

从今天的角度看，家庭联产承包责任制的确立结束了我国的生产队制度，将原来的450万支生产队划分为2亿以家庭为生产单位的农户。农户作为最基本的生产经营单位，并不是旧时代小农经济的翻版，而是顺应时代发展的新型生产经营主体。

（一）家庭联产承包责任制的经济学解读

家庭联产承包责任制打破了平均分配，使农户拥有了土地自主经营权，使我国农业取得了突破性发展。家庭联产承包责任制的确立被许多人视为中国走向市场经济的发端。人们不禁要问：为什么中国实行家庭联产承包责任制之后，在同样的土地、同样的农民、同样的技术条件下，粮食产量大不一样？当家庭联产承包责任制进行到分田到户之时，有些生产要素就如同许多不可分割的农具被"肢解"而被平分。这种看似对生产力造成极大破坏的举措，却一举解决了过去有七八亿人从事农业生产却长期吃不饱的问题。这让人百思不得其解。家庭联产承包责任制究竟做对了什么，使得长期困扰中国的吃饭问题迎刃而解？在此对这一制度进行一些经济学上的解读。

1. 经济社会发展的思想基础

从经济社会思想史的角度考量，要理解家庭联产承包责任制，需要从人民公社说起。我国农村土地制度的变迁大致从土地改革开始，后由于生产力低下，很快开始推行农业生产互助组、农业合作社；1956年开始推行并组建高级社；1958年开始成立人民公社；1982年家庭联产承包责任制正式以中央文件的形式合法化。纵观中国农村经济社会变迁的历史，其逻辑和思想理论基础大致根源有以下几点。一是源于中国"耕者有其田"的传统思想观念。几千年来"均贫富"的文化传统和"耕者有其田"的理想深入人心。1950年中国农村进行了土地改革，依据"耕者有其田"的观念，人民政府使农民平均地获得了土地所有权和使用权等完整产权，实现了农民和土地的直接结合。此举极大地调动了农民的生产积极性，使农村生产得到了迅速发展。二是学习苏联的社会主义建设经验和平分土地、再集体化建设社会主义的模式。"三农"问题首先是农民问题。《马克思恩格斯选集》指出：农民具有"小资产阶级两面性"，或"摇摆于无产阶级和资产阶级之间"，农民首先具有劳动者的特性，但又有私有者的特性，作为劳动者有跟无产阶级走的可能性，作为私有者有跟资产阶级走的可能性。苏联实行平分土地、再集体化建设社会主义的模式，其理论依据是社会主义的本质特征，即公有制，消灭剥削，实现社会化大生产，物质极度丰富。但家庭经营模式较为落后，小农家庭经营自给自足必须由社会化大生产取代。1928 年 11 月，联共（布）中央全会决定加快农业集体化步伐。1929—1933 年苏联大规模开展将个体小农私有经济转变为社会主义大集体经济的运动。到 1937 年，超过 90% 的苏联农户加入集体农庄。全盘农业集体化使数百万的富农被逮捕或流放，强迫农民加入集体农庄导致半数以上的牲畜被杀掉。这样的农业集体化造成许多不良影响和后果。卡尔·考茨基在《土地问题》中指出："农业的发展并没有走向大生产的倾向，恰恰相反，在农业发展的范围以内，大生产并不是较高的生存形式。"恩格斯在分析关于农民经营过渡到社会化合作社的问题时，指出要给农民"尽量多的时间"。苏联经济学家恰亚诺夫认为：在传统农业向未来社会经济制度的过渡中，农民家庭农场具有长期存在的合理性。在生产力未有重大变革的前提下，以个体家庭农场为单位进行经营，比大规模土地集中经营更具有优越性。今天，世界各国农业小规模家庭经营占比远比大农场要高，西欧、中国的农业仍以家庭经营为主。苏联认为恩格斯给予农民"尽量多的时间"这一说法"似乎过分慎重"，对恰亚诺夫"小农经济"等观点进行了批判，结果其集体化最终付出了惨痛的代价。

我国早在西周时期推行井田制。井田制是氏族社会土地公有向农耕社会土地私有过渡时出现的一种土地制度。在氏族社会，土地为氏族公有，大家一起劳动，一起享受劳动成果。西周封建社会后，周王将土地分封给诸侯，诸侯分封给士大夫，士大夫再分封给自己的子弟（士），士再把土地交给农民耕种。此时，全国的土地名义上归周王所有，所以《诗经》中有"普天之下，莫非王土，率土之滨，莫非王臣"的说法。井田制将土地按照"井"字分成九份，其中有公田和私田。公田和私田统一交由农民耕种，只不过私田的收成归农民所有，公田的收成归贵族所有。到周后期，公田的收成远低于私田，最终不得不将公田也分配给农民，实行"不籍千亩、履亩而税"的经济制度。可以看出，家庭联产承包责任制的雏形早在 3000 多年前的西周就已经出现了。今天分析经济史的人们大多着眼于安徽小岗村 18 户农民的"包产到户"，而很少看到早在西周时期就已经有过类似现象。法国大革命前夕也出现过类似情况：贵族田地中的作物没有农夫自己耕种的田地里的好。昔有公田不如私田，今有人民公社的土地收成不如农民自留地的收成高，最终不得不推行家庭联产承包责任制，以农户经营为主。

2. 耕种的自由解放了生产力

家庭联产承包责任制所取得的巨大成就是有目共睹的。为什么能取得如此大的成就？大多数解释都可归纳为"党和国家的政策好"，但这个政策好在哪里却很少有人去探讨。孟德斯鸠说："土地出产之多少，主要不在于土地肥沃程度，而在于居民是否享有（耕种）自由。"在人民公社时期，农民并没有耕种自由。所谓的土地种植，都是按照人民公社的计划进行的。该种粮食的地方往往被安排上了棉花。孟德斯鸠指出，公民平等可以促进全面的福利，而专制体制将使人民贫穷困苦。他认为，富裕永随自由而来，因此倡导耕种自由。这与我国家庭联产承包责任制的两权分离、将土地承包给农民、赋予农民耕种自由的实践逻辑是一致的。

阿玛蒂亚·森在其著作《以自由看待发展》中曾阐述过自由与发展的关系。他指出，自由是发展的手段，也是发展的首要价值和目的。"就建构性作用而言，发展旨在扩展实质自由及其他的基本自由。"家庭联产承包责任制将所有权和经营权分开，使农户拥有自主经营权，给予农民自由使用土地的权利，改变了过去"集体干，集体分"的局面，促进了我国农业的发展，在一定程度上也佐证了阿玛蒂亚·森的自由与发展观点。家庭联产承包责任制的推行，标志着人民公社的正式解体。许多人认为，中国市场经济是从 1993 年党的十四届三中全会正式开始的。事实上，家庭联产承包责任制才是中国市场经济的发轫。农业要发展，就必须赋予农民更多的自由。耕种的自由解放了大量生产力。

3. 管理成本的降低减少了效率损失

农业生产的特殊性在于时空分散，监督成本高。人民公社时期的浪费、官僚主义、贻误农时等都是管理成本过高及集体经营带来的效率损失，也是令人民公社非常头疼的问题。而家庭联产承包责任制以家庭为生产经营单位，家庭内部的管理与交易成本很低，农业生产率得到极大提高，生产队时期"吃大锅饭"的生产方式造成的效率损失也随之减少。家庭联产承包责任制的机制设计是农户分享土地剩余产出的激励，极大地调动了农民生产的积极性，解决了长期以来人民公社想解决而难以解决的问题。用诺贝尔经济学奖获得者米切尔斯的机制设计理论解释，就是解决好剩余索取权的分配问题，就能激励农民多生产。

4. 人多地少的国情需要精耕细作的农业

中国是一个人口众多、土地资源稀少的国度，长期以来农业实行的是精耕细作制。中国大约有 2.3 亿户农户，其中约 2.1 亿户耕地不足 10 亩。据不完全统计，全国农户户均耕地面积约为 7.46 亩。张五常从合约经济学的角度出发，认为古典经济学家持有的土地所有者将土地租给多个农户耕种，采取"分成租佃制会导致资源配置无效率"的观点是一种错觉。张五常著名的佃农理论证明了在一定条件下，不管是分租、定租，还是自耕农,其土地利用效率是一样的。从合约经济学的角度观察,"只要能带来较高的年地租,就会对土地进行投资"。[①]家庭联产承包责任制将集体土地承包给多个农民,实现了效率的提升。事实证明,产权弱化或政府过度干预资源配置,将导致资源配置的无效率。科斯认为,没有产权的社会是一个效率绝对低下、资源配置绝对无效的社会。科斯定律指出:当交易费用为零时,产权的初始配置不会影响经济效率;如果交易费用不为零,产权配置就十分重要,产权归属不同将导致不同的经济效率。只有产权明晰,才能实现帕累托最优。人多地少的国情适合农户的精耕细作(图10-4)。产权包括所有权、经营权等,家庭联产承包责任制仅将所有权与经营权分置,就调动了亿万农民的生产积极性,一举解决了困扰我国多年的粮食生产问题。这不能不说是一个经济奇迹,或者政策奇迹。

图10-4 陕西宜君旱作梯田,是一种适宜我国人多地广国情的
耕种方式(摄影:惠秭敏)

(二)家庭联产承包责任制的成就与问题

家庭联产承包责任制无疑是我国农业史上浓墨重彩的一笔。它打破了我国农业农村持续多年的"吃大锅饭"局面,瓦解了人民公社体系,使村民开始自治。改革开放初期,家庭联产承包责任制对我国农业生产的贡献毋庸置疑。首先,家庭联产承包责任制使我国的粮食产量在短期内大幅增加,农民的生产积极性得到前所未有的提高,极大地促进了农业农村的发展,农民的温饱问题得到彻底解决。其次,这一政策唤醒

---

①张五常:《经济解释——张五常经济论文选》,中信出版社2019年版,第247页。

了"沉睡"多年的农户，极大地调动了其生产主动性，农业生产率大幅提高，农村出现大量剩余劳动力，乡镇企业应运而生，异军突起，新的功能联动出现。最后，这一制度打开了农业商品经济化的大门，为小农户指明了未来的发展方向。但是，随着市场经济的发展，经历了短时期迅猛发展的农业又陷入发展困境，家庭联产承包责任制在解放生产力之后，无法及时、更进一步地推动生产力发展，这一制度的正面效应开始减弱，弊端开始凸显，在相当程度上影响了农业现代化建设进程。这些弊端产生的原因不在于制度本身，归根结底是家庭生产经营方式、人均土地规模小和土地分散的问题。首先，以家庭为生产经营单位，家庭内部交易成本很低，但家庭与家庭之间的市场交易成本往往很高，小农户与市场经济之间缺乏有效的衔接，且家庭经营难以形成有效的竞争，小生产与大市场难以对接，经营效率低下，进而使我国农业资源配置效率低下。其次，我国土地面积有限，而人口却在不断增加，人均耕地面积少，加之土地分散，无法大规模推进机械化、规模化作业，农业方面的技术开发研究难以推进，农业效益低下，增收困难，无法进行资本积累，产业升级困难。最后，农业的比较效益差，大部分农民选择兼业或进城务工，土地出现了一定程度的撂荒。如何让家庭联产承包责任制在新形势下重新焕发生机，是新时代的重大课题。

1. 由"人多地少"转向"农地荒废"

在家庭联产承包责任制刚实施的几年，农民积极性非常高，农业生产率急速提升，人民的温饱问题得以解决。但是从后来的发展情况看，受我国土地与人口的国情制约，人均承包土地规模较小，使我们面临着"人多地少"的困境。农民积极性再高，若没有充足的土地供耕作生产，就无异于纸上谈兵。家庭联产承包责任制不仅使农业得到了发展机会，就连非农业也受益匪浅。非农业提供的就业机会愈来愈多，越来越多的农业人口转向非农业，农户的农业生产积极性减弱，这使农村出现了大量无人耕作的荒地。随着现代化的不断推进，非农业将提供更多、更优质的就业机会，这是时代发展之大势，随之而来的将是土地荒废愈演愈烈。解决我国的"人多地少"及如今的"农地荒废"问题迫在眉睫。现代化倒逼我们重新思考我国的土地政策，以及新时代下家庭联产承包责任制改革的必要性。

2. 农业的基本矛盾发生变化

我们当前所处的时代已不再是改革开放初期的"短缺经济"时代。在2015年12月的中央农村工作会议上，习近平总书记明确指出：新形势下，我国农业主要矛盾已经由总量不足转变为结构性矛盾，主要表现为阶段性的供过于求和供给不足并存。其中，阶段性的供过于求主要指我国粮食生产保持了十几年的连续增产，总产量巨大，部分农产品已经生产过剩，堆积如山；供给不足主要是指我国曾是大豆的第一出口国，如今大豆产量远远不足，反成了世界第一大豆进口国。这一结构性矛盾单靠小农户或者单靠市场来解决，是根本不可能的。因此，必须发挥政府宏观调控的作用，对农业进行供给侧结构性改革。"十四五"期间，我们仍要坚持深化供给侧结构性改革的这一大方向，促进我国农业的发展。

3. 农业劳动生产率较低，可持续增长动能不足

受家庭联产承包责任制的影响，我国人均耕地面积少，土地规模小。加之区域土地资源配置存在较大差异，分散的块状土地限制着农业的发展规模。农户和农地的分散使科技成果在农业领域寸步难行，导致我国农产品生产成本较高，全要素生产率较低，在国际市场上缺乏竞争力。数据显示，2017 年我国农业的劳动生产率仅为第三产业的 1/4，第二产业的 1/8，全要素生产率不及美国的 60%。农业全要素生产率低下使我国农民的持续增收面临不小的困难。我国农业进入了低水平、高成本的发展困境，可持续增长动能不足。

四、中国农业现代化的路径选择

党的十九大和二十大都明确指出推行乡村振兴战略的重要意义。乡村振兴战略中有"实现小农户和现代农业发展有机衔接"的表述。如何实现小农户与现代农业发展的对接，实现农业现代化，就成了当今时代必须解决的难题。他山之石，可以攻玉。西方发达国家小农户与现代农业有机衔接的国际经验也许有可供借鉴之处。

（一）小农户与现代农业有机衔接的国际经验

1. 消灭小农户的英国模式

英国是世界上最早对农业进行改造的国家。出于资本原始积累的目的，英国推行"圈地运动"。地主将小农户的农地剥夺，占为己有，并将其改造为牧场，进而消灭了小农户。虽然英国在"圈地运动"后实现了资本主义农业大生产，但这一历史性成就是以损害小农户的利益为代价的。这种极端的方式断然不适合我国。

2. 以合作社为主体的荷兰模式

由于地理位置和气候的限制，作为欧洲小国的荷兰发展农业面临着"先天不足"的问题——国土面积本就很小，耕地面积更小，加之人口稠密，人均耕地面积少之又少。然而，这样一个"先天不足"的国家却创造了"小国大农"的伟大成就。荷兰主要通过合作社来实现小农户与市场的有效衔接，让小农户进入生产销售的各个环节，使其走上现代农业之路。荷兰模式看似对我国解决"大国小农"的问题有很大的借鉴意义，但事实证明，采取合作社的方式对我国农业发展作用不大。

3. "绿色革命"的印度模式

和我国一样，印度作为一个人口大国，在既定的国土内，人均耕地面积较少，加之地区间土地资源配置的不均衡，同样面临着"大国小农"的问题。但是，印度通过两次标志性的"绿色革命"使本国农业走上了现代化之路。第一次"绿色革命"是农业技术革命，推动了农业生产方式的现代化。第二次"绿色革命"并非仅停留在技术层面，而是开始注重保护小农户的切身利益。两次"绿色革命"完善了印度的农业基础设施，提高了小农户的社会地位，改善了小农户的生产生活条件，实现了小农户与现代农业的有效衔接。印度的成功经验是值得我们学习的，但由于两国的具体国情存在一定的差距，切不可全盘照抄，要有选择地借鉴。

在借鉴他国农户与现代农业有机衔接成功经验的基础上，从我国的基本国情出发，结合我国农业发展的实际情况，探索出一条具有中国特色的现代农业之路。

（二）我国小农户与现代农业有机衔接的路径选择

早在 20 世纪 80 年代初，邓小平同志就提出关于农业的"两个飞跃"的重要思想。第一次飞跃是指 1982 年的家庭联产承包责任制，这一制度瓦解了人民公社体制，解决了农户的温饱问题，调动了农户的生产积极性。第二次飞跃是指由农村个体经济向农村集体经济的飞跃，它使小农户与现代农业接轨，使中国农业走向现代化。党的十九大以后，我国把乡村振兴战略明确作为发展战略，从十九大报告和 2018 年中央一号文件中均可看出，我国非常注意扶持小农户，重视小农户与现代农业发展的有机衔接。二者有效对接的重点在于突破农户长久以来在生产、组织、市场三方面的弱势地位，通过土地规模化、组织规模化和服务规模化，将小农户引入现代农业的发展轨道。因此，我们一定要抓住乡村振兴这一发展机遇，尽快实现农户与现代农业的有效对接，实现农业农村的第二次历史性飞跃。

首先，我国要继续推进农村土地制度改革，建立有效的土地流转机制，使长久以来分散的土地实现集中、规模经营，克服有限的资源对农业生产效率的限制，提高农业竞争力。其次，要建立与现代农业相匹配的社会保障体系，弱化土地的生存保障功能。在小农户眼里，土地就是保障生存的"命根子"，只有建立完善的社会保障体系，农户的社会保障由其承担，才能让农户克服离不开土地的心理障碍，鼓励农户进城就业务工与落户，推进城镇化进程。从事农业的农户数量减少将直接有助于我国农业规模经营效益的提升，从而增加农业工作者的收入。再次，要注重城乡一体化发展，城乡居民公平对待，深化户籍制度改革，赋予农户与城市居民同等的待遇，切实保障农民的切身利益和合法权益。最后，要提升农户的自身发展水平与能力。目前我国正处于由弱势农业向强势农业迈进的关键期，农户作为我国农业生产的基本单元，必须提高自身的发展水平与能力。基于此，我们要培养有科学文化知识的新时代农民，强化政府对小农户的政策扶持，完善农户培训制度。一方面要鼓励有知识、有理想的大学生回到农村，从事与农业相关的工作，成为发展现代农业的新兴力量；另一方面也要持续鼓励和扶持现有农民，让其了解最新的农业生产方式和先进的经营模式，从事现代农业，开拓农业新领域，提高"大国小农"的竞争力。

总之，在乡村振兴战略的大背景下，只有从强化外部环境和刺激内生动力两方面做文章，才能实现我国农业的规模化生产、机械化生产、信息化生产、组织化生产，农业农村才会走向现代化。

在过去的 40 年里，总的来说，家庭联产承包责任制作为一项农业政策，拥有极强的生命力。时至今日，家庭联产承包责任制的弊端日益凸显，但是农户现在仍然是中国农业的主要经营主体。家庭经营是由我国人多地少的基本国情所决定的，实现小农户与现代农业发展的有机衔接，在家庭经营的基础上走中国特色现代农业之路势在必行。事实证明，家庭联产承包责任制政策现在仍然保持着顽强的生命力，我国农业因这一政策得到了前所未有的发展。因此新形势下要对家庭联产承包责任制进行创新提升和完善。党的二十大提出"加快建设农业强国，扎实推动乡村产业、人才、文化、生态、组织振兴"。如何在"大国小农"的现实背景下加快建设农业强国是一个时代命题，需要不断探索加以回答。

问题与思考

1. 简述改革开放以来中国农业政策的历史沿革。

2. 简述 1983—1986 年中央一号文件对农业发展的意义。

3. 试评价家庭联产承包责任制。

4. 要实现农业现代化，中国应走怎样的道路？

第十一章
农业经济学（下）：
实施乡村振兴战略

20 亿农民站在工业文明的入口处：这就是在 20 世纪下半叶，当今世界向社会科学提出的主要问题。

——孟德拉斯

本章概要

实施乡村振兴战略

乡村振兴战略意义

乡村振兴战略的现实困境

多维度协同推进乡村振兴

关键词

"三农"问题　乡村振兴　文化振兴　城乡融合　乡村治理

一、"实施乡村振兴战略"的提出

2017 年 10 月，党的十九大报告首次提出"实施乡村振兴战略"，这是决胜全面建成小康社会、全面建设社会主义现代化国家的重大历史任务，是新时代"三农"工作的总抓手。2018 年中央一号文件就是关于实施乡村振兴战略的意见，其总要求为"产业兴旺、生态宜居、乡风文明、治理有效、生活富裕"。2022 年 10 月，党的二十大报告再次强调"全面推进乡村振兴"，并指出："全面建设社会主义现代化国家，最艰巨最繁重的任务仍然在农村。坚持农业农村优先发展，坚持城乡融合发展，畅通城乡要素流动。加快建设农业强国，扎实推动乡村产业、人才、文化、生态、组织振兴。"实施乡村振兴战略，是解决人民日益增长的美好生活需要和不平衡不充分的发展之间矛盾的必然要求，是实现"两个一百年"奋斗目标的必然要求，是实现全体人民共同富裕的必然要求。

在新时代，要消除城乡二元结构的鸿沟，解决城乡"发展不平衡、不充分"问题，消除一些地方"农村空心化、农户空巢化、农民老龄化"的凋敝现象，就需要深入探讨乡村振兴战略的理论与实践。2005 年 10 月，党的十六届五中全会提出"建设社会主义新农村"，2006 年中央一号文件的关注焦点就是社会主义新农村建设问题。社会主义新农村建设总的要求为"生产发展、生活宽裕、乡风文明、村容整洁、管理民主"。

对比党的十九大报告提出的实施乡村振兴战略"五句话、二十个字"与党的十六届五中全会提出的社会主义新农村建设"五句话"，有些提法虽然仅有一字之差，但其整体内涵和外延都发生了较大的变化。"产业兴旺"代替"生产发展"，体现了由强调单一的农业生产转变为各产业协调发展的理念。在乡村振兴战略中"产业兴旺"是重点。"村容整洁"被"生态宜居"所替代，意味着新农村建设由过去注重一村一户、房前屋后的环境卫生到注重村落区域性整体生态体系的保护与美化的转变（图11-1）。乡村振兴中生态宜居是关键。无论是新农村建设还是乡村振兴战略，"乡风文明"的提法始终没变，体现了文化传承的稳定性和恒常性。"生活宽裕"到"生活富裕"虽然仅有一字之差，但体现出标准的大幅度提高，体现了共同富裕、同步小康

图 11-1　陕西汉阴县旋涡梯田春景，较好地体现了"生态宜居"的理念（供图：沈俭）

的愿景。实施乡村振兴战略用"治理有效"代替"管理民主"，标志着理念由社会管理向社会治理的转变。当然，治理有效是乡村振兴的基础，生活富裕是乡村振兴的根本。党的十九大报告首次提出乡村振兴战略，将农业、农村、农民问题置于关系国计民生的根本性问题的高度，要求必须始终把解决好"三农"问题作为全党工作的重中之重；并要求坚持农业农村优先发展，按照"产业兴旺、生态宜居、乡风文明、治理有效、生活富裕"的总要求，建立健全城乡融合发展体制机制和政策体系，加快推进农业农村现代化。这一战略的实施将会为我国农业、农村、农民的发展提供强大的动力。

二、乡村振兴战略意义的多维视角解读

（一）解决我国社会主要矛盾的迫切需要

改革开放至今，随着国民经济的飞速发展，我国经济社会领域发生了翻天覆地的变化。党的十九大报告也适时提出新时代我国社会主要矛盾已经变成人民日益增长的美好生活需要和不平衡不充分的发展之间的矛盾的重大论断。我国城乡之间、地区之间乡村发展不平衡不充分的问题最为突出。解决这一矛盾的关键在于解决好城乡发展不平衡不充分的问题。国家统计局公布：2021年按常住地分，城镇居民人均可支配收入47412元，农村居民人均可支配收入18931元。2021年我国城镇居民人均可支配收入和消费支出仍分别是农村居民的2.50倍和1.90倍，较上年度分别收窄了0.06倍和0.07倍。近年来城乡居民可支配收入和消费支出均呈现缓慢的收窄趋势，但是变化的趋势仍然不明显。实施乡村振兴战略，着力点在于顺应和把握社会主要矛盾和"三农"主要矛盾的变化，统筹推进农村经济、政治、文化、社会、生态文明建设，从而有效破解农业农村发展不平衡不充分的问题，满足农民日益增长的美好生活需要。尽管我国已经步入中等收入国家行列，处在工业化中期，但农业在国民经济中的基础地位没有变，农民是最值得关怀的群体没有变，乡村是全面建成小康社会的关键没有变，"三农"问题依然是社会经济全面发展最明显的短板和薄弱环节。乡村振兴战略是我国现代化进程中亟待解决的现实问题。所以，从政治学的角度考量，实施乡村振兴战略是解决新时代我国社会主要矛盾的必然要求和迫切需要。

（二）解决城乡区域发展失衡问题的重大举措

习近平强调："要推进城乡区域协调发展，全面实施乡村振兴战略，实现巩固拓展脱贫攻坚成果同乡村振兴有效衔接，改善城乡居民生产生活条件，建设美丽宜人、业兴人和的社会主义新农村。"从区域发展的整体来看，我国城市之间的差距相对较小，但是乡村的区域性差距却是非常大的，这主要体现在东西部县域和乡镇之间的经济社会发展水平不可同日而语。当前乡村建设面临的区域结构分化，导致我国东西部乡村发展不平衡。公共服务和生产要素的城市偏向是造成乡村发展失衡的重要因素，滞后的农村现代化进程也阻碍了城乡协同发展的脚步。过去一段时期，我们希望依靠加快城镇化的步伐来解决"三农"问题，但后来又发现城市和乡村的功能是截然不同的。我们不可能用城镇化来代替农业农村的现代化。一个国家城市和乡村的功能定位是不一样的：城市功能定位是集聚人口、集聚财富、集聚技术与创新引领，而乡村的功能定位是生态屏障、农产品供给、保存民族特色及传承历史文化。两种区位功能协调发展才能实现国家的现代化。相对于城市，乡村的价值也许是永恒的。而当下我国城乡发展不均衡，乡村地区没能较好地发挥功能优势，实现资源的优化配置，这使得城乡协调发展的空间布局难以优化，区域整体效益不高。"三农"问题的突出矛盾是城乡居民收入和支出差距比较大，乡村区域发展不平衡；即使是同一区域，村庄之间的差异也很大。2020 年中国社会科学院农村发展研究所对全国 10 个省区、50 个区县、156 个乡镇、308 个行政村、3833 户家庭进行综合调查，发现村庄之间的差距远比城市之间的差距大。另据北京市农业经济研究中心对北京 12000 个村庄近十年的变化分析，村庄的分化在加剧，层级固化的倾向已经出现，从长期看这显然不利于共同富裕。从国际经验看，当一个国家城镇化率超过 50%，资本、技术、管理等要素就会向农业部门流动。2021 年末，我国全国常住人口城镇化率为 64.72%，较上年末提高 0.83%。而户籍人口的城镇化率是 45.4%（2020 年数据），两个城镇化率相差 19% 左右。现阶段我国城乡居民收入和支出的差距仍然较大，加之城乡公共基础设施差距悬殊，我国并没有出现较为明显的逆城镇化现象。由此，实施乡村振兴战略应顺势而为。从经济学的角度考虑，乡村振兴战略是新时代解决城乡区域发展不平衡不充分问题的重大举措。

（三）解决城乡人口结构和乡村人口结构失衡问题的有效途径

当前的城乡不平衡，从社会学的视角来看，表现为城乡人口结构和乡村人口结构失衡，具体体现在年龄结构、性别结构和素质结构等方面。农村结构分化方面，农民分化问题尤为突出，这是农村地区精英空心化的后果。据统计，2021 年全国人户分离的人口达 5.04 亿，其中流动人口 3.85 亿。所谓人户分离的人口，是指居住地与户口登记地所在的乡镇街道不一致且离开户口登记地半年及以上的人口；而流动人口是指人户分离人口中扣除市辖区内人户分离的人口。调查发现，不同年龄段从农村走出来的群体对待乡村的态度呈现明显代际差异。20 世纪六七十年代以前出生的农民工，更倾向于寄钱回家，在乡村建房成家；而"80 后""90 后"的"农二代"出村后不回村的倾向更为明显，他们在城市置房，人和资本均留在城市。城市的"精英俘获"现象越来越明显。21 世纪以来，中国呈现快速的城镇化趋势，城市边缘地带的乡村由于快速的城镇化而变为"城中村"，经济较发达地区或者产业基础较好的乡村成为就地城镇化的"超级村"，经济不发达地区的广大乡村大多成为人口外流的"空心村"。"乡村空心化、农业副业化、农民老龄化"是不少乡村的真实写照。2008年我国城乡居民人均可支配收入基尼系数达到0.491的峰值，2020年降为0.468，但一直远高于0.4这一国际公认警戒线。如将全国居民按人均收入水平从低到高排列，平均分为5个等份（每等份20%），2021年度低收入组年人均可支配收入8333元，中偏下收入组人均可支配收入18445元，中收入组人均可支配收入29053元，中偏上收入组人均可支配收入44949元，高收入组人均可支配收入85836元。可以看出，中偏下收入组人均月可支配收入在1500元左右，而低收入组每月不足1000元。要实现城乡协调发展，不能"城市像欧洲、乡村像非洲"，一方面是发达的城市，而另一方面却是落后的农村，这种现象不可能出现在一个现代化国家，更是高质量全面建成小康社会的巨大阻力。农村需要同城市一样体面、繁荣地发展。农村留守儿童、留守妇女、留守老人等弱势群体亟待帮助，部分地方乡村社会出现的衰败问题也亟待解决。要改变这一局面，就要实施乡村振兴战略。实施乡村振兴战略是破解城乡发展不平衡、农业农村发展不充分难题的根本途径。

（四）传承中华优秀传统文化和继承村落文明的现实要求

中华五千年文明植根于悠久的农耕文明，农耕文明的根在乡村。乡村是农耕文明的载体，是特定历史时期政治、经济、文化的投影，具有不可再生的历史文化生态价值。每一个村庄都曾是村民代代生活的地方，承载着村民的集体记忆，是情感的寄托和链接的纽带。而随着我国城镇化的快速推进，大量村庄正在消失，乡村文明渐行渐远。一些传统文化的保护和传承工作不到位，后继乏人，承载着村民共同记忆的文化载体，如文化景观、乡风民俗等逐渐被市场边缘化甚至消失，一些极具文化价值和历史意义的物质、非物质文化遗产未能得到有效传承。2021年全国农民工总数达29251万，较上年增长2.4%。其中，外出农民工17172万，增长1.3%；本地农民工12079万，增长4.1%。全国农民工人均月收入仅4432元。我国第七次人口普查数据显示，2020年从乡村流向城镇的人口为2.49亿，较2010年增加1.06亿。农民从乡村向城市的大规模流动不利于保存村庄的历史和文化。而乡村振兴战略的提出则对乡土优秀文化的保护与传承具有重大意义。

（五）有利于加快基层治理创新和提高基层政府的公共管理能力

能否有效治理广大乡村，事关国家治理体系和治理能力现代化的成败。随着经济社会的发展和进步，我国已经拥有了相对完善的乡村公共管理体系。乡镇政府目前是我国最基层的一级人民政府，直接与农民打交道。多年来，"三农"问题始终是我国中央一号文件的聚焦点，"三农"问题对乡政村治体制也提出了改革要求。当前城乡基层治理遇到一些新问题，如严格管理之下的唯上行为与形式主义、群众依赖性的增强和自治能力的弱化、治理资源的浪费及向治理能力转化的困难等[1]。乡村基本制度、公共基础设施、生产性和生活性公共服务状况没有得到较好改善，直接影响着"三农"问题的解决。第三次全国农业普查数据（2016年最新一次）显示，农村地区46.2%的家庭仍在使用普通旱厕，甚至还有2%的家庭没有厕所；26.1%的农村生活垃圾、82.6%的农村生活污水未得到集中处理或部分集中处理；38.1%的农村村内主要道路没有路灯。从基本公共服务方面来看，67.7%的农村没有幼儿园、托儿所，18.1%的农村没有卫生室，45.1%的农村没有执业（助理）医师；从社会保障角度来看，乡村低保、新农保、新农合保障标准均低于城镇居民和城镇职工。此后，经"十三五"期间（2016—2020）的治理，上述状况有所改善，但城乡差距和乡村之间的差距仍然悬殊。近年来，我国城乡基本公共服务均等化工作收到了一定的成效，城乡居民在医疗保障、义务教育以及基本养老保险方面均实现了制度全覆盖。但是，城乡基本公共服务标准差距依然较大，其中教育、卫生是主要短板。当前农村的教育、卫生体系不完善，质量不高，许多家庭因子女教育、医疗、养老而被迫进城。人才外流使得乡村振兴主体匮乏。乡村振兴的主体应该以地缘、利益、血缘、文化为纽带，动员社会各界共同行动，参与乡村振兴建设。乡村基层组织建设、基层治理工作还有很长一段路要走，乡村振兴有赖于基层组织公共管理能力的全面提升。

三、乡村振兴战略的现实问题

在"两个一百年"奋斗目标的历史交汇期，党的十九大提出乡村振兴战略，具有重大的历史意义和现实意义。然而，在战略落地过程中，必须正视诸如县域层面规划设计不足、乡政村治体制弊端显现、乡村建设人才匮乏、村治多方治理主体未能有效协调，以及如何追寻渐行渐远的村落文化回归等一系列无法回避的现实问题。

（一）城乡融合发展问题

当前农村普遍存在着农业基础设施不够完善、农业产业现代化程度不高和农业三产融合处于初级发展阶段的问题，很大一部分原因是城乡融合发展缺乏顶层规划。新形势下要推动"工农互促、城乡互补、全面融合、共同繁荣"的新型工农城乡关系的形成。新型城镇化和实施乡村振兴战略是县域城乡融合与转型发展的两个重要方面。

---

① 贺雪峰：《资源下乡背景下城乡基层治理的四个命题》，《社会科学研究》，2020年第6期。

实施乡村振兴战略要在县域全面综合转型的背景下通盘考虑。根据第五、第六次全国人口普查相关数据，县域内城镇化水平要低于全国平均水平，县域内总人口也呈现逐渐减少的趋势。当然，影响人口迁移的因素很多。同时我们寄希望于就地就近城镇化。但是由于县域发展滞后于大中城市，因此人们更多地选择向大中城市迁移流动。根据全国第七次人口普查相关数据，预计到2035年，我国城镇化率有望达到75%，到2050年城镇化率达到80%，基本完成城镇化，然后进入一个相对稳定的时期。现在需要构建新型工农城乡关系，用城乡融合发展和新型城镇化的思路全面引领乡村振兴。新形势下县域的转型发展，要符合新的五大发展理念，实现高质量发展，要对标国家实现现代化的步伐要求，要促进城乡融合，以共同富裕为前提和目标。在此要求和前提下，县域高质量发展涉及政治、经济、社会、文化、生态诸多方面，是一场全方位、多领域、多层次、综合性的变革。

（二）调动亿万农民积极参与问题

乡村振兴战略的主体是农民，农村的制度是土地集体所有制。乡村振兴战略的落地不能仅仅依靠国家资源的倾斜。要实现2050年的农业强、农村美、农民富，需要农民自我发展意识的觉醒和自我组织能力的提高。尊重农民对农村未来发展的想法、发挥农民的主体作用非常重要。乡村振兴战略一定要让亿万农民受益者参与进来，积极推动乡村建设，这是该战略的出发点，也是归宿。依靠合理的机制或制度把农民组织起来就显得尤为重要。而建立在农村土地集体所有制基础上的村集体组织能否解决这个问题呢？纵观中华人民共和国成立以来70多年的农村社会治理，经历了从个体农户到合作社、人民公社，实行"政社合一"的管理体制；也经历了家庭联产承包责任制以后，农村出现了短暂的"治理真空"，再到乡政村治体系的构建，明确村委会是基层群众自治组织的治理格局。尽管在不同历史时期乡村治理都存在一些问题，但村集体组织还是为农业农村农民提供了较为充分的生产、生活性公共服务。而今天随着我国户籍制度的松动、全国统一劳动力市场的形成和城镇化加速，大量农村劳动力涌入城市，其生产生活都脱离了农村，与之前相比，相对封闭的村庄生态发生了非常大的变化。进城务工、经商的农民原本靠乡村土地来提供家庭基本保障，现在对于这部分人而言，土地基本丧失了这个功能，而农村集体也变得较为松散。在这种情况下，靠什么将农民组织起来，是乡村振兴战略面临的组织问题。

（三）解决好乡村建设人才匮乏问题

我国从事农业生产经营活动的人员总体受教育年限较短，农业科学技术的转化能力较弱，难以成为乡村振兴所需要的人力资源支持。在城乡二元制结构下，城乡在资源、机会、教育、医疗、基础设施建设等方面的差距，加速了乡村资源和要素向城市流动的速度。大量农村人口流出也是导致农业发展能力不足、农村建设滞后的重要原因。

劳动力资源总量减少，人才大量外流，乡村留守老人、留守妇女、留守儿童问题严重，"空心村"问题日益凸显。根据《2017 年农民工监测调查报告》，我国 40 岁以下的农民工占比 52.4%，年轻且文化程度较高的"农二代"大多选择到城市务工经商，有的甚至举家迁移。这造成了乡村人才的严重缺失。与此同时，由于乡村基础设施不完善，基层工作环境差、待遇不高、晋升渠道和培养机制不完善等原因，导致外来人才也大多流失。由此可见，乡村地区人力资源本身总量不足，整体文化程度不高，结构不合理，外来人才引入机制不完善，这样的人力资源现状给满足乡村振兴战略的人才需要带来较大挑战。

（四）乡村治理多元主体定位问题

乡村振兴战略二十字方针中，"治理有效"是实现乡村振兴的基础与关键。由新农村建设定义的"管理民主"调整为"治理有效"，标志着管理理念由社会管理转向社会治理。在改革开放以及工业化、城镇化进程中，乡村地区的集体组织形式、人员流动等也发生了很大变化。伴随着这些新变化，乡村治理模式也面临着新的挑战。乡村管理"单一化"、基层政权"悬浮化"、自治组织"行政化"、农民态度"冷漠化"等问题阻碍了乡村振兴战略的实施。[①] 乡村地区信息流不畅通、观念保守以及资源匮乏等，使乡村地区的自我发展和成长能力不足，客观上需要政府的外力助推，通过资源输入，创造各种要素的流动机制，确保农业农村农民的稳定和发展。但在此过程中，政府积极补贴乡村会产生挤出效应，弱化乡村自身发展的原动力，村民则产生"等、靠、要"思维，这些会导致乡村发展对外依赖性越来越强，作为振兴战略主体的农民逐渐丧失自主意识和创造能力。但是，若政府退出乡村治理，则又会出现"公地悲剧"问题，社会公共事务无人关心，农民个体抵御灾害能力差，村庄共同体的经济功能失调，经济功能被各类新型经营主体替代，乡村基层组织还容易被不良势力控制。所以，如何重构治理有效、发展和谐的乡村社会秩序，如何协调各方力量对乡村进行社会治理，是开展乡村振兴建设面对的治理难题。

（五）传统村落文化保护与文化振兴问题

乡村文明承载着农耕文明的文化和底蕴，是农业文化保存的载体，记录着人们共同的记忆，在现代化文明中扮演着文化和身份认同的重要角色。多年来单方向的城镇化，把农村的劳动力、资源、资金引入城市。长期单方向的生产要素流动使农村缺乏自我发展和再生能力。而在快速城镇化进程中，大量的村落正在消失。1990 年，我国自然村总数为 377 万；到了 2016 年，其总数锐减为 261 万，116 万个自然村消失，平

---

① 张新文、张国磊：《社会主要矛盾转化、乡村治理转型与乡村振兴》，《西北农林科技大学学报（社会科学版）》，2018 年第 3 期。

均每天消失 198 个。村庄消失的具体原因大致包括：一是快速的城镇化；二是耕种半径的扩大，农民有意愿合聚居住；三是农民工进城造成的空心村；四是民政部门的撤乡并村、易地搬迁。另外，乡村教育质量不如城市、为子女教育计，也是农民进城的原因之一。还有现行的户籍制度和土地承包制度，使村庄成为一个封闭的体系，离开的回不来，外边的进不去。

我国现存的传统村落有着丰富的物质和非物质文化遗产，文化振兴是乡村振兴的重要组成部分，在城镇化过程中，乡村文化需要发掘，更需要创新性的发展。同时，因乡村优秀人才外流，一些具有地方文化特色的民间艺术、传统习俗技艺面临着失传的困境。乡村人才的流失是制约乡村文化振兴的关键瓶颈。乡土文化的断裂几乎是不可修复的。让村民重拾对家乡文化的认同与自信，继而利用本土资源寻求自我发展之路，正是乡村文化振兴的内在诉求。如何通过搜寻集体记忆，使村民获得情感的归属，也是乡村振兴战略必须解决的文化难题。

传统村落大多历史悠久，文化积淀较为深厚（图 11-2）；许多村落格局肌理保存较完整，具有历史价值的传统建筑较多，物质与非物质文化遗产传承良好，有较高的历史文化、经济社会价值。费孝通认为，村落是"中国乡土社会的单位，农民之所以聚村而居：一是每家耕地面积小，所谓小农经营；二是需要水利的地方，他们有合作的需要；三是为了安全，人多容易保卫；四是土地平等继承，兄弟分别继承祖上的遗业，使人口在一个地方一代又一代地积起来，成为相当大的村落"。陈吉元、胡必亮认为："村庄作为农民基本的生活空间，是农村社会中最为重要的社会组织。村庄通过共同的社区行动把农民团结起来，政府也利用村庄为其农村基层行政组织，并给它一定的处理内部事务的自主权和自治权。村庄担负着来自村民和国家的双重责任和功能。村庄既是非官方的产生于农民共同生活需求而自发形成的维护自身利益的社会组织，又是官员批准、承认并赋予正式权威的基层行政组织。"曹锦清在《黄河边的中国》一书中介绍过关于村落性质的三种学说：一种是马克思的"马铃薯"说，一种是阶级分化说，一种是共同体说。在散布于不同地域的无数村落中，它们都能找到

图 11-2 中国·周原广场（陕西岐山周礼村落）

各自的理论原型。

　　乡村振兴战略可以从文化学的角度来考量村庄存在的意义。一是乡村是农业文化的载体,是农耕文明的物质见证。而中华文化根植于农耕文化。二是乡村记录着村民的集体记忆(血缘、宗族、亲缘、地缘、业缘、生活共同体),村民的集体记忆是鲜活的文化。三是村庄扮演着文化和身份认同的重要角色,乡村是人们诗和远方的精神家园。习近平提出的"看山望水忆乡愁",正是要求人们重视传统村落文化在当代的独特价值。有学者认为,村落文化是目前中国农村最具特色的文化形式,是相对于都市文化而言的,是村落中的一套行为规范及价值观念。还有学者认为,村落文化是反映当前中国村落制度结构特征的一种文化形态。传统村落文化是中华民族的"根文化",是传统文化生发的根基所在和基本构成。在城市化进程中,在乡村振兴战略背景下,传统村落文化有着独特的价值。乡村文化振兴势在必行。

四、多维度协同推进乡村振兴

　　乡村振兴是由多元的社会结构组成的,包含工业化、城镇化、教育水平、富裕程度等众多指标体系。传统社会向现代社会的过渡是一个缓慢的进程,在乡村振兴战略的实施过程中也存在许多深层次的体制机制问题。这些问题都不是一时一地之问题,而是长期且普遍存在的。对于这样的问题,单靠政府改进工作、加强领导,只能是扬汤止沸。单纯依靠市场的力量,会使社会失去方向感。乡村问题貌似微观、简单,但由于其社会形态复杂,组织化程度较低,作用机理微妙,差异很大,如果将问题简单化,反而事倍功半。实施乡村振兴战略仅靠一方面的努力只会事与愿违。要解决好乡村振兴的体制机制问题,必须通过政府—市场—文化—社会四个维度的良性互动、协调、平衡。只有依靠协同努力,才能事半功倍。图11-3为政府—市场—文化—社会四个维度的作用框架。

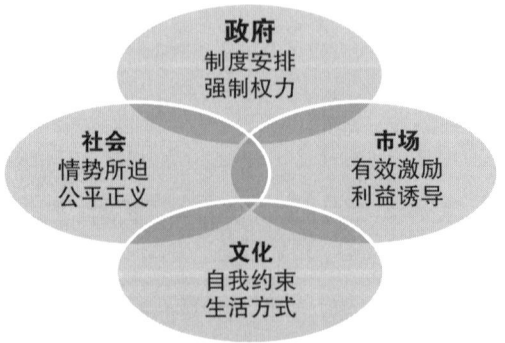

图 11-3　政府—市场—文化—社会四维度间的关系

（一）政府：制度、规划和引导

政府的重要职能是制度安排，用其建制性权力进行法律规则制定和制度供给，加大公共服务和公共基础设施投入等。通过村落民俗旅游发展案例研究可以看出，民俗文化旅游发展初期主要依靠政府引导推动，以典型引路，带动当地村民发展民俗旅游业，从而推动市场机制的形成，依靠民间和市场机制的力量使旅游业逐步发展成熟。

在实施乡村振兴战略的过程中，政府对市场的培育和引导，对公共事业的规划和投入，即制度保障的作用是必不可少的。首先，政府要发挥培育引导作用，妥善解决"小农户、大市场"有效衔接、过渡问题，遵循市场规律，有效引导个体农户投入市场经济的实践。其次，政府对公共事业的规划和投入也是必不可少的。调查发现，受访对象中有 57.3% 的人认为当地农村医疗设施简陋，56.3% 的人认为社会救助中的大病保险项目实施不到位，"因病致贫"成为贫困的主要原因。因此，政府要在医疗卫生基础建设方面采取针对性措施。一些地方政府聘请乡村规划师统一管理村庄规划，妥善安排了村庄排水、建筑标高等，有效地解决了"公地悲剧"问题，改善了农村居住环境。最后，政府制度安排的正外部性和制度保障可以发挥积极作用。如政府在"扫黑除恶"中发挥了巨大作用，能一举解决一些地方基层组织长期被不良、邪恶势力控制或挟持的问题，促进社会和谐正义。但也要看到，如果仅仅依靠政府的力量，会产生巨大的"挤出效应"，挤出民间资本，挤压市场和社会组织的作用空间，导致乡村发展对外依赖性增强，逐渐丧失自主意识和创造能力，城乡发展越来越不平衡。政府力量的无限扩张会干扰市场的高效运转和挤压社会组织的作用空间，使市场、文化、社会力量成为乡村现代化的旁观者。这些问题也不容忽视。

（二）市场：有效发力，推动产业兴旺

调查显示，村民最关心的问题为就业和收入，高达 71.8%，紧随其后的是物价上涨（44.8%）、养老问题（39.2%）等。党的十九大提出实施乡村振兴战略，加快农村现代化。尊重村民意愿是乡村振兴的群众基础。乡村振兴战略的首要问题是产业兴旺，村民最关心的也是由产业带动的就业和收入问题。而产业兴旺必须依靠市场力量，否则将大大降低产业发展效率。

要依靠市场的力量促使产业兴旺，形成产业化、市场化的经营机制。坚持市场经济改革方向，核心问题是使市场在资源配置中起决定性作用。当前西部农村居民收入水平偏低，83% 的调查对象家庭年收入在 4 万元以下，23.3% 的调查对象家庭年收入在 1 万元以下。他们主要的收入来源是外出打工。借助市场力量解决农民创业、就业问题是当务之急。乡村振兴首先是产业兴旺，乡村现代化首先是人的现代化。要紧紧

围绕市场需求，引导和推动更多的资本、技术、人才等要素向农业农村流动。如今城乡流动体制机制的障碍仍然不少，当务之急是要调动广大农民的积极性、创造性，建立现代农业产业体系，实现一、二、三产业融合发展，确保农业农村经济发展的旺盛活力。产业兴旺要依托市场，只有这样才能留住人才；有了人才，乡村振兴、乡村现代化才有了根本。同时，也要看到市场经济体制具有盲目性、自发性和滞后性，市场并不能完全、主动地解决公平、正义问题。在乡村社会，传统文化在解决这些问题时就显示出其积极意义。儒家文化的"守礼""节用""富民""使民以时""民贵平"的思想，滋养了中国人民勤劳勇敢、艰苦奋斗、勤俭节约的美德，这些都会对乡村振兴、乡村现代化起到积极作用。

（三）文化：自觉和复兴

西方学者从文化的角度解释国家或地区的发展方式。文化与经济社会相互融合，文化随着经济形态和生活方式的改变而被不断注入新的时代内涵，任何文化和价值观都必然对应着特定的经济体制和发展方式。文化包括物质、精神、习惯、风俗、语言、社会组织、制度等，总是在直接或间接地满足人们的物质和精神需求。[①]对村落来说，传统文化潜移默化的影响造就了其独特的文化状态，人们依旧传承着对其生产、生活方式及信仰产生重要影响的部分，并始终对有理、有德的人保持着敬重。村落今日之情状乃是数千年村落文化之结果。面对市场经济利益的诱惑及其对传统文化的强烈冲击，首先，要大力弘扬传统文化。既要引导乡村优秀传统文化的恢复、传承与发扬，又要引领乡村文化与社会主义核心价值观相适应。调动社会各方积极进行文化创造，鼓励农村优秀传统文化传承人积极担当继承者，充分发挥人民在文化建设中的主体作用，让人民共享更多文化成果，让传统文化助推市场经济发展。其次，在乡村现代化进程中，要科学地发掘乡村民俗文化资源，同时吸收法治、规则、民主等现代文化元素，使乡村文化的本土性与现代性相适应，推动乡土文化的自觉和复兴。文化的自觉与复兴不是简单的复古或回归，而是唤醒村民的文化意识，让他们自觉创新，完善传统文化。传统村落宗族意识和民俗仪式体现了一定的文化自觉和价值回归，要因势利导，去粗取精，使传统文化能为乡村现代化提供强大的正能量。调查显示，村民对义务教育满意的比例为60.5%，但他们认为师资力量仍有待加强，对乡村文化发展也颇有微词。发展农村文化教育事业有助于移风易俗，弘扬农耕文明和优良传统，使农民的综合素质得到进一步提升，农村文明程度进一步提高。这也是实现乡村现代化的必由之路。

---

① 此处引用的是英国马凌诺斯基文化功能学派对文化的定义。见马凌诺斯基：《文化论》，华夏出版社2002年版，第4—9页。

（四）社会：有机协调各方力量

市场经济本身就是一种社会制度。它可以带来效率，却不能主动解决包容和公平问题，如贫困、收入不均等。卡尔·波兰尼认为，市场社会是在民族国家的干预和控制下形成的，它只是经济生活的附属品，社会中不可能存在一个完全分离的经济体系。社会组织在民俗旅游市场的规范管理中发挥了重要作用。从最初由政府主导建立的旅游管理公司，到市场主体自发成立的行业协会，再到具有社会组织特征的民俗专业合作社，社会组织日益成熟，且其力量不可小觑。它能有机协调政府、市场和文化力量，更便捷、高效、低成本地处理好三者之间的关系。合作社、协会等社会组织可以在乡村现代化建设中发挥重要作用。村落的祠堂作为祭祀祖先的场所，拥有深厚的人文根基，过去它的存在使农村对鳏寡孤独的救助更为直接便捷，今天政府可以通过购买社会组织服务，使乡村社会中穷人的境遇得到改善。乡村社会组织始终处于边缘化状态，对乡村振兴、乡村现代化无法充分发挥作用，其最主要的原因是政府的权责意识、乡村治理主体与社会组织的作用机理、边界关系不清：有些是基层政府不愿放权，习惯越俎代庖，有些是治理主体担心社会组织争夺群众，抑或是社会组织本身存在功能定位偏差。要充分发挥社会组织的正向作用，就应当填补乡村社会组织建设、社会政策的短板。社会组织、社会团体与民间、民众、民俗之间有着天然的亲和力，应在政府正确认识并调整职能边界、简政放权的基础上，通过有序的方式，推动社会组织与政府的良好合作，达到乡村善治的效果。

政府、市场、文化、社会在理论上属于不同的范畴和维度。四者功能不同，作用机理也有所差异，其边界虽有交叉重合，但不完全相同，在传统文化与市场经济相交融、共同推进乡村现代化的进程中，各自发挥着独特的作用。实际上，四者之间存在交汇重合之处和良性互动与协调，很难准确区分与界定它们各自的功能、作用与边界。要想走出乡村现代化的现实困境，需要四者的有机结合、多元参与、共同发力和协同效应。传统文化与乡村现代化的调适和融合是不可回避的现实存在。无论是乡村振兴、乡村现代化，还是精准扶贫，政府的因势利导和推动、市场的激励作用、社会组织的协调和文化力量的哺育，都是至关重要的。政府"看得见的手"与市场"看不见的手"相互作用、影响，促成了市场的稳步、健康、快速发展。产业兴旺为乡村振兴、乡村现代化奠定了物质基础，市场主体与社会组织的有机结合使市场实现自我组织和管理，而传统文化的传承和调适是实现乡村振兴、乡村现代化的灵魂与价值引领。要解决好当前和今后乡村振兴、乡村现代化的现实问题，就必须在政府—市场—文化—社会四个维度的框架下进行综合分析考量，依靠这四重力量，协同推进，落实好乡村振兴战略。

乡村振兴战略是传统村落保护实践的新时代背景，传统村落保护是乡村振兴战略实施的内在要求。在乡村振兴的宏大叙事中，传统村落保护能使乡村振兴战略更富厚重的历史感和醇厚的文化力；反之，乡村振兴战略能使传统村落保护实践突破传统的思路局限和固有的路径依赖，找到理论创新的突破点、关键点和着力点，更加鲜活生动而富有成效。总之，村落文化是传统村落宝贵的活性资源，是重建乡村文明、实现乡村振兴战略的重要载体。文化振兴是新时代乡村建设的灵魂，合理利用乡村民俗文化并发挥其良性功能，有利于推动实施乡村振兴战略。只有正确处理好传统文化保护与利用的关系，充分挖掘传统村落文化底蕴和民俗文化的独特魅力，把传统民俗文化的保护传承作为"软实力"和"助推器"，才能最终实现"产业兴旺、生态宜居、乡风文明、治理有效、生活富裕"的乡村振兴总目标。

问题与思考

1. 实施乡村振兴战略的基本方针是什么？
2. 乡村振兴战略的五大振兴是什么？
3. 乡村建设的意义何在？

第十二章
城市经济学：
中国的城镇化道路

中国的城镇化
城市的聚集效应
新型城镇化道路
城市群与都市圈
乡村振兴与城乡融合发展

城镇化　产业集聚　城市群　都市圈

　　改革开放 40 多年来，中国经历了世界上规模最大的快速城镇化过程，取得了非凡的成就。中国城镇的快速发展，成为全球城市发展史上的重大事件。从世界城市发展的历史来看，世界城市化率由 30% 提高到 50%，平均需要 50 多年的时间，其中，英国用了 50 年，美国用了 40 年，日本用了 35 年，而中国仅用了 15 年。改革开放 40 多年来，中国城镇化道路的探索和完善分为三个阶段：以小城镇和中小城市为重点的城镇化阶段、中国特色城镇化道路的提出和探索阶段、作为解决"三农"问题和区域协调发展问题的重要抓手的新型城镇化战略阶段。然而，在如今中国城镇化由高速度转向高质量发展的过程中仍面临一些问题，只有同时推进乡村振兴战略与新型城镇化战略，才可以使后者的目标更加明确，推进过程更加健康和可持续。

一、城镇化的实质

（一）城镇化的定义

城镇化，与城市化的英文表述相同，即"Urbanization"，是指一个国家或地区的人口由农村向城市转移、农村地区逐步演变为城市地区、城市人口不断增长的过程。城镇化或者城市化并不是简单的农村人口向城镇或城市迁移和集中。"城镇化不仅仅表示把人们吸引到城市并纳入其生活体系之中，它还指与城市发展有关的生活方式的特性不断增强的过程。"[①] 城镇化推动城市文化和城市文明向农村扩张，并最终推动农村及整个国家经济社会结构和文明形态的转型。因此，人们强调，城镇化是人类生产和生活方式由乡村型向城市型转化的历史过程。城镇化的主要内容及实质是农村经济社会发展及转型问题。我国大力推进新型城镇化并将其上升为国家发展战略，就是认识到城镇化是伴随着工业化发展，非农产业向城镇地区集聚、农村人口向城镇集中的自然历史过程。这是人类社会发展的客观趋势，也是国家现代化的重要标志。城镇化是一种不可逆的现代化过程。随着我国工业化国家城镇化战略的推进，未来30年仍然是我国城镇化发展的关键阶段。根据世界城镇化发展的普遍规律，我国目前仍处于城镇化率30%~70%的快速发展区域。因此，对城镇化问题的研究非常必要，且具有现实意义。

（二）城镇化的实质

中国2010年上海世界博览会（EXPO 2010）的主题为：城市，让生活更美好（Better City, Better Life）。城市让我们喝上了干净卫生的自来水、收入更高，城市让我们具有更丰富的文化生活、受到良好的教育，享受交通的便捷和医疗保障等。由此可见，城市让我们的生活更加美好。但城市也给我们带来了许多烦恼。城市使我们的空气受到污染，噪音让我们难以入眠，城市璀璨的灯光让我们常年见不到星空，城市的交通拥堵让我们烦恼不已。城市到底带给了我们什么？城镇化的实质究竟是什么？为什么城镇化的势头不可阻挡？

城乡人口结构性变化是中国经济快速增长的主要驱动力。究竟是城镇化促使经济增长还是经济增长推进城镇化，目前尚无定论。国际发展经济学创始人张培刚教授在其《农业与工业化》中比较系统地探讨了农业国家或经济落后国家如何实现工业化和

---

① 项继权、刘开创：《城镇化背景下中国乡村治理的转型与发展》，《新华文摘》，2019年第16期。

经济发展的问题，指出工业化的发动因素和限制因素。中国发展经济学的奠基人之一何炼成教授拓展了发展经济学的研究视野，将张培刚教授的经济发展由农业部门或工业部门互动，拓展到"八化"，即工业化与城市化、商品化与市场化、社会化与国际化、现代化与信息化。为什么城市的经济发展速度要快于农村？这是因为城市，尤其是城市群，地理上的聚集效应明显。聚集极大地促进了经济效率的提升，聚集也放大了规模经济，聚集使城市消费更有优势。另外，城市使知识的分享更为便捷，并使创新功能增强。知识分享和创新增强能够带来巨大的溢出效应。

（三）城市的聚集功能

城市的聚集大致可分为两种形式。一种是产业型或者资源型城市，即同一产业或者同一种资源出现在同一个地区形成集聚效应。如大庆、克拉玛依都因油而建市，攀枝花因钢而生，十堰因汽车而兴，乌海因煤得名。另外一种城市化经济的集聚效应是人口聚集，这些人口聚集因工业化，或因为商业、交通而形成了集聚经济。我国现在形成的大城市群已经成为人才集聚的增长极。恒大研究院与智联招聘联合推出的《中国城市人才吸引力报告（2020年）》显示，2019年全国超6成人才流向长三角、珠三角、京津冀、成渝、长江中游等五大城市群，在全国占比分别为23%、14%、13%、7%、7%。2019年长三角城市群GDP以17.9万亿元遥遥领先，五大城市群的经济总量占全国经济总量近67%。从国内更大范围看，我国19个国家级城市群以25%的土地聚集了全国75%的人口，创造了占总量88%的GDP。其中，北京、上海、广东、浙江、江苏等省市在两院院士、国家"万人计划"等高层次人才的拥有量方面占有绝对优势。人才集聚与科技孵化、产业进步的综合效应体现为可观的经济规模。

促使城市集聚经济产生的原因大致有以下几个方面：第一，专业化使生产的支出更低、更便捷。专业化并不像亚当·斯密说的那样仅发生在企业的内部，它也是城市集聚经济发展的原因。无论是产业型或者资源型城市，还是因人口聚集形成的综合性城市，都可能源于专业化。第二，需求平衡的原因。资源的闲置是一种浪费。许多产业或行业是需要一定的消费群体或市场支撑的。例如，西安的东大街、西大街影楼林立，但你很难想象一个小县城能有三家以上的影楼存活下来。一座大城市可能会有几家共享单车公司在激烈竞争，而在小城市却无人涉足此行业。第三，中间投入的规模经济。一个行业、产业或者企业不可能无限地延伸自己的产业和服务，在发展到一定程度后迫切需要将自己的一些辅助生产环节或服务分包给更专业化的企业，城市使像第三方物流之类的行业成为可能。第四，知识的溢出效应。城市是人口聚集、信息快速传递的地方。知识具有外部性，知识的外部溢出效应非常明显、巨大。第五，城市让合作、配套、寻求服务更加容易且成本低廉。当然，城市的集聚效应远不止于此。

城市的创新功能是巨大的。为何城市能成为创新之地？研究发现，绝大多数专利源于大城市，绝大多数新产品的创新都发生在都市区。据统计，2019年每万人发明专利拥有量，北京为132件，上海为53.5件，江苏为30.2件，浙江为28件，广东为26.08件，这五城高居全国前五名，北京更是全国平均水平（13.3件）的近10倍。经济学解释了创新为何大多源于城市——可能是由于知识的外部性。研究发现，多元化的城市比专业化的城市发展得更好。大城市的人更喜欢频繁地调换工作岗位。创新最好的实现形式就是创办自己的企业。大城市为人们创办自己的企业创造了良好的条件。因此，大城市是更适合创业的城市。城市为何而存在？可以说，城市是企业的替代品，城市降低了交易成本，减少了事后机会主义的机会；城市鼓励专业化，平衡需求，降低了服务、配套的成本，使创新更有优势。不同的城市有不同的优势，因而有其存在的必要性。

（四）城市发展的趋势

党的十九大报告指出："以城市群为主体构建大中小城市和小城镇协调发展的城镇格局，加快农村转移人口市民化。"城市群是新型城镇化的主体形态。城市群在城镇化格局中具有"纲举目张"的独特作用。大都市圈和城市群的理论概念最早由法国经济学家提出。都市圈和城市群在促进经济增长、带动区域实现产业升级和产业集聚等方面至关重要。科学合理的都市圈和城市群政策有利于推动经济全面协调发展。城市群的规划实施有助于打破区域行政区划的限制，在城镇功能定位和产业发展方面实现合作共赢，在公共服务和基础设施建设方面实现共建共享，在资源开发和生态环境建设方面实现统筹协调。多年以来国家发改委已对京津冀城市群、长江中游城市群、长江三角洲城市群、关中—天水城市群的发展做出规划。全国主要的特大城市都纳入各个城市群中，并且作为核心城市驱动着城市群的发展。对城市和城市群的研究非常重要。在城市群的规划当中，要科学划定城市群的范围，合理确定城市群及各城市的定位。在城市群中，中心城市与周边区域密切关联而形成的区域，我们称之为都市圈。都市圈是工业化和城市化发展到一定阶段的产物。国际上对都市圈的划分标准通常主要包括美国的统计标准、日本的通勤标准、英国的劳动力市场标准等。值得注意的是，西方的都市圈概念中都有通勤人口这一指标。综合国际经验来看，通勤人口背后所蕴含的统一劳动市场才是都市圈的本质所在。然而，人们居住和工作的距离不可能无限延长，因为通勤的成本制约着这一距离。国内学术界对都市圈的认识有相当一部分强调的是一种城市功能地域，强调具有一定人口规模的中心城市和与之有密切联系的周边城市、城镇或县城组成，并强调中心与外围之间的双向经济联系。而在都市圈内城市的影响范围和内部人员、货物及资金的流向，构成了一个城市群的城市之间的各自功能的定位。

大城市的虹吸效应和辐射作用都是非常明显的。在信息经济时代，大城市一方面要求工业化时代的各种生产要素向外扩散辐射，都市圈往往有一个具有综合功能的特大城市，以其强大的辐射功能带动周边大中小城市发展，从而形成具有一体化特征的城市功能区。西咸一体化最初的规划愿景大致如此。另一方面，大城市虹吸信息化时代的各种高层次经济要素向中心城区集聚，以推动城市结构的更新和重塑，从而加快都市圈的演化过程。城市群这种区域性集中发展模式已经被世界各国广泛采用，以克服国内区域经济发展中的各种障碍，尤其是在发达国家，城市集群化发展已成为区域经济发展的指导性战略。在后工业化时代，城市经济以服务业为主导，而服务业的发展必然会拉动中心城市功能的有序扩散，从而带动中心城市周边城镇经济的发展，为都市圈经济空间的形成奠定产业基石。

早在 2014 年，国家新型城镇化规划就提出要建设若干城市群，旨在持续推动区域经济增长。城市群作为新型城镇化的主体形态，是促进区域经济协调发展的重要平台。"都市圈"是指城市群中以特大、超大城市为中心，以一小时通勤圈为范围所构成的城镇化空间形态。而"经济圈"通常是指城市群中以特大、超大城市为中心，以一小时通勤圈为基本范围所构成的城镇空间形态。在发展特大城市、超大城市的过程中，有两个"孪生"的问题是无法回避的，即在特大城市、超大城市带来的聚集效应和规模经济以及高生产率带来的经济高速增长的同时，由于城市聚集、规模快速扩大而造成的交通拥堵、土地或住房价格飙升、环境污染等开始成为"规模不经济"的问题，需要城市规划部门认真思考研究。

随着经济全球化与区域一体化的发展，以城市群为组织形式的城镇密集区域成为集聚国内乃至国际经济社会发展要素的重要载体。最早提出都市圈和城市群理论概念的法国经济学家认为：世界级城市群是在全球经济大格局中长期演变形成的具有极强综合实力和世界影响力的发展空间单元。综合各方面看法，成熟的世界级城市群应具备 4 个条件：①完备的城镇体系，拥有一个或几个国际性城市并形成若干个都市圈和城市群，区域内城市密集并组成有机整体；②超大的发展规模，城镇人口至少达到 2500 万，经济规模达到万亿美元级；③复合的交通枢纽，拥有一个或几个国际贸易海港、国际航空港及信息港，区域内拥有发达、便捷的现代交通网络；④重要的发展极核，是国家乃至国际经济的核心区域，汇聚有若干世界级产业和大型跨国企业。目前全球公认的六大世界级城市群分别是美国东北部大西洋沿岸城市群、北美五大湖城市群、日本太平洋沿岸城市群、英伦城市群、欧洲西北部城市群和中国长三角城市群。中国作为超大规模的全球第二大经济体，需要也必将在进一步崛起中形成多个世界级城市群。2019 年 2 月，中共中央、国务院通过《粤港澳大湾区发展规划纲要》，明确要将粤港澳打造成世界级城市群。城市群由过去的以单中心超大城市或区域中心城市为核心，正在向多中心城市群辐射带动周边城市群的方向发展，如成渝双城经济圈城市群和粤港澳大湾区城市群。

二、改革开放以来中国城乡人口的变化趋势

一般发展规律表明，城镇化水平是国家发达程度的标志性指标之一，任何一个国家都不可能在较低的城镇化水平上实现现代化。因此，城镇化仍然应该作为经济增长和结构变化的重要引擎。我们面对的一项重要任务是，以习近平新时代中国特色社会主义经济思想为指导，认识当前我国城镇化面临的新挑战，以改革的方式予以正确应对，使城镇化走得更远、更健康。

城镇化是现代化的必由之路，中华人民共和国成立 70 多年来，城镇化水平大幅提高。具体而言，改革开放前，由于人口就业压力巨大，大城市基础设施建设严重不足，以及城乡二元结构等方面的现实国情，城镇化进程较缓慢。1949 年至 1978 年，我国城镇人口占总人口的比重从 10.64% 增长到 17.92%，平均每年提高不到 0.3%。改革开放 40 多年来，我国的城镇化水平快速提升，成为中国发展中的一大奇迹（图 12-1）。1978—2020 年，全国总人口增长了 1.5 倍，而城镇人口增长了 5.2 倍；城镇人口占总人口的比重由 17.92% 增加到 63.89%，平均每年提高 1.09%。

党的十八大以来，党和国家高度重视城镇化建设，明确提出实施"以人的城镇化为核心"、以提高城镇化质量为导向的新型城镇化战略。户籍和常住人口城镇化率分别从 2012 年的 35.33%、52.57% 提高到 2020 年的 45.4%、63.89%，户籍和常住人口城镇化率差距扩大 1.25%。截至 2020 年，大约有 1.3 亿农业转移人口在城镇落户。城市功能和宜居性稳步提升，城市产业就业支撑能力不断增强，城市居住条件大幅改善。

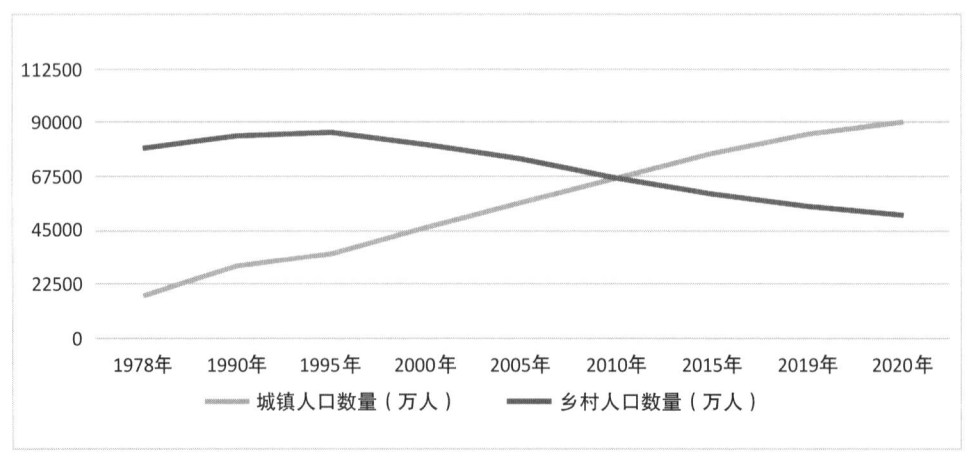

图 12-1　1978—2020 年我国城镇人口数与乡村人口数变化趋势
（数据来源：国家统计局）

城镇化吸纳了大量农业劳动力转移就业，改变了亿万人民的生产生活条件，取得了举世瞩目的成就。在城镇化快速发展的同时，城镇化质量不高的问题也日益突出：被统计为城镇人口的 2.34 亿农民工及随迁家属难以融入城市社会，市民化进程滞后；"土地城镇化"快于人口城镇化，城镇用地粗放低效，新城新区、开发区和工业园区占地过多；城镇空间分布和规模结构不合理，与资源环境承载能力不匹配；城市管理服务水平不高，"城市病"问题日益突出；自然历史文化遗产保护不力，城乡建设缺乏特色；等等。

展望未来，城镇化转型发展的要求更加迫切。我国未来城镇化的外部环境和内在条件正在发生深刻变化。随着国际金融危机以来全球经济再平衡和产业格局再调整，国际能源资源和市场空间争夺更加激烈，传统高投入、高消耗、高排放的工业化城镇化发展模式难以为继；随着我国农业富余劳动力减少和人口老龄化程度提高，资源环境瓶颈制约日益加剧，城市内部二元结构矛盾日益凸显，主要依靠劳动力廉价供给、土地等资源粗放消耗、压低公共服务成本推动城镇化快速发展的模式难以为继，城镇化发展由速度型向质量型转型的要求日益迫切。

三、改革开放以来中国的城镇化道路

城镇化是人类历史发展的必然趋势，包括人口迁移和产业结构变迁两个方面。从人口迁移趋势来看，城镇化是人口从乡村地区向城镇迁移和城镇人口从小城镇、中小城市向大城市迁移的过程。从产业结构变迁来看，城镇化是从事第一产业的人口向第二产业和第三产业迁移的过程。当前，我国的城镇化在保持乡村人口向城镇迁移的同时，城镇内部的人口迁移也在不断展开，大城市对人口的集聚能力越来越强。同时，伴随着我国工业化进程的不断推进，大量农业人口转移到制造业和服务业领域，城镇化进程正不断推进。截至 2017 年底，我国城镇化率已达 58.52%，东部一些已经进入后工业化阶段的地区开始出现一定程度的逆城镇化现象。

1978 年至今，我国的城镇化进程经历了快速增长的 40 多年。按照城镇化发展重心的不同，可以将改革开放 40 多年来我国城镇化的发展进程分成两个阶段：1978—2000 年的以小城镇为重心的城镇化阶段和 2000 年以来的以城市群为主体形态、推动大中小城市和小城镇协调发展的中国特色城镇化道路阶段。回顾改革开放 40 多年来我国城镇化的发展进程，可以看出，党中央和国务院在总结中华人民共和国成立以来城镇化发展经验和教训的基础上，在尊重城市发展和城镇化客观规律的前提下，不断探索符合我国实际的具有中国特色的城镇化道路，形成了新型城镇化战略的理论成果。

在城镇化的功能发挥上，完成了从侧重于如何快速转移农村剩余劳动力进入城镇到将城镇化作为现代化的强大引擎的转变。通过总结改革开放40多年来我国城镇化道路探索和完善的经验，分析城镇化进程中尚面临的一些结构性困境，有利于更好地提升新时代我国城镇化发展的水平和质量，同样也可以为与我国国情类似的国家的城镇化道路选择提供有益的借鉴和参考。

（一）改革开放初期到 2000 年：以小城镇和中小城市为重点的城镇化阶段

改革开放初期到 2000 年，是我国改革开放以来城镇化发展的第一个阶段。这一阶段城镇化的重点是如何快速、低成本地将数量较多的农村剩余劳动力转移到城镇，表现在具体的城镇化战略上就是强调以小城镇为重点、积极发展小城市、合理发展中等城市、对大城市进行严格控制的措施。这一时期的城镇化进程，大体可分为停滞长达20 年之久的城镇化的恢复、以小城镇为重点的城镇化平稳发展和以中小城市和小城镇为重点的城镇化快速推进三个阶段。

1. 改革开放初期城镇化的恢复阶段

从中华人民共和国成立到 1957 年底第一个五年计划执行完毕，我国城镇化发展进程非常快，城镇人口增加较多。但从 1958 年开始，由于受到经济发展和一系列政策的影响，我国的城镇化开始遭遇挫折，中华人民共和国成立初期取得的城镇化成果几乎损失殆尽。1958—1978 年，城镇化率提高趋势缓慢。如图 12-2 所示，1960—1965年，我国城镇人口数量几乎没有增加。改革开放初期，面对已经停滞长达 20 年之久的城镇化问题，党中央和国务院面临的任务异常艰难和繁重。因此，重新启航后的城镇化的首要任务，是对之前一些不合理的城镇化制度和政策设计导致的问题进行补救。1978—1984 年，国家陆续接受了约 2000 万知识青年和下放干部返城，城市人口开始

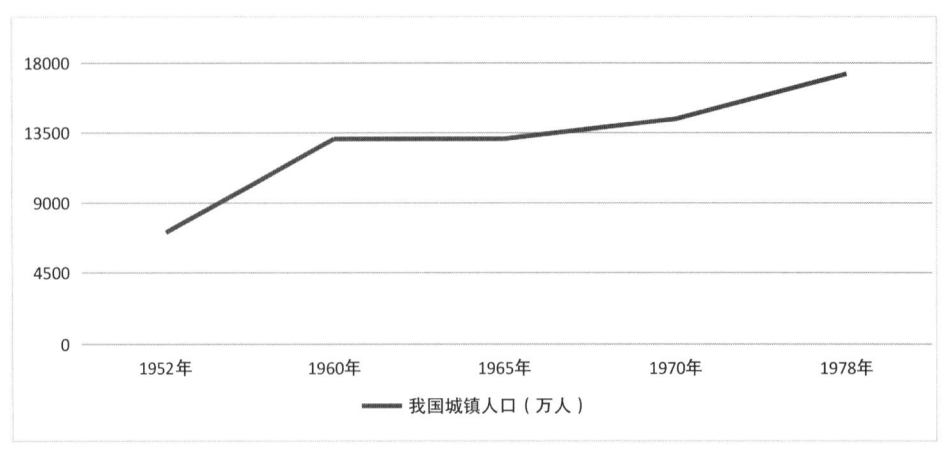

图 12-2　1952—1978 年我国城镇人口数量变化趋势
（数据来源：国家统计局）

恢复增长，同时国家也提高了各级各类城市的维护和建设费用标准，城市基础设施建设开始不断改进，城市建成区规模也不断扩大。通过这段时期的恢复和发展，我国的城镇化水平明显提高，城镇化率从 1978 年的 17.92% 提高到 1984 年的 23.01%，年均增长 0.85%，城镇化的恢复任务基本完成。

2. 以小城镇为重点的城镇化平稳发展阶段

这一阶段大体从 1985 年开始，维持到 1991 年。1985 年前后，伴随着乡镇企业的异军突起，人们在实现了"进厂不进城"目标的同时也实现了"离土不离乡"的目标，小城镇逐渐成为承载乡镇企业和转移农业剩余劳动力的主要空间载体。这一时期我国城镇化的快速推进，主要体现在小城镇的迅速兴起和快速发展上。1984—1986 年，为了更好地解决农村剩余劳动力的转移问题，国家通过降低建制镇设立标准来加快小城镇建设，3 年内我国建制镇数量增加了 7750 个，小城镇发展取得显著成效。1992 年，国务院再次放宽建制镇设立标准来促进小城镇的发展。1993 年 10 月，建设部召开全国村镇建设工作会议，确定以小城镇建设为重点的村镇建设工作方针，提出到 20 世纪末的中国小城镇建设发展目标。会后，经国务院同意，建设部等 6 部委联合颁布《关于加强小城镇建设的若干意见》，小城镇作为我国城镇化战略重点的地位开始确立。1995 年 4 月，国家体改委、建设部、公安部等 11 部委联合下发《小城镇综合改革试点指导意见》，并在全国选择 57 个镇作为综合改革试点。1997 年 6 月 10 日，国务院批转公安部《小城镇户籍管理制度改革试点方案》和《关于完善农村户籍管理制度意见》的通知。1998 年 10 月，党的十五届三中全会通过《中共中央关于农业和农村工作若干重大问题的决定》，提出"发展小城镇，是带动农村经济和社会发展的一个大战略"，进一步提升了发展小城镇的重要地位。2000 年 7 月，中共中央、国务院《关于促进小城镇健康发展的若干意见》指出加快城镇化进程的时机和条件已经成熟。抓住机遇、适时引导小城镇健康发展，应当成为当前和今后较长时期农村改革与发展的一项重要任务。此后，为了进一步加快以小城镇为重点的城镇化进程，2001 年 5 月，国务院批准了公安部《关于推进小城镇户籍管理制度改革的意见》。

3. 以中小城市和小城镇为重点的城镇化快速推进阶段

乡镇企业的发展和小城镇的快速崛起，提高了我国城镇化的速度，扩大了城镇人口规模，但由于小城镇规模较小，建设水平较低，吸纳人口有限。在小城镇快速发展的同时，还需积极发展小城市。

1952—1957 年是我国城镇化发展较快的阶段，虽然时间较短，但是总体来说发展较为健康，城市化水平由 12.46% 提高到 14.62%，年均提高 0.31%。1958—1978 年则出现了大起大落的现象。这 20 年的数据总体呈现出发展不正常的现象，主要原因为过度城市化（"大跃进"期间）、三年经济困难时期和"文革"期间的两次反向城市化。

自 1978 年改革开放以来，我国城镇化整体进入持续稳定的快速发展阶段。1980 年，全国城市规划工作会议提出"控制大城市规模，合理发展中等城市，积极发展小城市"的城市发展总方针。同时，为鼓励以县级市为主体的中小城市的发展，民政部于 1986 年修订建市标准，并放松了撤县设市改革审批标准，使得县级市数量增长较快。1986—1996 年的 11 年间，县级市数量净增 286 个。政策层面的重视和撤县设市行政区划改革的推动，使得 20 世纪 90 年代我国的小城市发展较快。1992—2000 年，我国的城镇化进入以中小城市和小城镇为重点的快速推进阶段。这一时期，我国城镇化率迅速提升。特别是从 1995 年到 2000 年，我国城镇化率从 29.04% 增长到 36.22%，年均增速高达 1.43%。

1978—2000 年，我国城镇化发展经历了恢复、发展和快速推进三个小阶段，城镇化率也呈现出前期平稳上升、后期迅速提高的过程。在城镇化率快速提高的同时，也要注意到这一时期我国城镇化发展的质量不高，城市数量偏少、大中城市发展缓慢等结构性问题突出，需要我们在遵循全球主要国家城市化发展规律的同时，与我国实际国情相结合，不断进行具有中国特色城镇化道路的探索和实践。

（二）2000 年以来中国特色城镇化道路的提出和探索阶段

2000 年前后，我国乡镇企业浪潮的衰退和进城务工人数的不断增多，使得以小城市和小城镇为重点的城镇化战略面临前所未有的挑战，迫使我国城镇化的战略重心发生转变。

工业化进程的加速也带动了城镇化的发展。2000 年以来，我国城镇化发展迅

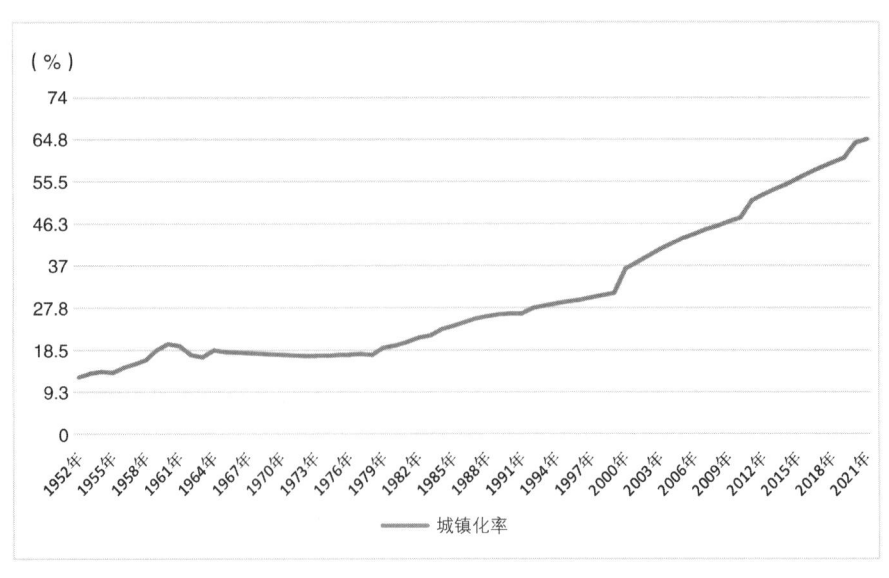

图 12-3　1952—2021 年我国城镇化率
（数据来源：国家统计局）

速，2011 年我国常住人口城镇化率首次突破 50%，而 2000—2021 年，我国城镇化率从 36.22% 上升到 64.72%，增长幅度高达 28.5%，这一阶段的平均增长率也达到 31.42%。从图 12–3 可直观看出，这一阶段我国城镇化远远快于此前任何时期。面对全球史无前例的城乡人口大迁徙，如何既保障我国城镇化进程的迅速推进，又有效防止我国的城镇化落入拉美陷阱，党中央和国务院在城镇化道路上不断进行着探索，走出一条有中国特色的城镇化道路，形成新型城镇化的理论成果。2000 年至今，我国的城镇化进程主要表现为以下两个方面：

1. 以小城镇为中心的城镇化战略转变为有重点地发展小城镇战略

从改革开放到 20 世纪末，乡镇企业的发展经历了从兴起到高速发展再到衰退的过程。20 世纪八九十年代，乡镇企业的崛起成为我国经济发展中的一道独特风景。乡镇企业在吸纳农村剩余劳动力就业等方面发挥了重要作用，"三分天下（国有企业、民营企业、乡镇企业）有其一"就是对乡镇企业当年发展盛况的形象描述。但是，由于乡镇企业普遍存在规模小、产品档次低、管理水平低下、技术装备落后、技术人才缺乏、产权不明晰等短板，到 20 世纪末，除少数乡镇企业成功转型升级外，绝大多数乡镇企业的发展依然举步维艰。乡镇企业的衰退使我国小城镇的发展受到巨大冲击，农村剩余劳动力开始大量向城市，特别是大城市转移，小城镇作为城镇化战略的中心已不合时宜，我国城镇化的战略重心开始发生转变。2001 年发布的《中华人民共和国国民经济与社会发展第十个五年规划》改变了以往"重点发展小城镇"的说法，提出"要有重点地发展小城镇"，标志着我国城镇化战略中心的正式转移。

2. 中国特色城镇化道路的提出和探索

2000 年以后，一方面，工业化进程的加速产生了大量劳动力需求；另一方面，制约乡村人口进入城市的体制和机制障碍被不断废除，我国城镇化进程明显加快，城镇常住人口数量激增。如何在保障大量乡村人口进城的同时又能有效防止我国落入拉美国家在迅速城镇化过程中出现过的"城市化陷阱"，成为党中央和国务院在城镇化战略制定时迫切需要解决的问题。为此，在吸取和借鉴世界主要国家和中华人民共和国成立以来我国城镇化进程的经验和教训的基础上，党中央和国务院提出探索和构建中国特色城镇化道路的目标。2001 年发布的《中华人民共和国国民经济与社会发展第十个五年规划》提出，要在有重点地发展小城镇的同时，积极发展中小城市，完善区域中心城市功能，发挥大城市的辐射带动作用。2002 年党的十六大提出，要坚持大中小城市和小城镇协调发展，走中国特色的城镇化道路。

在中国特色城镇化道路的探索中，经过不断实践，我国逐渐形成了以城市群为主体形态的城镇化战略。2006 年《中华人民共和国国民经济与社会发展第十一个五年规划》明确提出，要以城市群作为城镇化的主体形态。城市群是在特定区域内，以若干经济发达的特大城市、大城市为核心，以核心城市周边地区的中小城市和小城镇为节点形成的区域经济一体化的空间组织形式。在城市群内部，通过中心城市的经济集聚和扩散效应，可有效带动周边地区的发展，有利于生产要素在区域内的自由流动和合理配置，避免相邻城镇间的恶性竞争和重复建设，形成合理分工的城镇体系，有效推动区域经济协调发展。

（三）新型城镇化战略

2000 年以来，我国的城镇化进程明显加快，取得显著进展。2011—2017 年，我国常住人口城镇化率年均增长 1.2%。城镇的发展有其自身的客观规律，我们在制定城镇规划和城镇化战略时，要尊重城镇发展的客观规律，依据生产要素和资源的流动趋向，不断地调整和优化城镇化发展的重心。自 2002 年党的十六大提出走中国特色的城镇化道路目标以来，经过近十年的探索和实践，在总结中华人民共和国成立以来，特别是改革开放以来我国城镇化经验和教训的基础上，2012 年党的十八大提出以人为核心，构建以城市群为主体形态，推动大中小城市和小城镇协调发展的新型城镇化战略，成为中国特色新型城镇化道路探索的最新理论成果。新型城镇化是以城乡统筹、城乡一体、产城互动、节约集约、生态宜居、和谐发展为基本特征的城镇化，是大中小城市、小城镇、新型农村社区协调发展、互促共进的城镇化。此后的中央城镇化工作会议对新型城镇化战略的科学内涵和外延进行了更加具体和明确的论述。2013 年 12 月，中央城镇化工作会议强调，城镇化与工业化一道，是现代化的两大引擎，是现代化的必由之路。走中国特色、科学发展的新型城镇化道路，核心是以人为本，关键是提升质量，与工业化、信息化、农业现代化同步推进。在具体的城镇发展空间布局上，中央城镇化工作会议指出，要坚持全国主体功能区规划提出的"两横三纵"的城市化战略格局，在我国已经形成京津冀、长三角、珠三角三大城市群的基础上，在中西部和东北有条件的地区，依靠市场力量和国家规划引导，逐步发展形成若干城市群，成为带动中西部和东北地区发展的重要增长极，推动国土空间均衡开发、提高城镇建设水平和加强对城镇化的管理。2014 年 3 月，中共中央、国务院印发了《国家新型城镇化规划（2014—2020 年）》，该规划指出，城镇化是现代化的必由之路，城镇化是保持经济持续健康发展的强大引擎，城镇化是加快产业结构转型升级的重要抓手，城镇化是解决农业农村农民问题的重要途径，城镇化是推动区域协调发展的有力支撑，城镇化是促进社会全面进步的必然要求。中央城市工作会议（2015 年 12 月）指出，要优化提升东部城市群，在中西部地区培育发展一批城市群、区域性中心城市，促进边疆中心城市、口岸城市联动发展，让中西部地区广大群众在家门口也能分享城镇化成果。各城市要结合资源禀赋和区位优势，明确主导产业和特色产业，强化大中小城市和小城镇产业协作协同，逐步形成横向错位发展、纵向分工协作的发展格局。

目前，中国城镇化发展正处在由高速度向高质量转变的关键时期。要按照走中国特色新型城镇化道路、全面提高城镇化质量的新要求，以人的城镇化为核心，有序推进农业转移人口市民化；以城市群为主体形态，推动大中小城市和小城镇协调发展；以综合承载能力为支撑，提升城市可持续发展水平；以体制机制创新为保障，通过改革释放城镇化发展潜力，走以人为本、四化同步、优化布局、生态文明、文化传承的中国特色新型城镇化道路，促进经济转型升级和社会和谐进步，为全面建成小康社会、加快推进社会主义现代化、实现中华民族伟大复兴的中国梦奠定坚实基础。

四、中国城镇化进程中面临的问题

推动我国城镇化进一步发展，是深化我国产业结构调整、改善"二元"经济结构的重要途径。然而，目前我国正处于社会主义初级阶段，特殊的国情决定了我国的城镇化发展进程中仍存在着一些问题。

（一）城镇结构体系布局不均

在我国的城镇化进程中，基本形成了以大城市为中心、中小城市为辐射、小城镇为发展基础的多层次城市体系。东部地区城市分布相对密集，西部地区城市分布相对稀疏，并在全国范围内形成了长三角城市密集区、珠三角城市密集区等多个城市密集区域。东部地区城镇化多以人口红利为代价，中、西部地区多以资源红利为代价。因此，东部地区城镇化特征表现为大城市辐射下的中小城市共同发展，而西部地区城镇化的特征则表现为以中小城市与小城镇为发展主体，产业层次低，经济发展动力不足。然而，无论是人口红利还是资源红利，都不能实现城镇化的可持续发展。尤其是各地区中大城市与中小城市及小城镇间缺少紧密的联系，在基础设施建设和公共服务体系等方面"各自为政"，难以发挥大城市的示范效应。

（二）户籍制度影响城镇化的发展

农民工是我国社会结构变迁过程中出现的特殊群体。实际上，在我国户籍制度的限制下，在城镇居住 6 个月以上的农村劳动力即被统计为城镇人口。然而该群体并未获得城市户籍，无法在就业、医疗、教育、社会保障和住房等方面与其他城镇户籍人员享受同等的待遇。作为我国城镇化发展基础的农村劳动力长期在"农村"与"城市"之间徘徊，既不利于我国城镇化的发展，又不利于解决"三农"问题。

（三）产业转型升级缓慢制约城镇化进程

产业是引导区域经济增长与繁荣的主要来源，城市通过产业升级得到不断强化发展。随着人口红利逐步消失和投资增速放缓，依靠资本和劳动力投入的方式来推动经济增长，显然不可持续。即使资源型城市也面临着人口、资源和环境等多重压力。供给侧结构性改革下，我国经济由粗放型发展方式向创新驱动的集约型发展方式转变。产业结构升级驱动着城镇化建设，但是在城市产业结构调整过程中，地区差距、行业差距等仍然存在。一些老工业基地城市和资源型城市存在产业结构偏重偏旧、产业转型升级缓慢、新旧产业增长动力不能有效接续、资源环境难以为继等情况。由于人才、资金、技术等生产要素的缺乏，产业结构优化升级所需的动力支持不足，传统产业转型动能较弱，新兴产业培育缓慢，产业发展和结构升级缓慢，不能带来显著的就业效应，这些都制约着城镇化质量的提升。

（四）城镇化发展模式不合理，生态环境遭到破坏

伴随着工业化水平的不断提高，我国城镇化发展的可持续性受到挑战，传统的以工业化为主要推动力的城镇化发展模式为我国资源、环境等带来了巨大的压力。我国城镇化进程所面临的诸多环境问题，在很大程度上是因产业结构发展不合理而造成的。长期以来，我国第二产业的发展以高耗能、高污染为代价，而第三产业的发展较为滞后。这种产业结构失衡的城镇化进程，给我国生态环境带来了较大的压力，不符合可持续发展的客观要求。

五、中国城镇化的发展趋势

改革开放 40 多年来，中国的大规模快速城镇化进程，是我们党在经济建设，尤其是城市建设领域开拓创新和艰辛探索的结果，其中积累的许多宝贵经验，为中国将来的城镇发展和世界城市化进程提供了重要的借鉴。党的二十大提出了"推进以人为核心的新型城镇化，加快农业转移人口市民化。以城市群、都市圈为依托构建大中小城市协调发展格局，推进以县城为重要载体的城镇化建设。坚持人民城市人民建，人民城市为人民，提高城市规划、建设、治理水平，加快转变超大城市发展方式，实施城市更新行动，加强城市基础设施建设，打造宜居、韧性、智慧城市"的新要求。结合我国城镇化经验及二十大精神，对于未来中国城镇化发展，在此提出几点建议：

（一）重视大中城市与小城镇的协调发展

除了大中城市要高质量发展外，城镇化质量的提升还应重视小城镇的发展。小城镇如果缺乏产业支撑，其吸纳就业的能力就会不断削弱，投资也会存在较大缺口，从而导致城镇发展缺乏动力，进而造成"空城化"现象。产业是城镇建设的支撑，是一

个城镇可持续发展的内在驱动力。每个城镇都有其自然禀赋以及历史人文与经济条件，各区域应充分发挥自身的比较优势和区位特点，避免同质竞争，实现资源的有效配置。对于具有特色文化资源的小城镇，应彰显其地方文化底蕴，培育成休闲旅游、商贸物流、科技教育、民俗文化传承等专业特色城镇；对于无特色的农业型地区，小城镇的主要功能是集市经济，主要服务于地方性农业生产及社会交往。通过补齐城镇基础设施，完善行政服务、教育、医疗等公共服务的短板，让农民享受到城镇化的成果，更有助于实施乡村振兴战略，而实施乡村振兴战略对于促进城市全面、稳定、高质量和可持续发展具有重要的战略意义，二者相辅相成。

（二）完善相关法律制度

要确保城镇化的良性发展，应逐步改革和完善相应的政策和法律法规。随着党的十九大的胜利召开，乡村振兴战略被写入中央一号文件，乡村振兴战略也成为 2017 年以来社会各界高度关注的热点。党的十九大报告提出："加强农村基层基础工作，健全自治、法治、德治相结合的乡村治理体系。"中央一号文件明确提出"乡村振兴，治理有效是基础""坚持法治为本，树立依法治理理念"。法治建设的根基在基层，薄弱区域在乡村，建设法治乡村正是实施乡村振兴战略、推进城镇化建设的有力抓手。除此之外，应根据人口自由流动的原则和人口迁徙的现实需要，进行人口迁移体制改革，并逐步取消户籍制度。尤其应逐步完善农民工社会保障、医疗、就业和教育等相关体系，保障社会统筹协调发展。还要完善土地管理制度，强化国土资源部门对全国土地资源使用的统筹协调能力，建立城乡一体化的土地管理机制。同时，要完善领导干部考核机制，把民生指标与可持续发展指标纳入考核机制。

（三）将生态文明理念积极贯彻到城镇化建设道路中

要顺应新时代社会主要矛盾的变化，积极践行生态文明理念，着力推进绿色城镇化建设，要把绿色城镇的理念融入新型城镇化的规划、建设和管理等全过程和全领域。首先，以绿色发展的理念推进新型城镇化规划工作，从规划层面妥善处理好生产空间、生活空间和生态空间的问题，为实现生产空间集约高效、生活空间宜居适度、生态空间山清水秀奠定规划基础，努力把城镇规划成人与自然和谐共处的美丽家园。其次，要按照绿色城镇的规划，着力推进绿色城镇建设。积极采用先进适用技术，因地制宜，推进绿色城镇、低碳城镇、智慧城镇建设，引导城镇居民生产生活方式绿色化，实现城镇发展与生态保护相协调，走可持续发展之路。积极推进城镇垃圾分类处理和综合化利用，切实解决部分城镇存在的"垃圾围城"问题，推动城镇绿色循环发展，实现乡村振兴。

（四）乡村振兴与城乡融合发展

党的十九大提出实施乡村振兴战略，并将其作为国家七个重大战略部署之一。乡村振兴战略与新型城镇化都是建设现代化经济体系乃至推进现代化建设的必由之路，两者不仅目标相同，推进手段也是一致和互补的。高度城镇化是经济社会现代化的综合体现，也是各国现代化追求的结果。但是，达到这个结果的过程本身，却因国情的不同而有所差异。城镇化是一个长期的历史过程。在这个过程中，既有人口从农村向城镇迁移的正向城镇化，也不可避免地有农民工返乡等逆城镇化。通过加快户籍制度改革，促进农业转移人口市民化，可以保证城镇化持续推进。乡村振兴战略不仅为农村人才和劳动力创造了一片用武之地，也使城镇化的推进更加行稳致远。就城镇化而言，可以有且必然有推进过程中的中国特色，没有且不应该有最终目标上的中国例外。而实施乡村振兴战略，就是为了保证这个有中国特色的城镇化过程与必然走向高度城镇化的结果之间的一致性。只有同时推进乡村振兴战略与新型城镇化战略，才可使后者的目标更加明确，实施手段更加协调和统筹兼顾，推进过程更加健康和可持续。

问题与思考

1. 城镇化的意义有哪些？

2. 城市的聚集效应包括哪些方面？

3. 城市群与经济圈对于区域经济发展有何意义？

4. 如何将新型城镇化与县域高质量发展相结合？

5. 如何通过乡村振兴促进城乡融合发展？

第十三章
教育经济学：
中国的高等教育

本章概要

中国高等教育发展的历程

高等教育发展的现状分析

高等教育发展与经济的关系

我国高校扩招政策

高等教育面临的新挑战

高等教育发展的新路径

关键词

高等教育　毛入学率　高校扩招　新路径

高等教育是培养高级专门人才和职业人员的主要社会活动，是教育系统互相关联的重要组成部分之一，以高层次的学习与培养、教学、研究和社会服务为主要任务和活动。20世纪后半叶是高等教育发展史上不寻常的扩张与质变阶段，社会对高级专门人才需求的迅速增长，以及个人对接受高等教育的迫切需要，使高等教育以前所未有的速度发展，并从精英教育、大众化教育转变为普及化教育。截至2019年年底，中国劳动年龄人口平均受教育年限达到10.5年，其中新增劳动力接受过高等教育的比例超过48%，平均受教育年限超过13.6年，高于世界平均水平。中国目前有1.7亿受过高等教育或拥有各类专业技能的人才。每年毕业的大学生有800多万，形成了一支由技术工人、工程师、科学家组成的结构完整、规模庞大的人才队伍。

现代高等教育是一项公共事业，是国家发展的重要基石和社会文明的凝聚平台，是全球共同利益所在，也是实现人类可持续发展的关键要素。现代高等教育承载着人类社会历史和文化教育的基因与传统，其思想观念、体系制度、组织形态、教学内容和技术方法的发展与进步则是教育现代化的重要目标、过程与成果。在当前中国社会，高等教育现代化作为教育现代化的重要组成部分，已明确进入国家现代化议程，成为支撑、推动和引领国家现代化发展的重要基础和引擎。习近平总书记在全国高校思想政治工作会议上指出，高等教育发展水平是一个国家发展水平和发展潜力的重要标志。实现中华民族伟大复兴，教育的地位和作用不可忽视。我们对高等教育的需要比以往任何时候都更加迫切，对科学知识和卓越人才的渴求比以往任何时候都更加强烈。面对当前和未来中国社会乃至全球性的重大问题挑战，高等教育必须全面履行其培育人才、创造知识、引领社会、实现可持续发展目标的职责。

一、中国高等教育的发展历程

（一）民国时期高等教育的发展

经历了清末封建主义教育的强烈逆转之势，伴随着社会转型之痛的民国政府，一直在政局变换、经济动荡、文化冲撞等诸多社会变革中进行着多方斡旋。引领民国时期高等教育发展改革方向的高等教育政策，就在这样的宏观历史背景下，不断在理想与现实、传统与借鉴、变革与稳定之间进行着反复选择与调适，终于形成了较为完善、成熟的高等教育政策体系，使高等教育事业迎来了短暂的发展高峰。

1. 革新与兴起——民国初期的高等教育政策（1912—1916）

1912 年 9 月 2 日，教育部颁布"注重道德教育，以实利教育、军国民教育辅之；更以美感教育完成其道德"的教育宗旨。这是新兴资产阶级教育理念和价值取向的集中阐扬，体现了新历史阶段国家的教育意志和纲领，确立了民国初期教育改革与发展的目标与方向。1912 年 10 月 24 日，教育部颁布《大学令》，把"大学以教授高深学术、养成硕学闳才，应国家需要"定为教育宗旨；对学生的入学条件、修业年限、学位资格都进行了明确规定，为大学职能的定位提供了理论支撑，并开创了"教授治校"的先例。1913 年，教育部详细而具体地拟定了大学各学科科目。除了对民国初期学制体系进行整体规划，国家还对学制体系进行了重点规划。袁世凯大肆提倡古学，封建复古思想在高等教育中的大量渗透，使民初短暂的革新链条产生了裂痕，高等教育政策出现了倒退的倾向。但是，近代化色彩浓厚的政策价值取向已然成为民国初期高等教育发展的定局。

2. 发展与推进——北洋军阀时期的高等教育政策（1917—1926）

1917 年开始，民国建立之初稳定的教育发展格局不复存在，中国进入军阀混战时期。这是一个新旧思想与冲突并存、中西文化碰撞与融合、封建军事经济制度向资本主义军事经济制度转型的时期。1917 年，教育部颁行《国立大学职员任用及薪俸规程》，对国立大学教师的聘任方式、晋升层级进行了较为系统的论述，较大程度地改善了师资管理体系混乱等问题，初步构建了近代高等师资管理的基本框架。1922 年的壬戌学制对高等教育体系进行了系统设计和规划，奠定了现代高等教育的基本框架基础。这些举措顺应了当时高等教育的发展趋势，提高了高等教育的社会地位，推动了高等教育的科学化、民众化。新文化运动兴起，留美学生回归，一些教育界人士高举民主、科学旗帜，这为近代高等教育改革提供了一个新的方向。教育部于 1924 年公布《国立大学校条例》，为我国高等教育带来了新的发展思路，营造了民主、开放的氛围，推动了中国高等教育模式体系的近代化。因此，这一时期是高等教育的过渡与拓展阶段，高等教育政策也在不断进行本土化路径尝试。

3. 完善与定型——南京国民政府初期的高等教育政策（1927—1936）

在大学院制和大学区制相继被废止之后，1929 年南京国民政府颁布《大学组织法》，对大学管理体制进行了具体、全面、系统、规范的阐述，主要针对大学及独立学院相关设置提出了明确要求。同年，教育部颁布《专科学校组织法》，对专科学校的教员聘任条件和学生入学资格进行了严格规定。随后，1931 年国民政府教育部颁布《学位授予法》，对学士、硕士、博士三级学位的授予条件进行了明确说明。自此，高等教育立法体系趋于完善，为调整高等教育系统内部的各种教育关系提供了基本的法律保障，为此后高等教育的发展奠定了深厚而坚实的基础，使国民政府初期的高等教育呈现稳定、成熟、健全的发展态势。但是自五四运动以来，高等教育民主化步履维艰。从 1932 年开始，南京国民政府相继颁布了一系列随时监视学生思想动向、严格要求教员行为的国立大学训令，致使民国初期多元、开放的高等教育氛围逐渐终结。

4. 动荡与调整——南京国民政府中后期的高等教育政策（1937—1949）

抗日战争全面爆发后，高等教育事业遭到极大破坏。为了控制与稳定动荡的高等教育局面，国民政府教育部于 1939 年公布《国立各院校统一招生办法大纲》，对各个招考区及招生委员会的考试标准、考试人员、评判原则、录取标准都进行了分条说明；1940 年，对大学及独立学院的教授、副教授、讲师和助教 4 个级别的教员资格审核标准进行了明确规定。战时，国家利用权威优势，采取强制手段，对高等教育加以统一和限定，这是为了更好地管理处于混乱局势的高等教育，以满足战时政治、经济、军事等领域对高等人才的需求，巩固国民党当局动摇的专权制度。战后，国民政府颁布了一系列政治化、军事化色彩浓重的复员政策，及时控制了战后高等教育的混乱局面，使高等教育得到了短暂的发展。1947年，国民党当局挑起国共内战，使高等教育事业又一次陷入深重灾难。此后，高等教育事业随着国民党在军事上的节节败退、政治上的独裁专制及经济上的崩溃，也进入低谷时期。

（二）中华人民共和国成立后高等教育的发展

高等教育事业70多年来的历史发展，是中华人民共和国历史的重要组成部分，折射出社会主义祖国的兴旺发达，是我国综合国力和社会主义现代化的标志性体现（图13-1）。一般来说，中华人民共和国高等教育发展可以分为三个阶段：

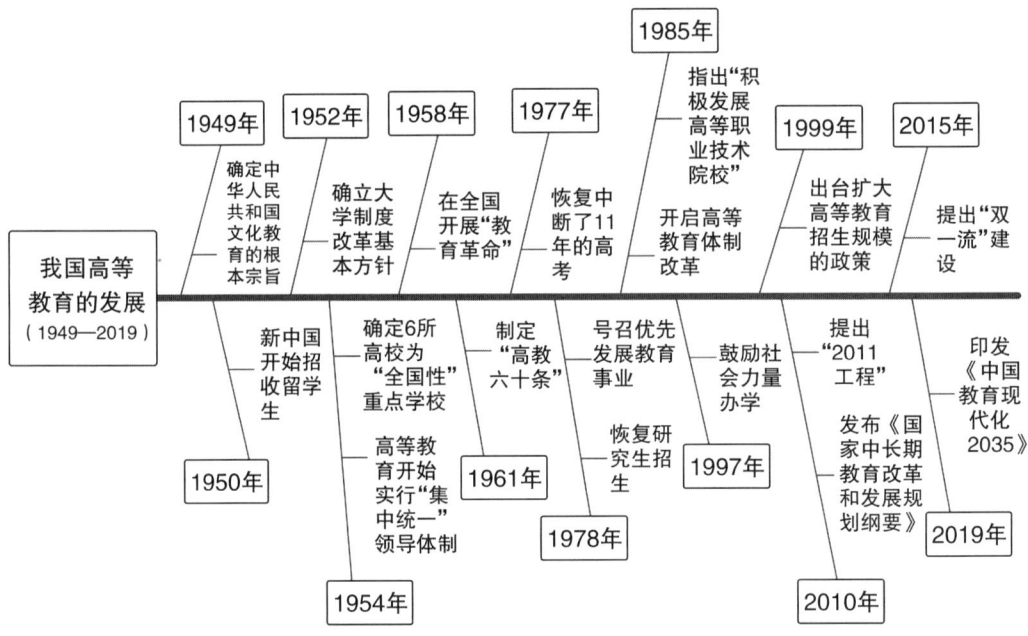

图13-1　1949—2019年中国高等教育发展大事记

第一阶段是1949—1966年。这一时期被称为"17年"时期，是中国高等教育的恢复发展阶段，完成了对中国高等教育的接管和改造。通过学习苏联经验，大批高等学校得以创办并取得长足发展，高等教育培养了大批满足经济社会建设需要的各级各类人才。1961年，《中华人民共和国教育部直属高等学校暂行工作条例（草案）》（简称"高教六十条"）等有关文件出台，对于维护教学秩序、规范学校管理、提高教学质量、加强学校建设起到了积极作用，开启了中国高等教育制度建设的先河。

第二阶段是1966—1978年。这一时期正逢"文化大革命"，教育事业一度遭到严重破坏。1972年以后，高校恢复招收"工农兵学员"。面对困难，广大高校教育工作者坚持教育理想，忠诚于人民教育事业，坚持教育教学，保存了有益的教育和学术力量。

　　第三阶段是 1978 年至今，为改革开放时期。1977 年，高考恢复（图 13-2），当年参加高考的考生有 570 万，当时只录取了 27.3 万人，录取比例约是 21 ：1。1978 年党的十一届三中全会召开，我国高等教育进入改革开放新阶段。中央和地方设立了大量高校，全国地级市基本都设立了一所高校，总数超过 2000 所。1998 年，《高等教育法》颁布实施。高校建设方面，在 1993 年提出"211 工程"的基础上，1998 年提出"985 工程"，2010 年提出"2011 工程"，2015 年提出"双一流"建设。中国高等学校进入高水平建设阶段，取得了令人瞩目的成绩。进入 21 世纪以后，中国高等学校人才培养、科学研究、社会服务、文化传承创新、国际交流合作等事业有了进一步发展。

图 13-2　"1977 年（恢复高考）历史拐点"纪念石（西安交通大学）

　　高等教育作为人类知识文化的重要传播传承手段，作为高级专门人才的培养途径，有其发展的内在规律。高等教育的发展，既要受处于不同经济发展阶段、不同政治文化背景的各个国家和地区具体国情的制约，又要受高等教育本身发展规律的制约。从一定意义上说，一个世纪以来，中国高等教育发展模式的转换就是在认识和处理这一对矛盾的过程中艰难推进的。不能以本国国情的特殊性为由而拒绝遵循高等教育发展的一般规律，也不能以追赶世界潮流为借口而置本国国情于不顾。这是我们回顾和总结这段历史时所应深刻铭记的经验教训。

二、高等教育发展的现状分析

（一）中国高等教育进入普及化阶段

"高等教育毛入学率"指标可用于判断一个国家高等教育事业发展阶段。"高等教育毛入学率"就是以在校生人数为分子与以 18~22 岁人口为分母的比例。这个比例反映了一个国家提供高等教育机会的整体能力，是评判一个国家高等教育事业发展阶段的重要标志。我们通常把高等教育事业的发展划分为三个阶段。其中第一阶段与第二阶段的间断点是 15%：若一个国家的高等教育毛入学率低于 15%，则判定这个国家的高等教育处于精英阶段；若一个国家的高等教育毛入学率超过 15%，则称之为大众化阶段。一旦一个国家的高等教育毛入学率突破 50%，则称这个国家的高等教育已经进入普及化阶段。由表 13-1 的数据可知，英国和美国高等教育大众化和普及化都先于我国数十年，尤其是美国，于 1970 年就已经迈进高等教育普及化阶段。而当时我国高等教育在规模、数量与质量上都远远落后于发达国家。但从各个阶段的历时长短来看，美国高等教育由精英化阶段进入大众化阶段用了 30 年，英国用了 16 年，而我国仅用了 9 年；由大众化向普及化的迈进，美国用了 29 年，英国用了 25 年，而我国只用了 17 年就实现了这一历史性跨越。由此不难看出，虽然我国高等教育事业起步较晚，但整体呈现出厚积薄发的发展潜力。近年来，中国不再仅注重高等教育的发展速度与发展规模，而是更加关注高等教育的高质量发展。

表 13-1 中国、英国及美国的高等教育发展情况

毛入学率 国家	精英化阶段 （5%）	大众化阶段 （15%）	普及化阶段 （50%）
中国	1993 年	2002 年	2019 年
英国	1954 年	1970 年	1995 年
美国	1911 年	1941 年	1970 年

（数据来源：《中国高等教育发展历程、现状与挑战》）

2020 年是"十三五"的收官之年。"十三五"期间高等教育事业随着我国经济社会的发展也取得显著成就。高等教育毛入学率由 2015 年的 40% 提升到 2020 年的 54.4%，成功迈入普及化阶段（图 13-3）。2021 年全国教育事业统计主要结果显示，2021 年我国各级高等教育的在学总规模达到 4430 万人，普通本专科面向全国共招收 1001.32 万名学生，全国共有 3496.13 万在校学生；还招收研究生 117.65 万人，成人本专科

378.53 万人。除了招生规模扩大外，师资力量也有了显著增强。其中普通高等学校的专任教师多达 188.52 万人。与此同时，全国共有 3012 所普通高等学校，包括 1270 所本科院校（含本科层次职业学校 32 所）和 1486 所的高职或高专院校。不论是从招生人数、在校生人数、任教人数，还是从教育机构来看，"十三五"期间高等教育事业取得了较快发展。

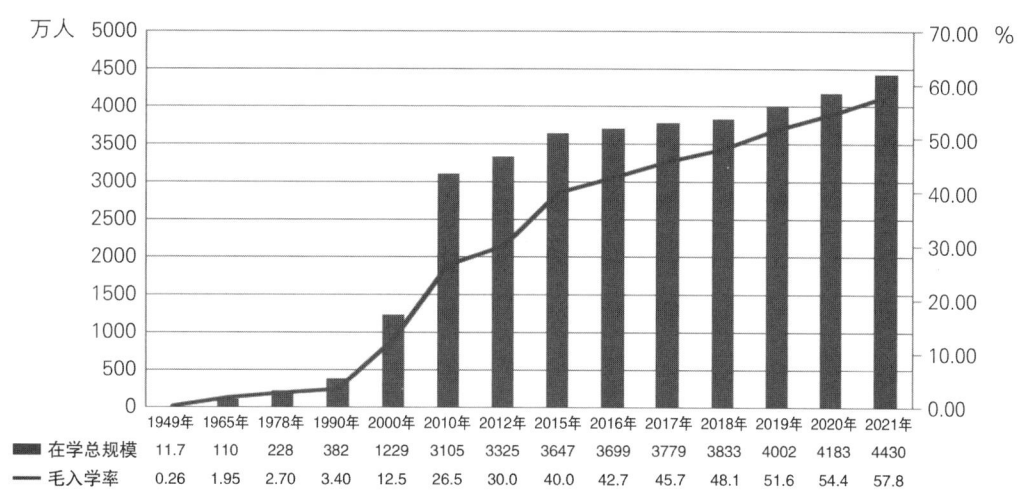

图 13-3　1949—2021 年高等教育在学总规模和毛入学率
（数据来源：国家统计年报）

改革开放以来，我国高等教育取得了极大成就。首先，我国高等教育规模急剧扩张。无论是在办学总规模还是毛入学率，都呈现稳步增加态势。其次，我国高等教育的教学质量在切实提升。高等学校的师资力量、学科建设和人才培养质量均有显著提高。再次，我国高等教育需求已经基本得到满足，顺利进入普及化阶段。与此同时，教育公平在持续推进，教育布局也在不断改善。最后，我国高等教育的国际竞争力在不断增强。一方面，近年来华留学生人数在不断增加；另一方面，我国的出国留学生数量也稳居世界首位。

从图 13-3 可以看出，近年来我国高等教育毛入学率正在稳步提高。1949 年仅为0.26%，1978 年为 2.7%，2000 年上升至 12.5%，2021 年达到 57.8%。我国用 70 年的时间实现了高等教育入学率的巨幅提高和接受过高等教育人口的海量增加，当前我国高等教育在数量上已经基本满足了社会需求，但在结构上、质量上，尤其是创新人才培养上，尚不能完全满足国民经济社会发展的需求。"钱学森之问"使中国高等教育界深感压力，人民群众呼唤高质量的高等教育，高等教育的公平正义问题亦不容忽视。

（二）高质量高等教育体系建设

高质量的高等教育体系是国家现代化的重要支撑。必须发挥教育"国之大计，党之大计"的基础性、先导性、全局性作用，加快推进高质量高等教育发展。高质量高等教育要求我们高校要从追求数量增长转向追求质量提升，要从规模扩张向结构升级转化，要从要素投入驱动发展转向创新驱动发展，还要解决好高等教育领域发展不平衡不充分的问题，办令人民满意，更加公平、优质和包容的高等教育。

高质量的高等教育必须是公平正义的高等教育。关于公平，美国经济学家布坎南有一个著名的观点，即给强者以不利的条件，从而使强者和弱者得到均等的机会。罗尔斯在其公平正义论中，从平等自由、机会均等与适度差别三个角度阐述公平正义。罗尔斯的平等自由原则、机会均等原则和适度差别原则为我国教育如何实现公平正义提供了新理念、新思路，我们可以借鉴这一理论。如何理解高等教育公平？科尔曼认为教育公平有四种：接受教育机会的均等，教育参与的均等，教育结果的均等，教育效果对生活机会影响的均等。建设高质量高等教育体系必须构建公平、优质、均衡发展的高等教育体系，推动高等教育公平公正发展，缓解人民群众对高等教育的焦虑感、不安感，提升人民群众对高等教育的获得感。高质量高等教育体系就是要追求更加公平、更有效率、更具品质、能够引领未来的高等教育，人民群众也对这种高质量的高等教育充满期待。高等院校一定要坚持公益性办学，不能只看办学效益，而应该从办学效率角度思考高校发展的定位。高质量的高等教育在具有良好办学效益的同时，一定具有良好的办学效率。高等教育的办学效率应从以下几个方面考虑：一是从学生层面看，在校学习期间要学有所用、学有所成、学有所为、学有所获；二是从社会层面看，应当遵循社会经济发展的客观规律，推动高校内涵发展、特色发展、创新发展，有效解决高校类型结构或人力资源结构不对称的问题；三是从产业结构转型发展效率看，能够推动高校学科专业结构调整，满足紧缺产业发展需求，缓解高校专业结构和劳动力市场结构性矛盾。

三、高等教育发展与经济的关系

高等教育与中国经济的发展之间存在着相辅相成、相互促进的关系。经济基础决定高等教育的发展速率、方向、结构等多种因素，而高等教育也反过来作用于中国经济。

（一）经济发展对高等教育的决定作用

经济基础决定上层建筑。在这里，教育就是上层建筑，教育的发展即上层建筑的发展。教育的发展必须以经济的发展为前提。人类的生存本能决定了人一定要先解决生理上的温饱问题，才能进一步追求文化、科技、教育等精神上的满足。也就是说，教育必定是建立在物质的基础之上的。高等教育在教育中所占比例较大，且地位相当重要，因此其发展也必定是以经济发展为基础的。如我国古代的盛唐时期，经济繁荣，百姓生活有了一定保障，政府注重教育，科举制得到发展与完善。当代科技、文化、经济、教育都十分发达的美国也毫不犹豫地做出这样的决定：高等教育中心随经济中心的转移而转移。纵观古今中外，足以看出经济的繁荣发展会对高等教育的发展产生重大影响。

经济发展水平也制约着高等教育的发展规模与速度。高等教育的发展受供需因素的限制。"所谓需求，一是家庭、个人基于物质、精神的需求与满足，二是社会对受过高等教育的人才的需求。"[①]需求取决于经济的好坏，经济处于上行趋势，社会对高等人才的需求旺盛，人们往往重视教育，家庭希望通过培养高等人才来获取更多社会报酬，高等教育也会随着人的发展需求增长而不断发展，反之同理。所谓供给，是在总资产及所有社会资源的分配过程中，对教育投入比例有多大。高等教育的发展需求，在很大程度上也取决于社会供给。试想，若分配给高等教育的资源不充裕，则高等教育也很难发展。同时，经济发展的状态还会限制高等教育的发展内容、结构与方法。教育是经济发展到一定程度的产物，会根据经济相关政策而不断进行内容、形式上的调整。

（二）高等教育对经济发展的促进作用

高等教育的经济功能在现代社会更加凸显。高等教育的基本经济功能是为经济发展提供劳动力和专门人才。高等教育与经济的关系，不只表现为经济对高等教育的决定和制约作用，高等教育在受经济制约的同时，也对经济发展起着极其重要的推动和促进作用。高等教育的经济功能是社会功能中一个极其重要的方面，主要体现在现代高等教育对经济发展的作用。

1. 高等教育是劳动力再生产的途径

高等教育在社会生活中的地位日渐提高。劳动力的数量和质量深刻影响着经济发展速度与质量。高等教育承担着劳动力再生产的重要使命，是社会再生产的必要条件，也是经济增长的必要条件。一项研究表明，如果一个家庭的劳动力受教育时间不足 6 年，则该家庭贫困的概率大于 16%；如果受教育时间增加 3 年，则其贫困的可能性将降至 7%；如果增加到 9~12 年，贫困的可能性将降至 2.5%。教育能够有效阻断贫困跨代传递。劳动力包括人的体力和智力两个方面。劳动力消耗后，需要进行补充，即劳动力的再生产。在现代社会条件下，高等教育所进行的劳动力再生产，就是培养各类人才，以推动经济与社会发展。在现代生产过程中，丰富的自然资源、先进的生产工具要通过高素质的劳动者及其有效劳动来发挥作用；技术升级、设备更新需要依靠科学技术人才把科技成果应用于生产过程；高水平的生产经营活动也要依靠大量高水平

---

① 李桂荣：《改革开放 30 年中国教育经济学之回顾与展望》，《教育研究》，2009 年 12 月。

管理人员。而劳动者基本劳动素质的优劣，技术人员科技文化水平的高低，管理人员经营管理能力的强弱，在很大程度上取决于他们受教育的程度和质量。高等教育可以培养人的劳动能力，提高劳动力的质量，使潜在的生产力转化为现实的生产力。

2. 高等教育是科学技术再生产的最有效形式

科学技术是第一生产力，高等教育是科学技术再生产的重要手段和途径，而高等学校就是科学技术的重要基地。现代科技革命与科技发展、现代教育革命与高等教育发展是相互促进的。科技革命促成了高等教育革命，而高等教育革命又反过来推动了科技革命。高等教育不仅仅是在保存和传递人类已有的科学文化成果，更是在不断地创造新的成果。科学技术进步促成了高等教育的进步，而科学技术的再生产又必须通过高等教育来实现。要发展科学技术，就要组建一支强大的科学技术队伍，而这支队伍必须依靠高等教育。高等教育培养了大批科学家，造就了各个领域专家队伍。要依靠高等教育的普及，要依靠高等教育的不断发展和革新，在新的科学技术领域做出巨大贡献。

四、中国的高校扩招政策

中国的高校扩招政策基于 20 世纪 90 年代的经济大环境，一方面是为了发展教育事业，另一方面是为了缓解经济压力，推动经济发展。1999 年 6 月，全国教育工作会议提出"教育产业化"，将教育作为一种产业，通过教育投入，拉动经济增长，把国家所应承担的社会责任部分转变为受教育机会的商品化。下面就 1999 年高校扩招政策出台的原因进行分析：

（一）扩大内需，缓解经济压力

1997 年，东南亚金融危机席卷泰国，泰铢大幅贬值，严重影响了亚洲地区日本、韩国乃至中国的经济。国内购买力不足，需求下降，通货紧缩出现。中国政府为扩大内需，缓解经济压力，于 1999 年提出用教育刺激消费，自此高等院校扩招步伐加快。受中国传统观念的影响，家长都迫切地"望子成龙，望女成凤"。在其他方面省吃俭用也要供孩子上大学的心理，使很多刺激消费的举措效果并不明显。而教育则不同，家长希望自己的子女接受高等教育，有所成就，或完成自己未完成的心愿。高校扩招政策的出台，使广大中国家长拿出银行存款，投资于儿女教育。这不仅使国民的素质和文化水平得到提高，而且极大地缓解了我国在金融危机期间的经济压力。

（二）缓解转型期就业压力

据我国出生人口统计，1961—1975 年，在经历了三年经济困难时期后，出现了两个人口生育高峰叠加期。进入 20 世纪八九十年代，于上述高峰期出生的婴儿也到了上大学的年纪。

1999 年我国正处于经济危机后的恢复期，加之国内产业结构调整，当年下岗职工人数高达 2000 万，失业率更是达到了前所未有的 9%。失业已成为当时影响我国经济发展与社会稳定的最突出问题。从当时劳动力的供求结构来看，无论是短期还是长期，劳动力供大于求已成为我国劳动力市场的基本趋势。政府为了缓解愈演愈烈的供求不平衡矛盾，推出高等教育扩招政策，让更多即将进入社会的青年人群继续接受教育，这样劳动力的总供给会暂时性降低，失业率也会随之降低。扩大招生，尤其是扩大高等院校的在校生规模，发展职业教育，推迟劳动力进入就业队伍的时间，并提高其文化水平和劳动力素养，在当时的大环境下效果是十分显著的。

五、高等教育面临的新挑战

近代中国高等教育事业走过了 120 年的发展历程，这条路曲折漫长，极不平凡，所取得的成绩举世瞩目。从高等教育的发展规模来看，我国高等教育已经实现了从无到有、从精英化到大众化再到现如今普及化的三级跳跃，我国已成为教育大国，并开始进入教育强国行列。在新的历史发展时期，如何办好既有"中国特色"又有"世界水平"的高等教育，如何加快高等教育现代化，是中国高等教育面临的最具挑战性的问题。同时，如何解决好新时代高等教育发展不平衡、不充分的问题，也值得思考。高质量的高等教育体系是国家现代化的重要支撑。在建设社会主义现代化国家的新征程中，高等教育必须拥有高质量的发展，这是国家赋予高等教育新的时代使命。

要办好既有"中国特色"又有"世界水平"的高等教育，既要根植中国大地，坚定文化自信，厚植文化底蕴，又要创新、包容发展，避免同质化，倡导多元化发展。同时，坚持对外开放，加强国际间交流合作，引领人类历史发展潮流。要发挥高等教育的先导性作用，加快高等教育现代化进程，确保现代化强国的建设目标如期实现。

必须加快推进高质量高等教育发展。经济社会发展新阶段对高质量高等教育建设提出新要求。在解决高等教育"有没有"的问题之后，人们开始关注高等教育"好不好"。2020 年 10 月，中共中央制定的《国民经济和社会发展第十四个五年规划和 2035 年远景目标》建议将推动高质量发展作为"十四五"期间经济社会发展的主题。高等教育发展必须坚持新发展理念，高等教育人才培养体系必须全面创新，高等教育革命应该全面推进。"双循环"的新发展格局对提高高等教育的服务能力提出了新要求。"双循环"主要是指以国内大循环为主体、国内国际双循环相互促进的新发展格局。新的发展格局既需要高等教育输送更高质量的人才，提供高质量的研究开发支持，又需要打通高等教育向社会经济的转化渠道，实现教育科技产业与社会的有效衔接，还要充分利用国际、国内两种资源，对外开放，加快国际科技合作交流，提升层次水平，实现高等教育高质量发展。建设高质量高等教育体系，缓解人民群众对"上好学"的焦虑和不安，提升人民群众在高等教育方面的幸福感、获得感。努力办好让人民满意，更加公平、优质、包容，面向未来的高等教育。

六、高等教育发展的新路径

党的二十大报告指出，"教育、科技、人才是全面建设社会主义现代化国家的基础性、战略性支撑"，"我们要坚持教育优先发展、科技自立自强、人才引领驱动，加快建设教育强国、科技强国、人才强国"。而高等教育又是教育体系不可或缺的环节，是提高科技实力、培养高端人才的关键。推动高等教育现代化，建设高等教育强国，必须立足中国社会现实与实际需要，扎根中国文化教育的土壤与血脉，吸收借鉴人类知识与文明成果。要抓住当下中国深化改革、扩大开放、推进社会转型的良好时机，充分利用科教兴国、人才强国、创新富国的政策支持和资源优势，在确保高等教育规模稳步扩大、多样性与丰富性不断增强的同时，努力提升高等教育的品质，认真探索适合中国社会需要和发展节奏的高等教育现代化模式。

（一）探索高等教育现代化的中国路径，寻求高等教育现代化的中国模式

1. 坚持走"中国特色"与"世界水平"相统一的道路

到 2030 年，中国不仅要在高等教育规模、结构、质量、效益、公平等方面达到国际先进水平，还要为人类社会贡献由中国人民所创造的具有普遍意义的办学理念和可供借鉴的办学模式。将"中国特色"与"世界水平"融为一体，使其相互支持与促进，是中国高等教育现代化探索进程中最具挑战性、也最有价值的部分。"中国特色"并非中国独有，而是以中国为案例，通过对这片土地上近百年的改革探索与创新实践的浓缩提炼，展现后发的人口大国面对全球化、知识经济及社会转型的多重压力，艰难生存、发展并崛起的历程，为人类命运共同体共同应对当前及未来全球重大问题的挑战提供具有普遍意义的可借鉴经验。

2. 坚持走文化优势与体制优势相结合的道路

高等教育现代化建设路径要立足中国国情，扎根中国血脉。中华民族源远流长的

文化教育传统历经人类历史长河的冲刷洗礼，不仅值得，而且必须为现代中国人所珍惜和继承，这是支撑我们生存和发展的精神基因。在高等教育现代化过程中，我们要努力挖掘和弘扬中国文化传统中具有现代生命力和普遍解释力的原创性资源，树立文化自信，使现代中国的重新崛起具有坚实的文化根基。中国作为"后发型"的发展中大国，社会对高等教育的旺盛需求与相对匮乏的资源支持形成巨大反差。我国要缩小与发达国家的差距，高等教育现代化建设要强化目标导向性决策，就要充分发挥社会主义制度能够集中力量办大事的政治优势，同时积极开拓市场，利用社会多种资源，大胆突破制度性瓶颈和体制性障碍，使高校拥有自主自律发展的条件和空间。

3. 坚持走教育发展与国家富强相结合的道路

从现代高等教育的发展规律来看，将知识生产、人才培养与服务国家战略有机联系在一起，是发达国家高等教育机构生存发展并走向成功的共同特点。高等教育发展的根本动力来自宏观经济社会需求与大学发展内在逻辑的有机结合。走向 2030 年的中国高等教育现代化进程，必须找准高等教育发展和国家富强的结合点，在政策与实践上精准发力，走依法治教之路。一方面，政府通过体制改革，简政放权，赋予高校更大的法定治理自主权；另一方面，高校要加强服务国家战略需求的意愿与能力，使人才培养及学术研究的成果在国家可持续发展及现代化建设中发挥更大的作用和价值。

（二）强化高等教育资源保障与政策导向，形成社会广泛支持的体系及机制

高等教育已成为人类所创造的最庞大的社会事业之一，其现代化建设需要投入大量人力、物力、财力及政策资源。可以说，资源保障是高等教育现代化建设的重要基础，是中国到 2030 年整体实现高等教育现代化的约束性条件。历史经验告诉我们，凡是能跨越中等收入陷阱的国家，都是在其发展的关键时期保障并提高了对教育的投入；凡是在教育上欠账的国家，都无法跨过中等收入陷阱。因此，我们必须将资源保障提到战略高度。

1. 继续加大高等教育经费投入

高等教育经费是衡量一个国家创新能力的重要指标。近年来，我国高等教育经费虽然随着经济增长而不断上升，但是与发达国家，尤其是高等教育强国相比，还有不小差距。为实现高等教育现代化，必须确保经费投入。

2. 切实发挥拨款的政策导向作用

政府政策在我国高等教育的改革与发展中所发挥的作用十分明显，这是中国高等教育的特色所在，也是由我国长期以来所形成的高等教育管理体制决定的。因此，在高等教育现代化的过程中，依然应该充分发挥政府政策的导向与保障作用。

3. 形成社会广泛支持的体系及机制

现代高等教育体系内部的许多问题本质上是社会问题的反映。因此，现代高等教育的改革与发展离不开社会的理解与支持，这是实现高等教育现代化的重要社会资源。

社会对高等教育的支持体现在多个方面，如社会捐资，通过产学合作的方式支持高校科研，通过共建实习实践基地参与高校人才培养。充分调动社会资源参与高等教育，需要政府政策的支持，需要进一步制定与完善鼓励社会机构支持、参与高等教育的相关政策与法规。同时，高校应与社会形成良性互动关系，合作共赢，构建包括政府与社会各类机构在内的高等教育社会支持体系。

（三）促进中国高等教育的系统转型，形成开放、协调的多样化教育体系

20世纪90年代以来，世界上规模最大的中国高等教育体系经历了由精英化阶段向大众化阶段过渡、而后进入普及化阶段的历程。而在21世纪的前30年，高等教育要经历脱胎换骨的变化，使同质化、封闭式的教育体系转型为开放、协调的多样化教育体系。

1. 促进多样化发展，丰富包容性教育的学制体系内涵

高等学校多样化是高等教育现代化的必然要求。现代高等教育系统发展逐渐由"同质化"走向"多样化""异质化"。未来十几年，伴随世界一流大学和一流学科建设的推进，普通本科院校与经济社会发展结合、应用型人才培养以及现代职业教育体系建设将更加突出，我国将逐步形成以"双一流"为代表的研究型大学、以应用型高校为代表的地方性行业型本科院校和以示范性高职为代表的高等职业技术学院"三位一体"的高等教育格局，以此为基础建立起中国特色的高等教育分类体系。

2. 做好制度设计，维护协调性发展布局和开放性学制体系

高等教育现代化要求高等教育有序协调发展。这种协调包含多方面、多重关系的协调。基于我国地域辽阔、人口众多、发展不平衡的现实，积极推进区域高等教育的协调发展，不仅是教育问题，而且是经济和政治问题。高等教育布局既要考虑不同区域经济社会的发展需要，又要尊重高等教育自身的发展规律，统筹、平衡高等教育的规模、质量，缓解公平与效益之间的矛盾。提高高等教育的聚集程度，建设世界级、全国性、区域化的高等教育中心。

3. 完善高等教育治理体系，提升制度创新水平及治理能力

实现高等教育现代化，需要在以往改革的基础上，不断探索符合我国国情、顺应世界潮流、能够推动现代化进程的制度、体制与机制。完善高等教育治理体系，实现高等教育治理能力的现代化，依法治教，调整好中央政府与地方政府、高校与政府之间的关系，进一步扩大与落实高校办学自主权，完善中国特色现代大学制度。

（1）推进"三级办学两级管理"制度。明确中央与地方政府管理高等教育的权限，逐步完善"省级统筹"的高等教育管理制度。虽然我国确立了统一领导、分级管理的高等教育体制，但只对中央和地方的管理权限做了笼统划分，许多方面缺乏明确具体的规定，这导致高等教育管理往往会出现主次要角色偏离和权限范围内外的角色偏离等问题。

（2）进一步理顺高校与政府、社会的关系。继续推进政府放权，学术事务去行政化，使高校真正成为面向社会、面向市场自主办学的法人实体。政府与高校的关系是我国高等教育改革与发展的核心问题。政府是高校的创办者和管理者，高校是具体的办学者，是高等教育活动的关键角色，居于核心地位。因此，高等教育管理制度改革的目标之一是明确政府教育管理职能，构建政府与高校的新型关系，切实扩大高校办学自主权，推动高校学术工作去行政化。

（3）完善中国特色现代大学制度。完善中国特色现代大学制度是近年来我国大学制度改革的主要内容与目标。完善中国特色现代大学制度，必须依法治校，依照各高校已经制定的章程办学，让章程从文本走向实践。一是要进一步提高章程认知度，克服传统管理思维的惯性，使章程为广大师生所熟知。二是要建设以章程为统领、以学术为本位的协调统一的规章制度体系。学校要根据章程的规定，及时制定、完善具体的规章制度，清理、废除不合时宜的规章制度，以保证章程得到充分落实。三要培育良好的章程文化。章程文化是大学文化的重要组成部分，是大学理念的具体体现，对大学章程的有效运行起着重要的作用。

中华人民共和国成立以来的 70 多年，尤其是改革开放以来的 40 多年，经过不懈努力，我国社会主义教育事业发生了翻天覆地的变化，取得了举世瞩目的成就，我国也实现了由人口大国到人力资源大国的历史性转变。特别是教育规划纲要实施 5 年以来，我国教育改革明显加速，服务经济社会发展的能力大大提高，与教育强国之间的差距不断缩小，为基本实现教育现代化奠定了坚实基础。独立之精神，自由之思想，乃是大学精神之本源。充分发挥高等教育的作用，推动我国的现代化进程，具有重要意义。

经济发展对高等教育发展具有决定作用，经济增长的质量与效果从根本上又制约着高等教育发展的规模和速度。在现代市场经济全球化的大背景下，我们必须正确认识高等教育的经济功能，大力发展高等教育，以适应科教兴国战略；转变经济增长模式，调整经济发展战略，以推动我国高等教育发展方式的转型。探索我国高等教育发展的新路径和新模式，既是遵循高等教育发展历史逻辑、适应经济社会发展需要的理性选择，又是高等教育纠正发展偏差、解决现实问题、回归教育本质、实现高水平发展的内在需要。

问题与思考

1. 如何看待中国高等教育各发展阶段的历史贡献？
2. 如何看待高校扩招与高等教育高质量发展？
3. 中国高等教育对促进经济发展有何作用？
4. 如何建设一流大学？

第十四章
廉政经济学：
如何预防腐败？

一切有权力的人都容易滥用权力，这是万古不易的一条经验。

——孟德斯鸠

权力生产腐败，绝对的权力，绝对会生产腐败。

——阿克顿勋爵

本章概要

腐败预防
反腐倡廉建设
监察巡视制度
"寻租理论"
新制度经济学
规制经济学

关键词

反腐倡廉　腐败预防　寻租行为　权力制衡　制度建设

一、权力滥用与预防腐败

为什么"腐败是经济增长的润滑剂"这种错误观点能在中国大行其道？从局部均衡的角度分析，在经济体制转轨期间，政府的许多政策行为使市场偏离了帕累托最优状态，而一定的腐败行为会产生纠偏效应，使市场重回帕累托最优状态。从局部来看，这就造成了一个假象，即"腐败促进了经济增长"。事实上，一切腐败现象的背后都隐含着深刻的政治经济学原因。正如恩格斯所言："一切社会变迁和政治变革的终极原因，不应当到人们的头脑中，到人们对永恒的真理和正义的日益增进的认识中去寻找，而应当到生产方式和交换方式的变更中去寻找；不应当到有关时代的哲学中去寻找，而当到有关时代的经济中去寻找。"[①] 腐败问题也是如此。腐败现象的背后隐藏着极其复杂的政治经济学原因。

权力的滥用与制约是人类社会长期普遍关注的问题。腐败大多源于权力的滥用。为什么人们对权力如此警惕？这是因为权力具有膨胀的弹性、独断的暴力、异化的魔力等特性。基于对权力特性的深刻认识，人们对权力的滥用一直保持着高度警惕。马克思曾指出：人类社会发展史，就是一部权力扩张和制约的历史。为了防止权力腐化，选举权和撤换权应掌握在人民手中。1945 年 7 月，毛泽东在延安与黄炎培进行了著名的"窑洞对话"，提出实行人民监督和民主的思想，就可以跳出历史周期律。习近平指出"没有监督的权力必然会导致腐败""关键是要健全权力运行制约和监督体系，让人民监督权力，让权力在阳光下运行，把权力关进制度的笼子里"。党的十九大报告指出："人民群众最痛恨腐败现象，腐败是我们党面临的最大威胁。只有以反腐败永远在路上的坚韧和执着，深化标本兼治，保证干部清正、政府清廉、政治清明，才能跳出历史周期律，确保党和国家长治久安。"党的二十大报告再次强调："腐败是危害党的生命力和战斗力的最大毒瘤，反腐败是最彻底的自我革命。只要存在腐败问题产生的土壤和条件，反腐败斗争就一刻不能停，必须永远吹冲锋号。"尽管腐败在不同国家、不同领域、不同时期的具体表现不同，但是其政治、经济、社会根源以及造成的危害却是共同的。腐败的表象不同，但其背后的政治经济学原因却是相同的。任何人都在追求约束条件下的个人利益最大化。一般而言，在法律和纪律约束不严的情况下，腐败就可能成为一些人追逐个人利益最大化的捷径。由此可见，警惕权力滥用和有效制约权力是任何社会在任何时候都不能懈怠的。

二、党的十八大以来中国的反腐倡廉建设

中国共产党作为执政党，其权力是人民赋予的。人民群众的拥护和支持，是中国共产党执政最牢固的政治基础和最深厚的力量源泉。中国共产党的性质和宗旨，决定了党同各种消极腐败现象是水火不相容的。坚持反腐倡廉，坚决同消极腐败现象作斗争，

---

① 恩格斯：《反杜林论》，人民出版社 2015 年版。

是我们党同一切剥削阶级政党的本质区别之一。坚决惩治和有效预防腐败，关系着人心向背和党的生死存亡。中国共产党始终把反腐倡廉作为关乎党和国家生死存亡的大事来抓。只有坚决惩治和有效预防腐败，才能永远立于不败之地。

党的十八大以来，反腐倡廉工作力度不断加大，腐败现象得到遏制，党风廉政建设和反腐败斗争取得明显成效。国际社会也高度肯定了中国 2013 年以来正风反腐的成绩。透明国际（Transparency International）相关数据显示，近年来，中国清廉指数得分和排名均处于阶段性历史高位，一定程度上体现了中国近年来的反腐成绩。

（一）传统资源的转化及国家治理现代化

中华文明能够屹立于世界几千年，其制度的合理性和政治文明的优良性自不待言。继承我国历史上反腐倡廉的宝贵遗产，积极转化优秀的传统治理资源，对国家治理现代化而言十分必要。

1. 中国监察工作的历史脉络

中国古代监察官以及监察制度的最初形态，是在战国时期形成的。御史官制和监察制度的最初形态，载于湖北云梦睡虎地出土的秦简。《秦简·尉杂》载"岁雠辟律于御史"，就是说每年岁终，廷尉要到御史处核对律文，说明御史掌管国家法令。到了汉朝，除由皇帝控制的监察系统外，丞相也能通过丞相史执掌行政监察权。此外，司隶校尉执掌京城及三辅、三河、弘农七郡①的监察权。汉武帝即位后，为了加强对地方的监察，将全国划分为十三个监察区，称十三刺史部，每部设刺史一人，负责监察工作。为加强中央集权、打击地方豪强势力，汉武帝亲自参与制定适用于刺史的监察法律《刺史六条》。《刺史六条》是特定时代的产物，在当时起了很大作用，也为之后的监察立法提供了经验与借鉴。唐朝是中国古代经济发展、政治稳定、文化繁荣的盛世，监察制度于此时开始定型。至宋朝，中央集权有所强化。宋太祖因百官拥戴而成为皇帝，即所谓"陈桥兵变""黄袍加身"。因此他在即位后，为了防范大臣结党营私，制定了一项基本国策，就是"事为之防，曲为之制"。"事为之防"，是指防范官吏结党；"曲为之制"，是指要加强各机关的权力制衡。元朝是以蒙古贵族为主体的政权，为了监管、防范数量庞大的汉族官员，以及镇压连绵不绝的反元斗争，朝廷扩大了监察机构的监管范围。明朝是中国古代社会后期的著名王朝，也是专制制度向着极端化发展的王朝，无论是监察思想，还是监察制度与监察法，都围绕这条主线不断演变，明朝统治者以"重耳目之寄，严纪纲之任"来要求监察官，明朝的监察法为清朝制定《钦定台规》提供了重要依据。清朝建立以后，沿袭明朝的监察制度，中央仍设都察院。清朝监察制度的重大改革是，正式将曾经执掌谏诤权的六科给事中

---

① 三辅指京兆、左冯翊、右扶风，三河指河东、河内、河阳，加上弘农，共七个郡。

并入都察院，使科道合一，共同执掌监察权。这体现了皇权的进一步加强。中国古代监察制度的演变可以为当代中国监察体制的改革提供历史经验与参考借鉴。

2. 中国历史上的巡视制度

巡视制度起源于西汉，成熟于唐、明。真正意义上的巡视是从西汉武帝时开始的。在武帝时期推出的一系列强化中央集权的措施中，就包括刺史出巡制。古代巡视主要有帝王亲自巡视、帝王遣使巡视、中央监察机构对地方的巡视和地方监察机构对所属州县的巡视四种形式。

3. 中国共产党的党内巡视制度

1931年5月1日，中共中央通过《中央巡视条例》，对中央巡视员的条件、基本任务、工作方法、职权、教育与纪律等做出具体规定。党的十六大报告提出"改革和完善党的纪律检查机制，建立和完善巡视制度"。2004年颁布的《中国共产党党内监督条例（试行）》更将党内巡视制度视作一项重要的监督制度。2009年7月，中共中央颁布《中国共产党巡视工作条例（试行）》，标志着党内巡视在新时期正式拥有了制度形态。2012年，党的十八大要求更好地发挥巡视制度的监督作用。2013年，首轮巡视工作动员部署会指出"反腐败斗争形势依然严峻复杂"，中央巡视组的任务是"四个着力"。2014年，首次开展专项巡视，提出构建上下联动巡视格局的设想。2015年，中央政治局审议巡视省区市专题报告，明确中央巡视工作方针，中共中央印发《中国共产党巡视工作条例》。2016年，十八届中央纪委六次全会召开。习近平强调，巡视是党内监督的战略性制度安排，明确了政治巡视的地位。审议通过《中国共产党党内监督条例》。2017年，首次开展"机动式"巡视，实现省（自治区、直辖市）巡视全覆盖，并再次修改《中国共产党巡视工作条例》。

2018年，深化政治巡视改革，将"两个维护"作为根本政治任务。2019年，把整治形式主义、官僚主义纳入巡视巡察、监督检查、审查调查工作的重点。2020年，把党的十九大以来"三农"政策的贯彻落实情况作为中央巡视的重要内容。

（二）权力制衡是国家廉政体系的核心要义

建设国家廉政体系，有效遏制腐败，是国家治理体系和治理能力现代化的应有之义。托克维尔说过："权力无论如何产生、归多少人掌控，只要不受制约，就必然作恶。"权力制衡是防止权力滥用的前提条件，这也是国家廉政体系的核心要义。廉洁的国家不存在不受制约的权力以及不受制衡的机构和组织。2016年诺贝尔经济学奖得主、哈佛大学经济学教授哈特指出：不完全契约的关键是权力安排。只有正确理解权力及其运行机制，才能正确理解中国经济和社会现象。中国所有的问题归根结底都是政治经济学问题。任何社会问题的研究都必须要有一个正确的逻辑起点和明确的主体、客体。研究预防腐败问题，无法规避党派政治和政府行为。在比较古今中外的政府时，必须厘清"政府"的内涵。例如，"西方政府"和"中国政府"，并不是同一个概念：在西方，政府只是社会中的一个角色。政府、经济、社会、学术一样，都是互相独立的，大学也是独立的。而在中国，"政府"则不仅仅是社会中的一个角色，而好像是所有一切的总和。只有进一步了解体制运行，研究才有现实意义。中国向市场经济转型的很长一段时间，除了市场价格机制，权力也是资源配置的重要手段。

我国反腐体制机制目前存在一些问题。一是廉政建设权责脱节，追责不够。责任追究执行主体不明确，在出现党风廉政问题时，责任追究案件具体应由哪个层级做出决定，由哪个部门负责查处，关于这些缺乏具体、明确的规定。责任追究范围不明，重责任事故追究，轻廉政建设失责追究，把廉政建设责任追究等同于对违法违纪当事人的追究，没有对失职、失察、失管的领导干部进行责任追究，责任追究范围窄、职级低。二是法律法规不完善，漏洞较多，自由裁量权过大，易引发腐败。这主要是因为，首先，反腐倡廉的综合性法律缺失。在我国现有的宪法、刑法等法律中存在着有关反腐败的各种规定，但有关反腐败的基本法律仍未制定。目前，我国还没有一部国家级反腐倡廉专门法律，作为当前反腐倡廉建设的根本大法，这导致反腐倡廉的原则、体制、机构设置和程序等根本问题，腐败在法律上的定义、腐败的主体和客体、腐败的范围、腐败认定的标准等基本问题，对腐败的查处和对腐败者的责任追究，以及预防腐败、查处腐败的程序等具体问题缺乏明确的法律参照与保障。其次，缺少反腐倡廉的具体性法律。具体性法律是对基本法律制度的进一步细化，内容丰富、详尽、具体，有较强的针对性和可操作性。我国目前有关反腐败的规定主要见于刑法、公务员法等法律，在预防腐败立法方面缺少行政组织法、行政程序法、国家公务员从政道德法等；在惩治腐败立法方面缺少反贪污贿赂法、司法责任法等；在廉政监察立法方面缺乏监督法、举报法和申诉法等。最后，缺少反腐倡廉的保障性法律。法律既有规范和制裁的功能，也有保护合法权益的功能，二者缺一不可。然而，当前在我国反腐倡廉法律法规建设中，规范性、制裁性的法律法规居多，保障性的相关法律法规欠缺。这样的反腐倡廉法律制度结构必然会影响法律法规体系整体功效的发挥。

三、对腐败的政治经济学分析

（一）反腐败的一般理论

1. 亨廷顿的"现代化与腐败理论"

塞缪尔·菲利普斯·亨廷顿是美国当代极负盛名却又颇具争议的保守派政治学家，他对腐败根源的诠释被西方一些学者奉为圭臬。他认为，腐败与社会、经济的迅速现代化有关。他分析了现代化与腐败的关系问题，指出在现代化进程中，有三个方面的因素决定了腐败现象的必然出现。一是现代化使社会基本价值观发生转变，那些传统观念中可以被接受且合法的行为，在现代人的眼中就成了不可接受的、陈腐的行为。快速的现代化使人们的价值观发生了改变。二是现代化开辟了新的财富和权力来源，从而助长了腐化行为。三是现代化通过其在政治体制输出方面所造成的变革来加剧腐化。亨廷顿讲的"在一个腐化成风的社会里，采用严厉的反腐化的法令只会增加腐化的机会"的情况，只有在政治体系中已经出现了腐败现象这一前提下才会出现。除此之外，他还认为腐败会阻碍现代化的顺利进行，但因为腐败是现代化进程中的必然产物，所以杜绝腐败现象是不可能的，只能设法减少腐败现象。但是现实并非如此。在现代化进程中，政治体系的稳定、社会经济的发展缺一不可，腐败行为所导致的某些经济集团的畸形发展，不仅不能代表整个社会经济的发展状况，而且还是这种协调发展的一个破坏因素。对政治体系而言，腐败行为不仅不是安定因素，而且是一个最大的不安定因素。所以，从根本上讲，腐败现象同现代化的客观要求是相悖的。

2. 布坎南的"寻租理论"

詹姆斯·布坎南是美国著名经济学家、1986 年诺贝尔经济学奖得主。他提出了"寻租理论"。一切由于行政权力干预市场经济活动、造成不公平竞争而产生的收益称作"租金"，依靠权力大发横财的行为称作"寻租活动"；企业家通过创新获取超额的利润，这种活动被视作"创租行为"。企业家的这种"创租"活动可极大地增进社会福利。而"寻租行为"是指在没有从事生产的情况下，为垄断社会资源或维持垄断地位，从而得到垄断利润所从事的一种非生产性寻利活动。政府官员利用行政权力对企业和个人的经济活动进行干预和管制，妨碍了市场竞争，从而创造了少数有特权者取得额外收入的机会。布坎南称这种额外收入为"租金"，称谋求或利用这种特权以获得租金的活动为"寻租活动"，又称"权力寻租"。政府的某些经济决策往往以某种公共利益需要为解释而实际上为某些利益集团服务，特殊利益集团为谋求政府保护，逃避市场竞争，实现高额垄断利润，往往会进行各种"寻租"活动。而为了获得这种经济"租金"，政府官员会想方设法地利用种种特权寻求"租金"，这就是所谓的"政治创租"。

3. 科斯与新制度经济学

罗纳德·哈里·科斯为"新制度经济学"的鼻祖、1991 年诺贝尔经济学奖获得者。新制度经济学认为，人的行为是制度因素与个体心理因素交互作用的结果。人的行为是有限理性的，制度是影响人的行为选择的最重要因素，制度限定了个体的活动空间和行动范围。公职人员的腐败不完全是道德观念问题，而是现行制度的诱发结果。当公共制度的安排使腐败付出的成本远远低于其收益时，腐败行为就成了相当一部分公职人员的选择。制度决定行为，遏制腐败的关键是制度，而要达到帕累托最优的理想境界，就要以成本最低、效益最优为目标对个体或组织行为进行约束，或许能在一定程度上遏制政府的放任与危机事件的发酵。制度设计若不够完善，则容易导致政府官员有机会利用手中的权力在市场上"寻租"，从而产生权力滥用、执法不严、阳奉阴违、推卸责任等问题，而这些问题又必然导致"权力寻租"活动的猖獗。在制度设计方面，应从防范和遏制人性"恶"的角度出发，从源头上理顺各种关系，推进依法治国进程，加强对各级干部特别是领导干部的监督，把党内监督、群众监督、法律监督结合起来，防止权力滥用，压缩"权力寻租"的空间。

4. 卡尔·波兰尼的理论

卡尔·波兰尼是匈牙利哲学家、政治经济学家，是20世纪学界公认的最有辨识力的经济史学家。他认为：经济生活本身已嵌入社会生活；市场经济会导致"脱嵌"现象；市场控制经济体系会对整个社会组织造成严重后果，它意味着要让社会的运转从属于市场；能动社会与双向运动；等等。他的经济思想核心在于：市场是社会的组成部分，市场应当"嵌入"社会之中，经济矛盾不应以市场为主体，而应以社会为核心。他的观点在当时产生了巨大影响。波兰尼将"嵌入"概念作为其批判市场自由主义的起点，赋予了经济学更深刻的认识，完全区别于现代主流西方经济学的自发调节市场理论——经济是由各种不同但相互之间又有紧密联系的市场组成的体系，该体系不需要人为干预，价格机制处于其核心地位，市场能够依靠价格机制调节商品的需求与供给，进而使市场处于"出清"状态，同时通过价格机制，市场能实现充分就业、价格稳定与国际收支平衡。波兰尼认为，市场应该作为社会的一部分嵌入社会，市场是社会的附属，而不应本末倒置，经济矛盾还会受到宗教、政治、文化等因素的影响，脱离社会的市场从根本上讲是不存在的，社会是解释经济矛盾的总体概念。

与"嵌入"相对应的，是波兰尼的"脱嵌"概念。"脱嵌"指的是市场脱离社会而单独存在，经济不受其他社会因素的制约。波兰尼认为，市场"脱嵌"是不可能成功的。这是因为，一方面，不考虑自然环境、政府、文化的经济社会是不健全的社会，自发调节的经济一定会造成社会功能的紊乱；另一方面，一个彻底的市场经济是无法实现的，它只是理论家构造的"乌托邦"。

5. 斯蒂格里茨的规制经济学

"政府俘获"理论源自经济学家斯蒂格里茨的规制经济学。政府俘获，作为立法或执法层面的腐败，是一种新型高级腐败类型。政府俘获是指企业通过向政府官员提供非法的个人所得，使政府制定或执行有利于自身的法律、政策和规章。相较于一些具体的腐败行为，政府俘获在一定意义上具有公开性和表面上的"合法性"，是一种更为精巧、高级的腐败形式。这种腐败往往作案更加隐蔽，危害更加持久，查处难度更大，对公众利益和政治生态的危害更加严重。

6. 莫罗等人关于腐败对经济增长影响的认识

莫罗等人在关于腐败对经济增长影响的学术著作中指出，腐败会使投资和增长率降低，并导致某些"发展中国家"的失败，阻碍民主市场经济的发展。但对于导致一个地方的腐败程度高于另一个地方的原因仍有待研究。造成这个问题很重要的原因是跨国比较实证困难，尤其是在如何衡量不同国家相对腐败程度上有一定障碍。通常情况下，经济学家和政治学家采用基于商人和当地居民的调查结果，并由商业风险分析师和民意调查机构编辑的腐败感知指数（indexes of perceived corruption）来进行实证研究。实证研究证实：主要腐败感知指数与非官方经济的规模呈正相关。

（二）预防腐败体系理论

1. 国家廉政体系理论

透明国际于 1993—1994 年提出"国家廉政体系"理论。该理论超越了传统廉政理论的范畴，开创了廉政理论的新视角。它强调反腐败不能仅靠一种或几种力量，而是一个系统工程，只有各方形成合力总体推进，才能发挥最大作用。国家廉政体系的三大目标是可持续发展、法制和生活质量。国家廉政体系的八根支柱是立法与行政机关、独立的司法系统、各类监督机构、地方政府、独立自由的新闻媒体、公民社会与私人企业部门、国际行为者和国际行动机制。

2. 控制腐败理论（委托—代理模型分析）

罗伯特·克利特加德是南非享誉国际学术界的知名学者兼政治学家。他曾提出关于腐败控制的两个著名公式：腐败所得 −（道德损失 + 法律风险）＞工资收入 + 廉洁的道德满足；腐败条件 = 垄断权 + 自由裁量权 − 责任制。也就是说，当贿赂所得减去该行为所承受的道德损失和法律风险后仍大于其工资收入和廉洁带来的道德满足感之时，官员就会产生从事腐败行为的动机；当官员享有垄断权和自由处理权而又无须对权力行使承担必要的责任之时，他就具备了从事腐败行为的条件。如果腐败机会存在，腐败成本的高低将直接决定腐败动机最后能否形成，腐败动机取决于腐败收益和腐败成本之间的比例关系。可见，要想有效抑制腐败动机，除了加强教育，还需发挥惩处的作用，以加大腐败成本；同时通过对权力的监督与制约，减少腐败机会，抑制腐败动机。综上所述，要想实现"不想腐"，就应从源头出发，抑制腐败动机，提高思想觉悟，一方面发挥教育的作用，提高政治觉悟；另一方面需要发挥"不敢腐、不能腐"的合力，共同抑制腐败动机，使思想向"不想腐"转变。

（三）腐败与经济发展的关系

经济学最重要的价值判断标准是效率（efficiency）。但效率并不是人类唯一的价值，与之相对的是公平、公正。腐败是一种恶疾。我们往往仅能看到财产转移，看到公有财产变成了个人资产，而忽视了"寻租"带来的效率损失。一些政府部门和官员实施许多不必要的管制措施以提高审批门槛，制定了很多规章制度，其美妙说辞和精致辩护的实质就是方便"寻租"。这种"寻租"在无形中增加了企业的成本，造成了相应的效率损失。因此，腐败不只是财富的转移和公平与道德问题，反腐也不仅仅是公平、正义或道德问题，同时也是效率问题。国际货币基金组织原总裁拉加德说："腐败不仅带来巨大的直接经济成本，还会拖累经济增长，使家庭收入不平等，同时腐败还会破坏公众对政府的信任。"由于反腐过程恰逢我国人口红利见顶、经济结构转型、GDP 增长速度放缓，某些人士把经济增速下滑归咎于反腐，甚至出现了诸如"腐败是经济增长的润滑剂""反腐导致消费领域缩水""反腐打虎，恐拖累经济""反腐继续，对经济不利"等论调，部分学者还试图通过研究分析来回答"为什么中国的反腐败没有促进经济增长""为什么从短期来看反腐败对经济有负面影响"等伪命题。这些都是值得学界研究反思的问题。

传统经济学家认为，腐败与经济增长呈非常明显的负相关性。保罗·莫罗等经济学家认为，严重腐败与经济低增长相关联。腐败分值每增加 1 分（分值范围为 1~10 分），经济增幅将下降 1%。美国魏德安认为，中国腐败与经济发展呈正相关，并提出了腐败与经济增长的双重悖论：腐败与经济增长呈正相关，且腐败的高发与经济的快速增长并行。有人据此得出在中国腐败有利于经济增长的谬论。本书作者在发表于《廉政瞭望》的《解读"中国特色腐败"的"双重悖论"》一文中提出：中国的腐败与其他国家的腐败在根源上并无二致，那些认为腐败有利于中国经济增长的观点在逻辑上犯了"后此谬误"的错误。腐败在不同国家、不同领域、不同时期，尽管具体体现不同，但是腐败的政治、经济、社会根源，以及腐败造成的危害却是相同的。腐败对社会安全与稳定构成威胁，破坏民主体制、道德观和正义，危害可持续发展和法制建设，且腐败往往同其他形式的有组织犯罪、洗钱相联系，巨额资产的腐败侵占国家资源，威胁国家稳定，破坏政府公信力。这是《联合国反腐败公约》所提出的共识。腐败不是局部问题，而是所有国家经济和社会必须共同面对的问题。我们要采取综合性、多学科的办法有效预防和打击腐败。要加强反腐败教育，推动信息公开，倡导并吸收公众参与，确定重点预防"部位"和领域，全面推进预防腐败立法，建立系统的腐败指数指标体系，同时加强国际反腐败合作。

四、科学构建惩防腐败体系

必须坚持以中国特色社会主义理论体系为指导，贯彻落实科学发展观，深刻把握防治腐败的规律性要求，牢牢抓住制度创新这一核心环节，努力构建反腐倡廉教育、制度反腐预防、权力运行监控、反腐体制改革、纠风工作长效、健全巡视制度和惩治腐败工作七大机制，以此集成制度成果，不断完善防治与惩处架构，积极锻造配套防腐制度链条，健全科学有效的惩防腐败体系，才能不断开创中国特色党风廉政建设和反腐败斗争的崭新局面。

（一）反腐倡廉教育机制

王岐山明确提出，要加强领导干部的理想信念教育，使其"不想腐"。党的二十大报告指出，党员干部要"坚持党性党风党纪一起抓，从思想上固本培元，提高党性觉悟，增强拒腐防变能力，涵养富贵不能淫、贫贱不能移、威武不能屈的浩然正气"。领导干部掌握着公共权力，要从根本上解决腐败问题，就要依靠加强理想信念教育，以提升其思想道德素养。必须学习并践行社会主义核心价值体系，健全以"廉洁从政"为核心内容的教育培训机制和以"崇廉尚洁"为价值取向的社会引导机制，努力实现反腐倡廉教育的科学化、制度化、规范化、常态化、长效化。建立健全领导集体与干部个人廉政学习制度，大力加强廉政教育培训。集中进行党的政治意识、纪律和规矩教育，从而不断提高党员领导干部的政治理论水准、思想道德素养和拒腐防变能力。领导干部应始终不渝地坚守党中央的决定，毫不犹豫地反对党中央所禁止的，提高自身政治站位，严于律己，严以修身，决不能将党的指示当作耳边风，决不允许"上有政策，下有对策"，决不允许有令不遵、有禁不止，决不允许在贯彻执行中央决策部署上打折扣、打"擦边球"。引导党员干部牢固树立正确的世界观、人生观和价值观，通过持之以恒的教化，增强他们的依法施政意识和廉洁自律意识，守住道德底线，过好廉洁自律关，把真理的力量与人格的力量统一起来，拒腐蚀，永不沾，从根本上筑牢防腐拒变的思想防线，防止、减少腐败现象的发生。

（二）制度反腐预防机制

继续深化改革，加强制度创新，在严惩腐败的同时，重在治本，重在预防，重在强化制度建设。邓小平曾说："制度好可以使坏人无法任意横行，制度不好可以使好人无法充分做好事，甚至走向反面。"习近平也强调："铲除不良作风和腐败现象滋生蔓延的土壤，根本上要靠法规制度，加强反腐倡廉法规制度建设，把法规制度建设贯穿到反腐倡廉各个领域、落实到制约和监督权力各个方面，发挥法规制度的激励约束作用，推动形成不敢腐、不能腐和不想腐的有效机制。"全面推进反腐倡廉制度建设，努力实现廉洁政治建设战略目标，是全党的重大政治任务，亦是当下亟待破解的重大理论与实践难题。在当前依法治国的大背景下，为了有效遏制贪腐乱象，必须规范、约束领导干部用权，建立并完善防止利益冲突、市场配置资源、社会信用长效机制与体系。构建党委统一领导、单位部门参与、纪检监察推动的预防腐败工作机制。健全民主科学决策、巡视监察工作以及终身责任追究等制度机制。在制度设计方面，应从防范和遏制人性"恶"出发，不断推进政府和公共机构改革，提高行政质量，使政治权力从经济活动中退出来。政府要管少、管好、管精，充分发挥宏观调控的作用，抑制市场机制的盲目性、滞后性和破坏性。推动并完善社会主义市场经济体制改革，创造机会均等、竞争公平的经济环境，取消与市场经济不相适应的审批权限，防止权力干预；充分发挥市场"看不见的手"的调节作用，缩小"权力寻租"的空间。

（三）权力运行监控机制

党的十八届四中全会做出了全面推进依法治国的重大战略决策。其本质在于限制、约束公权力并规范其运作，而滥用公权、超越职权、公权私用、以权谋利等，恰是腐败实质之所在。要切实有效地解决问题，就要全面依法治国。基于此，国家公务人员必须做到"法定职责必须为""法无授权不可为"。前者为责任清单，后者为权力清单。习近平强调："要加强对权力运行的制约和监督，把权力关进制度的笼子里，形成不敢腐的惩戒机制、不能腐的防范机制、不易腐的保障机制。"坚持反腐倡廉"十六字方针"，从腐败源头抓起，使制度机制不断完善，监督途径有效拓展。

（四）反腐体制改革机制

动力源自改革，灵魂在于创新。我国腐败问题长期存在的一个重要原因就是部分改革举措不给力、不到位，这就为那些怀着贪腐之心的官员留下了"做手脚"的空间。实践表明，要实现"不能腐"，必须依靠全面深化改革。依据中央《建立健全惩治和预防腐败体系工作规划》的总体要求，贯彻落实中央有关全面深化改革部署方案，深化干部人事、司法管理、行政审批、行政执法及财税、金融、投资体制等方面的改革，加速推进现代市场与国企监管体系改革，健全反腐倡廉体制机制，有效防止腐败乱象滋生。只有牢牢关紧、管好权力"笼子"，方可遏制贪腐之风。

（五）纠风工作长效机制

贯彻"谁主管由谁负责""纠建并举与标本兼治""纠正行业不正之风"等原则，积极有效地开展专项整治，切实加强制度创新，广泛开展监督评议，构建并完善责任明确、监管有力、治理有效、源头预防的纠风工作常态长效机制，使有损群众利益的不正之风得到遏制，推进党风廉政建设深入开展。"建构完善齐抓共管责任落实、常抓不懈监管制约、反应迅速查处纠偏以及实用有效源头防治等各项机制；切实强化对纠风工作的组织领导，积极推进纠风信息化与网络化建设，实行纠风工作申报和通报制度。"

（六）健全巡视制度

巡视制度的强化与日益严重的腐败问题密切相关。中国共产党成立后就开始实行巡视制度。较为成熟的巡视制度建设是从 1996 年开始的。但在党的十八大之前，巡视制度的作用较为有限。党的十八大以来，新一届中纪委对党内巡视制度进行了组织架构、工作程序和巡视重点方面的多轮改进，进一步凸显了党内巡视的制度价值。《中国共产党巡视工作条例》的修订，进一步优化了党内巡视制度，使之更加成熟。十八大以后，巡视结果信息的公开透明、党内巡视制度的发展以及实际运作效果远超民众预期。十九大以来，巡视制度创新仍在不断深化当中。

（七）惩治腐败工作机制

坚持党要管党、从严治党，认真研究新时期贪腐案件发生的特点和规律，积极运用现代科技手段，有序组织人民群众参与反腐行动。坚决贯彻落实中央"八项规定"，及时揭发、曝光和严处各类贪腐案件和腐败分子，最大限度地减少腐败存量，切实有效遏制腐败增量，充分展现反腐意志与决心。努力发挥法律对贪腐分子的震慑与制裁功能，使其在政治上身败名裂、经济上倾家荡产、人身上终身监禁，增加其犯罪成本、代价与风险，只有这样，才能使其望而却步、不敢贪腐，进而推动反腐败斗争深入、持续地进行。

在反腐败斗争中，存量与增量相互关联、密不可分。为了有效遏制腐败增量，法制、机制反腐为首选。因此，要不断加强国家层面的反腐败立法，构建并完善典型贪腐案件组织协调、及时查发、有效追究、处理，以及监管、约束与激励保障机制；同时注意组织领导要加强，工作责任要落实，方法手段要创新，考核评价要科学。要坚持将惩防体系建设有机融入全国经济社会发展大局，使其体现在党的建设新的伟大工程的各个层面，充分发挥其服务和促进作用，把惩防腐败体系建设中重大理论及实践问题的学习和研究与廉洁政治建设战略目标紧密结合（两者同样是基础、条件与目标、结果的关系，相辅相成，有机统一于中国特色反腐倡廉建设系统工程）并对其进行顶层设计，积极推动具有中国特色、体现创新精神、富有实际成效的惩防腐败体系的优化完善，最终实现廉政建设的重大战略目标。

问题与思考

1. 试评价党的十八大以来中国的反腐倡廉工作。
2. 如何看待中国腐败的"双重悖论"？
3. 列举关于腐败的经济学观点和理论。
4. 为何要对腐败"零容忍"？

第十五章
国际贸易经济学：
中美贸易摩擦

权力和财富的分配不均，人类各民族之间健康和舒适的巨大差异，乃是现代世界上争吵不和的根源和最主要的挑战，毫无疑问，也是现代世界的一次道德审判。

——P.M.S.布莱克特（1948年诺贝尔物理学奖获得者）

本章概要

国际贸易经济学的理论

中美贸易摩擦

世界经济秩序

美国贸易政策取向

关键词

比较优势理论　贸易摩擦　WTO

一、两则有关中美关系的预言

在过去的40多年，中美关系的发展脉络呈现中国改革开放进程与中美关系发展的高度相关。中美经贸关系在中美关系中发挥了"压舱石"和"推进器"的作用。中美经贸关系事关中美两国人民的根本利益，也关乎世界的繁荣与稳定。2018年，中美双边货物和服务贸易额超过7500亿美元，是1979年（货物贸易额不足25亿美元）的300多倍。中美双向直接投资累计1600亿美元。中国加入WTO之后，美国对中国的出口额增加了5倍。中美跨太平洋的贸易使中国的经济迅速发展。同时，中国制造的商品稳定了美国的低通货膨胀率，美国跨国公司也从中国廉价的劳动力和巨大的市场中获利匪浅。

20 世纪 80 年代的中国是一个劳动力严重过剩、劳动回报水平很低、资本和技术又极度缺乏的国家；而在当时，美国是一个劳动力不足、资本和技术相对过剩的国家。在这种情况下，中美两国的贸易为美国带来了资本回报率的大幅提高和股市的奇迹，1982—2019 年道琼斯指数涨了 25 倍，中国的劳动回报率也获得大幅提升。随着中国改革开放的深入和对外贸易的增长，中国的人均收入也涨了 180 多倍（图 15-1）。可以看出，中美贸易为双方都带来了极大的好处。现在的问题是，经过几十年的发展，中国从资本极度稀缺变为资本过剩，美国因失业率居高不下导致大量劳动力剩余，同时资本回报率也相应下降，这些都是中美贸易遇到的新问题。

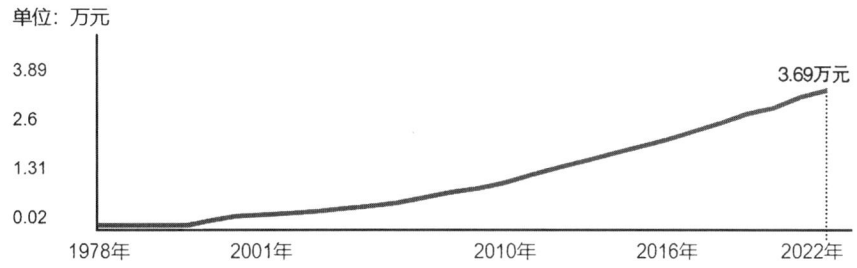

图 15-1　1978—2022 年中国年人均可支配收入变化趋势
（数据来源：国家统计局）

2014 年 2 月 14 日《参考消息》援引《日本时报》网站 2014 年 2 月 10 日秦家骏的文章《中美贸易和投资摩擦》，该文指出，2013 年，中国取代美国成为世界第一大贸易国。2006 年，美国是世界上 127 个国家的最大贸易伙伴，而中国仅是 70 个国家的最大贸易伙伴，可 5 年之后的 2013 年，中国成为 124 个国家的最大贸易伙伴，而美国减少为 76 个。2013 年，中美贸易额 5590 亿美元，美国的贸易逆差超过 3000 亿美元，而 1981 年，也就是中美建交 2 年后，双边贸易额仅有 50 亿美元。由此，该文认为，中美两个联系密切的庞大经济体，贸易摩擦不可避免。与美国一样，中国也开始越来越多地使用 WTO 争端解决机制，中国无疑将越来越擅长运用法律和其他武器。

亨廷顿于 1997 年 12 月 6 日在《文明的冲突与世界秩序的重建》（修订版）中文版的序言中指出："如果中国经济在未来 10 年或 20 年中仍以现在的速度发展，那么中国将有能力重建其 1842 年以前在东亚的霸权地位。而美国则一贯反对由另一个强国来主宰欧洲或东亚，为了防止这样的情况发生，美国在本世纪（20 世纪）参加了两次世界大战和一次冷战。因此，未来的世界和平，在相当大的程度上依赖中国和美国的领导人协调两国各自利益的能力，以及避免紧张状态和对抗升级为更激烈的冲突甚至暴力冲突的能力，而这些紧张状态和对抗将不可避免地存在。"亨廷顿认为，冲突是人类的天性，冲突是贯穿整个人类历史的线索，世界在告别"意识形态的冲突"时代后，必将进入下一个"文明的冲突"时代。

时过境迁，20 年以后，亨廷顿当年的这些预言成真。2017 年中美贸易摩擦愈演愈烈。人们不禁要问，为什么这么多专家学者在多年前就能预言中美贸易摩擦将不可避免？事实胜于雄辩，问题可能远比我们想象的要复杂。

二、国际贸易经济学的理论变迁

据古籍记载，先秦诸子中谈到对外贸易的仅有三人：管子、商鞅和荀卿。商鞅从根本上反对各诸侯国之间的贸易。管子和荀卿是中国最早提出外贸经营思想的人。到汉代，桑弘羊发展和运用了管子的外贸管理思想。

近代国际贸易经济学的理论最早可以追溯到大卫·休谟（1752）。亚当·斯密（1776）提出，一个国家不能生产某一物品或者生产成本较高时，进口比较有利。另外，由于专业生产与分工合作可以大幅降低生产成本，而专业化的程度是由市场的大小决定的。基于这两点，国际贸易非常重要。大卫·李嘉图（1817）提出了人们熟知的比较优势理论。后来剑桥大学的马歇尔在其《工业与贸易》一书中指出，一个国家征收另一个国家的货物进口关税，更有利可图。曾有两位瑞典经济学家在 1933 年提出，物品在国际上的进出口是对生产要素进出口的替代。萨缪尔森（1948）证明，国际间的货物自由贸易会使国际间的生产要素价格相等，英文表述为 "factor price equilisation theorem"，被称为萨缪尔森定律。换言之，可以认为：如果两个国家进行零关税自由贸易，其结果是货物贸易在某种程度上代替了生产要素的跨国流动。

20 世纪 50 年代初期，发展中国家普遍实行以进口替代（import substitution）为核心的发展政策，即鼓励国内厂商生产进口商品的替代品，以摆脱对进口的依赖，这种政策使这些国家在快速工业化的同时实现经济增长，进而提高民众生活质量。政府为了鼓励本国企业生产进口替代品，对外国同类产品的进口进行限制甚至禁止，一种产品一旦在国内具备生产能力，就迅速将其列入限制进口的名单，进口商品的国产化被视为本国工业化的标志。在进口替代战略实施初期，国内经济快速增长，现代工业体系迅速建立，但是随着那些易于替代的行业被逐步替代，增长就开始停滞，其他负面问题（如国际收支失衡、通货膨胀、贪污腐败等）也开始逐步显现。进口替代政策下的数量限制造成的效率损失和社会腐败问题远远超出人们的预计。因为到 20 世纪 60 年代，在遭遇国内外经济严重失衡后，一些发展中国家开始将贸易政策转向为出口促进

（export promotion）政策。

　　为何进口替代这种明显违背经济学比较优势原则的政策会被发展中国家广泛采纳呢？这主要归因于当时发展中国家的贸易政策由幼稚产业理论（infant industry theory）主导，其核心思想是：发展中国家需要对本国幼稚产业进行一段时间的保护和培育，在形成自身的竞争优势后再参与国际分工。后来人们认识到进口替代政策的巨大经济成本，并开始推动发展中国家的贸易自由化改革。中国改革开放以后的贸易政策也大致如此沿革而来。

三、中美贸易摩擦的由来与双方的分歧

　　2017 年美国特朗普政府组建以后，频频以加征关税相威胁，挑起了与包括中国在内的许多主要贸易伙伴的经贸摩擦。2018 年 3 月以来，中国政府不得不针对美国单方面挑起的经贸摩擦采取有力的应对措施。中美贸易摩擦全面开始。

　　中美贸易摩擦及经贸磋商焦点和立场分歧如下：

图 15-1　美国第 45 任总统唐纳德·特朗普

（一）关于知识产权保护问题

　　美方认为：①中国侵犯知识产权，强制技术转移。中国通过不正当方式获取美国公司的技术转让。中国政府通过外资持股比例限制，迫使美国企业向中国进行技术转移。②中国知识产权保护制度未达到国际标准，在专利法、著作权法等方面缺乏对美国知识产权充分而有效的保护，不能保证美国商品以公平贸易的方式进入中国市场。

　　中方认为：①美国不应抹杀中国保护知识产权的巨大努力与成效，中国知识产权保护状况不断改善，美国企业从中国对知识产权的有效保护中获益丰厚，中国知识产权保护成效也得到了国际社会的积极肯定。美国不应将中国政府鼓励企业"走出去"歪曲为一种推动企业通过并购获取先进技术的政府行为，这是缺乏事实依据的。②中国日益加强的知识产权保护措施为外国企业在华创新提供了有力保障。外国发明专利申请受理量由 2012 年的 117464 件增加到 2017 年的 135885 件。来自国外的商标注册申请量从 2013 年的 9.5 万件增加到 2017 年的近 12 万件。美国彼得森国际经济研究所认为中国知识产权不断完善，过去 10 年间，中国使用的外国技术专利和费用增长了 4 倍。2017 年为 286 亿美元，排名全球第四。在商标方面，2002—2016 年，美国在华申请转让商标 5.8 万余件，占中国商标转让申请的 5.45%。在文化方面，中国国家广播电视总台数据显示，2017 年中国进口美国电影 31 部，给美国带来 6.5 亿美元的收入。从 2001 年起，中国对外支付知识产权费年均增长 17%，2017 年达到 286 亿美元。2017 年，中国发明专利申请量达 138.2 万件，连续 7 年居世界首位，申请者中近 10% 为外国单位和个人；外国来华发明专利申请量达 13.6 万件，较 2001 年的 3.3 万件增长了 3 倍。世界知识产权组织数据显示，2017 年中国通过《专利合作条约》途径提交的专利申请受理量达 5.1 万件，仅次于美国，居全球第二位。

（二）关于"中国制造 2025"战略问题

美方认为：中国实施了大量的产业政策，如"中国制造 2025"战略、实施出口补贴与产能限制、将过剩产能出口到其他国家等。

中方认为：①"中国制造 2025"战略是中国实现制造强国三步走战略的第一步。在 2025 年前，要在信息技术、高档数控机床与机器人、航空航天、海洋装备等 10 个领域取得技术突破与体系化发展。而从 2009 年年底开始，美国等发达国家也相继启动了重振工业的"再工业化"战略。②具体到实施的五项工程中，就不难看出"中国制造 2025"对于中国的重要性。国家将大力建设制造业创新基地，计划在 2020 年形成 15 家左右的制造业创新基地，并在 2025 年将这个数字扩大到 40 家，涵盖新材料、信息技术等领域，让制造业更加高端、自主。假如"中国制造 2025"能够顺利实施，将会极大动摇以美国为主的西方发达国家在高端制造业的领先地位，这不仅代表着中国以后可能摆脱对国外技术的依赖，还会与其进行直接竞争。③中美贸易严重失衡的责任不在中国，主要原因在于美元国际储备货币地位、美国过度消费的低储蓄模式、全球价值链分工，以及美国对华高新技术出口限制等。

（三）关于中国倾销劳动密集型产品问题

美方认为：中方存在操纵价格、虚假标签的问题，政府与企业关系不透明，中国钢铁产品价格过低，存在低价倾销的问题。

中方认为：①中国钢铁行业产能和利用率均与世界水平一致。钢铁产能过剩，并非中国独有，而需要全世界共同应对。目前中国的钢材主要用于国内消费。作为全球第五个钢材进口国，一直在世界贸易组织下展开贸易。中国不但不鼓励钢产品出口，还一直是一个钢铁进口国。②美国指责中国操纵价格、虚假标签，严谨地说，本质不够清晰。美国不承认中国的市场经济地位，怀疑政府与企业关系不正常，实施价格补贴，导致中国钢铁产品价格过低。依据这种思维方式引发贸易战，在世界经济脆弱的时候，贸易战将导致两败俱伤。中国政府并没有补贴钢铁产业，反而钢铁产业去产能更是中国经济谋求转型的主战场。我们应该开放包容，合作共赢。对美方而言，尽量照顾到自己的利益是可以理解的，但遇到分歧时，应该加强与伙伴的沟通，不能采取生硬强制的手段。

（四）关于中国的市场经济地位问题

美方认为：①中方违反了2001年加入WTO时承诺的"非市场经济体制地位"。②美方不承认中方的市场经济地位，中国政府对新能源、光伏等产业都有补贴政策，未能做到完全对外开放。

中方认为：①无论是资本主义还是社会主义市场经济，都是市场在资源配置中起决定性作用。改革开放以来，中国大力推进国有企业改革，建立现代企业制度，国有企业已经成为真正意义上的市场经济主体。同时，中国毫不动摇地鼓励、支持、引导非公有制经济发展，经过多年努力，中国已经完全实现了市场经济的基本要求。②市场经济并非只有一种模式，发达国家的市场经济也并不完全相同。从发达国家的实践看，市场经济并不意味着政府对市场完全不干预。发达国家在工业化初期，政府起了很大作用，在不同程度上实行过重商主义的贸易政策和产业政策。第二次世界大战后，发达国家更是普遍实行凯恩斯主义的国家干预，加强宏观调控，发展国有企业。依靠政府制定发展规划来推动经济发展，同样是发达国家的惯常做法。例如，2008年国际金融危机爆发后，美国推出"先进制造业国家战略计划"等。近年来，美国更是在国家干预的道路上越走越远，甚至不惜利用国家干预措施要求本国企业回迁，限制高技术产品出口，对中国企业到美国投资设置障碍。既然发达国家也有国家干预、国有企业，那么为什么中国搞宏观调控和国有企业就不是市场经济国家呢？

李义平认为：市场是配置资源最有效率的形式，但市场经济并非只有一种模式，而是与各个国家的历史、文化、现实国情等密不可分，即便在发达国家中也存在不同的市场经济模式。根据中国历史文化、现实国情等探索建立的社会主义市场经济体制是市场经济模式的重大创新，为保持中国经济持续健康发展提供了基础性制度保障。同时也应认识到，不断完善社会主义市场经济体制仍然是摆在我们面前的一项重要任务。李义平发表在《人民日报》（2019年7月9日第9版）的文章《市场经济并非只有一种模式》是对市场经济形式多样性的最好诠释。

（五）关于"一带一路"倡议问题

美方认为：中国的"一带一路"倡议涉及小团体，且某些政策遏制了美国企业的发展。

中方认为："一带一路"倡议符合互利共赢的原则，已经受到世界各国的广泛欢迎，是难得的重大机遇，中方欢迎美国参与"一带一路"合作。

2017年6月22日，特朗普会见中国国务委员时，明确表示已认识到"一带一路"倡议的重要性，并愿同中国开展有关"一带一路"项目的合作。

（六）关于国有企业补贴问题

美方认为：中国国有企业的补贴政策造成了不公平竞争。

中方认为：①按照WTO的规定，中方已全面取消出口补贴和进口替代补贴这一类禁止性补贴。美国不应脱离WTO规则指责中国的补贴政策。②中国认真遵守WTO关于补贴政策的规则。补贴政策作为应对市场失灵和解决经济发展不平衡问题的手段之一，被包括美国在内的许多国家和地区普遍使用。加入WTO以来，中国一直积极推进国内政策领域的合规性改革，切实履行WTO《补贴与反补贴措施协议》的各项义务。中国遵守世界贸易组织关于补贴的透明度原则，按照要求定期向WTO通报国内相关法律、法规和具体措施的修订、调整和实施情况。截至2018年1月，中国提交的通报已达上千份，涉及中央和地方补贴政策、农业、技术、标准、关于知识产权的法律法规等诸多领域。2018年7月，中国又向WTO提交了2015—2016年中央和地方补贴政策通报，地方补贴通报首次覆盖全部省级行政区域，为企业营造公平竞争的政策环境。③实际上，美国联邦和州政府对部分产业和企业提供大量补贴、救助和优惠贷款，这些补贴行为在很大程度上阻碍了市场的公平竞争。根据美国补贴监控组织"好工作优先"统计，2000—2015年，美国联邦政府以拨款、税收抵免等方式至少向企业补贴了680亿美元，其中582家大公司获得的补贴占总额的67%。同一时期，美国联邦机构向私人部门提供了数千亿美元的贷款、贷款担保和救助援助。享受美国政府补贴的行业十分广泛，在列入统计的49个行业中，汽车、航空航天和军工、电气和电子设备、油气、金融服务、化工、金属、零售、信息技术等均在前列。美国州政府也给予了企业大量补贴。由于州政府在补贴方面基本不受联邦政府的管辖，其补贴方式及金额透明度低，具有较大隐蔽性，实际补贴额远高于其披露的数额。

（七）关于贸易逆差顺差问题

中美双方关于贸易差额的数据统计相距较大，美国的统计方法相对高估了中美货物贸易的逆差额。美国与中国的贸易逆差数据因运算方式的不同而存在差异。若以贸易增加值方法核算，美国对华逆差将大幅下降。

中方认为：中美货物贸易差额是美国经济结构性问题的必然结果，也是由两国比较优势和国际分工格局决定的。中美双边货物贸易差额长期存在并不断扩大，是多重客观因素共同作用的结果，并不是中国刻意追求的结果。第一，这是美国国内储蓄不足的必然结果。第二，这是中美产业比较优势互补的客观反映。第三，这是国际分工和跨国公司生产布局变化的结果。第四，这是美国对华高技术产品出口管制的结果。第五，这是美元作为主要国际货币的结果。

（八）关于美国失业率增高问题

美方认为，其实行单边主义只是严格遵循《1974 年贸易法》第 301 条规定的对外国立法或违反协定、损害美国利益的行为采取单边行动的立法授权条例。中美贸易摩擦是美方报复中方、遏制中方发展的行为，是美方贸易保护主义的产物，美方实行单边主义，违反了 WTO 的原则。美方认为中美贸易过程中美方吃亏，中方侵占了美国的工作岗位和就业机会（图 15-2）。

图 15-2　美国街头的失业者

中方认为，加入 WTO 后，中国改革开放进一步深化，经济发展进入加速期，中国的发展有力地促进了世界经济发展。2016 年，按照汇率法计算，中国 GDP 占世界的比重达到 14.8%，较 2001 年提高了 10.7%。自 2002 年以来，中国对世界经济增长的平均贡献率接近 30%，是拉动世界经济复苏和增长的重要引擎。中国新型工业化、信息化、城镇化、农业现代化快速推进，形成巨大的消费和投资空间，为全球创造了更多就业机会。

据美方统计，美国对华出口和中美双向投资为美国 GDP 贡献了 2160 亿美元，提升美国经济增长率 1.2%。来自中国的物美价廉的商品降低了美国的物价水平，为美国创造了大量就业机会。2015 年美国对华出口和中美双向投资为美国国内提供了 260 万个就业岗位。其中中国对美投资覆盖美国 46 个州，为美国创造就业岗位超过 14 万个，而且大部分为制造业岗位。根据联合国数据，2001—2017 年中美贸易额增长 4.4 倍，美失业率从 5.7% 下降至 4.1%。2017 年美国国会研究中心报告显示，2010—2015 年尽管美国制造业从中国进口整体增加 32.4%，但美国制造业的工作机会反而增加了 6.8%。美中贸易全国委员会 2019 年 5 月 1 日发布的《各州对华出口报告（2019）》指出：2009—2018 年，美国对华出口为美国创造了超过 110 万个就业岗位。另据美国自身研究，2000—2010 年美国制造业工作机会减少了 560 万个，其中 88% 是由生产率提高导致的。

（九）关于发展中国家的贸易地位问题

正当 WTO 成员积极推动 WTO 改革之时，美国总统以单边主义的方式和最强硬的态度向发展中国家做出谈判开价。时任美国总统特朗普于当地时间 2019 年 7 月 26 日签署备忘录，指示美国贸易代表使用一切可用手段确保 WTO 对认定发展中国家的标准进行改革，阻止那些"自我宣称"为发展中国家但并不具备合适经济指标支持的国家，在 WTO 谈判中享受特殊和差别待遇的灵活性。备忘录大致有以下内容：第一，对 WTO 发展中国家"自我宣称"的身份认定方式提出质疑；第二，对发展中国家利用这一身份谋求灵活性待遇提出质疑；第三，指责发展中国家在 WTO 谈判中寻求更低的承诺，严重阻碍 WTO 谈判进展，损害其他成员的利益；第四，专门以大量篇幅点名批评中国；第五，表达了美国"改革"的决心，备忘录写道"美国将投入所有必要的资源来改变 WTO 对发展中国家地位的态度，使那些发达经济体再也无法利用毫无根据的好处"；第六，执行单边主义，实施威胁措施。美国宣称："自备忘录签署90 天内，如果美国贸易代表认为 WTO 并未在发展中国家地位改革上取得明显进展，美方可能单方面采取行动。"特朗普给出了美国的威胁清单，包括美国将单方面取消他国作为发展中国家的地位，美国将发布黑名单，美国国家安全委员会和国家经济委员会协商采取措施，美国将不支持某些发展中国家的经济合作与发展组织（OECD）成员地位等。

在中国申请加入 WTO 的谈判中，中国始终坚持 WTO 作为一个国际组织，没有中国这个最大的发展中国家的参加是不完整的；而中国只能作为一个发展中国家加入WTO。从中国加入议定书等法律文件和中国的行动看，中国不仅没有滥用发展中国家成员待遇，还承担了比一般发展中国家成员更多的义务，这些努力在一定程度上得到了 WTO 的认可。针对"特朗普备忘录"的荒诞内容，中国与广大发展中国家一样，绝不允许用简单的方式重新定义国家类别。中国主张尊重现有 WTO 规则，坚决反对美国单边主义的谈判方式。2018 年 6 月，中国发布《中国与世界贸易组织白皮书》，指出：“中国将以更大力度、更高水平的对外开放促进全球共同发展，为各国分享中国红利，创造更多机会。中国愿与全球贸易伙伴一道，推动经济全球化朝着更加开放、包容、普惠、平衡、共赢的方向发展，让不同国家、不同阶层、不同人群共享经济全球化的好处。” 白皮书阐述了中国致力于人的发展、全球共同发展的价值取向。

（十）关于中国“汇率操纵国”问题

一般而言，汇率被视为一国货币与另一国货币的比率或比价，或者用一国货币表示的另一国货币的价格。在一定条件下，本币贬值，或者外汇汇率上升，会起到促进出口、限制进口的作用；反之则起到限制出口、促进进口的作用。但是在真实世界里，汇率绝非简单的一国货币与另一国货币的比价，而是关乎国家经济安全的重大命题。就人民币汇率的本质而言，它代表着中国经济的产出在全球金融市场竞争力的货币反映；更准确地说，是中国以制造业为核心的实体经济价值所蕴含的国际竞争力在全球金融市场上的动态变化，而非简单的人民币与美元等其他货币的比率。

2019 年 8 月初，人民币兑美元离岸和在岸汇率先后突破“7”的整数关口，这本是国际经济形势变化及美国对中国加征关税预期等因素影响下的正常市场反应。然而就在几天后的 8 月 6 日，美国财政部宣布将中国列为“汇率操纵国”。

在汇率问题上，美国财政部部长每半年需向国会提交有关国际经济和汇率政策的报告，该报告因分析美国主要贸易伙伴的国际经济政策和汇率政策而备受瞩目。这项权力来源于 1988 年的《综合贸易和竞争力法案》第 3004 条，意在评估各国是否为了防止有效的国际收支调整或在国际贸易中获得不公平的竞争优势而操纵其货币与美元之间的汇率。美国财政部为此给出了 3 项评估指标，包括：①主要贸易伙伴对美国的双边贸易顺差至少为 200 亿美元；②经常项目顺差至少为其 GDP 的 3%；③持续的单边干预外汇市场，重复净买入外币的金额在 12 个月内至少占一国 GDP 的 2%。而熟悉经济学常识的人都知道，上述 3 项标准本身就是基于美国国家利益偏好设定的，根本谈不上国际公认的普适性基准。

事实充分证明，现在中国的言论和行动对美国金融市场的影响非常大，而且中国应对贸易战的技术越来越娴熟。美国前财政部部长萨默斯在《华盛顿邮报》的一篇评论文章中清楚地用数字描述了这一点：“星期一（2019 年 5 月 13 日），中国宣布对美国价值 600 亿美元的商品加征关税，随后美国威胁对价值 3000 亿美元的中国商品加征关税。这些动作被认为是道琼斯工业平均指数下跌超过 600 点、跌幅约为 2.4% 的主要原因。美股的总市值约为 30 万亿美元，这一跌幅代表着美股损失超 7000 亿美元。

奥瑟斯指出：“过去 5 年，最令美国市场恐惧的事件是中国人民币在 2015 年突然贬值。”从 2015 年 8 月 10 日至 8 月 24 日的短短 14 天，人民币汇率下跌 3.0%。8 月

25 日，美国标准普尔 500 指数随之下跌 11.2%。根据当前美国股市市值衡量，这相当于美股损失 3.8 万亿美元，是中美贸易战带给全球经济 1 年预期损失总额的 6 倍，是特朗普对农民补贴金额的 200 多倍。

（十一）美国公布 2019 年度中国遵守 WTO 情况的报告

2020 年 3 月 7 日，美国贸易代表办公室（USTR）在其官网公布了向国会提交《中国 WTO 合规 2019 年的报告》（以下简称"2019 年报告"）。这是 USTR 依据《美中关系法（2000）》第 421 节向国会提交的第 18 份关于中国 WTO 合规的报告。USTR 领导的贸易政策员工委员会中国分委员会起草和编制这份报告，委员会成员除了 USTR 的专家外，还包括来自商务部、国务院、农业部、财政部和美国专利商标局的专家。

2019 年报告的核心结论与 2018 年相同，即中国遵守 WTO 规则的记录很差。值得说明的是，美国指控中国不遵守 WTO 规则是中美双方发动贸易战的核心诱因之一。

2019 年报告共 192 页，内容主要包括四个方面：一是 WTO 成员的身份伴随着一种期待，即 WTO 成员不仅要严格遵守 WTO 规则，还要支持和追求开放和市场导向的政策；二是中国未能符合这种期待；三是近年来，中国进一步偏离了开放和市场导向的政策，更加全面地在经济和贸易领域采取政府主导和重商主义的方法；四是中国扭曲市场的政策和做法使中国从 WTO 获得巨大利益的同时损害了其他 WTO 成员的利益。

报告污蔑中国存在的具体问题包括扭曲的贸易补贴、知识产权执法不充分、滥用贸易救济、国有企业不独立、执政党参与公司治理、政府控制生产资料价格、网络窃密等。

四、当今世界经济秩序的形成、发展与挑战

经济学在观察世界秩序时往往是独到的。诺贝尔经济学奖（1993）获得者诺斯通过分析世界经济发展史认为，在人类社会历史的三种状态，即原始的无秩序状态、有限准入秩序的自然国家状态、开放准入秩序的现代社会状态中，"自然国家状态比无秩序状态更有利于经济发展"，而"现代社会的开放准入秩序"则更使"经济得以快速增长"。在每一种状态中，政治制度和经济制度是相互决定的。因为"在现代社会中，经济的开放准入与政治的开放准入并存，经济上的竞争与政治上的竞争也一同出现。在人类历史上，从自然国家到现代社会的转型是一个非常偶然的事件，它最早发生在欧洲，并逐渐传播到全球"。

2018 年以来，美国政府以对华贸易逆差为借口，挑起对华经贸摩擦和高科技封锁，中国随即出台了一系列反制措施。如何认识中美经贸摩擦的本质，需要在历史坐标中解析中美经贸摩擦的真相。

（一）当今世界经济秩序的形成与发展

二战后，美国取代英国成为资本主义新霸主，并通过马歇尔计划、布雷顿森林体系等手段，建立起以美国为中心的资本主义世界体系。此后的 20 多年，发达资本主义国家进入了经济增长的黄金时代，美国对资本主义世界体系的绝对领导权也随之不断巩固。但与此同时，资本主义世界体系内不平衡发展的矛盾也逐步累积。

自 20 世纪 70 年代开始，随着西欧和日本经济的迅速崛起，美国的经济实力和垄断地位相对下降。1971 年，尼克松宣布美元与黄金脱钩，这是美国经济实力相对下降的重要标志。此后，尽管整个资本主义世界体系日益陷入生产过剩的困境，但借助低廉的劳动力成本、更新的技术装备等后发优势，西欧国家和日本依旧有能力不断蚕食美国企业的世界市场份额，资本主义世界体系的不平衡发展进一步深化，美国经济实力和地位进一步相对下降。统计数据显示，1965—1980 年，美国对外商品和服务贸易从 56 亿美元的顺差变为 130 亿美元的逆差。

虽然通过实施一系列新自由主义经济改革，从 20 世纪 90 年代开始，美国经济步入新一轮复苏与繁荣，但劳资矛盾的深化和累积加剧了美国的生产过剩和资本过剩。为了解决这一问题，美国将过剩产能和过剩资本源源不断地输入新兴市场国家，导致本土制造业不断空心化，并进一步引发了经济的金融化。

美国从 20 世纪 80 年代开始实施一系列新自由主义经济改革，旨在增强本国经济活力，提高资本盈利水平。在国内，里根放弃了凯恩斯主义总需求管理，转而采取削减税收和福利支出的供给学派方案，同时大幅度放松对企业的经济管制，大力压制工会对劳动力市场的影响。在国际上，美国政府强力推动美元贬值，为美国制造业创造更有利的国际竞争条件。从 20 世纪 90 年代开始，美国制造业率先繁荣并引领美国经济步入新一轮复苏与繁荣。

（二）美国当前遇到的问题及困难

1. 劳资矛盾的深化和累积

该问题隐藏于 20 世纪 90 年代美国经济复苏和繁荣的背后，是劳资矛盾的深化和累积，这最终会使生产过剩和资本过剩更为恶化。美国官方统计数据显示，1972 年美国非农私人经济部门的小时工资和周工资（以 1982—1984 年美元计算）分别为 9.26 美元和 341.83 美元，此后 21 年间这两项指标持续下降，至 1993 年分别降至 7.78 美元和 266.65 美元。甚至在 2008 年国际金融危机爆发前的过度繁荣时期，小时工资和周工资也依旧分别只有 8.57 美元和 288.06 美元，远低于 20 世纪六七十年代的平均水平。工薪阶层收入增长放缓，导致社会大众的消费能力日益落后于资本积累和扩大再生产的增长速度，由此进一步加剧了生产过剩和资本过剩，成为威胁美国经济稳定与增长的"定时炸弹"。

2. 美国的制造业空心化与经济金融化趋势

无法货币化的剩余价值就不是真实的利润。怎样处理这些过剩产能和过剩资本，成为美国垄断资本需要优先解决的头等大事。20世纪90年代后，经济全球化进程加速，以中国为代表的新兴市场经济体成为世界经济新的增长极，美国的过剩产能和过剩资本开始源源不断地涌入这块"新大陆"。以跨国公司为实体的国际垄断资本，遵照垂直一体化战略，在世界范围内重构产业链、价值链，中间品贸易取代制成品贸易成为国际贸易的主体。

在重组世界经济体系的过程中，美国垄断资本为谋求更低的成本和更广阔的新兴市场，不断把本土制造业生产部门迁往海外，尽管技术研发部门和部分核心零部件的生产往往会被保留下来，但依旧无法改变美国经济日渐凸显的制造业空心化趋势。制造业的空心化导致美国对外贸易逆差规模扩大。

与制造业空心化同时发生的，是美国经济的金融化趋势。受益于20世纪90年代的金融自由化运动，美国金融机构不断创造出各类衍生交易工具，金融市场日益蜕变成垄断资本投机套利的乐园，规模骤增的金融业吸收了庞大的过剩资本，并逐步取代制造业成为美国经济增长的新支柱。1965—1980年，美国金融利润占国内总利润的比重均值为17%；而2000—2015年，该比重均值飙升至28%。与此形成鲜明对照的是制造业利润比重急剧下降，从1965—1980年的49%跌至2000—2015年的22%。

3. 经济"脱实向虚"是美国面临的最大隐忧

尽管制造业不断空心化，但凭借美元霸权、高新技术垄断和超级军事实力这个三角支撑，美国依旧是史无前例的超级大国。在很多人看来，"美国正处于昔日最伟大的帝国也望尘莫及的权势的顶峰"，但在超级大国繁荣表象的背后，是经济"脱实向虚"的巨大隐忧。

制造业是实体经济的主体，是技术创新的主战场。当本土制造业不断空心化时，美国经济增长只能依赖金融市场的虚假繁荣，即虚拟经济泡沫的膨胀。进入21世纪后，金融衍生品交易取代传统的融资咨询业务，成为美国金融市场盈利的主要来源，高歌猛进的"脱实向虚"驱动金融业急剧膨胀，并有力支撑起美国经济的虚假繁荣。1999—2007年，美国金融业持有的净金融资产占GDP的比重高达30%，而在1960—1984年该比重均值仅为16.5%。疯狂的金融投机催生了巨大的虚拟经济泡沫。以美国房地产价格指数为例，在1999年1月为128，2007年1月迅速升至222，增长近1倍。有学者指出，与名义GDP相比，美国金融业在2008年国际金融危机前的10年间制造了1.2万亿美元的虚假利润。

与产业资本的价值增值不同，金融资本的利润来自对产业资本剩余价值的瓜分，因此，产业资本积累才是资本主义再生产的核心。但在美国金融业脱实向虚的狂欢中，资本家的行为日益倾向于短期投机，资产溢价拉升的租金价格反过来又不断削弱产业资本的积累。很快地，剩余价值生产就让位于剩余价值分配，后者成为支配美国经济活动的主要矛盾，美国经济呈现出极为明显的寄生性和掠夺性，社会再生产的基础面临系统性危机。正如某个美国评论家警告的那样："最显赫的利益集团由华尔街和伦敦的金融专业人员组成，通过竞选资助和政治捐赠，他们为自己买到保护，而不必面对应有的社会问责。无论在美国还是在欧洲，推动金融改革以降低投机风险的最大障碍，仍然是这个利益集团的强大阻力，这已成为威胁整个资本主义制度系统是否具有合法性的关键。"回顾历史，17世纪辉煌一时的荷兰和19世纪主宰世界的英国，其由盛转衰的转折点都是经济的金融化，这或许正是21世纪美国由盛转衰的历史预演。

4. 美国经济不平等持续加剧

进入21世纪，美国经济不平等的发展态势进一步显现，主要表现为：收入差距持续扩大，中产阶级不断萎缩，阶层固化日趋严重，"贫困陷阱"问题显现。美国乔治敦大学研究表明：美国最富有的1%的人口占有全国近25%的收入。近年来，美国民粹主义强势崛起，产生了深刻的政治极化，社会群体裂痕扩大。冰冻三尺非一日之寒，美国经济长期以来的不平等导致了许多问题，需要转嫁矛盾来解决。

改革开放以来迅速增长的中国市场承接了大量美国的过剩产能和过剩资本，使美国经济发展的矛盾得以缓和并继续维持其主导世界的超级大国地位。然而，近年来，为了维护美元的世界货币地位和美国的高新技术垄断地位，美国一些人对中国的态度愈发表现为全力遏制中国经济的发展。他们的真实意图是要将中国经济缚于价值链的中低端，依附并服务于美国的霸权统治。但这是一个注定要落空的幻想。中国经济的高质量发展，符合中国人民的根本利益，无论哪个国家都没有资格剥夺这一发展权。

五、如何看待中美贸易摩擦

（一）用发展经济学的观点分析中美贸易摩擦

叶初升、唐晶星认为：①中美经贸摩擦虽然发生在中美之间，但反映的却是发展中国家在当今全球经济体系中与发达国家在国际分工、互动机制和经济利益等方面不同诉求的冲突。无论什么形式的技术转移，都不可能因为"强制"而产生持续的市场行为。美国政府把中美双方在市场上理性的技术交易歪曲为"强制技术转让"，既不符合事实，也严重低估了包括美国企业家在内的各国企业家的智商。②现存的国际经济规则体系虽然在某种程度上考虑了发展中国家的发展诉求，但从根本上是发达国家利益的体现。随着发展中国家在全球产业链上位置的前移，所遇到的阻力和打击会越来越大。这或许是一些发展中国家经济起飞之后长期徘徊在中等收入阶段难以迈进发达国家行列的一个重要原因，值得发展经济学深入研究。③新的发展阶段和新的发展环境，要求我们在自主创新的基础上探索更高层次、更多元的开放模式，与世界上一切谋求发展的国家共同进步、共享繁荣。

所谓的贸易逆差只是美国政府发动贸易战的借口，中美经贸摩擦的根本原因在于，中国的产业结构升级改变了中美两国在全球价值链中的相对位置，为了维护"美国优先"，美国政府不惜通过发动贸易战来遏制中国的技术进步和产业升级，进而削弱中国的国际经济竞争力。按萨缪尔森（2004）的逻辑，中等收入经济体在经济发展过程中的产业升级，必然会改变它在国际经济中曾经拥有的相对比较优势，使得它在全球价值链中的位置向前移动。于是，发展中国家与发达国家的经济互补性减弱，而竞争性逐渐增强。

中美经贸摩擦给发展经济学提出了新课题，发展中国家面临一些在过去的实践中不曾遇到、发展经济学理论也未曾研究过的新问题，迫切需要发展经济学做出新的分析和新的解答。西方传统发展经济学所倡导的、适宜低收入阶段的以资源换资本、以市场换技术的开放理论和"双缺口模型"等外资理论，不再适用于解释发展中国家在中等收入阶段的开放实践，新的实践迫切需要新的开放经济理论与开放发展战略。

总而言之，中美贸易摩擦反映了发展中国家在当今全球经济化体系中与发达国家在国际分工、互动机制和经济利益等方面不同诉求的冲突。在一个相当长的时期内，这种国际经济格局将是一种常态。

（二）美国贸易政策的"3R"目标

想要深刻地了解美国的贸易政策，就必须追根溯源到《联邦党人文集》，从中可以窥见美国宪政思想的源泉。在《联邦党人文集》第十章里，詹姆斯·麦迪逊就注意到每个社会都存在不同的经济利益集团，这些集团经常会"把党派精神和党争带入政府的必要的和日常的活动中去，从而造成对政府政策持有相互激烈冲突的看法"；"造成党争的最普遍而持久的原因，是财产分配的不同和不平等"；"土地占有者集团、制造业集团、商人集团、金融业集团和许多较小的集团，必然会在文明国家形成，从而使他们成为不同的阶级，受到不同情感和见解的支配。管理这些各种各样、又互不相容的利益集团，是现代立法的主要任务"。其结论是"党争的原因不能排除，只能用控制其结果的方法才能求得解决"。自由贸易虽然对消费者有利，但是消费者往往是分散的，无法形成行动一致的利益集团，庞大的利益集团往往左右着美国的贸易政策。历史已经证明了麦迪逊的洞察：在整个美国历史中，贸易政策一直是痛苦的政治冲突的源头。不同历史时期，贸易政策的侧重点不同，但美国的贸易政策始终指向三个基本目标：通过对进口产品征收关税增加政府的收入，通过限制进口保护国内厂商免于同外国竞争，以及通过互惠协定减少贸易壁垒和扩大出口。这些"3R"目标（税收，revenue；限制，restriction；互惠，reciprocity）一直是美国贸易政策的主要追求。虽然三者在整个历史上都很重要，但美国贸易政策可以划分为三个时代，每个目标在其中一个时代占据优先地位：第一个时代是从联邦政府成立到南北战争时期，创造关税收入是贸易政策的核心目标；第二个时代是从南北战争到大萧条时期，限制进口以保护国内厂商是贸易政策的主要目标；第三个时代是从大萧条至今，旨在减少关税和非关税壁垒的互惠贸易协定成为优先考虑对象。

经济学家总是在告诫人们：贸易可以带来经济福利，而关税的实质就是间接向消费者征税。自由贸易有助于增进消费者福利。经济学家的观点与政治家的想法和实际的贸易政策有时候是相悖的。事实上，要深刻了解美国贸易政策，所需的知识远超出经济学范畴。贸易政策与国家政治往往密不可分。贸易政策的制定出台，往往是政治理念与党派政治甚至利益交换的结果。美国国会在1934年通过《互惠贸易协定法案》，赋予总统可以与外国达成贸易协议的权力，这意味着总统在贸易政策方面的影响被放大。然而政治力量并不能完全左右贸易政策，例如，有些美国政治家提出要在新冠疫情之后，将产业链全部搬离中国。经济学的推理让这些寄希望通过搬迁补贴的形式将产业链全部转移的想法成为痴人说梦。因为大多数外资企业会选择"N+1"的布局模式，就是将绝大部分的产能放在成本最低、供货周期最短的地方生产，而在另外一个地方准备一个备份，以便供应链出现问题时应急。而像小商品这类产品是永远不会搬到交货周期长、成本高昂的地方去的。政治家不会傻到不计成本，公民大众也不会。如果大众感觉到因为贸易而造成福利损失，就会通过选票来反映，从而影响现实的贸易政策。经济学家通过解释贸易的好处和保护的成本的经济学常识，来影响大众的观念，从而间接地影响贸易政策。美国贸易政策往往是经济与政治相互妥协的结果。

（三）用博弈论的观点分析中美贸易摩擦

在国际贸易中，国家制定相关的贸易政策，并通过征收关税，使国际贸易的效率不如国内贸易。政府决定贸易政策时，可以选择三条对策：①纳什关税对策（增加关税来打贸易战）；②关税谈判（以关税作为条件进行贸易谈判）；③自由贸易政策。

为什么会产生贸易战？当两个国家的专业化分工水平不同时，一个国家深度加入贸易国际分工，而另一个国家则是相对落后的二元经济——即一部分人加入国际分工，另一部分人自给自足。这将会带来一个结果：一方采取单边贸易保护，而另一方采取单边贸易自由。这样的现实会引起发达国家和发展中国家之间的贸易摩擦，促使它们通过关税政策来争夺贸易利益。当国家用自身的强制力来影响贸易时，政府会产生动机——去强加一个关税。如果两个国家采取纳什关税对策（即根据对方的关税制定自己的关税），就会发生贸易战，最后的结果是把贸易利益全部耗尽。这是因为自由贸易并不能通过市场机制自然取得。研究表明，当对方的关税率条件不变时，一方强加一个关税，可以使本国民众的福利得到改善，因此政府之间愿意使用纳什关税对策，而不愿意实施自由贸易政策。然而，博弈论表明，一旦有一方采用关税对策，两个政府都会互相给对方强加一个很高的关税，也就是说，政府出于损人利己的动机，为了争夺贸易的好处，而打起了贸易战，最终的结果是"双输"，从而会使贸易的好处耗尽。当政府被迫面对这种"双输"风险时，就会被迫转向贸易谈判，而不是继续进行贸易战。自由贸易只能通过谈判，而关税谈判的结果可以让双方走向自由贸易。

博弈论证明，只有通过贸易战，才能让破坏规则者回到谈判桌上，使其为了避免利益受损，从而被迫选择自由贸易。为了实现贸易的自由化，充分利用贸易的好处，建立在贸易战压力下的贸易谈判是必须的。2020年1月初，中美达成了第一阶段贸易协议，证明了博弈论的观点是正确的。

（四）专家分析中美双方战略意图

中美贸易战的实质逐渐演变成规则之争与全球价值链的主导地位之争。美国全面"贸易战"具有普遍目标与对华的特殊目标。其普遍目标不是贸易战本身，也不完全是减少贸易逆差，而是迫使所有主要贸易伙伴按照美国标准改写自由贸易规则，其中"对等（reciprocal）"是关键词。其对华特殊目标则是以"中国制造2025"为打击对象，通过贸易投资领域的歧视性限制和规则，遏制中国以高科技为动力的制造业占据全球价值链的中心地位。

美国指责中国没有很好地履行加入WTO时的承诺，另起炉灶，搞亚投行和"一带一路"等。事实上，无论是国内的国际贸易专家还是WTO自身都承认，中国很好地履行了当初的承诺，只不过WTO的一些规则不再适用于中国这种超级规模的新型经济体，而中美贸易摩擦的根源也在于非西方新型经济体崛起改变了过去西方主导的世界秩序，美国将其国内法凌驾于WTO规则，即国际法之上。综合中美学者的研究，可将美国国内支持对华发起贸易战的不同利益集团的意图归纳如下：①美国总统特朗普最在意的是美国对华商品贸易赤字，最想要的是中国承诺购买、进口更多美国商品，并把中美贸易协议转换为连任的政治筹码。为达到目的，他主张使用的手段是加征贸易关税。②以特朗普身边鹰派政策顾问为代表的群体，最在意的是中国即将赶超美国，最想要的是遏制中国崛起。为达到目的，他们主张脱钩。他们希望能够遏制中国经济的崛起，或至少不想让中国继续"利用美国"实现经济崛起。③以美国企业家为代表的群体，最在意的是无法在中国市场公平竞争，最想要的是中国采取实质行动降低市场准入门槛、加强知识产权保护、停止给国企补贴等优惠待遇。为达到目的，他们支持特朗普政府对华强硬，但对加征关税的手段存有顾虑。美国企业家非但不想脱钩，还想扩大共同利益。当鹰派决策者振振有词地批评中国的人权等意识形态差异时，企业家更渴望能"闷声发大财"。④美国舆论界和学术界，包括《纽约时报》《金融时报》《经济学人》等美国主流媒体，或多或少站在了中国一边，观点不外乎"中国国内确实有对美国不公平的壁垒，但不该用贸易战来解决"。诺贝尔经济学奖得主（2008）克鲁格曼以《如何输掉一场贸易战》的标题来反对特朗普政府。2019 年 7 月，150 多名美国经济学家、前政府官员联名写公开信，反对特朗普将中国视为敌人。

中方认为，中国虽然早在 2010 年就取代日本成为全球第二大经济体，但国际金融机构中中国拥有的投票权、决策权仍排在日本之后，即日本在现有全球经济治理中的地位仍然高于中国。如果再考虑到欧洲，中国在现有国际金融机构中的决策权仍是有限的。美欧日一直主导着现有的国际金融秩序。于是，中国在 2009 年后强烈要求改革现有国际机构。中国不仅要求改革旧秩序，而且主动地推出了在全球化低潮的现在成为全球化主要驱动力的"一带一路"倡议及与其配套的新的国际机构，如金砖合作机制下的新发展银行、亚投行等。"一带一路"是新的国际贸易，尤其是其中的国际投资，将带来新的世界秩序。新发展银行和亚投行等具有很大潜力，有助于国际规则和国际规范的创新。这些新型机构并没有完全复制现有国际金融机构的制度与治理，即没有按照国际权力等级结构安排这些机构的内部治理。中国并没有如美国在世界银行那样在新发展银行或者亚投行中拥有否决权，却发挥了世界经济大国之一的规范性权力，让这些新的国际组织成为非霸权性质的新型国际合作的依托。

六、中美贸易摩擦的前景展望

中美贸易战从 2017 年开始，未来还可能长期持续下去。有人曾预测中美贸易战的前景和走势：最好的结果是中美两国达成协议，终止相互间的关税制裁；差一点的是中美贸易争端将长期存在；最坏的结果是中美持续相互增加关税直至发生全面贸易战。2020 年 1 月，中美两国达成了第一阶段贸易协定，同意停止加征关税。但随着新冠疫情的持续发酵，两国在疫情防控和溯源等方面的矛盾日益加剧。现在鼓吹两国经济脱钩的观点甚嚣尘上，不能不让人担忧。中美两国的贸易摩擦已经远远超越了贸易本身。两国的贸易协定越来越受到美国政客政治战、科技战、意识形态争论等的干扰和破坏。中美之间的贸易摩擦不会短期内全面解决，经贸关系作为中美关系的"压舱石"和稳定器的作用已经出现松动，中美关系不可能回到以前那种遏制合作的状态。很显然中美双方都还没有做好彻底分道扬镳的准备，但都在做最坏的打算。中美双方都要掂量一下"脱钩"带来的巨大风险或不确定性。

随着经济全球化，全球经贸格局也在深刻的变化之中，日益呈现多元化、多极化、圈层化、排他性。全球经贸规则的话语权及修订权的博弈加剧。全球经济治理体系处于深度调整期，新兴大国与守成大国的较量和博弈将会进一步展开。在当前这种情况下，中美双方应加强沟通，严防彼此战略误判。目前仅从经贸方面考虑，解决中美贸易摩擦的办法是中美两国决策者要从维护双边利益的角度磋商现有成果、知识产权保护、"中国制造 2025"、中美双边投资协议（BIT），从而促进中美双方的国内改革、贸易统计方法改进、双边基建合作、WTO 改革、省/州政府合作和"二轨（官方和民间）外交"等，在多领域、多层次、多角度加强中美合作，以此解决贸易争端。但不幸的是，两国之间的矛盾已经超越了经贸关系。化解两国之间的矛盾，显然需要更宏观的视野、更高的智慧、更长远的战略考量。为两国人民共同的福祉，做出符合两国人民共同利益的现实抉择极为必要。

自 2020 年拜登就任美国总统以来，中美两国的贸易关系仍未得到实质性改善，反而超越了贸易摩擦或者贸易战，进入了金融战、信息战、科技战、超限战等多维度的对抗。有人认为，近年来中美两个大国之间的各种争论和冲突是"文明的冲突"。显然，这是对崇尚"和为贵"的中华文明的一种严重误解和亵渎。党的二十大指出："推进高水平对外开放。依托我国超大规模市场优势，以国内大循环吸引全球资源要素，增强国内国际两个市场两种资源联动效应，提升贸易投资合作质量和水平。稳步扩大规则、规制、管理、标准等制度型开放。推动货物贸易优化升级，创新服务贸易发展机制、发展数字贸易，加快建设贸易强国。合理缩减外贸准入负面清单，依法保护外商投资权益，营造市场化、法治化、国际化一流营商环境。"由此可见，我国始终以开放、包容、互惠、共赢的理念参与国际贸易。

1948 年诺贝尔物理学奖获得者英国物理学家布莱克特说过："权力和财富的分配不均，人类各民族之间健康和舒适的巨大差异，乃是现代世界上争吵不和的根源和最主要的挑战，毫无疑问，也是现代世界的一次道德审判。"事实证明，此言不无道理。

问题与思考

1. 简述国际贸易经济学的制度变迁。

2. 结合你的认识，解释中美贸易摩擦及其由来与分歧。

3. 简述当今世界经济秩序的形成、发展与挑战。

4. 美国贸易政策如何受到美国优先的干扰？

第十六章
幸福经济学：
你幸福吗？

从理性（rational）或科学的角度来看，实际生活中的问题无一不是经济学问题。因为生活问题就是"节约或经济地（economically）"利用资源，使它们最大限度地产生预期效果。所以，在有基本原理的世界中，经济学的一般理论就是生活的基本原理！

——弗兰克·奈特

本章概要

什么是幸福
幸福的历程
幸福的测度
超越幸福

关键词

幸福　幸福感　幸福观　内卷　"躺平"

一、"幸福"思考的缘起

"你幸福吗？"

若干年前，中国中央电视台（CCTV）的记者在街头随机采访行人："你幸福吗？"回答可谓千奇百怪。为什么人们对幸福的理解有如此大的差异？这不得不令我们思考：幸福到底是什么？幸福的源泉是什么？幸福与财富、名望、成功、欲望、健康等的关系如何？为了幸福，我们反而不得不痛苦地思考幸福究竟在哪里。为此，我们有必要回顾一下几千年来人类对幸福孜孜不倦的追求与探讨。

人的幸福感取决于什么？

《人的幸福感取决于什么？》是美国哥伦比亚大学哲学系霍华德·金森博士的论文。1988 年 4 月，时年 24 岁的霍华德就"幸福感"的问题对 1 万名美国人进行了随机问卷调查。每一个问题都有 5 个选项：A. 非常幸福；B. 幸福；C. 一般；D. 痛苦；E. 非常痛苦。最后，他共收回 5200 多份有效问卷，其中仅有 121 人认为自己"非常幸福"。霍华德随即对这 121 名自称"非常幸福"的人进行了详细的走访调查。调查发现，在这 121 人中，50 人属于城市中的成功人士，其幸福感源自事业的成功；而其余的 71 人中，有普通家庭主妇、农民、小职员，甚至流浪汉。通过对这 71 人的采访，霍华德发现，尽管他们职业多样，性格迥异，收入差距较大，但有一点是相同的——他们都对物质生活没有过高要求。他们恬淡、安逸，能享受柴米油盐的寻常生活。霍华德在其博士论文中得出结论：世界上有两种人最幸福：一种是功成名就的成功人士；而另一种是淡泊宁静的普通人。当年这篇博士论文获得高度评价，霍华德本人也因此留校任教，20 年后成为哥伦比亚大学的终身教授。

2009 年 6 月，霍华德因偶然的机会，对 21 年前的 121 名自称"非常幸福"的人的幸福状况进行了为期 3 个月的二次调查。再次调查的结果是：71 个普通人，因 2 人已经去世，故收回问卷 69 份。这 69 人有的跻身成功人士行列，有的依旧平凡，还有的因疾病意外而生活拮据，但他们的选项没有变化，他们仍然觉得非常幸福。而其余 50 个本是成功人士的幸福选项却发生了重大变化：仅有 9 人事业一帆风顺，仍然选择"非常幸福"；23 人选择"一般"；16 人因事业受挫、破产或降职，选择"痛苦"；2 人选择"非常痛苦"。第二次调查的结果变化使霍华德陷入深思。两周后，霍华德在《华盛顿邮报》发表《幸福的密码》一文，详细介绍了两次问卷调查过程和对幸福的理解。文章结尾总结道：所有依靠物质支撑的幸福感，都难以长久；只有心灵的淡泊宁静所带来的身心愉悦，才是幸福真正的源泉。这篇文章轰动一时，当日的《华盛顿邮报》也因此加印了 6 次。

我们生活在一个多维度的世界。我们不能仅用财富的多寡来判定人们的幸福程度。通过研究财富与人的幸福指数的关系，经济学家很早就发现，人们所认为的幸福与财富之间并无直接关联。著名的"幸福经济学"鼻祖伊斯特林在提出"伊斯特林悖论"时指出，现代经济学是建立在"财富增加能带来福利或幸福增加"这样一个核心命题之上的。然而，一个令人疑惑的重要问题也随之出现：更多的财富并没有带来更多的幸福。

幸福无定义，富贵无穷尽。坐拥万贯家财，未必事事随心。简单的惬意满足也会使人其乐融融。鲜衣好食，人之所好，久之会使人食不甘味；粗茶淡饭，咀嚼清贫，有时也会令人神清气爽。中国人常讲的安贫乐道，就是在说这个道理。

二、到底什么是幸福：幸福的历程

幸福到底是什么？几千年来人们一直试图赋予幸福一个准确的定义。但不幸的是，由于幸福是一种主观性与客观性、感性与理性相互交融的存在，尚无一个完全准确、普遍公认的定义。在人类思想史上，很多哲学家、伦理学家、经济学家对幸福的定义都有独到的见解。从理想和感性角度，可分为理性主义幸福观和感性主义幸福观两大派别。理性主义幸福观强调理性的作用，贬低感性的作用，主张抑制欲望，追求道德的完善和精神上的幸福，其代表人物有苏格拉底、柏拉图、亚里士多德、笛卡尔、康德和黑格尔等。感性主义幸福观则强调人的自然欲望的重要性，贬低理性的作用，主张在感官、感觉的快乐体验中享受生活，其代表人物有德谟克利特、伊壁鸠鲁、卢克来修、霍布斯、爱尔维修、边沁等。其中，亚里士多德、伊壁鸠鲁和边沁的幸福观最具代表性，曾在西方思想史上产生过深远影响。另外，亚当·斯密、马斯洛的观点也广受关注；亨利·戴维·梭罗《瓦尔登湖》在西方掀起的极简主义幸福观也颇有影响。

（一）亚里士多德的幸福观

亚里士多德（公元前384年—公元前322年）是古希腊文化的集大成者。柏拉图的《克里托篇》和《法律篇》有一句苏格拉底的名言："我们必须看重的不仅仅只是为了活着，而应该是如何活得更好。"当然，苏格拉底所谓的"好"并非一般人所追求的"金钱""名誉""地位""财富"等，而是符合人之为人的德性。柏拉图通过对以正义为主德的德性概念的再考察，以及与作为人的行为主体的灵魂概念相关联，探究、揭示人的灵魂只有通过符合德性的行为，才能获得真正意义的幸福的问题。亚里士多德的伦理学是建立在这个认识的基础上的，并对灵魂与德性的关系进行了更为细致的区分和探究。亚里士多德的著作对后来人类社会科学和自然科学的发展产生了极其深远的影响。亚里士多德关于幸福的学说在《尼各马可伦理学》一书中有专门的论述。其主要的观点可以概括如下：

1.幸福是终极目的

亚里士多德认为，幸福是人的生存和行为的终极目的。他指出：每种技艺、每种学科或者每个经过思考的行为和志趣，都是以善为其目的的。由于行为、技艺、学科种类繁多，因此目的也是多种多样的。有些目的是主导性的，有些目的是从属性的。在行为领域，不是所有目的都为了其他目的而存在，否则，辗转相因，以至无穷，人的欲望最终会转入空无。只有那种因自身而被选择，而绝不为他物的目的，才是绝对最后的。只有幸福才有资格称作绝对最后的，我们永远只是为了它本身而选择它，而绝不是为了其他别的什么。在亚里士多德看来，最终的目的就是至善，而至善就是幸福。

2. 幸福是心灵合于完全德性的现实活动

亚里士多德认为，要搞清幸福的性质，必须首先回答人的功能是什么。他说，世界上的万事万物都有功能，人的眼、耳、手、足及身体各部分都有其特定的功能，人肯定也有其特殊的功能。生命不能算作人的特殊功能，因为一切生物都有此功能；有感觉的生命也不能算作人的特殊功能，因为动物也有此功能。余下，即人的行为根据理性原理而具有的理想生活。理性原理有两种：一是被动地服从理性指示的原理；二是主动地具有和行使理性能力的原理。理性生活亦有被动和主动两种意义。人的功能，如果就是心灵遵循着或包含着一种理性原理的主动作用，那么人类的善，就应该是心灵合于德性的活动。假如德性不止一种，那么，人类的善就应该是合于最好的和最完全的德性的活动。因为至善就是幸福，所以幸福就是心灵合于完全德性的现实活动。

3. 德性非生于天性

幸福既然是心灵完全合于德性的现实活动，那么什么是德性呢？亚里士多德接着对德性做了深入分析。他认为德性包括理智的德行和道德的德行，如智慧、理解、明智是理智的德行；宽大和节制是道德的德行。理智的德行是由训练而产生和增长的；道德的德行则是习惯的结果。德性的获得如同技艺的获得一样，是要通过行为才能实现的。决定我们习惯和性格的是行为，同样的行为产生同样的习惯和性格。

（二）伊壁鸠鲁的幸福观

伊壁鸠鲁（公元前341年—公元前270年），古希腊伟大的唯物主义哲学家。他曾在雅典创办学园，传播德谟克利特的唯物主义思想，与柏拉图学派进行针锋相对的思想斗争。伊壁鸠鲁在《致美诺寇的信》中深入阐述了他的幸福观。概括起来有以下几点：

1. 肉体的健康和灵魂的平静乃是幸福生活的目的

伊壁鸠鲁主张人应该根据是否有利于肉体的健康和灵魂的平静，自由地寻求和享受人间的快乐，因为趋乐避苦是人的本性。他说，幸福生活是我们的天生最高的善，我们的一切取舍都从快乐出发，我们的最高目的乃是得到快乐，而以感触为标准来判断一切的善。

2. 快乐是指身体的无痛苦和灵魂的无纷扰

伊壁鸠鲁说，当我们说快乐是终极目的时，我们并不是指放荡者的快乐或肉体享乐的快乐，而是指身体的无痛苦和灵魂的无纷扰。他认为，快乐的量的极限，就是一切能够致使痛苦的事物的排除，在快乐存在之处，只要快乐持续着，则身体的痛苦和心灵的痛苦，就不存在。当某些快乐会给我们带来更大的痛苦时，我们就要放弃这些快乐；如果我们忍受一时的痛苦，更大的快乐会随之而来，我们就认为有许多痛苦比快乐还好。

3.遵循理性和美德是幸福的保障

一个人要想获得幸福，就必须摆脱偏见，必须学习自然规律知识，学习哲学。伊壁鸠鲁说，使生活愉快的乃是清醒的理性，理性能找出一切我们取舍的理由，清除那些在灵魂中造成最大纷扰的空洞意见。一个人如果能明智地、正大光明地、正当地活着，就一定能愉快地活着；一个人如果不能明智地、正大光明地、正当地活着，就不可能愉快地活着。因为各种美德都与愉快的生活共存，愉快的生活是不能与各种美德分开的。

4.要使灵魂平静，就必须消除对神鬼、对死亡的畏惧

伊壁鸠鲁认为，神不管人间的具体事务，人一死灵魂也会随之消散。因此，人无须畏惧神鬼。当我们存在时，死亡还没有来到我们身边；而当死亡来临时，我们就已经不存在了。贤者既不厌恶生存，也不畏惧死亡；既不把生存看成坏事，也不把死亡看成灾难。一个人如果正确理解终止生存没有什么可怕的，那么对他而言，活着也就没有什么可怕的。

5.要使灵魂平静，还必须克服对权势、财富的贪欲

伊壁鸠鲁主张把物质欲望降到最低限度，过朴素的物质生活。他认为，渴望财富、荣誉是徒劳无益的，它们会使一个本可获得满足的人不得安宁。他劝弟子们回避公共生活，因为与一个人所获得的权势成正比，因嫉妒他而想伤害他的人也会随之增加。纵使他躲开了外来的灾难，但在这种情况下内心的平静也是不可能的。有智慧的人应努力使自己默默无闻，这样才能没有敌人。

伊壁鸠鲁对幸福的定义奠定了人本主义幸福观的基础，其重大意义在于：否定灵魂不死说，反对把灵魂进天堂作为人生的最终目的，消除人们对死亡的恐惧和对死后灵魂归宿的担忧，把人们从各种精神枷锁中解放出来；确立以人为本的理念，肯定趋乐避苦是人的本性，有利于引导人们自由地满足自己的合理需求，在追求现世的快乐中享受幸福；引导人们利于明确生活的根本目的，使人们在追求生理和心理两方面的快乐中，有衡量幸福的客观依据，不至于为财富、权势、美色所累，陷入痛苦的深渊。伊壁鸠鲁虽然主张应该按照是否有利于肉体的健康和灵魂的平静这一标准，自由地寻求和享受人间的快乐，但是，他明确反对极端享乐主义和纵欲主义，承认理性和美德对幸福生活的重要作用。在这一点，他又与亚里士多德走到了一起。

然而，伊壁鸠鲁对幸福的定义外延还不够宽，不足以包含所有幸福的具体内容，缺少了成就应有的地位，忽视了价值实现的重要性。伊壁鸠鲁所说的灵魂的平静仅仅是相对于活动而言的一种心理状态，是恬静、不动心。他并没有给灵魂的平静赋予社

会伦理上的含义，缺乏社会化目标，带有浓厚的个人主义和保守主义色彩。按照伊壁鸠鲁的幸福观，必然会得出这样的结论：既然幸福就是没有痛苦地活着，那么人活着的意义就仅仅是活着。事实上，如果生活缺少了积极进取，缺少了对社会成就和价值实现的需要和追求，人的创造性和潜能发挥就失去了动力，人就不能充分地发挥自己作为社会系统要素的功能，也就难以获得成就需要的满足所带来的巨大幸福。一个只为自己活着的人，与一个既为自己活着又为他人活着的人相比，后者的人生更有价值、更有意义，后者也必然更幸福。可能后者要多一些操劳，多一些纷扰，但是人的大脑原本就是为了发现问题、解决问题而存在的，也正是在思考问题的过程中，人的潜能才能逐渐被发掘出来。人的大脑不去思虑，一点纷扰都没有，未必是一种好的状态，这会使大脑退化。此外，人生在世，如果没有拼搏，就没有财富的积累，就不会有长期维持生命和健康所需要的物质保障；如果没有拼搏，就没有事业的成功，人生的价值就无法充分实现。那些年迈、病弱、一无所长而又无所作为的人，如果接受了伊壁鸠鲁的幸福观，毫无疑问是非常有益的，他们肯定能减少一些痛苦，获得一些幸福，因为他们已经不具备满足更多需求、获得更多幸福的条件；而那些年轻、健康、本可以大有作为的人，如果接受了伊壁鸠鲁的幸福观，则不是一件好事，因为放弃有可能满足的需要和有可能获得的幸福，无异于增加痛苦减少幸福。一个人的能量如果得不到应有的释放，就不会有真正的灵魂平静。

（三）边沁的幸福观

杰里米·边沁（1748—1832）是英国功利主义学说的创始人，著名的法学家、哲学家、经济学家、伦理学家。1789 年，他的《道德和立法原则概述》一问世即获得广泛关注，他也因此为世人所知。边沁学说继承并创造性地发展了古希腊哲学的感性主义伦理学，形成了以功利原则为核心内容的幸福观。边沁学说的中心思想是功利主义。功利主义包括两个原理：一是功利原理或最大幸福原理；二是自利选择原理。他的主要观点可概括如下：

1. 功利主义的最大幸福原则

功利主义是边沁学说的核心。功利主义的思想根源可追溯到古希腊哲学的享乐原则。功利主义可概括为最大幸福原则，即人们追求带来快乐的东西，避免带来痛苦的东西，所有个人都在追求幸福的最大化。边沁说，自然把人类置于两个至上的主人——快乐与痛苦的统治之下。只有它们两个才能指出我们应该做些什么，以及决定我们将要怎样做。边沁还认为，求乐避苦是一个非常明显的生活事实。人们应当把快乐自身当作目的而不是当作实现目的的手段来追求。

2. 功利主义的伦理观

功利主义在希腊哲学享乐原则的基础上，增加了伦理学的内容，克服了极端的个人享乐主义。边沁认为，功利是一个抽象的术语，它描述的是一个事物使某些恶不能发生或某些善发生的性能或倾向。恶即痛苦，或痛苦的原因；善即快乐，或快乐的原因。快乐与幸福有必然联系。幸福是善，善是快乐，那么幸福必然是快乐。

边沁认为，不了解个人利益和个人幸福，就不能奢谈社会利益和社会幸福，个人的利益和幸福得不到满足，社会的利益和幸福就无从谈起。社会不过是生活在社会中的个人的总和，因此，社会的利益就是组成社会的成员的利益之和，社会幸福存在于最大多数人的最大幸福之中。个人幸福是社会幸福的基础和条件，社会幸福是其所有成员幸福的总和。

3. 功利主义的道德及立法原则

国家法律、道德、各种社会制裁和宗教制裁都有助于协调享乐主义的个人私利与保证大多数人幸福的功利主义原则之间的关系。谋求功利是人们行为的动机，也是辨别是非、善恶的标准；是自然人和政府活动遵循的原则，也是道德和立法的原则。边沁说："当我赞成或者反对某一公共或私人行动时，我看的是该行动导致快乐或痛苦的可能；当我使用正义、非正义，道德、不道德，善、恶等词汇时，我只是将它们作为包含有某些痛苦和快乐的理念的集合术语。"他认为，只有给人精神和感官带来快乐的东西，才是善，才是美德。衡量是非善恶的唯一标准就是快乐和痛苦。如果曾经被称为美德的行为，其结果不是增加更多的快乐，而是增加了更多的痛苦，那么，这种美德就是假美德；如果曾经被称为恶的行为，其结果不是增加更多的痛苦，而是增加了更多的快乐，那么它就不是恶而是善，应把它看作正当行为并依法予以保护。要确保个人幸福和社会幸福的和谐一致，一方面要求人民在追求个人幸福时，适当考虑他人和社会的幸福；另一方面要靠国家法律来保障。只要国家法律是妥当和有效的，人们追求个人快乐的行为就不会成为社会秩序的障碍。

4. 幸福的度量方法

边沁试图用科学的方法测量经济福利，在描述快乐和痛苦的基础上，提出了幸福的计算方法。边沁认为，人们要想对自己的利益有比较清楚的认识，就要权衡和比较行为所产生的价值。通过某个行为所产生的快乐或痛苦的强度、持久性、确定性或不确定性、临近或偏远性、生产性（丰度）、纯粹性和广度七个方面的价值计算来衡量好坏，如果快乐的价值大于痛苦的价值，就是好的趋势，反之亦然。在上述七个方面的基础上，边沁列举了14种幸福，包括财富、能力、权力、声誉、回忆、想象力、仁慈等；12种痛苦，包括失望、遗憾、欲望等。边沁在环境分析的基础上，提出了幸福的计算方法：每一种行为第一次产生的每种特别的快乐或痛苦的价值；这种行为出现第一次之后产生的每一种快乐或痛苦的价值，这是第一次产生的快乐或痛苦的持续；将所有的快乐价值总和与痛苦总和相比较，判断幸福是好或坏的趋势。当然要将幸福涉及利益的人数纳入考量。

在边沁看来，政治实质上是一种类似会计事务的活动。要计算利害关系人的数目，计算社会幸福总量和痛苦总量及其比重，并完全按照最大多数人的最大幸福原则来履行国家职能。这就要求国家意志和政府工作必须充分体现人民的利益和愿望，国家应该有一套以实现最大多数人的最大幸福为目标的法律，国家应该实行普遍的成年普选制，实行议会年度选举制，应该扩大议会权力。只有这样，才能证明国家权威的合理性，证明国家权威不是特权阶级鱼肉人民的工具，而是人民利益的永恒来源与保障。

5. 对边沁功利主义的评价

经济学解释效用原理的方式有二：一是利益天然一致的信条；二是利益人为一致的信条。边沁的经济思想与亚当·斯密的经济思想的不同之处在于：亚当·斯密用前者解释效用原理，认为个人的自我利益是人类的本性，在自由经济中自我调节，其经济思想基本遵循自由放任的原则；而边沁用后者解释效用，基本承认个人是利己的，但他否认利己主义是自然的和谐，认为集体利益是个体利益之和。

边沁的幸福观基本是主观的，福利、身体快乐与精神快乐、痛苦、效用的测度也是非常困难的。但在黑暗的中世纪，人的生活完全被宗教神学思想所掌控，感官快乐被视作罪恶，禁欲被视作崇高，社会赞赏减少快乐的行为而谴责增加快乐的行为。在当时，边沁的幸福观无疑是积极进步的。

边沁的幸福观不仅在当时具有解放思想的进步意义，而且对后来的社会改革和民主启蒙发挥了作用。边沁把最大多数人的最大幸福作为衡量一切善恶是非的根本标准，作为行使国家权力的唯一宗旨，是对君权神授观念的毁灭性打击，为民主政治的建立和立法实践提供了强大的理论依据。国家意志体现和政治方针都必须服从最大多数人的最大幸福。但边沁将集体利益看作个人利益的总和，这实际上陷入了经济学中常见的"合成谬误"之中。

（四）马斯洛的幸福观

亚伯拉罕·马斯洛（1908—1970）是享誉全球的美国社会心理学家、人格理论家和比较心理学家，也是人本主义心理学的主要发起者和理论家，曾任美国人格与社会心理学会主席和美国心理学会主席。其学说可主要概括为：

1. 幸福是需要的满足

马斯洛说，基本需要必须得到满足，否则我们将要得病。基本需要的满足会产生各种各样的后果，带来有益的、良好的、健康的、自我实现的效应。所有真正需要的满足都有助于个人的健康发展。任何基本需要的满足，都是背离神经病的方向而向健康的方向迈进了一步。在马斯洛看来，满足各种各样的需要，是人一切行为的动机，也是幸福的源泉。人的幸福来自需要的满足，如果没有需要的满足，人既不可能有生理健康的幸福，又不可能有精神健康的幸福。

2.需要是分层次的

马斯洛认为，所有需要都可以归结为五个层次，即生理需要、安全需要、归属与爱的需要、尊重需要和自我实现的需要。生理需要虽然是低级需要，但也是满足其他需要的基础，是推动人们行动的强大动力。安全需要是比生理需要高一级的需要。当生理需要得到一定程度的满足后，安全需要就会凸显。当安全需要满足后，人们会去寻求爱、归属、独立、尊重、自尊等。归属与爱的需要，是指个人渴望成为家庭或社会共同体的一分子，是对友情、信任、爱情的需要。尊重需要具体表现为自尊和受到别人尊重。自我实现的需要是最高等级的需要，这种需要要求充分发挥自己的潜在能力，使自己趋于完美。马斯洛认为，人类都有这五种不同层次的需要，但在不同时期表现出来的各种需要的迫切程度不同。人最迫切的需要才是行动的主要原因和动力。在高层次的需要出现之前，低层次的需要必须得到适当满足。每一层次的需要及其满足状况，不仅能反映个体人格发展的境界，也决定了一个人的幸福状况。

3.幸福在需要不断被满足、不断升华的过程中体验

马斯洛说：我所观察到的需要的满足只能产生短暂的幸福，这种幸福又会趋向于被另一种（希望是）更高级的不满所替代。人类想要得到永久幸福的希望是永远也实现不了的。当然，幸福的确降临过，是实实在在、可以看到的。任何需要的满足所产生的最根本的后果是这个需要被抛在脑后，一个更高级的需要随之出现。

4.低级需要是优势需要，但高级需要的满足能够给人带来更大的幸福

马斯洛在《动机与人格》第七章对高级需要与低级需要进行了专门比较。他认为，在各种需要都难以满足的情况下，越是低级的需要，就越需要得到满足；在各种需要都有条件满足的情况下，越是高级的需要价值越大。他说，生活在高级需要的水平线以上，意味着更高的生物效能、更长的寿命、更少的疾病、更好的睡眠、更好的胃口等。追求和满足高级需要代表了一种普遍的健康趋势，一种脱离心理变态的趋势，有益于公众和社会。此外，需要的层次越高，心理治疗就越容易，且越有效；而在最低的需要层次上，心理治疗几乎没有任何效用。自我实现的人是各层次需要都能得到较充分满足的人，因此他们是最幸福的人。

5.要想成为自我实现的人，就要具备多方面的优秀品质

马斯洛研究了林肯和托马斯·杰弗逊两位历史人物，研究了爱因斯坦、罗斯福、斯宾诺莎等与他同时代做出卓越贡献的人物，同时借鉴他人的研究资料，总结出自我实现的人所具备的共同品质，从而为人们走上自我实现的道路、争取更多的幸福指明了方向。这些共同的品质是：① 对确实存在的事物具有深刻的洞察力，对未来的预测具有较高的准确率。因为他们在感知世界时，较少受愿望、欲望、焦虑、恐惧的影响，

或较少受由性格决定的乐观或悲观倾向的影响，不会掺杂自己的主观愿望和成见，而是按照客观世界的本来面貌去认知。② 对自我、他人和自然的接受。③ 在人际交往中，具有流露自己真实感情的倾向。他们不会做假或做作，他们的行为坦诚、自然。④ 以问题为中心，而不是以自我为中心。⑤ 具有超然独立的特性，能够离群独处，这样就能在干扰较少的条件下更好地深思，以便去探索更为合理的解决问题的方案。⑥ 具有自主性。被成长性动机所推进，而不是被匮乏性动机推进，因而他们会更多地依赖自己，而不是外部环境，能够抵抗外部环境和文化的压力，独立自主地发挥思考能力。⑦ 能够对周围现实保持奇特而经久不衰的欣赏力。⑧ 能够经常感受到一种令人狂喜、惊奇、敬畏以及失去时空感的神秘的高峰体验。⑨ 对人充满爱心。⑩ 具有深厚的情谊。他们能像关心自己一样关心自己所爱的人的成长与发展。⑪ 具备民主精神，极少有偏见，愿意向一切值得学习的人学习。⑫ 区分手段与目的，强调目的，手段必须从属于目的。⑬ 富有创造性，具有独创、发明和追求创新的精神。⑭ 富有充满哲理的、善意的幽默感，处事幽默、风趣，善于观察人世间荒诞不经的不协调现象，并能以一种诙谐、风趣的方式将其恰当地表现出来。⑮ 不落俗套，反对盲目遵从。上述自我实现的人所具备的优秀品质，实际上是马斯洛对什么样的人才是最幸福的人的生动而具体的阐释。

以马斯洛为代表的动机理论学派，把幸福定义为需要的满足，这无疑是一个巨大的进步。因为这个定义能够涵盖一切幸福的具体形态，更为深刻地揭示了幸福的本质，也能够解释人类生活的现实。我们所体验到的任何一种幸福都毫无例外是某种需要满足的结果。马斯洛的伟大之处还在于划分了需要的层次，从整体论的角度揭示了各需要层次之间的内在联系。马斯洛的自我实现理论是一个非常有实用价值的理论，为人们指出实现幸福目的的一些可靠方法和途径。

但是，马斯洛虽然对需要进行了层次上的划分，但未能对需要进行性质上的区别，未能对人类需要产生的误区予以足够重视，未能看到需要产生过程中的愚昧和偏见。大量现实告诉我们，不是所有的需要都是真正的需要，不是满足任何需要都能给人们带来幸福。人们所希望得到的东西，有相当一部分是反自然的、虚无的、不合理的。此外，人们需要的产生不一定是一个由低级需要到高级需要依次转变的过程。除了产生于生理驱动力的需要，人类大部分需要都产生于学习、模仿等各种外部诱因的刺激，是后天习得的。大量事实说明，低级需要的满足，并不一定催生出高级需要。我们从现实生活的实际状况中，看不到随着富人的增多和社会富裕程度的提高而必然出现的人们需要等级的提高和社会道德水准提高的趋势。相反，我们在富人身上看到的，更多的是生活的腐化、精神的颓废和道德的堕落。而品德高尚的人不论多么贫穷，他们都会把满足高级需要视为主要的幸福源泉。需要产生的习得性特点说明，人的需要并不一定是按照由低级到高级的顺序依次产生的，而往往与外源性刺激的出现时间紧密联系在一起。

（五）亚当·斯密的幸福观

亚当·斯密于 1759 年出版了《道德情操论》。这本书主要讨论道德力量可以压制人们的私心，并把人组合成一个可以运转的社会。人存在于社会之中，可能受到伤害，也可能得到他人的帮助。当人们出于爱心、感激、友谊和尊重而向他人提供必要的帮助时，社会就会繁荣和幸福。该书的主题是同情心（sympathy），认为同情心可以战胜自私，使他人的成功与我们自己的利益相关联，他人的幸福对我们而言是必要的。

亚当·斯密认为，同情心是一种原始的、与生俱来的人类禀赋。人类的同情心天然就是一种自我奖赏机制。人们相互同情，会产生快乐。如何恰当地运用和掌控自己的同情心，是社会道德建设的核心问题。亚当·斯密虽然同意古代主流道德哲学家"美德存在于合宜性中"的观点，即美德等于合宜性，美德与情感合宜性之间存在内在联系，但又认为他们没有提供确定或判断情感合宜性的清晰标准。亚当·斯密认为，公正旁观者的同情心正是一个判断和确定情感合宜性的理想标准。亚当·斯密在《道德情操论》中对"同情""正义感""良心和义务感"进行了详细、全面、系统的考察和阐述，将理解人类行为的奥秘引向人类的情感世界，而不是理性。他的贡献是多方面的，包括经济学、社会学、心理学、政治学等。2017 年诺贝尔经济学奖再次颁授给行为经济学领域的学者理查德·塞勒，以表彰他在人类经济行为研究方面的贡献。这无疑是对人类经济行为研究先驱者大卫·休谟和亚当·斯密的理论贡献的肯定。亚当·斯密的幸福论对福利经济学的许多观点构成挑战；他对个体选择的怀疑冲击了市场经济道德基础的既定解释；他关于情感逻辑与自然逻辑关系的论述，对经济学中的公平与效率问题而言，是一个全新的视角；他的同情共感理论为心理学的移情理论奠定了基础。

熊彼特在 19 世纪末提出"亚当·斯密问题"，指出亚当·斯密《道德情操论》中的同情心原理与《国富论》中的利己心原理相互矛盾。同情心与自私是否存在矛盾，学界一直存在很大争议。亚当·斯密一生修订 6 次《道德情操论》。1776 年《国富论》出版后，修订的《道德情操论》并不认为两者之间存在矛盾，同情心和自私最终都能达成相同的善良目标。

物种自我保卫和繁殖的机能架构，似乎是自然界给予所有动物的既定目标。人类具有向往这些目标的天性，而且也厌恶相反的东西。人类喜爱生命，恐惧死亡；渴望物种的延续和永恒，恐惧物种的完全灭绝。虽然我们是如此强烈地向往这些目标，但它并没有被交给我们那迟缓而不可靠的理性来决定，相反，自然界指导我们运用原始而迅速的天性来决定实现这些目标的方式。饥饿、口渴、寻求异性的情欲、爱情的快乐和对于痛苦的恐惧，都促使我们运用这些手段来达成其本身的目的，这些行动都将实现我们原先所未料到的结果——伟大的自然界所设定的善良目标。

——亚当·斯密《道德情操论》

（六）亨利·戴维·梭罗的幸福观

亨利·戴维·梭罗于1854年出版了《瓦尔登湖》，其中《经济篇》是本书的开篇之作。梭罗以教义问答法的方式，思考什么是人生的宗旨，什么是生活的真正必需品。人类最基本的生活必需品都是为了解决能量或热量供给问题，一切皆以节省能量或提供必要的能量为前提。因此，对人类而言，"其生活之必需品可分为食物、住宅、衣服和燃料"。除此之外，"大部分的奢侈品，大部分的所谓生活的舒适，非但没有必要，而且对人类进步大有妨碍"。简单、健康即富有。其实每一个健康的人都很富有，只是我们视而不见。自食其力，生活其实很简单。

梭罗宣称真理永恒，追求真理，不朽也。古典作品是最崇高的人类思想的记录。在真实的精神中读真实的书，是一种崇高的训练。这种举世公认的崇高训练，需要花费精力，需要终身不懈的努力。一切财富都是虚荣，不可以自满。"书本是世界的珍宝，多少世代与多少国土的最优良的遗产。""它们的作者，都自然而然地、不可抗拒地成为任何一个社会中的贵族，而它们对于人类的作用还大于国王和皇帝的影响。"《瓦尔登湖》是一部寂寞、恬静、智慧、理性的杰作。静心读之，你会发现其实我们也是非常富有和幸福的。

（七）马克思的幸福观及对物化逻辑的批判

青年时期，马克思就深入思考过如何实现人生幸福的问题。他在高中毕业作文中这样写道："历史把那些为共同目标工作因而自己变得高尚的人称为最伟大的人物；经验赞美那些为大多数人带来幸福的人是最幸福的人……我们的幸福将属于千百万人，我们的事业将悄然无声地存在下去，但是它会永远发挥作用，而面对我们的骨灰，高尚的人们将洒下热泪。"在马克思看来，幸福不应当是纯粹满足私利的主观感受；真正的幸福在于"为人类而工作"，在努力实现大多数人的幸福的事业中塑造自己壮丽的人生。

物质是幸福追求的基础，物质丰富是人类社会进步的基本条件。马克思指出，没有物质财富，就只会有贫困的普遍化；然而幸福并不等同于物质占有，单纯的物质主义幸福观用物化遮蔽了理性，是对人类幸福实践的片面理解。物质主义幸福观以物质占有多少作为幸福的衡量标准，人们通过物质欲望的满足来证明自己的社会价值，"消费的目的不是为了实际需求的满足，而是不断追求被制造出来、被刺激起来的欲望的满足"。如何摆脱物化逻辑，超越物质主义，在实现物质丰裕的奋斗中实现精神的富足，是一个值得当代人深思的问题。

三、幸福的测度

（一）经济增长与幸福度

经济增长和幸福指数是政府和人民群众最关心的两个问题。当代社会，经济发展了，物质丰富了，人们的幸福感反而越来越低了。2018 年 3 月，联合国发布了《2018年全球幸福度报告》，对 2015—2017 年全球 156 个国家和地区的人民主观幸福感水平以及 117 个国家和地区的移民幸福感水平进行了综合排名。结果显示，中国大陆排在第 86 位，较 2015 年的第 79 位下降了 7 位（图 16-1）。经济增长并没有带来幸福感

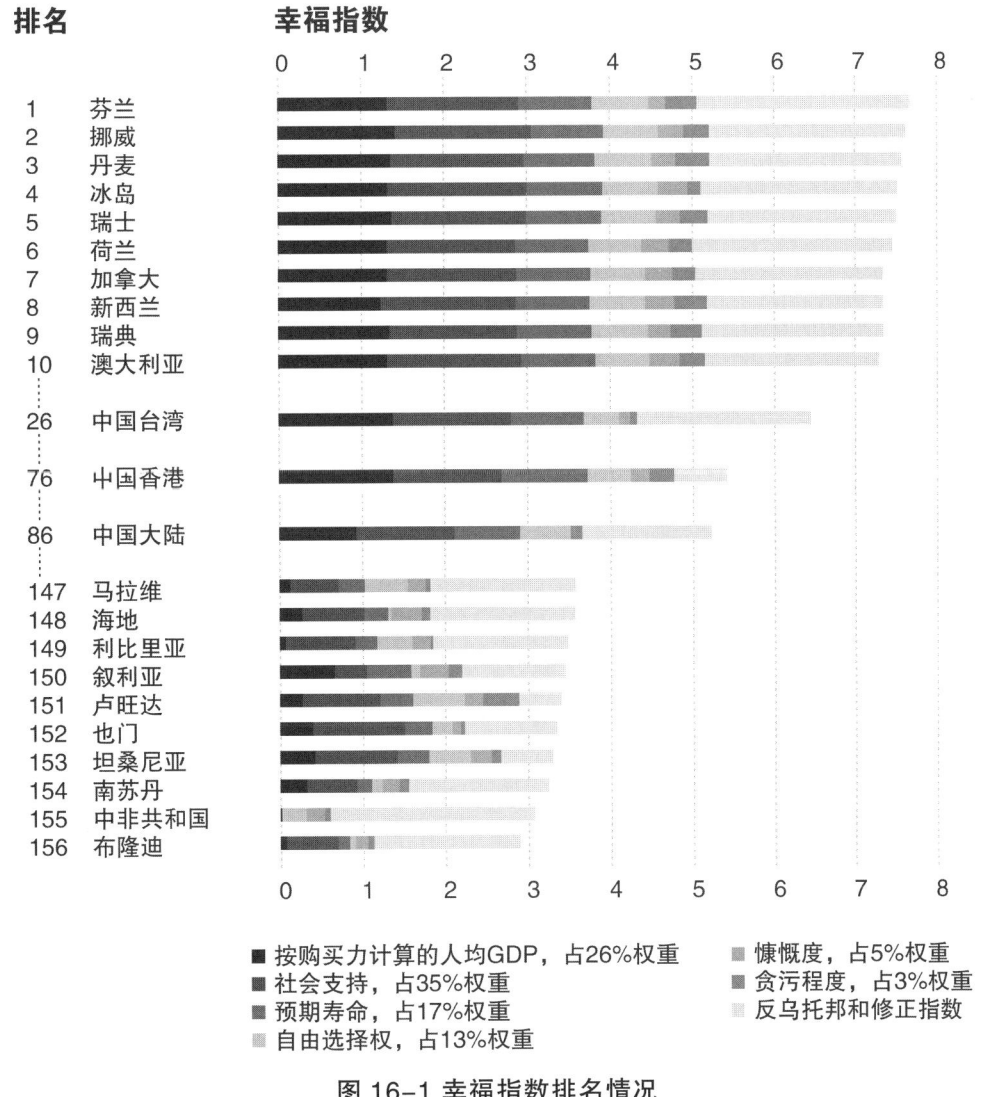

图 16-1 幸福指数排名情况

的提升。美国经济学家理查德·伊斯特林于 1974 年发表论文《经济增长是否改善了人类的命运？一些实证证据》，其结论是：当收入超过一个相当低的水平之后（足以满足基本需求），幸福和人均 GNP 并无关联。换句话说，经济增长并非衡量生活满意度的准确指标。英国沃里克大学政治经济学荣誉教授、英国社会科学院历史和经济研究员、英国上议院议员罗伯特·斯基德尔斯基认为：幸福更多地取决于经济增长果实如何分配，而不是其绝对数量，更加平等的社会将增加人们的满足感。换而言之，国民幸福源于社会平等，平等的社会更能让人民心满意足。19 世纪，约翰·穆勒曾说过："对于人类的本性而言，最好的状态是，没有人贫穷，没有人相比别人更富有，因而谁都不必担心别人抢先而自己落在后面。"平等的社会使人们更具有安全感、幸福感。古训有云，不患寡而患不均。一味追求经济增长而忽视分配公平的社会并不能给广大人民带来幸福感。但是，也不能忘记经济学家提醒我们的那句"平均的开始，贫穷的结束"。

（二）幸福感的测度

由于个人的价值观念不同，个人对幸福的理解和感受是千差万别的，也是无法进行测度的。而一个地区、一个国家人民的幸福指数是可以测度的。联合国《2018 年全球幸福度报告》将以下指标作为衡量幸福度的关键因素：人均国内生产总值（人均 GDP）、健康预期寿命、生活水平、国民内心幸福感、人生抉择自由、社会清廉程度、慷慨程度等。虽然联合国从以上几个方面对各个国家或地区的幸福指数进行了测度，但这仅仅是统计学意义上的幸福指数。按照统计学原理，一个国家或地区的幸福指数并不能代表在此生活的个人的幸福指数。

四、超越幸福

（一）幸福的生活与有意义的生活

生命的意义不仅仅是幸福的满足。超越幸福，赋予生命更多意义。1942 年 9 月，著名的犹太精神病学和神经学专家维克多·弗兰克与妻子、父母一同被关进纳粹集中营。3 年后，弗兰克作为 119104 号因犯幸运地活了下来。1946 年，他用 9 天的时间，写下了他在纳粹集中营的经历和苦难，取名《生命的意义》并交付出版。书中写道："每一个个体正是通过自身的独特性和唯一性来彼此进行区分。正是这两个特性，将每个人生存的意义同创造性的工作和人性之爱联系起来。当一个人意识到自己的无可替代性之时，他就会意识到自己身处于世所背负的责任，他就会将这份责任发扬光大。当一个人意识到了他需要完成未竟的事业，他就永远不会放弃自己的生命。因为他已经知道了自己生存的意义，所以他能坦然面对前方的任何挑战。"书中对生命意义的探索、对苦难价值的体会、对超越自我之责任的承担，让无数读者深有感触。弗兰克总结了生与死的差异，认为那就是生命的意义。一个人一旦找到了生命的意义，其生存适应能力就会大大提升。对幸福的过度追求，反而会阻扰幸福的降临。"每个人被不断催促着去追求幸福。但是幸福是可遇不可求的。幸福只会伴随着某些东西款款而来，一个人必有一个变得幸福的理由。"事实上，追求幸福并不是生命的全部意义。人们应该区分幸福生活与有意义的生活。大多数人认为，幸福的生活是安逸、身心健康、能够购买自己所需要的东西、少有压力和烦恼。金钱对这些人的生活非常重要。对这些人而言，欲望或需求得到满足就是幸福。而有意义的生活，超越自我，超越时空，赋予生命更持久的意义。心理学家马丁·塞利格曼说："思想会超越，连接过去和未来，它与一段充满意义却并不幸福的生活相联系。而幸福却在关于过去和未来的思考中难觅踪迹。"幸福生活的人活在当下，即期享受。但是，那些追求生命意义的人，会将自己的奋斗目标定得更高；即使当下遇到挫折或不幸，但他们能够超越幸福，超越自我，超越生命本身，赋予生命更丰富的意义。中国古人认为，生命的意义在于实现"三不朽"，即立德、立功、立言。这些都不是对眼前幸福的追求，而是更广阔、更长远的目标，其价值不会停留在一时一世，而是流芳千古。

（二）幸福与尊严体面的生活

《荀子·致士》有言："尊严而惮，可以为师。"尊严常指崇高、高贵而不可冒犯的存在。现代人主要从人格或人权的角度探讨尊严问题。坊间现在热议"内卷""躺平"，大多与尊严、放弃进取的生活有关。所谓"内卷"，是指人在职场或者社会生活中非理性、扭曲的竞争。"躺平"则是指现实生活中由于改变生存环境的无力无奈感或无理想，进而放弃追求的一种选择。有些人为了眼前的利益，参与到扭曲的竞争之中；有些人因生活的挫折、压力所迫，抱怨命运和社会不公，从而怀疑人生进取的意义，选择所谓"躺平的人生"。这些都是放弃了对人生价值与尊严的追求，失去了"人之为人"所必须具备的伦理性自觉。孔子有"君子求诸己"，曾子有"吾日三省吾身"，苏格拉底有"不仅仅只是为了活着，而应该是如何活得更好"，这些所揭示的都是，人区别于其他动物的卓越性，就是理性追求。而这一切都是"人之为人"的理性自觉。如果没有伦理性自觉的人，不可能获得真正做人的尊严。"幸福都是奋斗出来的"。奋斗是人们获得尊严、幸福的必要条件。拒绝内卷和躺平的人才配有尊严地活着，才能获得真正意义的幸福。

（三）幸福到底是什么

凡事都有例外。但是人人都在追求幸福、渴望幸福，这个好像没有例外。林语堂告诉我们："人类的常识告诉我们，每个人都在孜孜不倦地追求幸福，可从来没有人能够告诉我们如何才能得到幸福。宗教的目标是救赎，而不是幸福。哲学致力于探求真理，而不是幸福。道德学说教的内容是职责，而不是幸福。有钱人追求的是快乐，而不是幸福。"那么，幸福到底是什么？

财富不是幸福，金钱和财富是因为能换来有用的东西而有用。销售商用各种各样充满诱惑的广告刺激我们的消费欲望，而欲望并不是我们真实的需求。广告刺激了我们的消费欲望，而这个消费并不能满足我们的需求，而仅仅是满足了我们的欲望。欲望不是幸福，如果认为欲望的满足就是幸福，你会发现一个欲望得到满足之后那种"草色遥看近却无"的虚无感，你会发现这种所谓的幸福只是昙花一现，新的无聊和空虚很快会袭扰你的心头。新的欲望会随之而生。名利不是幸福，如果你认为功成名就、名利双收就是幸福，那么你会发现，随着骨衰身朽，名利将会遁之于无形。追求幸福是人生的手段，而不是人生的终极目的。追求幸福的人们应时刻牢记亚里士多德那句名言"把你的灵魂安放在最恰当的位置"。幸福到底在哪里？幸福在你我寻觅它的路上。只有我们孜孜不倦地追求幸福，在追求幸福的过程中，赋予生命更多的意义，这样幸福才会悄然走进我们的生活。

问题与思考

1. 了解了不同学派的幸福观后，你对幸福有何看法？
2. 分析并阐述经济增长与幸福度的关系以及幸福感的测度。
3. 分析比较"幸福的生活"与"有意义的生活"。
4. 简述你对"内卷"和"躺平"的看法。

第十七章
国际政治经济学：
“一带一路”倡议

本章概要

丝绸之路的由来

“一带一路”倡议

发展经济学

发展鸿沟与数字鸿沟

跨境贸易和中欧班列

关键词

丝绸之路　“一带一路”倡议　国际贸易　挑战和机遇

2013 年 9 月 7 日，习近平在哈萨克斯坦首次提出“丝绸之路经济带”构想。2017 年 5 月 14—15 日，“一带一路”国际合作高峰论坛在北京成功举行（图 17–1）。29 个国家的元首和政府首脑、130 多个国家和 70 多个国际组织的 1500 多名代表参会。2022 年 10 月，党的二十大再次强调，要“推动共建‘一带一路’高质量发展”。共建“一带一路”倡议以共商共建共享为原则，以和平合作、开放包容、互学互鉴、互利共赢的丝绸之路精神为指引，以政策沟通、设施联通、贸易畅通、资金融通、民心相通为重点，如今已从理念转化为行动，从愿景转化为现实，从倡议转化为广受欢迎的公共产品。“一带一路”倡议已实现合作模式、空间和产业维度的不断深化，相关发展制度机制也在不断完善。但新的挑战也接踵而来，包括大国地缘政治经济博弈、民粹主义反全球化冲击，以及恐怖、极端、分裂三种势力的威胁。本章以“一带一路”倡议作为研究点，探究中国应如何在当前国际环境中谋求自身发展，处理好国际政治与经济发展之间的矛盾。

图 17-1 "一带一路"国际合作高峰论坛

一、丝绸之路的由来与"一带一路"倡议

（一）丝绸之路的由来

狭义的丝绸之路指陆上丝绸之路，起源于西汉时期汉武帝指派张骞出使西域，以首都长安（今西安）为起点，经甘肃、新疆，到中亚、西亚，并连接地中海各国，最初的作用是运输中国出产的丝绸等商品。1877 年，德国地理学家李希霍芬在其著作《中国——亲身旅行和据此所作研究的成果》中，把"从公元前 114 年至公元 127 年间，中国与中亚、中国与印度间以丝绸贸易为媒介的这条西域交通道路"命名为"丝绸之路"。这就是"丝绸之路"名称的由来。

广义的丝绸之路包括陆上丝绸之路和海上丝绸之路。海上丝绸之路是古代中国与外国交流贸易的海上通道，以中国南海为中心。海上丝绸之路形成于秦汉，发展于三国至隋朝，繁荣于唐宋，衰落于明清，是目前已知的最为古老的海上航线。"一带一路"（The Belt and Road）是"丝绸之路经济带"和"21 世纪海上丝绸之路"的合称。

（二）"一带一路"倡议的提出

2013 年 9 月 7 日，习近平在哈萨克斯坦首次提出"丝绸之路经济带"构想。2013 年 10 月 3 日，习近平在印尼国会发表演讲，提出"21 世纪海上丝绸之路"。2015 年 3 月，国家发改委、外交部和商务部制定并联合发布《推动共建丝绸之路经济带和 21 世纪海上丝绸之路的愿景与行动》，正式推出"一带一路"建设蓝图。2016 年 11 月 7 日，在第 71 届联合国大会上，"一带一路"倡议被写入联合国决议。

（三）"一带一路"倡议提出的背景

1. 国内背景

近年来，我国国内生产总值增长速度逐渐放缓，经济增长转为中高速增长。内生动力不足，产能过剩造成大量资源浪费，人力成本持续增高，导致国内经济发展进一步放缓。这一时期，国内经济结构亟须调整，经济下行压力加大，产能过剩问题突出。国内经济发展面临的问题需要系统内部自我修复。"一带一路"沿线基建合作，可带动相关上下游产业走出去，实现合作共赢。在共建的基础上，也实现了国外相关资源的引进来。依靠"一带一路"合作机制，国内能源供给需求可得到有效保障。

2. 国际背景

一方面，经济全球化新形势有利于"一带一路"倡议的落实。另一方面，发展中国家崛起助力"一带一路"发展。2013 年，发展中国家对世界经济的贡献率达到81%。"一带一路"沿线国家的发展除了带动当地经济外，还能使世界经济格局更为均衡。广大发展中国家更加主动地融入世界市场，可全方位推动我国的"一带一路"建设。

区域经济一体化呼唤"一带一路"。不断发展对外经贸关系中的传统区域，开拓非传统区域，构建全方位开放新格局，打造新型全球治理体系。

二、发展经济学与"一带一路"

（一）国际政治经济学视野下的"一带一路"

国际政治经济学主要研究国际政治体系与国际经济体系的互动。现实主义认为，国际市场的稳定必须依靠崇尚自由主义的大国去维护，大国衰落了，国际市场的稳定就难以维持；自由主义则认为，通过已有的国际合作来维持国际秩序，进而约束国际行为，这样的国际市场仍能保持稳定。"一带一路"沿线国家众多，需要协调各国在经贸、基建等领域的行为，不断深化合作互动，推动合作共赢以及"人类命运共同体"的建立。

（二）发展经济学视野下的"一带一路"

"一带一路"是中国为世界提供的重要公共产品。搭建开放合作、互利共赢的国际合作平台，其意义体现在：

1. 投资贸易的增长可填补储蓄与外汇"两缺口"

根据发展经济学的"两缺口"理论，发展中国家存在着"投资—储蓄"缺口和"进口—

出口"缺口，即储蓄缺口与外汇缺口。利用外资可填补这两个缺口，既可缓解外汇不足的压力，又可节约国内储蓄，缓解国内储蓄不足造成的投资不足的压力。"一带一路"沿线有不少发展中国家和新兴经济体存在上述储蓄与外汇的"两缺口"。"一带一路"倡议带动了中国及中国与第三方合作的投资项目落地沿线国家，有助于缓解这些国家因储蓄缺口导致的投资不足。而新增投资会促进这些国家的工业发展和出口贸易增长，从而填补其外汇缺口。"一带一路"相关国家现有基础设施互联互通的水平较低，相互之间的投资贸易联系薄弱。在"一带一路"建设过程中，通过基础设施建设，促进相关国家的内部联通，有利于提高这些国家的投资贸易水平，也有助于解决这些国家存在的储蓄与外汇"两缺口"问题。

2. 产能合作推动工业化发展，促进出口贸易增长

发展经济学研究发现，东亚一些国家（地区）经济持续快速增长的原因在于，经历过一段时期的进口替代，建立起本国制造业基础之后，这些国家都适时地放弃了进口替代政策，转而利用本国的比较优势加入国际分工，并采取出口导向策略。当然，政策转换的前提是要有本国比较优势的工业基础。"一带一路"倡议通过产能合作与境外产业园区建设，加速沿线发展中国家的工业化进程，使一些发展中国家能够逐步建立自己的制造业基础，进而使其采取出口导向策略成为可能，促进贸易产品升级，避免因依靠单一资源出口而陷入低收入陷阱和贸易陷阱，打破恶性循环累积、依附状态，走上快速发展的轨道。

3. 工业化开启人口红利，促进经济增长

在揭示 20 世纪 60 年代以后日本与亚洲"四小龙"创造的"东亚奇迹"，以及美国等西方新大陆经济体超过欧洲旧大陆经济体增长的原因时，一些经济学家发现，人口年龄结构的改变以及人口抚养比的下降为经济增长做出了很大贡献。"一带一路"沿线的一些国家劳动年龄人口比例较高，存在较好的人口红利基础。在"一带一路"倡议推进与建设过程中，通过产能合作，推动沿线国家的工业化发展进程，吸引农村剩余劳动力和更多城市人口就业，有助于这些国家开启人口红利窗口，促进经济增长。

4. 多元投融资选择填补资金缺口，激活金融机制

"一带一路"沿线不少国家的基础设施条件差，急需投融资促进建设。中国倡导成立亚洲基础设施投资银行、丝路基金，打通"一带一路"专项贷款等资金渠道，不附加干涉别国内政的条件，为沿线国家提供了更为多元的投融资选择，可拉动其国内民间资本的进入，从而填补基础设施建设中的资金缺口。同时，在合作共建"一带一路"的过程中，中国帮助一些沿线国家建立起本国的金融要素市场，有利于激活其国内金融机制，吸引资金、人才等要素流入，助力其金融发展步入正轨。

5. 缩小发展鸿沟，消除数字鸿沟

"一带一路"倡议涉及农业、教育、培训、医疗以及减贫等民生项目的合作。作

为最大的发展中国家，中国可以通过民生项目合作，与沿线相关国家交流经验，助力其实现更好发展，从而在一定程度上缩小发展鸿沟。数字鸿沟是互联网时代全球发展所面临的新的失衡问题。阿里巴巴、腾讯、华为、百度、京东等数字经济企业在中国极大地推动了大众创业和万众创新。随着"一带一路"倡议的不断推进，这些企业能够通过电商平台、社交媒体以及智慧城市建设等途径，帮助沿线发展中国家拓宽信息渠道和就业途径，从而消除其所面临的数字鸿沟问题。

6. 助力实现联合国"发展的全球合作机制"的目标

联合国千年发展目标提到，应建立发展的全球合作机制，主要包括建立开放、无歧视的贸易金融体系，帮助内陆国家更好地发展，鼓励私营机构进行新技术的传递等。在其中一些领域，"一带一路"倡议大有可为。通过设施联通，特别是中欧班列的运营以及与新加坡合作建设国际贸易大通道，让亚欧非陆锁国（指没有海岸线的国家，亦指被邻国陆地领土所包围的国家）借船出海成为现实，享受开放发展的经济红利。目前，全球贸易往来的 8 成需通过海洋，世界 GDP 的 7 成来自沿海 100 千米地带。近代经济全球化实际上是海洋型全球化，内陆国家相对较难分享发展红利。而"一带一路"倡议致力于推动陆海联动格局的形成，有助于打破陆锁国发展魔咒，让新的发展机遇更多地惠及内陆国家。此外，中国的互联网公司通过"一带一路"建设，分享电商平台以及 5G 技术成果，能够对信息在沿线国家普通民众中的交流传递起到助推作用（图 17-2）。通过这些途径，"一带一路"将助力联合国实现"发展的全球合作机制"的目标。

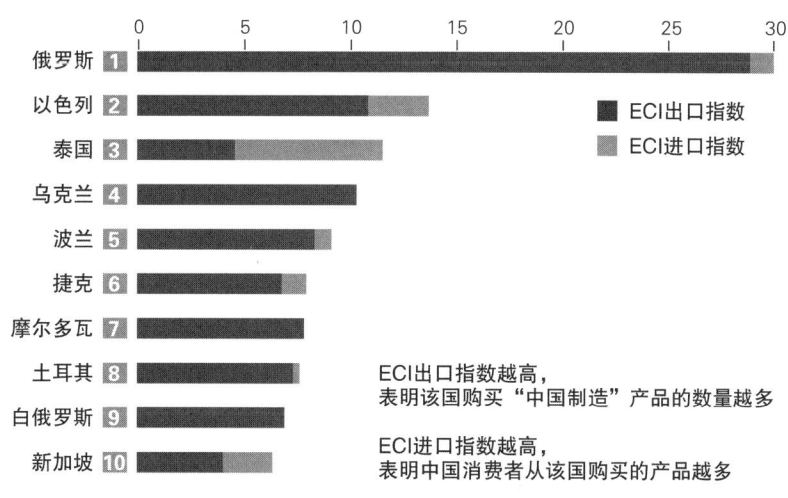

图 17-2　"一带一路"沿线国家跨境电商连接指数

7. 超越"中心—外围"格局，提升区域治理能力

从经济地理的视角来看，当前世界经济循环已突破了传统的"中心—外围"格局。

"一带一路"倡议有助于发展中国家在国际合作中获取互利共赢的经济效应。作为最大的发展中国家和世界第二大经济体，中国有必要也有能力通过"一带一路"倡议等途径，在全球经济发展和规则制定中发挥更大作用，为沿线发展中国家参与全球治理创造良好环境，提升区域整体治理能力。这不仅是"一带一路"沿线国家的共同期待，也是中国为世界发展所做的重要贡献。

（三）欧美智库的研究

1. 美联储发文研究"一带一路"倡议

美联储研究了"一带一路"倡议中交通基础设施项目对运输时间和贸易成本的影响。研究结果表明，"一带一路"倡议将大大减少运输时间和贸易成本。在全球范围内，平均装运时间将减少1.2%~2.5%，这可使总贸易成本减少1.1%~2.2%。对"一带一路"经济体而言，运输时间和贸易成本的下降幅度分别为1.7%~3.2%和1.5%~2.8%。而对"一带一路"走廊沿途毗邻的经济体而言，项目建设收益最大。沿走廊的运输时间最多可以减少11.9%，贸易成本最多可减少10.2%。

2. 英国智库："一带一路"如何改变贸易通行时间

英国智库伦敦政经学院国际事务与外交战略研究中心发表《新丝绸之路带来的贸易效应》。该报告认为，"一带一路"倡议的明确目标是加强欧亚地区的经济一体化和政策协调。

该报告把针对贸易通行时间对出口的影响所做的计量经济学估算与地理信息系统（GIS）分析结合起来，得出三个主要发现。第一，"一带一路"交通运输基础设施将促进区域内贸易。总体结果表明，"一带一路"基础设施的改善可使"一带一路"经济体的贸易总量增加4.1%。第二，缩短贸易通行时间可以推动时效性强的行业的贸易，融入区域和全球价值链较深的国家会因"一带一路"项目缩短贸易时间而受益较多。第三，减少边境延误，为各国提供更好的市场准入机遇，签署更深入的贸易协定，将放大由于运输基础设施改善、贸易时间缩短带来的贸易影响。

报告称，计量经济学分析结果证实，贸易时间与贸易之间存在负相关关系。交易时间减少1天，"一带一路"倡议经济体之间的出口平均增加5.2%。在全球价值链存在的情况下，缩短运输时间是关键。交通运输基础设施带来的影响因国家而异。乌兹别克斯坦、伊朗、阿曼和马尔代夫等国在贸易通行时间缩短后受益最大，其出口增幅超过9%。其他国家，如中国、沙特阿拉伯和泰国，因其在"一带一路"区域内的贸易量已很大，则在出口额方面获益最多。报告还指出，贸易通行时间对于时效性强的产品以及在生产过程中依赖时效性强的投入品的产品尤为重要。因此，缩短贸易时间能够提升牲畜、蔬菜、水果、坚果等产品流通的专业化程度，而相关行业最终会从产品按时交付消费者或最终用户的能力提高中获益最多（直接影响）。肉类产品、化学品、黑色金属、橡胶和塑料出口的专业化程度也会随着获得中间投入能力的提高而提升（间接影响）。

　　贸易时间缩短，时效性强的产品交易量就会增加。报告指出，假设所有产品的交易都可以相对容易地改变运输方式，从而利用改进的运输线路，"一带一路"倡议贸易总额最高可增长4.1%；假设产品交易不能改变运输方式，贸易总额增长则为2.5%。报告称：当贸易时间缩短与边境效率提高相结合时，中西亚和中东、北非的贸易增长分别为16.6%和12.4%；当贸易时间缩短与强化贸易路线管理、减少拥堵相结合时，撒哈拉以南非洲、中东北非和中西亚国家受益最大，贸易增长率介于6.95%~8.9%；当贸易时间缩短与关税减半相结合时，"一带一路"经济体之间的贸易增长率为12.9%，低收入和中等偏低收入国家的出口平均增加38%；当贸易时间缩短与深化贸易协定（解决反倾销税、竞争及投资政策等"边境后"问题）相结合时，东亚太平洋地区国家的出口可增加30%以上。

三、"一带一路"的发展现状

　　自2013年9月7日习近平首次提出"丝绸之路经济带"构想以来，"一带一路"机制建设不断完善。2014年，《丝绸之路经济带和21世纪海上丝绸之路建设战略规划》发布；2015年2月，"一带一路"建设工作领导小组成立；2015年3月，《推动共建丝绸之路经济带和21世纪海上丝绸之路的远景与行动》发布；2017年5月，首次成功举办"一带一路国际合作高峰论坛"；2018年，"一带一路"倡议迎来5周年，我国已成为25个"一带一路"沿线国家最大的贸易伙伴；2019年，"一带一路"建设高质量发展，成绩斐然，硕果累累；2020年，我国与缅甸、墨西哥、智利、白俄罗斯共同组建了贸易畅通工作组，推动与更多国家建立投资工作组、服务贸易工作组和电子商务合作机制；2021年，"一带一路"建设保持上升势头。如今，签署"一带一路"备忘录的国家越来越多，在政策沟通、设施联通、贸易畅通、资金融通、民心相通方面深度对接"一带一路"倡议的国家越来越多，认同共商共建共享发展理念的国家越来越多。"一带一路"建设主要取得了以下成就：

　　第一，"一带一路"外贸成绩斐然。据海关统计，2021年，我国面向"一带一路"沿线国家的进出口总额连跨10万亿、11万亿元人民币两大台阶，达11.6万亿元，同比增长23.6%，较当年我国外贸整体增速高2.2%，占我国外贸进出口总额的29.7%。其中，出口额为6.59万亿元，同比增长21.5%；进口额为5.01万亿元，同比增长26.4%。进口以初级产品为主，比重近5成。

第二，"海上丝绸之路"贸易稳步发展。海上运输是中国对外进出口贸易的主要渠道。加强沿海地区的贸易往来，能有效促进沿海地区经济的发展。从近几年海上丝绸之路贸易指数来看，中国进出口维持韧性，总体呈上升趋势。

第三，基础设施不断完善。近几年中国重视设施联通，加快对外经贸基础设施建设，成果显著。为了克服过去中欧经贸过分依赖海运和航运的局限性，中欧班列作为"一带一路"项目中的重要一环，成为串联沿线各国的重要通道，是"一带一路"建设的重要成果。2022年1月1日，随着区域全面经济伙伴关系协定（RCEP）的生效，西部陆海新通道将在物流领域发挥更大的作用。

第四，资金融通和产能合作取得明显进展。到2030年，全球基础设施资金缺口将高达20万亿美元，发展中国家每年在基础设施领域的投资需求约为2万亿美元，其中半数资金需求无法得到满足。

据联合国贸易和发展组织预测，发展中国家基础设施投资缺口每年高达1.6万亿~2.5万亿美元，每年工业化所需资金缺口高达1.9万亿~3.1万亿美元。从全球经济来看，世界发展的工业化任务，包括制造业工业化的任务远未完成。世界上有130多个发展中国家，其国土面积和人口均占世界的70%以上，它们亟待通过工业化实现经济增长和摆脱贫困。发展中国家的工业化能够带来巨大的投资机会和广阔的市场需求，特别是带来庞大的资本需求、生产（原料、能源、设备、技术）需求、基础设施需求、贸易需求。在如此巨大的工业化需求下，近年来流向发展中国家的投资迅速增长，其中仅私人资本的投资就增长了3倍以上。随着中国"一带一路"建设项目的大规模海外投资和印度等新兴大国积极开展的南南合作，流向发展中国家的投资增长更加迅速。这充分说明，由中国等一批新兴工业化国家所引领的新一轮工业化，正在由新兴工业化国家向广大发展中国家持续扩散。

"一带一路"倡议涵盖了包括亚、非、欧三大洲在内的65个国家和地区，占全球总人口的60%左右。但是，"一带一路"倡议也面临着跨国、跨民族、跨文化的种种问题与挑战。当今世界仍有将近7亿人口处于极端贫困之中，而这其中的绝大部分分布在"一带一路"沿线国家，中低等收入人群在沿线国家的总人口中所占比例较高。"一带一路"沿线国家经济发展程度不一，贫富差距较大，政治制度和民族文化都具有较大差异，因此很难实现整体上的全部脱贫。加之沿线国家经济合作呈现被动态势，国际减贫合作意识相对薄弱，无法有效展开资源互利互通工作。

"一带一路"沿线部分贫困国家有一个共同点：它们拥有得天独厚的自然资源与丰富的劳动力，但又普遍存在基础设施落后、区域经济单一化、科技发展滞后的短板；国家资源有效开发量与资源拥有量不对等，资源利用率低，政府找不到脱贫的有效解决方案，只得投入大量的物力、财力支持单一的产业结构，这种极端的方式更加剧了国家经济体制的僵化；再加上这些国家的人民整体受教育水平较低，缺乏高新技术和创新人才，这导致国内科技发展滞后，技术革新停滞不前，缺乏创新活力，经济结构失衡严重。

四、推行"一带一路"倡议的意义与挑战

（一）推行"一带一路"倡议的意义

放眼全球，世界发展的工业化任务，包括制造业的工业化任务仍远未完成。目前，全世界除了OECD国家、部分实现工业化的非OECD经济体和俄罗斯等少数转型国家，还有130多个发展中国家，其国土面积和人口均占世界的70%以上，它们亟待通过工业化实现经济增长，摆脱贫困。据联合国贸易和发展会议的估算，发展中国家每年工业化所需资金缺口高达1.9万亿~3.1万亿美元，其中仅基础设施投资缺口就高达1.6万亿~2.5万亿美元。

在这种强大的工业化需求推动下，过去十几年里流向发展中国家的投资迅速增长，其中仅私人资本的投资就增长了3倍以上，2013年达到3277亿美元。近年来，随着中国"一带一路"倡议的不断推进、建设项目的大规模海外投资和印度等新兴大国积极开展南南合作，流向发展中国家的投资增长更为迅速。这充分说明，由中国等新兴工业化国家所引领的新一轮工业化，正在由新兴工业化国家向广大发展中国家持续扩散。可以毫不夸张地说，21世纪以来，在发展中国家兴起的新一轮工业化范围之广，规模之大，程度之深，远超原发工业化和后发工业化时期。这是真正意义上的世界范围的群体性工业化和群体性崛起，也必将带来根本意义上的全球大变革。

只要我们在"一带一路"倡议和亚洲基础设施投资银行建设中，坚持符合我国国力承受能力和广大发展中国家工业化需要的合作道路，中国就能在新一轮发展中国家群体性工业化中发挥引领作用；只要发展中国家能够顺利走上群体性工业化道路，在以发展中国家群体性工业化为核心的全球化中，中国的主导作用就是毋庸置疑的。

"一带一路"是发展人类命运共同体的重要实践平台，5年来已经形成了更为广泛的国际共识，中国与"一带一路"沿线国家的投资和经贸合作水平显著提升。"其中货物贸易额累计超过5万亿美元，对沿线国家的投资超过800亿美元，已建设82个境外经贸合作区，为当地创造了24.4万个就业岗位，中欧班列累计开行超过1万列。"随着合作新维度的不断扩展，以北冰洋"冰上丝绸之路"为代表的中俄两国北极开发合作不断推进，"一带一路"沿线国家的"旅游丝绸之路"崭露头角，当前合作从传统的经贸文化交流朝着更多元化的方向发展。旅游业的蓬勃发展和新兴数字经济、人

工智能的发展推动了"一带一路"建设不断向前。

在"一带一路"建设过程中，资金融通是"一带一路"持续发展的血脉与助推剂。沿线基础设施建设的资金需求和跨境并购活动为金融业发展提供了重要契机，但也对金融机构开展跨境业务的能力提出了挑战。近年来，随着投融资体系和信用体系建设的推进，人民币国际化稳步推进，"一带一路"项目建设的资金渠道逐步拓宽，企业投资维持了相对平稳的增长。

（二）"一带一路"倡议面临的挑战

"一带一路"倡议并不总是一帆风顺的，在其推进过程中需要与沿线国家保持紧密联系，通过政策沟通和民心相通，推动区域间合作发展目标的达成。中国在应对沿线国家的社会矛盾分歧时具有一定被动性，这种具有政治性色彩的合作通常会使合作陷入停滞状态。

英国脱欧、特朗普当选为美国总统后所采取的种种措施表明，"曾经领导过两次全球化的英国和美国成为脱欧和逆全球化的领头羊；曾经主导过全球经济治理变革的国际组织在重塑全球化和全球治理过程中举步维艰；曾经推动过自由贸易和区域经济一体化的发达经济体正在转向保护主义"。社会不平等的日益加剧，是许多西方民众在民粹主义的煽动下将人口流动和自由贸易视为自身政治经济问题的主要原因。中国倡导和推动的"一带一路"必须面对反全球化民粹主义和经济民族主义逆流。在政策层面上，美欧发达国家和一些发展中国家加大了"反倾销、反补贴"制裁力度，提高了国内非关税壁垒，提高了谈判双边和多边贸易协定的要价，给贸易和投资便利化带来了很多障碍。

随着"一带一路"倡议的深入，越来越多的项目进入恐怖、极端和分裂这"三股势力"活跃的国家和地区，这不仅增加了基础设施和重大项目建设的成本，挫伤了投资者的信心，还对中国海外人员和财产安全造成直接威胁。因此，强化安全风险评估和双多边安保合作，加强"一带一路"倡议安全保障的要求日益凸显。

随着合作领域和范围的逐渐扩张，"一带一路"倡议不断开发新的发展模式，第三方市场合作将优秀产能、先进技术、发展需求进行有效对接，实现多赢。通过第三方市场合作，实现资源的最优配置，加快市场响应速度，最大限度地提高合作效能。

"一带一路"倡议将在总体布局和顶层设计上实现机制完善、规划对接和项目推进，从高速度拓展走向高质量落实，将"大写意"给世界带来的冲击转变为"工笔画"给中外各国人民带来的实际利益。面对复杂多变的国际局势和逆全球化的民粹潮流，国际社会对"一带一路"倡议的评价褒贬不一，对大型项目的经济影响进行了政治化解读，造成了国内外舆论的摇摆和困惑。正因为如此，坚持"一带一路"倡议、促进共同发展、实现共同繁荣的合作共赢之路才显得更具时代意义和现实意义。

当西方国家试图通过所谓的"普世价值"来推动扩张时，由此引发的冲突甚至战争就成了极坏的"典型"。而中国更愿意通过合作和在全球主义视野下的"双赢"方式，扩大其日益增长的国际影响。中国提出的"一带一路"倡议是一个新的区域和全球主义的"双赢"举措。

问题与思考

1. 分析"一带一路"倡议提出的背景。
2. 简述"一带一路"、新亚欧大陆桥与中欧班列的定义。
3. 简述"一带一路"倡议所取得的成绩及如何解决其面临的问题。

第十八章
宏观经济学：
供给侧结构性改革

本章概要

总需求与总供给

全要素生产率

经济结构

需求侧管理

供给侧管理

供给侧结构性改革

关键词

需求管理　供给管理　全要素生产率　供给侧结构性改革

一、漫长的经济结构调整之路

　　1995年，中国开始制定实施国民经济和社会发展的第九个五年计划，当时就提出经济结构调整和转型升级问题。1998年，东南亚金融危机爆发。中国政府采取了积极的货币和财政应对策略，扩大内需，加大对基础设施（铁路、公路、机场，简称"铁公机"）（包括城市基础设施）的投资。2000年，中国成功加入WTO，为经济增长注入新动能，带动了工业化、城市化的迅速发展。2000年，制定第十个五年计划之时，未采取有力的改革措施，因而未能实现经济结构转型。2005年，进入"十一五"时期后，国家再次将转变经济增长方式作为工作重点。2008 年，由于汶川地震和美国次贷危机引发的全球金融危机，中国政府采取持续宽松的货币政策和积极的财政政策，进一步带动了经济的高速增长。这种以巨大投资为动能的增长效应在几年后逐渐消失，经济增长因资源配置错位、价格扭曲、结构失衡而趋缓。2001—2011 年我国制造业投资增速连续 10 年保持在 25% 以上；2012 年，制造业经济总体增速呈现放缓趋势；2012—2020 年中国制造业投资增速连年下降。随着城市住房和土地价格的上涨，基于房产和土地抵押的资产负债表不断扩张。2008 年以后，我国资产负债表的持续扩张对实体经济具有严重的挤出效应，脱实向虚趋势明显。在过去 20 多年，大规模基础设施投资对推动中国经济高速增长起到了巨大的作用，但也带来了许多"后遗症"。这种依靠政府投资拉动经济增长的模式迫切需要转型。从 1995 年开始，中国走上了漫长而曲折的经济结构调整之路。

供给侧结构性改革是 2015 年中央经济工作会议所提出的适应和引领经济发展新常态的重大创新和必要举措。2022 年 10 月，党的二十大再次强调要实施供给侧结构性改革，把实施扩大内需战略同深化供给侧结构性改革有机结合起来。在经济发展方式转变与经济结构调整的关键时期，从宏观经济学角度对供给侧结构性改革的科学内涵和政策外延做出清楚阐释，厘清供给侧结构性改革的理论价值与实践意义，探讨经济新常态下推进供给侧结构性改革的具体措施，不仅具有重大的学术价值，更有重要的实际指导意义。

二、需求侧和供给侧管理理论

（一）总需求与总供给

一个国家经济要稳定增长，就要保持总需求和总供给相对均衡。在本书第二章，我们分析了单个商品的均衡价格和供求平衡问题。现在我们从分析单个商品的供求曲线上升到分析一个国家所有商品的总供求曲线，可据此判断一个国家的整体国民经济运行情况。与国民经济运行相关的经济变量是互相关联和依赖的：收入依赖生产，生产依赖支出，支出依赖收入，资源供给依赖产品需求。图 18-1 为国民经济循环示意图。

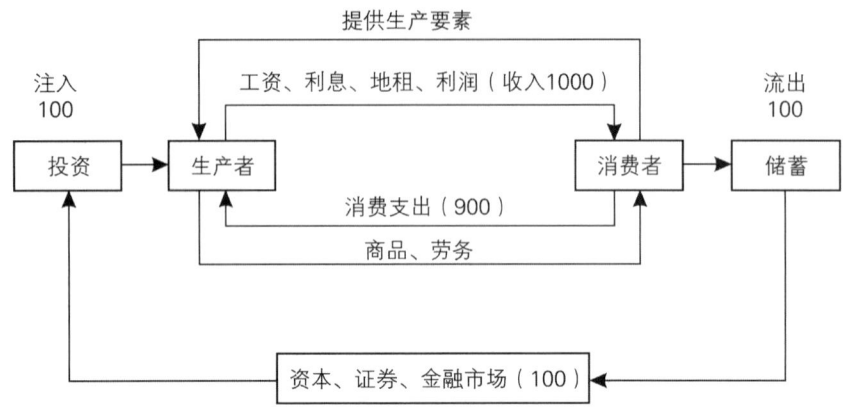

图 18-1 国民经济循环示意图

总需求是指在不同价格水平上经济对总产出的需求。在所有价格水平上的产品总需求量是以下所有项目的总和：消费支出（C），指消费者购买产品和服务的支出；投资支出（I），主要用于购买新设备和厂房；净出口（EX-IM），指国际贸易中出口与进口之间的差额；财政收支（G-T），指政府购买需求的产品和服务的最终产出。消费支出客观上与财富和收入呈正相关，主观上与消费者偏好、信心有关。投资支出与消费支出相比稳定性较差，它主要与利率和新投资的预期收益率相关。进出口影响产出需求：出口会增加产出需求，进口会减少产出需求。财政收支会通过政府购买对需求产生导向作用。总供给就是一个国家在不同的价格水平上产出的供给数量。一个国家的国民经济产出水平和运行状况取决于总需求和总供给平衡。

（二）需求管理的理论渊源

法国经济学家萨伊（1767—1832）在 1803 年出版的《政治经济学概论》中首次提出供给自动创造需求的原理。这是古典经济学关于供需关系的最为重要的表述，称"萨伊定律"。萨伊论证的逻辑是：人们卖出自己的商品，目的是购买别人的商品，既然大家都为买而卖，有供给就一定会有需求，供求可以自动平衡。萨伊定律所倡导的经济政策以放任自由与不干预为主要特征，强调市场的绝对主体地位。这也是 20 世纪初主要资本主义国家所奉行的经济政策。1929—1933 年爆发的资本主义世界经济大萧条，使基于古典自由主义理念的经济政策面临严峻挑战。西方世界的经济大萧条、普遍的生产过剩和失业令萨伊定律不攻自破。1936 年，凯恩斯出版《就业、利息和货币通论》（简称"《通论》"）。不同于萨伊所强调的市场自动出清，凯恩斯在《通论》中强调国家对经济的干预与控制，以"有效需求不足"理论为基础，主张用扩张性财政政策刺激投资与消费。凯恩斯以需求管理为核心的经济政策逐步成为资本主义国家主要宏观经济政策。在实践上，1933 年开始的"罗斯福新政"通过一系列的以需求管理为特征的经济政策，有效地应对了美国的经济危机。第二次世界大战以后，凯恩斯主义经济政策逐渐成为资本主义国家普遍采用的宏观经济管理手段。《通论》一度被西方国家奉为国策。萨伊所说的供求均衡，指的是总量均衡。凯恩斯虽全盘否定萨伊定律，但他所关注的同样也是总量均衡。可惜好景不长，20世纪70年代西方国家先后陷入"滞胀"，于是人们又纷纷批评凯恩斯开错了药方，以美国经济学家拉弗为代表的供给学派受到了关注。供给学派提出政府应重点减税而不是增加公共支出，这一主张与凯恩斯并无实质性不同，两者皆主张刺激投资，区别在于前者主张扩大私人投资，后者主张增加公共投资。从萨伊到凯恩斯再到供给学派，关注的都是总量均衡。在他们看来，市场均衡的关键在总量而非结构。

马克思在《资本论》中曾对市场均衡做过严密论证，得出的结论是：总量均衡并不代表结构均衡。马克思指出，社会总资本再生产要顺利进行，就要同时实现价值补偿与实物补偿。价值补偿指总量平衡，实物补偿指结构平衡。若只有总量均衡没有结构均衡，最终仍会导致供求总量的失衡。20世纪30年代西方国家的经济大萧条虽然表现为总量失衡，深层原因却是结构失衡。

要深刻理解供给侧结构性改革，就必须找到供给侧改革的经济学理论来源。19世纪初法国经济学家萨伊提出的"萨伊定律"，即供给自动创造需求的理论，是古典经济学关于供需关系的最为重要的表述。萨伊所倡导的古典自由主义经济学思想是供给学派最为重要的思想源泉。与以往经济学家的看法明显不同，供给侧结构性改革强调关注和解决结构性问题。这一论断既坚持了马克思的社会再生产理论，又创新了市场均衡理论。

（三）需求侧和供给侧管理

在国民经济宏观调控中，需求侧和供给侧管理与调控是两个基本手段。需求侧管理，重在解决总量性问题，注重短期调控，主要通过调节税收、财政支出、货币信贷等刺激或抑制需求，进而推动经济增长。供给侧管理，重在解决结构性问题，注重激发经济增长动力，主要通过优化要素配置和调整生产结构来提高供给体系的质量和效率，目的也是推动经济增长。

经济政策要依据一个国家的宏观经济形势做出抉择。需求和供给可以相互配合、协同推进。供给和需求是市场经济内在关系的两个基本层面，是对立统一的辩证关系，互相依存，互为条件。没有需求，供给就无从实现，新的需求可以催生新的供给；没有供给，需求就无法满足，新的供给可以创造新的需求。2012年以后，我国经济从表面看是有效需求不足，实则是有效供给不足；有效供给不足导致大量有效需求外溢，境外消费有增无减。据测算，2014年我国居民出境旅行支出超过1万亿元人民币。因此，稳定经济增长的重点是解决结构问题。用改革的办法推进结构调整，减少无效和低端供给，扩大有效和中高端供给，增强供给结构对需求变化的适应性和灵活性，提高全要素生产率。

三、中国经济发展新常态

（一）中国经济发展进入新常态

1998年东南亚金融危机爆发。中国采取扩张性的财政货币政策，利用扩大内需、刺激消费、政府举债的逆周期办法成功应对了东南亚金融危机。2008年美国次贷危机爆发以后，中国政府仍然采取应对东南亚金融危机的办法，斥资4万亿扩大内需，但是很快发现投入4万亿国债后，政府投资刺激经济的边际效应呈递减趋势。2011年以后的经济刺激并不能达到原来预期的效果。面对1998年和2008年这两次不同的金融危机，我国都采取了凯恩斯需求侧管理的逆周期调节的办法。两次不同的金融危机采取了相同的办法积极应对，为什么效果截然不同？我们要从凯恩斯主义的短期分析框架（需求侧管理）的理论根源予以剖析。

凯恩斯主张用扩张性财政政策刺激投资与消费，其经济增长模型如下：

$$C+S=C+I+（EX-IM）+（G-T）$$

其中 C 代表消费；S 代表供给；I 代表投资；（$EX-IM$）代表进出口；（$G-T$）代表收支。

凯恩斯的经济政策就是在经济下行时增加消费、扩大投资和稳定经济增长。但是凯恩斯的逆周期调节办法适用于短期的经济不景气，如果长期坚持用这种办法调节，势必会造成价格信号紊乱，造成经济结构严重不合理。2012年以后中国经济形势出现"三期叠加"的困难：一是经济增长速度换挡期；二是经济结构调整的阵痛期；三是前期长时间的经济刺激政策的消化期。当前经济表面看是有效需求不足，实则是有效供给不足。中国经济面临着四降一升的危险：①经济增速下降；②工业品价格下降；③实体经济盈利水平下降；④财政收入下降；⑤经济风险发生的概率上升。这是对中国经济当前形势的基本判断。

党的十八大以来，中国经济发展进入新常态，面临"三期叠加"的复杂局面，前期大规模经济刺激政策不可避免地产生产能过剩、债务累积、成本上升等问题，人口、劳动力、技术、全要素生产率等影响长期发展的供给侧要素发生深刻变化，经济运行的主要矛盾从总需求不足转变为供给结构不适应需求结构的变化，矛盾的主要方面转到供给侧。2015年，党中央提出实施供给侧结构性改革，明确去产能、去库存、去杠杆、降成本、补短板五大重点任务，通过大力推动"破、立、降"，使供需结构失衡得到矫正，通货紧缩趋向得到遏制，不仅提振了我国经济增长，也促进了全球经济复苏。2018 年，党中央进一步提出深化供给侧结构性改革的"巩固、增强、提升、畅通"八字方针，要求更多采取改革办法，运用市场化、法治化手段，着力增强微观主体活力，提升产业链水平，推动金融和实体经济、房地产和实体经济等深层次关系调整优化。通过持续深化供给侧结构性改革，中国供给体系质量和效率明显提升，发展新动能加速成长，经济发展质量不断提高。

（二）新常态下经济增长的分析方法

中国经济进入新常态后，人们发现凯恩斯经济周期调节模型存在着巨大的缺陷。它会导致经济结构更加不合理、市场价格信号紊乱、滞胀等问题。人们又重新关注索洛经济增长模型的理论阐释。索洛的新古典经济增长理论对中国过去高速增长和新常态增速减缓都有很强的解释力。人们开始将索洛经济增长模型作为理论依据，从供给侧调节经济运行。索洛经济增长模型，又称"新古典经济增长模型"：

$$Y = A * K^{\beta} * L^{1-\beta}$$

其中 K 代表资本；L 代表劳动力；β 代表劳动力弹性系数；A 代表索洛余数。

资源是稀缺的。如何让资源发挥最大效用是经济学研究的首要问题。在经济学分析中，资本和劳动力被视作最重要的两种资源（现代经济学中增加了自然资源、企业家才能）。既然资源是稀缺的，那么如何来度量资源的利用效率就是一个很重要的问题。于是人们就用劳动生产率、资本生产率衡量劳动、资本的利用效率。同样，用万元产值能耗衡量能源利用效率，用每亩土地带来的工业产值衡量工业中土地的利用效率。虽然这些指标看似清白无误，但有一个共同的问题——这些指标只能衡量某一类资源的利用效率。而如果单纯考虑劳动生产率或者资本生产率，就无法反映一个生产单位的整体效率。这就需要综合考虑资本、劳动之后得到的生产率，这就是所谓的"全要素生产率"（Total Factor Productivity，简称 TFP）。如果在生产过程中将自然资源、企业家的才能等要素考虑进去，那么，这些要素也可被纳入"全要素生产率"。全要素生产率的关键是"全"，全即一切，一切都在其中。全要素生产率虽然包罗万象，却没有量纲。各个研究者构建的指标权重不同，得出的指标不尽相同，也不可比较。经济增长要依靠优化结构、提高效率。经济增长有两种不同的效应：水平效应是技术和产业结构不变时增加投入，我们可以称其为粗放式经济增长；结构效应是通过技术进步、产业结构升级、组织变革促进增长，可以称其为集约式经济增长。前者为短期效应，后者为长期且质量更高的效应。

本书作者认为：全要素生产率的增长源于技术创新和更有效率的组织形式。在对经济增长的研究中，人们通常认为经济增长过程中可利用的经济资源主要由劳动力资源和资本构成，从生产率要素角度来看主要包括人力资本和技术两项要素，实现经济增长具有两个途径：增加经济资源的投入或者提高生产率要素。我们确知技术和模式创新确实会影响企业发展和经济增长的质量，但这个过程比我们想象的要漫长、复杂得多。有人做过无法验证的比较得出结论：美国在过去的二三十年里以生物技术、互联网、大数据和人工智能为主导的高科技不断改变全球产业格局，但美国全要素生产率的年均增长速度还不到1%，远低于1870—1970年美国完成工业化和城市化期间所取得的2%以上的年均增长速度。据测算：中国现在的全要素生产率大约是美国的43%，如果中国在2035年全要素生产率达到美国65%的水平，就需要全要素生产率每年的增速比美国高1.95%。

麻省理工学院索洛教授提出，全要素生产率是推动经济增长最重要的因素。研究结论认为：为了实现经济增长需要增加索洛余值A，即增加全要素生产率。通过分解全要素生产率，有人将其构成归纳为需求侧动能、供给侧动能与结构转换动能三类。定量研究经济增长动能指数不仅能从总体上揭示中国经济增长动能的趋势，还能针对各种动能呈现的增长、停滞、趋缓等不同趋势，提出相应的政策建议。党的十九大报告指出中国经济已由高速增长阶段转向高质量发展阶段，正处在转变发展方式、优化经济结构、转换增长动力的攻关期，致力于推动经济发展质量变革、效率变革、动力变革，提高全要素生产率。

（三）政治经济学的分析观点

马克思在《资本论》中分析利润率趋向下降规律时指出，总资本的有机构成不断提高，一般利润率会逐渐下降。利润率下降会导致生产过剩、投机、危机和资本过剩；对外贸易及开放可以延缓利润率下降；应对解决的办法包括发展劳动生产力、闲置资本的利用、信用制度与系统性风险的管控和生产过剩、资本过剩与资本输出。政治经济学视角的改革使中国供给能力更好地满足人民日益增长、不断升级和个性化的物质文化和生态环境需要。

（四）凯恩斯的有效需求理论与西方供给学派

凯恩斯经济政策旨在解决失业的扩张性财政政策的负面效应，实质就是通货膨胀和失业并存或交替并存。凯恩斯的经济政策指出，政府从宏观层面对经济进行干预调整，可解决有效需求不足的问题。新西兰经济学家菲利普斯最早发现失业与通货膨胀之间可能存在此消彼长的关系。用他名字命名的菲利普斯曲线反映了失业率与工资变化速度（通货膨胀）呈反方向变化。即通货膨胀的速度加快，失业率就会下降，反之亦然。但菲利普斯曲线不能解释"滞胀"，即生产停滞加通货膨胀。20世纪70年代，高失业率与高通货膨胀率并存的"滞胀"现象，使凯恩斯主义广受质疑，以"需求管理"为核心的凯恩斯主义经济政策被认为是造成"滞胀"的主要原因。弗里德曼自由主义经济学派认为：个人自由高于经济政策，国家干预经济抑制了市场经济的活力，是造成"滞胀"的重要原因。由此，以蒙代尔和拉弗等经济学家为代表的供给学派的观点重新得到重视，并成为英国撒切尔政府和美国里根政府经济政策的理论依据。著名的拉弗曲线也成为美国里根经济学的生动阐释。里根政府的经济政策包括：①支持市场自由竞争，放松政府对企业的管制；②降低税收和公共开支，主张预算平衡；③强调控制货币供应量应对通货膨胀。这一系列政策被称为"里根经济学"。总体而言，"里根经济学"的政策主张取得了成功。但是，美国的财政赤字在里根时代持续恶化，财政赤字问题也成为里根任期内美国经济的常态，并一直延续到 20 世纪 90 年代中期。与此同时，收入分配状况也明显走向恶化。随之，西方供给学派主张从微观层面调动企业的积极性，给企业以更大的发展空间。供给学派主要通过减税刺激供给和调整结构。供给学派的理论前提是健全的市场经济体制，价格信号能够准确反映市场真实情况。

四、供给侧结构性改革创新之处

（一）中国经济发展新常态的主要特点

经济发展新常态的主要特点是增长速度由高速转向中高速；发展方式从规模速度型转向质量效率型；经济结构调整从增量扩能为主转向调整存量、做优增量并举；发展动力从主要依靠资源和低成本劳动力等要素投入转向更多驱动力创新。有人认为，经济增速放缓与我国的调控有关，主要是通过压低增长率来实现经济的转型升级，在这一过程中储蓄率回落导致资本积累对经济增长的贡献减弱。保持和改善生态环境需要占用大量劳动力和资本，增加生产成本，造成经济增长减速。2008 年以后，需求管理边际效益不断递减，单纯依靠刺激内需无法解决产能过剩等结构性问题；有效供给不足导致大量有效需求外溢，境外消费有增无减。中国经济的实质问题是结构性问题，而非周期性问题，主要由于供给结构错配所致。经济需要由高速增长向高效增长转变。中国再次面临经济增长方式由粗放式增长向集约型增长转型的问题。

1. 生产要素状况发生改变

我国进入劳动年龄人口增长的拐点，当前随着人口老龄化和生育率的降低，人口红利逐渐消失，劳动力要素对经济增长的贡献开始下降，劳动年龄人数的下降，使得经济增长的速度逐渐放缓，经济增长需要依靠其他要素增长成为关注的重点。从劳动力投入来看，人口老龄化也必将导致劳动力数量增长率的下降，甚至为负。从 2010 年起，我国进入人口红利下降期，"人口红利"逐渐消失。但是，从劳动力质量来看，我国的教育发展大大提高了劳动力的质量。2010—2014 年，大专以上文化程度人口占总人口的比例从 8.75% 提高至 11.01%，提高了 2.26%，高中（含中专）文化程度人口占总人口比重从 13.72% 提高至 16.35%，提高了 2.63%，均明显超过了劳动年龄人口比例下降的幅度，显示出我国的劳动力市场正进入"教育红利期"，"教育红利"大大抵消了"人口红利"下降的影响。然而，"教育红利"转化为"人力资本红利"是有条件的，这在很大程度上取决于提高新增资本的配置效率和创新驱动型的增长模式的实现，否则将导致"教育红利"的浪费。此外，劳动就业从第一产业向第二产业和第三产业的部门转移也会带来劳动生产率的提升。

2. 经济总量基数增大使经济增长速度放缓

中国经济的体量与过去相比发生了较大的变化，现在增长 1% 相当于 5 年前增长 1.5%，或 10 年前增长 2%。结合中国和其他国家的历史经验，一个大国不能长期依赖出口和投资来引导经济增长。1979—2012 年我国货物贸易出口保持 20% 的年均增长率。我国出口优势和参与国际产业分工的模式越来越受到挑战。2008 年以后，西方国家的黄金增长期结束，步入深度调整期，有效需求下降，再工业化，产业回流本土，进口替代效应增强，导致我国出口需求增速放缓。我国多年来一直是世界上受到反倾销反补贴调查最多的国家。我国货物出口占世界总额的比重，1979 年约 1%，2005 年超过 10%，2014 年达到 12.3%。

3. "供给失灵"是经济新常态的典型特征

以结构性产能过剩为特征的"供给失灵"是经济新常态的典型特征。"十二五"（2010—2015）以来，我国经济增速显著下降，表面上的原因是"需求不足"，实际上是供给结构与市场需求脱节造成的"供给失灵"。一方面，以钢铁为代表的部分行业，产能严重过剩，资源配置效率低下；另一方面，居民的有效需求受供给侧制约不能得到满足，国内消费和国内生产之间的脱节现象日益明显。如果不能有效解决"供给失灵"问题，单纯的"扩大内需"政策必然会加大长期的结构性调整难度。

（二）供给侧结构性改革有力推动经济增长方式转变

从经济增长核算来讲，经济增长是资本积累（受储蓄率水平影响）、劳动力投入（包括劳动力的数量和质量）及全要素生产率增长共同作用的结果。从国际比较来看，我国是世界上储蓄率最高的国家之一。从资本积累来看，中国的资本形成占 GDP 的比重可以维持在较高的水平。从这个意义上讲，投资仍旧是未来中国经济增长的重要推动力。持续的高投资率必然会提高资本产出比率（资本存量 /GDP）。因此，如何把高储蓄率转化为高增长率，关键在于投资的效率。尽管投资在短期内看属于需求端，但是它对经济增长的长期影响属于供给侧，决定了一个国家经济增长的可持续性。从这个意义上讲，资本市场的效率决定了储蓄是否能够转化为有效投资，进而促进有效供给。因此，从储蓄率水平和劳动力数量在未来的变动趋势来看，单纯依靠资本投入规模和劳动力数量增加的增长模式无法维持目前的中高速增长态势，而在未来要维持中高速经济增长，必须立足于全要素生产率提高对经济增长的贡献率。一方面，它取决于要素的配置效率的提高，充分发挥"教育红利"的潜在优势，提升资本投入的效率；另一方面，取决于技术进步和创新水平的不断提升。这两方面均属于供给侧范畴。从这个意义上讲，供给侧改革的核心是提高资本市场的效率，为释放"教育红利"和提高劳动力配置效率提供有利条件，进而提升全要素生产率对经济增长的贡献率，维持经济增长保持中高速水平。

（三）供给侧结构性改革有助于需求端结构调整

供给侧结构性改革的目标是化解过剩产能，提升有效供给能力，这都是相对于需求端而言的。因此，供给侧结构性改革不能脱离对需求端的认识，既不能忽视需求端的现实需求，又要满足需求端的变化，更要通过创新引领主动调整供给侧达到引领需求端的目标，形成"供需平衡"的理想状态。总体来看，需求端的结构性变化远不及供给侧的变化。货物和服务净出口对经济增长的总体拉动作用非常有限。如果供给侧的改革不彻底，必然会影响需求端的结构性变化。当时突出存在的企业成本过高、库存过多的状况，正是"供需不平衡"造成的。如果不能有效清除，不仅会成为经济增长的制约因素，也必然会影响就业增长和居民收入提高，进而影响居民消费对经济增长的贡献，制约长期的需求端结构性转型。

（四）供给侧结构性改革与西方供给学派的区别

我国实施供给侧结构性改革与里根政府进行基于供给学派的经济政策在政策背景、政策目标和手段方面存在根本性区别。特别需要指出的是，尽管"里根经济学"所依据的供给学派理论和我国当前强调的"供给侧结构性改革"有类似的政策目标，即激发经济活力、促进经济增长，但是我国的"供给侧结构性改革"与"里根经济学"在政策目标与发展环境等诸多方面存在明显差别。"里根经济学"的政策首要目标是抑制通货膨胀。美国经济 1970 年代末出现的"滞胀"问题，在很大程度上与石油供给冲击导致的能源价格上涨和美国军事支出的膨胀有关，从而导致经济增长停滞和通货膨胀并存的现象。而我国目前的通货膨胀压力很小，但是结构性产能过剩比较严重，由此造成了资源配置的扭曲。此外，尽管我国当时经济增长放缓，但是仍旧保持了 7% 左右的中高速增长。这与美国在 1980 年陷入负增长有很大不同。经济保持中高速增长为我国供给侧结构性调整创造了客观条件。从发展阶段来看，我国当前的经济结构与里根时代的美国经济也有很大的差异。1980 年，美国城镇化率为 73.74%，服务业增加值达到 63.57%，服务业就业比重为 65.70%，这些指标都是发达经济体的典型标志。相比之下，我国 2014 年城镇化率仅为 54.41%，服务业增加值占 GDP 的比重为 48.2%，就业比重为 40.6%，收入水平仍旧处于中等收入阶段。以上两点差别，决定了我国的供给侧结构性改革的政策手段，也必然不能照搬里根 1980 年代初实施的经济政策。"里根经济学"最突出的政策手段为减税（特别是针对富人阶层的减税）和放松管制，进而解决"滞胀"问题。而我国的供给侧结构性改革的核心是经济结构的调整和经济发展方式的转变，通过提高供给结构的适应性和灵活性，提高全要素生产率。从这个意义上讲，我国的供给侧结构性改革既有短期任务，又必须具有长期战略；既要做好打持久战的准备，又要组织好重点领域的"歼灭战"。在实施供给侧结构性改革的过程中，应当厘清理论上与实践中的误区，不能照搬美国的历史经验。经济"病症"不同，政策"药方"自然也不同，这是我国实施供给侧结构性改革的基本出发点。

五、如何推进供给侧结构性改革

经济调节，无论是市场调节还是政府的宏观调控都是为了协调供求平衡。经济政策是以供给侧为重点还是以需求侧为重点，要依据经济体制变化和宏观经济发展形势做出选择。中国政府提出供给侧结构性改革的必要性与对当时经济下行的基本判断相关，虽然经济下行不排除仍然存在有效需求不足的问题，但矛盾的主要方面在供给侧。基本可以这么认为：第一，当前经济下行问题不是周期性问题，而是供给侧的结构性问题。如果是周期性问题，可以等待经济复苏，但现在的问题是存在数量不小的过剩和无效产能，无法形成有效供给，会拖累经济复苏。而且，高杠杆和高成本，不仅使众多企业成为"僵尸"，没有活力，还使许多地方政府背负过重的地方债务。在这种状况下，如果供给侧问题不解决，经济就难以止跌回升。第二，长期依靠需求拉动经济增长乏力，消费、投资和出口"三驾马车"协同拉动经济增长的需求拉动机制表现在：一方面，消费需求对经济增长的贡献率不如预期，被激发出来的消费需求没有形成对本国产品的现实需求，而是转向购买国外高端产品，没有起到对本国经济增长的拉动作用；另一方面，在世界经济增长持续放缓的背景下，在不景气的国际市场上扩大出口需求也非常困难，面对发达国家的再工业化和"工业 4.0"，中国建立在比较优势基础上的出口竞争力有所下降，依靠净出口拉动经济增长作用有限。

发展中国家在转向市场经济体制时，长期存在的结构、技术、效率等供给侧问题，不会因转向市场经济就自动解决，也不可能靠需求侧的调节来解决。其原因是发展中国家的这些供给侧问题既有发展方式方面的原因，又有供给侧的体制问题。因此要想解决供给侧的问题，既要转变发展方式，又要进行结构性改革。要推进供给侧结构性改革，就要做到如下几点：

（一）坚持"三去一降一补"

推进供给侧结构性改革，是在综合研判世界经济形势、着眼我国经济发展全局的前提下做出的重大战略决策，是适应和引领经济发展新常态的重大创新，是推动经济持续健康发展的重大举措。供给侧结构性改革，既强调供给，又关注需求；既突出发展社会生产力，又注重完善生产关系；既发挥市场在资源配置中的决定性作用，又更好地发挥政府作用；既着眼当前，又立足长远。转变政府职能是供给侧结构性改革问题的应有之义，也是改革的重要内容。加快政府职能转变，提效能，促进去产能、去库存、去杠杆、降成本、补短板（简称"三去一降一补"），为推进供给侧结构性改革助力。

供给侧改革之所以被称为结构性改革，原因是供给侧问题突出表现为结构性问题，可以归结为有效供给不足和无效产能并存。无效产能包括过剩产能、落后产能和污染产能。这种结构性矛盾是发展中国家的通病，属于长期问题。这种结构性矛盾可以归结为现行经济发展方式的症结：供给不能适应进入中等收入阶段以后消费需求的新变化。进入中等收入阶段，解决温饱问题后，居民的消费需求开始转型，更关注健康、安全、卫生、消费档次；而生产和服务还停留在低收入阶段的供给，追求数量，不重视质量，为生产而生产，势必产生现在的有效供给不足与无效供给、低端供给并存所导致的库存和过剩问题。由此提出结构性改革任务：针对无效产能，要去产能、去库存；针对有效供给不足，要降成本、补短板。这些都是转变发展方式的内容，更需要体制、机制上的支持。

基于以上分析，对供给侧结构性改革问题，要明确区分涉及长期发展的改革目标和当前所要推进的去产能、去库存、去杠杆、降成本和补短板的任务。这些任务要在改革和发展中实现，而不能只是把这些任务作为供给侧结构性改革的目标。如果把这五个方面看作长期任务，就要在体制上不再持续产生所要"去"的产能、库存和杠杆，持续地补齐短板和降成本。如何去产能、去库存、去杠杆、降成本、补短板？单纯静态观点的去产能、去库存、去杠杆会产生巨大的成本，而且难以有效实现目标。可行并且有效的路径是用发展的办法去库存、去产能和去杠杆。原因是过剩的产能和库存并不都是无用的，其中相当多的过剩产能、高库存和高杠杆很大程度上是经济不发展带来的。发展可能消化和吸收过剩的产能和库存，并且去掉部分因速度持续下行所产生的杠杆（金融债务）。而且"补短板"更多的是补有效供给不足的短板，也就是补发展的短板。从改革的角度分析，无效产能、库存、杠杆和成本的产生，都同供给侧存在的制度问题相关，供给侧结构性改革就是要建立起有效防止和克服继续产生无效和低端产能、缺乏市场需求的库存、高杠杆带来的高债务以及成本持续走高的制度结构。

概括起来,供给侧结构性改革目标有三个:一是解决有效供给,二是提高全要素生产率,三是释放企业活力。这意味着供给侧改革还是要推动发展。

(二)推动质量、效率和动力三大变革

要做好供给侧结构性改革,就要主动适应经济新常态。积极引领经济新常态的必然要求与重要手段,就要从过去仅关注总量均衡转为关注结构均衡。结构失衡会导致库存增加或需求外溢,结构失衡必然会导致总量失衡。适应经济新常态,就要推动质量、效率和动力三大变革。经济结构调整从增量扩能为主转向调整存量、做优增量并举;增长速度由高速转向中高速;发展方式从规模速度型转向质量效率型;发展动力从主要依靠资源和低成本劳动力等要素投入转向更多驱动力创新。

(三)注重"虚实协调、实体为主"

结构性产能过剩是我国经济的新常态,解决好产能的结构性过剩问题,就成为首要目标。要通过资源合理配置,积极解决产能结构性过剩,淘汰落后产能;帮助企业降低成本,进一步减少阻碍经济主体活力的制度性因素以及政府对企业的不合理干预,发挥企业微观主体的能动性。要坚决走出"依赖房地产投资"刺激增长的误区,强有力地支持实体经济发展。加快制造强国建设,进一步推进以技术进步与创新为主的高端制造业的发展,发挥我国资本积累与人才积累的双重优势,完善产业结构。推动服务业,特别是以金融服务业与制造服务业为代表的高端服务业发展,做到与工业体系的有机融合。

(四)坚定创新驱动发展理念

供给侧结构性改革离不开创新。从长期来看,要构筑创新驱动增长模式,通过发挥创新作用,拉动经济发展的乘数效应。创造创业、创新、创智的良好环境,实施"互联网+"行动计划,发展物联网技术,提高教育支出密度、研发支出密度、人力资本投资密度、环保投资密度、经济地理密度、基础设施密度等。此外,通过对外开放,增强全球资源配置能力,深度融入全球产业链、价值链、物流链,放大乘数效应。构筑以创新为核心的新的经济发展模式,做到经济总量与经济质量的双重增长。

(五)深化结构性调整和增长方式转变

供给侧结构性改革的重点是解放和发展生产力,用改革的办法推进结构调整,减少无效和低端供给,扩大有效和中高端供给,增强供给结构对需求变化的适应性和灵活性,提高全要素生产率。供给侧改革不同于西方经济学的供给学派,不仅是税收和税率的问题。供给侧改革既强调供给,又关注需求;既突出发展社会生产力,又注重改善生产关系;既发挥市场配置资源的决定性作用,又更好地发挥政府作用;既着眼

当前，又立足长远。

供给侧结构性改革的核心目标就是转变以往以投资需求为核心的经济增长方式。供给侧结构性改革要优化供给结构，提高有效供给能力，同时增加有效投资，积极探索各种类型的 PPP 模式，做好重大基础设施的高效投资，提高户籍人口城镇化率，扩大消费需求。供给侧结构性改革还要提高经济发展质量，同时避免诸如金融风险、生态风险、环境风险、能源风险、资源风险等一系列发展过程中的风险。

还要注意进一步深化改革，完善市场环境，激发企业活力和消费者潜力。发挥市场的主导作用，为市场主体营造更为宽松的经营环境与投资环境，提振市场与企业的信心，通过供给侧结构性改革，全面提升全要素生产率，实现经济高质量发展。

问题与思考

1. 如何正确理解"供给侧结构性改革"的政策含义？

2. 什么是需求侧管理？

3. 如何推动"供给侧结构性改革"？

4. 分析 1998 年东南亚金融危机和 2008 年美国次贷危机的异同。

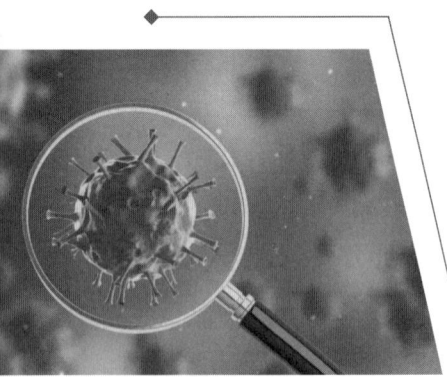

第十九章
公共卫生经济学：
新冠病毒疫情

历史有重演的特性，它会一直持续到教训被人领悟为止。

——黑格尔

本章概要

新冠病毒感染疫情
风险社会
医疗和公共卫生
公共卫生经济学
医疗保障体制
政府行为和市场行为

关键词

新冠病毒肺炎　疫情防控　公共卫生经济学

　　2019 年年底，在湖北武汉出现了病毒性肺炎，该肺炎具有传播速度快、波及范围广、感染人数多等特征，卫健委派专家组赴武汉实地考察后确认该肺炎为"人传人"的乙类传染病。后被世界卫生组织（WHO）正式命名为新型冠状病毒肺炎，简称新冠病毒肺炎。新冠病毒肺炎疫情暴发以后，中国政府采取了强有力的防疫措施，及时阻断传染源蔓延扩散，迅速动员全国医疗卫生资源驰援武汉。中国政府抗击新冠病毒肺炎疫情行动反应之快、动员之巨世所罕见。本章从公共卫生经济学的角度对新冠病毒肺炎疫情的产生与蔓延过程进行梳理，对疫情防控过程中所采取措施的利弊得失进行探讨研究，总结此次疫情带来的经验与教训，并提出相关政策建议。

一、新冠病毒疫情梳理

2019 年年底，新冠病毒肺炎在武汉暴发。2020 年 1 月，新冠病毒肺炎从武汉开始向全国蔓延。新冠病毒肺炎疫情自暴发以来，引起了中央及地方政府的高度重视，社会各界都在齐心协力一致抗疫。面对这突如其来的传染性疾病，首先要做的就是梳理疫情的发展趋势。本次疫情的大致经过为：从 2019 年 12 月武汉卫健委通报首例新冠病毒肺炎病例到 2020 年 1 月 3 日，武汉卫健委共通报了 44 例新冠病毒肺炎病例，当时未见明显人传人或医护感染现象；之后湖北省还正常进行了"两会"的开幕。随着疫情态势愈发严重，在 2020 年 1 月 23 日，武汉宣布市内公交、地铁、轮渡、长途客运暂停运营，离汉通道关闭，正式"封城"。此后，湖北省先后有 13 座城市宣布"封城"。2020 年 1 月 31 日，世界卫生组织宣布中国发生的新冠病毒肺炎为全球突发性公共卫生紧急事件，这是世界卫生组织传染病应急机制中的最高级别。2020 年 2 月 11 日，世界卫生组织在日内瓦宣布将新冠病毒所引发的疾病的英文名称命名为"COVID-19"。同日，国际病毒分类委员会将新冠病毒命名为"SARS-COV-2"。

疫情暴发之后，中国采取了极其果断的措施，在阻断传播途径、控制和消灭传染源、隔离易感人群和感染者三个方面多管齐下、共同发力，从根本上遏制住疫情蔓延之势。"封城"之后，在武汉市现有医护条件下，激增的疑似病例和确诊病人让各大医院不堪重负。为了解决这个根本性矛盾，中国发挥基建优势，只用 10 天就建成了可容纳 1000 张病床的火神山医院，12 天就建成了可容纳 1500 张床位的雷神山医院，29 小时就建成了一座方舱医院，并开始收治病人，后又陆续新建了共计 14 座方舱医院，新增几万张床位，确保疑似和确诊病例"应收尽收、应治尽治"。2020 年 3 月 19 日，中国大陆报告自疫情暴发以来首次实现新增本土确诊病例和疑似病例为零，湖北省以外地区连续 7 日无新增本土确诊病例，国内疫情防控工作初见成效，疫情得到了有效的控制。但是国际疫情快速蔓延带来的输入性风险增加，还需要重点落实外防输入重点任务。

大规模疫情暴发有其突发性和不可预测性，政府在做出重大决定时，除公共安全因素外，还要考虑经济和社会影响。本次疫情作为一个来势凶猛的"灰犀牛事件"，又一次为我们敲响了警钟。我们的公共卫生体系在应对猝不及防的疫情时显得有些力不从心。2021 年 12 月奥密克戎（Omicron）变异株开始传入中国。相较于新冠病毒原始毒株，奥密克戎变异株的毒力已经大幅下降，但致病性和传播性增强，中国内地较之前报告病例有所增加。

疫情防控期间，中国政府始终将人民群众的生命安全和身体健康放在第一位，坚持动态清零防疫政策。因时因势优化完善防控措施，先后制定了九版疫情防控方案，2022 年 11 月又出台二十条优化防疫措施，有效地应对了疫情带来的许多不确定性，统筹疫情防控和经济社会发展，取得了积极成果。由于疫苗接种的普及、防疫经验的积累，2022 年 12 月 7 日我国又出台了关于进一步优化落实疫情防控的十条措施（简称"新十条"），标志着中国的疫情防控进入一个新阶段。截至 2022 年 12 月 11 日，中国内地确诊感染人数共计 1874511 人，确诊人数 365314 人，新冠疫苗注射数为 34.49 亿剂次。2022 年 12 月 23 日，卫健委将"新型冠状病毒肺炎"更名为"新型冠状病毒感染"。2023 年 1 月 8 日正式将新冠病毒感染疫情（以下统称"新冠疫情"）由"乙类甲管"调整为"乙类乙管"。新冠疫情防控持续了 3 年。相较于 2003 年的非典疫情，持续时间更长，波及范围更广，导致我国经济下行压力更大、外部环境更紧（全球需求疲软，贸易壁垒、中美贸易战、国际关注公共卫生紧急事件等），本次疫情对经济、社会造成较大冲击。

二、疫情的防控

（一）风险社会的疫情传播

现代社会是一个风险社会。所谓风险社会，是指随着人类活动频率的增多、活动范围的扩大，其决策和行动对自然和人类社会本身的影响力也大为增强，这使得风险的结构从自然风险占主导地位逐渐演变为人为的不确定性占主导地位。英国社会学家吉登斯、德国社会学家贝克等人指出，风险社会的风险是"平等主义者"，具有跨边界性（地域边界、社会阶层边界、国家边界等）、开放性、广泛性等特征，它"不放过任何人"。因此，现代社会一切形式的风险，包括自然风险和非自然风险都容易演变为社会性风险。由于人类活动频率提高和活动范围扩大，局部地域发生的风险和危机极易扩展为更大范围的社会性风险和危机。2020 年 3 月 5 日，全球已有 78 个国家和地区相继发生疫情，当时除中国以外全球累计确诊新冠病毒肺炎病例 14942 例，而到 2020 年 3 月 31 日，全球 203 个国家及地区报告新冠病毒肺炎确诊病例 754948 例。

病毒是威胁人类生存的头号敌人，传染病可以轻易跨越国境、种族、性别、阶级的界限。1347—1353 年，黑死病（腺鼠疫）在欧洲流行，这场瘟疫夺走了欧洲 2500 万人的生命。18 世纪，天花又夺走了无数欧洲人的生命，甚至连西班牙国王路易斯一世、俄罗斯沙皇彼得二世、法国国王路易十五都死于天花，而远在欧亚大陆另一头的中国同样饱受天花之苦。相传顺治帝就死于天花，而康熙之所以能继承皇位也是因为感染天花后幸存，不致有早亡的风险。1918—1919 年，H1N1 亚型毒株导致的"西班牙流感"夺去了当时世界 17 亿人中 4000 万 ~5000 万人的生命。1957—1958 年，H2N2 病毒引发的"亚洲流感"导致全球至少 100 万人死亡。1968—1969 年，由 H2N2 病毒进化而来的 H3N2 病毒又造成了 100 万 ~300 万人的死亡。

相较于现代社会，古代社会的疾病蔓延相对缓慢，黑死病、天花等传染性疾病尽管势不可挡，每天的平均传播距离其实只有 2 千米；而现代社会的便捷交通工具和人口流动规模，在给疾病防控带来新科技手段的同时，也带来莫大的挑战。历史表明，没有所谓的世外桃源，封闭偏远的地方在遭遇前所未见的疾病时后果可能更严重。2003 年的 SARS、2009 年的甲型 H1N1 流感、2014 年的脊髓灰质炎疫情和西非的埃博拉疫情、2015—2016 年的"寨卡"疫情，以及 2018 年开始的刚果（金）埃博拉疫情、2019 年的新冠疫情都被 WHO 列入"全球突发性公共卫生紧急事件"，可见公共卫生已经成为需要全球协作解决的问题。多年来，突发性高传染的病毒疫情从未停止，一直是现代国际社会面临的共同难题，医学界与全球的卫生组织也一直在为预防下一轮超级传染病的暴发而努力，一直在与未知的变异病毒赛跑。

（二）疫情传播的速度

美国经济学家马修·杰克逊在《人类网络》一书中指出，人类社交网络的主要功能就是传递信息与物质，也包括传染性疾病，传染病通过人类的社会网络蔓延。关于疾病传播有两个关键概念：一是"基本再生数（R0）"，是指在没有外力介入的情况下，一个患者平均会造成多少新的感染者。R0 的微小差异会带来截然不同的传播后果。R0 大于 1，疾病传播将以几何级数扩大；若小于 1，则新感染人数将递减，疾病会得到控制并最终消亡。天花的 R0 为 5~7，SARS 的 R0 为 2~5，埃博拉病毒近年来在非洲国家暴发时，R0 为 1.5~2.5。新冠病毒肺炎的 R0 为 2~2.5（据中国 – 世界卫生组织联合考察报告）。第二个概念是"超级感染者"，即一次性暴露造成 10 人以上的续发病例。美国疾控中心的一份报告提到，在 1983 年已知的全部 248 名艾滋病患者中，有 40 人是被加拿大空乘服务员盖尔坦·杜加斯传染，这就是典型的超级感染者。事实表明，超级感染者的出现，能够在短时间导致疾病传播速度突然加快，传播范围迅速扩大，甚至可能突破通常的防护屏障，导致医院的医护人员集中感染，更有甚者可能产生病毒变异的未知风险。据韩国媒体 2020 年 2 月 20 日的报道，韩国的邪教组织新天地教会有一名 61 岁的女性，在其确诊后，其接触过的 15 人先后确诊。最终这一名超级感染者导致韩国上千名群众被紧急隔离。此外还有一个概念，是有限人传人和持续人传人。有限人传人是指病毒只能在人之间传染一代，持续人传人是指病毒持续在人之间发生继发性的传染至二代或三代。新冠病毒虽然和 SARS-COV、MERS-COV 有相似性，但实质不同。早期病例表明，发病数量迅速增加以及越来越多的人际传播证据证明该病毒比 SARS-COV 和 MERS-COV 更具传染性。随着时间的推移，新冠病毒不断变异。3 年来主要新冠病毒的突变株大约经历了贝塔（Beta）、伽玛（Gamma）、德尔塔 (Delta)、奥密克戎（Omicron）几代变化，传播能力不断增强。根据国家卫健委官方数据，奥密克戎在 2021 年 12 月 13 日传入中国后，新增感染病例明显增多，其中大量为无症状感染者，但死亡病例急剧减少，其死亡与确诊人数比例由此前的 4.65% 下降为 0.24%。这表明奥密克戎变异株患病率和传播能力明显增强，而毒性显著下降。

（三）各国应对疫情的策略比较

世界卫生组织国际独立专家组织（IPPPR）总结了全球不同国家四种应对新冠肺炎疫情的方案。第一种是强力控制，以达到社区零传播的目的，主要施行于中国大陆、新西兰、朝鲜、越南、新加坡等；第二种是遏制；第三种是压制；第四种则是不采取任何有效措施。世界卫生组织在 2021 年 5 月发布报告《新冠肺炎：让它成为最后一次大流行病》，对全球不同国家采取的四种防控策略及后果做出评价，认为强力防疫策略是最佳选项。根据世界卫生组织官网和中国卫健委官网数据，截至 2022 年 12 月，全球主要国家及地区每百万人口的确诊数比例为：中国 254 人，美国 292381.9 人，英国 351583.3 人，法国最高，达 570046 人。中国的确诊比例仅为全球确诊比例平均数的 1/321。

面对猝不及防、来势汹汹的疾病，居家隔离、消毒防疫、改变卫生习惯等应急式的改变只是权宜之计，疫苗才是彻底根除病毒的撒手锏。然而，疫苗的研究与开发是一个严谨、漫长的过程，其接种同样一波三折。疫苗接种率越高，疾病威胁越小，民众的警惕性就会越低。疫情严峻，疫苗接种率就会提高，而一旦疫情缓解，接种率也会随之下降，这种无休止的循环造成了如今大多数的传染病会随时间推移呈周期性暴发，要根除任何一种病毒都显得异常困难。自从 1976 年首次发现埃博拉病毒以来，埃博拉疫情在全球已经反反复复发生了 28 次。有的病毒甚至会通过自我变异，随时准备卷土重来。当今世界，除天花已被完全控制外，其他各种传染病仍在地球的某个偏僻角落里蛰伏着。

三、对疫情的公共卫生经济学分析

全面了解公共卫生事件可提高我们应对疫情的思想意识。本节我们从公共卫生经济学方面对疫情进行初步分析。

（一）中国医疗保障体系的历史演变

医疗是城乡居民最关心的现实问题。医疗保险是解除城乡居民疾病医疗后顾之忧的最重要的制度保障。中华人民共和国成立之初就组建了卫生部并设立了专门的公共卫生局。20世纪50年代，我国开展了轰轰烈烈的爱国卫生运动，这一时期我国陆续建立了面向城镇居民的劳保医疗、公费医疗制度和面向农村居民的合作医疗制度。在计划经济体制下，我国的医疗保障体系执行的是"一个国家，两种福利"，城镇居民实行"国家－单位"保障的公费医疗和劳动保险制度，农村则实行以生产大队为单位的互助农村合作医疗制度。农村"赤脚医生"、大队卫生所、乡镇卫生院、地段医院等分级诊疗体系的建立，使我国在人均收入比较低的情况下实现了全民医保，基本消除了人民的疾病医疗负担，为提升全民健康素质做出了重要的历史性贡献，这在当时得到了联合国的高度肯定。1979年以后，随着家庭联产承包责任制改革的深入，人民公社随之退出历史舞台。而依附于人民公社体制下的"医社合一"的农村合作医疗制度也因为筹资困难、管理经办组织职能式微而解体。此后，当时的卫生部曾经联合财政、农业、国家体制改革委员会以及世界银行和美国兰德公司等国际组织和跨国公司对此进行过全面的调研和试点，试图恢复"医社合一"的农村合作医疗制度，但改革和试点的效果很不理想。城镇居民依托"国家－单位"保障的公费医疗和劳动保险制度，因为国有企业改革的深化和市场化的大潮也变得难以为继。计划经济体制下的公费医疗、劳动保险和农村合作医疗制度，在社会主义市场经济体制下很难继续生存下去。因此，我国医疗保险制度必须向建立社会化的方向改革。2002年，我国开始创立新型农村合作医疗（简称"新农合"）和城镇居民基本医疗保险制度，逐步形成了两种体制的"全民医保"制度。2018年3月，全国人大常委会决议，国务院组建国家医疗保障局，将分割于人社部、卫计委、发改委、民政部门的医保管理职能整合，统一归口，形成大部制的管理体制。2019年，国家医保体制改革的目标是"统筹推进城乡医保深度融合，提高运行质量，增强保障功能"。

之所以要梳理中国医疗保险制度的发展历程和现状，是因为在面对突发公共卫生事件时，中国医疗保险制度发挥了极大的优越性。以美国为参照，美国是世界上最发达的国家，但美国却是一个没有全民医保的国家。奥巴马任总统期间推出了美国全民医改法案，但特朗普执政时对奥巴马的医改法案进行了重大修改。截至2020年3月8日，全球已经有101个国家发现了新冠肺炎病例。世界卫生组织访华专家组组长布鲁斯·艾尔沃德博士在接受采访中表示，近期国际的病例逐渐增多，很多人打电话询问中国防疫的做法。他说："中国的防疫方式是可以复制的，但需要速度、资金、想象力和政治勇气。"艾尔沃德博士对比了中美两国在疫情防控下的医保体系，由于美国的检测和治疗费用高昂，大部分美国民众不愿意自费做检测，他认为美国当前医保体系"存在速度上的障碍"。高昂的检测和救治费用使得不少美国民众因为犹豫而耽误救治，这也为新冠疫情在美国进一步扩散提供了条件。而中国政府长期进行全民免费的核酸检测，确诊患者在治疗过程中，其医疗保险满额后，国家会承担一切医疗费用，这对为疫情防控争取时间而言非常重要。

（二）医疗市场化还是政府主导

2003 年和 2019 年我国发生了两次重大公共卫生事件。在我国公共卫生体系中，医疗卫生方面是否存在投入不足的问题？有人甚至质疑，我国公共卫生体系在两次重大公共卫生事件中暴露出来的问题是否与医疗卫生领域过度市场化有关？要回答这些问题，有必要梳理一下我国医疗卫生体系改革的相关问题。

美国当地时间 2020 年 3 月 8 日，世界卫生组织访华专家组组长布鲁斯·艾尔沃德接受了《纽约时报》记者的采访。在谈及医疗投入问题时，艾尔沃德称赞"中国很擅长维持病人生命"，并说"那里（武汉）的医院看上去比我在瑞士看到的一些还好"。艾尔沃德称，武汉的医护人员告诉他，当地的医院有 50 台呼吸机和 5 台 ECMO（体外膜式氧合机，在肺功能衰竭时提供血液氧合）。来自罗伯特·科赫研究所的团队成员称，在德国，柏林的医院也许只有 3 台 ECMO。本书作者相信世界卫生组织的专家看到的确实是中国医疗卫生系统司空见惯的事实。中国近年来在医疗系统大型设备方面投入巨大。中国巨大的市场一直是一块令西方医疗设备供应商垂涎三尺的"肥肉"。但也应该看到，中国医疗依然存在一些问题：各地医院粗放式管理、大型高端设备竞争上马的趋势仍明显；群众的检查费用在医院收入中占比过高；医疗事业发展不平衡的问题严重，各地区分级诊疗的局面尚未形成。即使小小感冒，人们更愿意去大医院看病就诊，导致大医院医疗资源紧张。老百姓们抱怨看病难、看病贵、看病乱的问题始终是卫生主管部门的一块心病。

1979 年，卫生部表示"运用经济手段管理卫生事业"，被业内认为是医疗市场化的开端之一。2000 年，世界卫生组织将中国卫生筹资公平性排在世界第 188 位，许多学者对医疗市场化改革方向进行了反思。2005 年，国务院发展研究中心的一份研究报告提出了"中国医改不成功"的论断，二次医改被提上议事日程。2006 年 10 月 23 日，中共中央第 35 次集体学习确定了医疗公益性改革方向。2009 年 3 月，新医改方案出台，2009—2012 年基层医改取得突破性进展，以安徽模式为代表的基层医改模式在全国推广，基层医疗卫生体系实现公益性。2012 年党的十八大之后，医改更加明确公益性方向，明确指出必须毫不动摇地把公益性写在医疗卫生事业的旗帜上，不能走全盘市场化、商业化的路子。但是数据显示，2014—2019 年这 5 年里，公立医院总数减少了 1364 家，这还不包括许多经营不善的公立医院将一些科室或整体"发包"给"莆田系"，与之"合作"，成为国有民营的医疗机构。2014 年，国家对公立医院的财政拨款为 36.19 亿元，到 2019 年预算增加到 50.23 亿元，同比每年平均增长 7.8%。在公立医院减少的情况下，国家对公立医院的财政拨款比国内生产总值的增长幅度还高。可以看出，国家近几年对公立医院的投入增长还是比较大的。但是从各国医疗卫生财政支出占 GDP 的比重来看，中国与西方发达国家相比，在医疗卫生公共事业方面的投入还有一定差距。而中国的人均医疗卫生投入也相对较低。

（三）医疗和公共卫生的区别

公共卫生和医疗服务是两个不同的概念，所谓的公共卫生是指疾病的预防控制，其支撑学科为流行病学。医疗服务则是指疾病的治疗。公共卫生与医疗服务两者的经济学属性是不同的。公共卫生服务是每个人"不是每天都需要，但一旦需要大家都需要"的公共品性质的服务。医疗服务是由医院向患者提供的符合消费者特质需求的私人品性质的服务。医疗服务是可以市场定价的，而公共卫生服务由于面临的不确定性太大，往往难以定价。由于公共卫生和医疗服务两者的经济属性不同，市场定价的难易程度不同，因此作为公共品的公共卫生服务必须要由政府财政供给来保障，而医疗服务则可以走市场化的道路，由市场供给来实现。北京大学李玲教授认为，如果将民生领域完全交给市场，其造成的最大恶果将是看病难、上学难、养老难、住房难，政府最该作为的就是民生领域，因为市场在这里是失灵的。目前看来，医疗事业市场化趋势是不可逆的。但是医疗服务也不可能完全市场化，公立或私立医院都是市场化的选项。至于医疗服务存不存在市场失灵，则需要政府查漏补缺。在医疗资源配置的过程当中，政府和市场都不能缺席。不过对于公众医疗而言，医疗卫生资源的有限性和公众医疗卫生需求的无限性，永远是最根本的矛盾。截至 2019 年年底，全国共有医院 3.4 万家，其中公立医院 1.2 万家，民营医院 2.2 万家（图 19-1）。与 2018 年国家统计局公布的数字相比，民营医院仅 2019 年就增加了 2000 家。

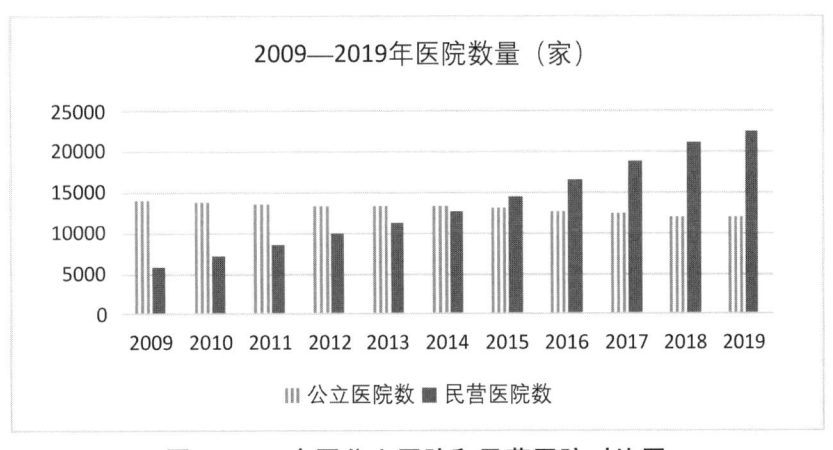

图 19-1 中国公立医院和民营医院对比图

在新冠疫情防控期间，公立医院是抗疫主力军，而民营医院的防疫表现则被很多人口诛笔伐。公立医院之所以可以成为抗疫主力军，一方面是因为公立医院具有极强的组织动员能力，另一方面是因为比起民营医院，公立医院具有较为齐全的科室。抗击疫情发挥主要作用的是感染科，而感染科并不是常见科室，卫健委也只规定了我国二级以上医院必须设立感染科，其他医院并无强制要求，何况是成本核算更为严格的民营医院。而公立医院卫生人才队伍也更为强大。从医疗卫生人员的分布来看，2019年，我国公立医院卫生人员总数为600.2万人，占卫生人员总数的80%，公立医院仍然占领主要的卫生人员市场。目前我国的卫生人员总数并不少，在医学界享有盛誉的学者也很多，但大部分的卫生人员都就职于公立医院。我国三级医院中，公立医院占比高达92.9%，我国最优秀的医生、最有权威的医疗专家几乎都在公立医院。民营医院之所以只能在一定程度上补充公立医院也有其原因，首先，我国民营医院虽然数量较多，但是大多数都规模较小，且没有完善的人才培养机制，对高素质的卫生人员吸引力较弱，主要靠高薪聘请一些从公立医院退休的医生维系，多年来一直面临着医务人员短缺的问题，人才和医疗资源相对匮乏，本身防疫能力较弱。图19-2就直观反映了民营医院在卫生人员数量上与公立医院的巨大差距。其次，各地政府对民营医院的动员不够，而且民营医院要想在疫情期间收治病人所需经过的审批较多。最后，公立医院有国家财政拨款，而民营医院所有的花费全都靠自己。事实上，民营医院在此次疫情防控中也未缺席。据武汉官方消息，武汉新冠疫情前期有24家民营医院分三批被征用为发热病人收治定点医院，可用床位10140张。

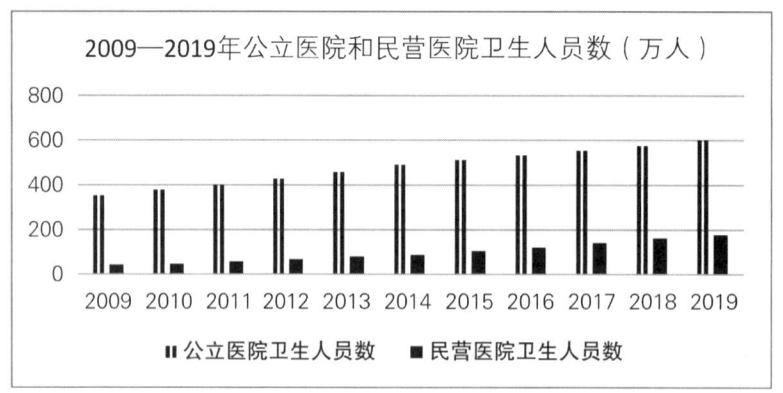

图 19-2　2009—2019 年公立医院和民营医院卫生人员数
（数据来源：国家统计局官网）

中医特别强调治未病，大家都知道预防为主。在公共卫生事业方面的投入，意味着对医疗服务需求的减少或节约。对于一个国家而言，在医疗服务环节投入越多，资源消耗就越快，会造成医疗费用无序增长，医疗保险入不敷出这种"中断灭火，越扑越旺"的后果。2018 年，我国全年总诊疗 84.2 亿人次，出院人数 2.6 亿。根据 2019 年卫健委公开的预算，我国全年在公共卫生宣传方面的拨款仅有 700 万元。

根据卫健委公布的数据，2018 年中国专业公共卫生机构的财政补助收入约为 1243 亿元，不到医院的一半，且专业公共卫生机构获得的财政补助在所有卫生机构中的比例近年来呈下降趋势。财政拨款不足导致人才流失。2005—2018 年，中国疾病预防控制中心的人员数量从 20.65 万人减少到 18.78 万人，平均每年减少 0.73%。疾控中心的应急管理能力直接关系到卫生防疫或公共安全。国家应对疾病的成功经验都是以预防为主，政府在公共卫生方面的投入需要不断增加，才能减少和节约在医疗方面投入和支出。

（四）方舱医院

武汉新冠疫情暴发以后，病人就医数量呈"井喷式"增长，远远超出了正常医疗资源负荷的极限。大量确诊、疑似、密切接触人员居家隔离，时有家庭聚集式感染的发生。2020 年 2 月 3 日，面对武汉新冠疫情，中国工程院副院长、中国医学科学院院长、呼吸与危重症医学专家王辰建议征用大型场馆建设能够大量收治、隔离患者的方舱医院（图 19-3）。中央指导组长孙春兰副总理当即拍板，武汉市政府当晚征用大型场馆改造为方舱医院。中央指导组调动国家医疗救援队 22 支方舱支援队伍星夜赶赴武汉。从决定开建到第一座方舱医院投入运行仅用 29 小时。2020 年 2 月 5 日先后有 16 座方舱医院"边建设、边接收、边治疗"。35 天内，上万名医务人员便进入方舱医院，开展诊疗工作。武汉 16 家方舱医院实际开放床位 1.3 万余张，累计收治患者逾 1.25 万人。为了避免病人在方舱医院里交叉感染，方舱医院治疗指南中明确规定入住方舱医院的

图 19-3　方舱医院

条件为：新冠病毒测试为阳性、流感病毒测试为阴性的轻微症状的病人。方舱医院的救治工作大多由全国各地驰援武汉的方舱紧急救援队负责，也有像江夏方舱医院全面由五大中医药大学按传统中医的办法来负责治疗。武汉的新冠肺炎患者，几乎每 4 人中就有 1 人在方舱医院接受治疗，方舱医院做到了零感染、零死亡、零回头。方舱医院用最快的速度、较小的社会成本，达到迅速大幅度扩大收治容量的目的，及时缓解了收治主要矛盾。概括而言，方舱医院有三大优点：其一，大容量，可提供大量的床位；其二，高速度，短时间即可建成，可以"救急"；其三，低成本，放置床位、配备一些紧急的医疗设备即可投入使用，且开放病区里医护人员可以照看大批患者。其四，将大量轻症患者集中收治于方舱医院，可以隔离传染源，切断传播途径。方舱医院在武汉新冠疫情防控中发挥了极为重要、不可替代的作用，这也为今后我国应对突发公共卫生事件，应对重大灾害、疫情，迅速组织扩充救灾或医疗资源创造了一种全新的模式。

（五）关于疫情的反思

医疗健康事业对经济发展和国家建设具有巨大的推动作用，因此，我们要全面正确看待健康和经济的关系。习近平曾多次在公共场合明确指出要支持医改，提出"没有全民健康，就没有全面小康"的行动指南，然而目前医疗改革市场化的趋势并没有完全扭转，政府投入欠账较多，存在重治疗、轻预防问题。

2003—2019 年短短 16 年间，我国先后暴发了"非典"和新冠疫情，值得我们深刻反思。今后还会不会再次暴发类似的疫情？对于未来的疫情预判，除了底线思维外，也要有红线思维和极限思维，做好最坏的打算：譬如人类疫情和动物疫情叠加暴发怎么办？疫情和自然灾害、经济危机或战争同时发生怎么办？政府要积极汲取国际近 10 年来因疫情暴发而造成巨大损失的教训，强化政府治理水平，提高国民科学素质，超前谋划，布局防患，准备好以更高效的应急机制、更健康的大国心态、更高级的科学防范、更扎实的应急预案应对未来。

四、疫情期间的政府行为和市场行为

（一）两派经济学家对于市场价格的认识

奥地利学派经济学家比其他学派的经济学家更强调市场价格，他们认为市场价格是一种信号，它使人们能够相互交流有价值的信息。如果人们不能通过价格信号了解疫区物资短缺情况，医护人员在疫区就不能及时获得医用口罩、防护服等必要的防疫物资，从而使防疫工作难以推进，并使医护人员置身于危险环境。政府如果干扰市场价格，使生产者和使用者无法顺畅交流，就会弱化人类从疫情中恢复的能力。

在传统经济学中，社会参与个体都以同质性的个体作为代表，但实际上他们各有目的，各有不同的偏好、观念和主观感受。奥地利学派经济学家坚持主观价值论的基础。个体异质性的另一个表现是个体所掌握知识的异质性，彼此信息不对称（不完全）是常态，而非传统经济学所说的完全理性（或全知全能）。正如哈耶克所说，个体的知识都是局部的、分散的，也大都是默认的，而非可编码的。我们面对的外部环境也存在着客观的不确定性（并非随机性，随机性是指存在确定的概率分布）。金无足赤，人无完人，在具有不确定性的条件下试错是获得真理的重要途径；同样地，犯错也不是非理性，不被大部分人认可和支持也不是非理性。人们常说的理性一般指的是每一个个体以自己的行动或手段实现特定目标的一个动态的决策过程，只要一直处于这个过程之中，其行为就是理性的。

（二）政府的调控与市场的力量

鼓吹自由市场的经济学家往往给人冷酷无情的印象，似乎与日常道德脱节。人们很难理解经济学家关于哄抬物价能够提高救灾效率的观点。在灾难中，各行各业的英雄挺身而出，冒着生命危险去帮助那些需要帮助的人。人们不禁要问，当别人受苦时，有人却从中获取暴利，这合乎道德吗？的确，经济学家并没有将道德纳入考量范围，经济学家似乎忘记了灾难来临之际的同胞之情。在武汉，人们人心向善、以礼相让、同舟共济的现象到处可见。武汉"封城"以后，传统供应链基本陷入瘫痪，要想满足日常需求，就必须重新构建应急供应链。在这种非常时期，信息严重不对称，单纯依靠市场力量或动员全国力量，显然是不现实的，全面由政府接管复杂的医疗体系供应链，显然也力不从心。如捐赠人并不了解医用口罩和普通口罩的区别，在供应十分紧张的情况下，红十字会接收的各类物资因无法按需准确配送而积压。无奈之下，各个医院只能直接向社会发送紧缺物资准确信息，以解燃眉之急。

黑板经济学经常分析政府与市场之间的关系：政府作为社会运行的参与主体，其主要作用是为市场机制的有效运行保驾护航，制定法律，保护产权，确保信息及时公开透明、参与人可以自由决策，做好市场的守夜人。没有条件要创造条件保障市场健康运行，在市场不能发挥作用的地方做好有益的补充。不要干预市场，因为市场是交易双方双赢的机制，而政府干预带有强制性，破坏个体的自主决策，结果要么其中一方受损失，要么双方受损。市场有效还是政府计划有效在20世纪社会主义与资本主义大论战中已给出理论证明，苏联解体以及我国改革开放迈向市场经济带来的经济腾飞也已经给出事实依据。

信息是个体决策的前提，此次武汉疫情的突然出现导致的不确定性使得掌握局部信息的个体无法正确决策，因此政府要确保信息及时准确公开，让民众了解真相，消除恐惧。疫情会造成突如其来的临时需求，商品供求失调导致价格高涨，但只要还有自愿交易，即使价格较高，也能满足购买者的需求。武汉疫情导致封城，造成了既有供应链中断带来的连锁性损失，对社会经济运行造成冲击，政府决策时应慎重考虑快速修补供应链的问题，以提高防疫效率，减少损失。

（三）社会组织的"第三只手"的作用

新冠疫情突如其来，所幸成千上万的志愿者、社会组织自发快速行动起来，发挥了政府和市场之外"第三只手"的作用。民政部 2020 年 1 月 26 日发布《关于动员慈善力量依法有序参与新型冠状病毒感染的肺炎疫情防控工作的公告》，规定"慈善组织为湖北省武汉市疫情防控工作募集的款物，由湖北省红十字会、湖北省慈善总会、湖北省青少年发展基金会、武汉市慈善总会、武汉市红十字会接收，除定向捐赠外，原则上服从湖北省、武汉市等地新型冠状病毒感染的肺炎防控指挥部的统一调配"。但是在疫情紧急的情况下，成千上万吨的救灾货物、上百亿的捐赠资金，单纯依靠慈善总会和这些基金会很难完成如此大量的物质和资金的有效调配。基于此，慈善事业要对慈善组织和慈善者开放。首先，这样能使救助更为直接、便利、高效；其次，慈善事业对民间开放以后，在人民群众的监督和政府的监管下，会起到优胜劣汰的作用。因此，我国应在法律上区分政府保障责任和社会志愿机制。社会志愿机制是与行政体制不同的另一种资源配置机制，它没有强制性、统一性、官僚性，而具有多元、灵活、及时、直接、细化的特点。所以，应当修订和落实慈善法中有关减免税的细则，降低慈善事业对社会组织开放的门槛，让慈善成为人们的习惯和共识。人类社会发展终究是由人推动的，良序社会需要每个善良的人的共同协作，凝聚力量，达成目标。

（四）应对疫情的经济措施

随着疫情的蔓延，经济下行的压力加剧。2020 年 3 月 26 日举行的 G20 领导人特别峰会发表声明："当前最紧迫的任务是应对疫情及其对健康、社会和经济等带来的复杂影响。"全球 G20 领导人网上特别会议要求执行财政或货币刺激政策的意见占了上风。

米尔顿·弗里德曼提出过"直升机撒钱"，其基本原理是，如果经济面临需求不足，政府应该直接多印钞票并通过直升机撒钱，人们就会捡起钱消费，名义 GDP 将增长，同时也会抬高通货膨胀和实际产出。弗里德曼所说的直升机上撒下的钱是以流通纸币形式存在的法定货币。可以通过印发货币的方式来刺激名义需求，但需要注意的是：如果印得太多，就会产生恶性通货膨胀；如果印得太少，仅能产生较小的潜在预期效应。疫情期间，一些国家和地区，如美国采取了发放消费券的方式来提振消费，刺激经济。在现代经济环境下，"直升机撒钱"的基本原理也是同样适用的。如政府可以通过电子转移支付的方式向所有公民商业银行的基本户发放一定量的货币，或者以现代电子方式印钞替代既往的财政政策或货币政策，即将新增的财政赤字进行货币化融资。这些措施将比纯粹的财政和货币政策更能刺激名义需求，且负面效应较小。威廉·布特的数理实证了财政赤字货币化的方式刺激名义经济增长的实践是切实可行的。我国政府也在研究如何适当提高财政赤字率，发行特别国债，扩大地方政府专项债券规模，引导贷款市场利率下行，保持流动性合理充裕的积极应对措施，如推行"新基建计划"等。需要注意的是应用弗里德曼"直升机撒钱"的经济政策时，要记住弗里德曼曾经说过，货币的超发对经济增长的影响是暂时的，但是对物价的影响却是长远的。

五、疫情的启示

黑格尔说过："历史有重演的特性，它会一直持续到教训被人领悟为止。"传染病一直伴随着人类发展的历程。在防范和应对传染病上，希望当下发生的历史能留下深刻教训，不要让疫情再重复上演，而使"后人复哀后人矣"。在面对极具传染性的新型冠状病毒时，举国上下一致抗疫，付出了巨大的代价。我们应该从疫情中吸取经验与教训，防止类似情况再次出现。

（一）加快健全公共卫生体系建设，完善重大疫情应急响应机制

新冠疫情是新中国成立以来传播速度最快、感染范围最广、防控难度最大的一次重大突发公共卫生事件，是一场全球性的公共卫生危机，是对我国公共卫生危机治理体系和治理能力的全面考验。新冠疫情作为重大公共卫生事件，也是完善我国公共卫生体制机制、提升公共卫生危机治理现代化能力的重大契机。首先，要明确公共卫生安全在国家安全中的功能定位，将公共卫生安全纳入国家安全体系。此次新冠疫情发生后，习近平多次谈到国家生物安全的理念，强调安全和健康是人民安定的底线，要把生物安全作为国家总体安全的重要组成部分，要从国家战略的高度认识和应对公共卫生危机治理。实际上，公共卫生安全就是通过事先的预见和事后的反应以最大限度地减少突发公共卫生事件对人民群众的伤害，并避免其对政治、经济、军事、外交和社会的冲击。因此，在疫情后我们要以国家总体安全观为引领，把公共卫生安全作为国家安全体系的重要内容，把重大疫情防控作为国家防范、化解重大风险的重要任务，把公共卫生应急管理能力作为国家治理体系和治理能力的重要组成部分。其次，公共卫生体系建设是一项公共政策，中央政府应承担主要责任，各级政府承担相应责任，

中央政府的主要作用是消除基本公共卫生服务享受的差异，提高基本公共卫生服务的公平性；省一级地方政府则应在中央政府提供基本公共卫生服务的基础上，研究设立省级标准的基本公共卫生服务，促进省内基本公共卫生服务的公平；下一级地方政府则应在上级政府所提供的公共卫生服务基础上，因地制宜地开展公共卫生服务。另外也可以通过立法的形式，规定各级政府在公共卫生方面必须承担的基本责任，在此基础上，各级政府可根据各自的情况开展公共卫生工作。最后，国家要进一步加大对公共卫生领域的投资，同时各级政府也要响应国家号召，加大对地方公共卫生基础设施的投入，提升地区的公共卫生服务能力与服务质量。

我们还要进一步完善相关法律法规和公共卫生突发事件的相应应急机制。针对可能出现的各种重大疫情，做好各个地区的人力统筹、应急预案的相互协同。做到国家统一指挥，各级政府分级负责，联合行动，高效统一，完善联防联控应急管理组织的建设，为突发公共卫生事件做好组织保障。

（二）深化医疗体系改革，坚持公立医院的主体地位

继续深化医药卫生体制改革，积极总结经验教训。要按照党和政府的要求，切实贯彻落实二十大报告提出的"促进多层次医疗保障有序衔接，完善大病保险和医疗救助制度，落实异地就医结算，建立长期护理保险制度，积极发展商业医疗保险"。同时要结合社会现状和老百姓医疗习惯，抓住主要矛盾和关键问题重点突破。首先，要扭转人们"重治轻防"的就医理念，加大卫生领域的财政投入。治未病远比治疾病容易得多，防病永远比治病划算得多。政府要加大对公共卫生领域的投入力度，做好常见病和多发病的科普宣传，倡导正确的就医理念，提高人们对疾病的预防意识，加大对公立医院的补贴力度，同时给予民营医院一定的财政补贴。其次，要合理配置医疗资源，加强医疗卫生人才培养。"看病难、看病贵"是每个国家都有的问题，究其原因还是逐年增加的病人与当前医院的医疗、人力资源不相匹配，患者人数和医务人员的总数没有实现同步增长。因此，要合理配置医疗资源，加大对公立医院和民营医院人力资源方面的投资力度，加强医院的医护人员队伍建设，不断提升医护人员的待遇，吸引更多人才。再次，要允许执业医师多点行医。不是只有公立医院才需要医学专家，民营医院更加需要。以医护人员和医疗设施固定为前提，推进医生不固定，允许执业医师在多家医院执业，弥补我国民营医院专家资源不足的劣势，实现公立医院与民营医院协同发展。最后，合理分布大型综合三甲医院，缩小地域性差别，按照市场的需求进行医疗资源在不同地区之间的配置。另外，在坚持我国公立医院主体地位的基础上，提升民营医院的社会地位。公立医院在疫情中的表现使我们更加坚定地坚持公立医院的主体地位，后疫情时代要明确公立医院的社会定位，引导公立医院回归到治病救人的定位，逐步回归公益性轨道。除此之外，国家要提升民营医院的社会地位，从合理

控制民营医院的治疗费用入手，再辅以公立医院专家的多点行医，提升民营医院的医资力量，优化民营医院的服务能力，提高民众对民营医院的信赖程度。同时，还要不断推进我国的保险报销制度和分级诊疗制度。此次疫情期间，政府第一时间给予财政补贴，免费救治患者，让患者无后顾之忧，有效地遏制了疫情在我国的蔓延。现在"看病难""看病贵"等问题，一方面是由于医疗资源不足，另一方面是因为分级诊疗体系尚未完全建立。国家应该从报销制度方面入手，对于疾病初诊、转诊等确立明确规定，引导并完善分级诊疗体系建设。鉴于此，在下一阶段，国家要完善现有的医疗保障制度，提高初诊医院的报销比例，分担公立医院的社会责任。我们要以此次疫情为契机，有计划地推进分级诊疗，满足民众多层次的健康需求，使更多的患者下沉到基层，减轻公立医院的负担。

（三）健全医疗救助体系、公立医疗机构与民间慈善组织的三方伙伴关系

如何保障低收入者有能力负担基本的医疗服务，这已经成为中国医疗保障进一步改革的一大挑战。初级医疗卫生服务的可及性日益呈现不公平态势。为了解决这一问题，仅仅依赖公立医疗机构扮演慈善性角色，或者干脆由政府兴办一些慈善医院，是难以维系的。诚然，医疗机构诱导患者过度消费医疗服务的确是推高医疗费用的一大原因，但敦促医疗机构，尤其是公立医疗机构承担应有的社会责任，为低收入者提供价格正常、乃至优惠的医疗服务，确实是提高低收入者医疗服务可及性的重要一环。事实上，在不少地方，卫生部门已经制定了相应政策，要求各类医疗机构以优惠的价格为市低保户提供医疗服务。但是，医疗机构，无论其组织性质和特征如何，并不适合行使再分配的职能，也不擅长锁定贫困者。保障低收入者有能力负担基本的医疗服务，归根结底有赖于医疗保障制度的健全。在短期内建立医疗救助制度，乃健全医疗保障制度的重要一步。在许多城市，医疗救助的试验已经行之有年。中央政府制定新的政策，鼓励各地大规模开展医疗救助试点服务，从而揭开了中国医疗救助走向制度化的新篇章。由于其试验性质，医疗救助制度在各地的发展呈现多样性。归纳起来，有两种模式普遍流行。一种是"大病救助"模式，即政府只为某些费用高的大病患者事后提供一定的救助；另一种是"综合救助"模式，即政府为低收入者支付部分门诊和住院服务费用。前一种模式秉承传统救济型的思路，覆盖面过窄，不仅对身患救助范围之外大病的低收入者不公平，而且不能帮助救助对象摆脱贫困。后一种模式则着眼于提高低收入者对初级医疗卫生服务的可及性，从而在一定程度上能提高其健康水平，提高其参与劳动力市场并摆脱贫困的能力。可以说，只要筹资水平能达到一定高度，"综合救助"模式值得推广。然而，即使是在"综合救助"模式下，如何帮助低收入者应对某些特殊大病的风险，依然是一个难题。尤其是对那些单次医疗费用并不畸高，但患者却需要不断依赖药物或者某些医疗手段的慢性病（例如糖尿病、

肾衰竭等）来说，"综合救助"模式中的门诊和住院救助似乎都无能为力，因为慢性病的控制既不需要门诊也不需要住院。实际上，对于这类病种的患者，民间慈善组织恰恰可以扮演救助者的角色。在那些民间慈善组织发达的国家，相当一部分慈善组织会锁定某些特殊病种的病人作为其服务对象。依病种提供医疗救助，可为民间慈善组织一展身手提供舞台。

可以说，政府出资建立的医疗救助制度是改善低收入者基本医疗服务可及性的最重要的制度保障，公立医疗机构应发挥社会公益性。大力发展依病种提供医疗救助的民间慈善组织，是公共医疗救助制度的必要补充。政府、医疗机构和民间组织的三方伙伴关系，将构成医疗保健安全网的经纬。

（四）构建政府简政、市场强大、社会活力的良性格局

此次疫情当中，社会组织高效、积极地应对疫情，其表现可圈可点。2020年1月23日武汉"封城"当天，武汉各大医院纷纷直接向社会发出防护物资紧缺的求助信息，社会组织继而积极行动起来。社会组织在无权威、多中心地高效运作。早在民政部发出通告之前，它们已经主动对接当地的红十字会和慈善协会，推动了医护需求、募捐物资规格要求、捐赠来源、任务归类、责任对接，以及物流信息、创建数据库和平台，由混乱到有条不紊地成规模批量调动资源。事实上，在重大疫情面前，各方很难独善其身。改革开放以前，我国奉行的是"强政府、弱市场、弱社会"的社会管理组织框架。改革开放以后，我们大力发展市场经济，形成了"政府强、强市场、强社会"的社会管理格局。在当今的社会主体多元化、利益诉求多样化、社会阶层细分化等复杂情况下，这两种模式都难以继续运行。当务之急是要从过去的社会管理向社会治理格局转变。我们现在需要的是"政府简政、市场强大、社会活力"的良性格局。

（五）转危为机，抓住机遇发展经济

疫情虽然给我国的经济发展造成了冲击，但是也带来了极大的发展机遇。在后疫情时代，我们既要看到"危"，更要看到"机"。恩格斯说："每一次历史的灾难都是以历史进步为补偿的。""危"和"机"是同一件事情的两个侧面。新冠疫情对我国经济和世界经济产生巨大冲击，使得国内市场和国际市场面临前所未有的压力。但是国内外环境的深刻变化也带来一系列新机遇，特别是这次疫情倒逼催化了新的行业和业态，可以说，谁能抓住机遇脱颖而出，谁就有望收获下一波产业转型变革的红利。首先，此次疫情暴露了我国医疗卫生产业的短板，在给我国的健康产业带来巨大挑战的同时也带来了很多发展机遇。后疫情时代，国家将大力发展制药业、中药业和医疗卫生用具制造业等在疫情中暴露问题的医疗卫生产业。其次，疫情后我国也将大力发展数字经济，提高企业的智能化水平，大力推进以5G、大数据中心、人工智能、工业

互联网等为主的新基建。

由于目前国际疫情还未得到完全有效的控制，国际市场依旧动荡不安，人民群众的消费能力受到冲击，因此政府应采取相应的措施提高群众的消费能力，同时加强基础设施建设，扩大就业，给予失业人员和农民工一定的社会补贴，切实保障民生，促进经济社会稳定发展。疫情最初在我国的蔓延使得一些国家将产业移出了我国，我国对外资的吸引力有所下降，因此我们要把积极扩大有效投资、促进传统产业改造升级、扩大战略性新兴产业投资等作为促进国内大循环的重要抓手，重新吸引国际资本对我国企业的投资。同时还要切实提高我国产业链的抗风险能力，抓住时机，实现产业升级。

历史是最好的教科书。回顾 3 年来新冠疫情防控的经验和教训，世界各国在这场危机中都付出了沉重的代价，疫情防控的道路曲折而又漫长。人们对病毒的认知是迟滞的，而疫情对社会经济的危害又充满了不确定性，因而各国政府针对疫情的应对策略、人们各自采取的防疫措施都是在摸索中不断进步的。傲慢、拖延、偏见乃人类通病。如何克服这些通病？英国哲学家罗素的话可给我们一些启示：

怀有各种各样愚蠢的见识乃是人类的通病。要想避免这种通病，并不需要超人的天才。就我所知，处理普遍存在的人类自高自大问题的唯一方法就是，要经常提醒自己，在茫茫宇宙中一个小小角落的一颗小小星球的生命史上，人类仅仅是一个短短的插曲，而且说不定宇宙中其他地方还有一些生物，它们优越于我们的程度不亚于我们优越于水母的程度。人类社会都要在每一次危机和灾难之中，汲取深刻的经验和教训。

问题与思考

1. 新冠疫情给了我们什么启示？
2. 简述各国新冠疫情防控政策的异同，并比较其效果。
3. 如何看待新冠疫情防控中政府、市场以及社会组织这三方的作用？
4. 从公共卫生经济学的角度，应如何看待下一步医疗市场的改革？

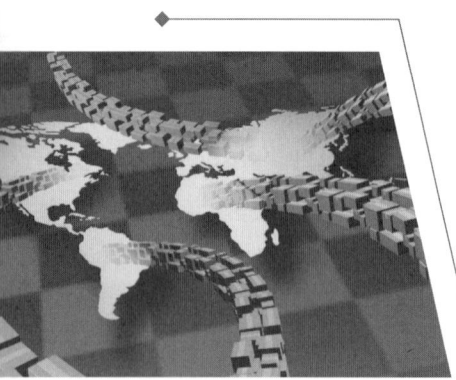

第二十章
产业经济学：
后疫情时代产业链的重整

本章概要

产业链

新冠疫情对中国产业链影响的经济学分析

后疫情时代深化中国产业链发展的若干思考

关键词

新冠疫情　产业链　劳动力人口　上下游产业

　　中国是世界上现代产业体系最为完整、门类最为齐全的国家。按照国民经济统计分类，中国制造业拥有 31 个工业大类、179 个中类和 609 个小类。2021 年中国制造业增加值 31.4 万亿元，占全球近 30%。中国已经连续 12 年保持世界第一制造业大国地位。近年来，中国正在依靠创新引领、协同发展，努力从中国制造向中国创造转变，从中国速度向中国质量转变，由制造大国向制造强国转变。然而，新冠疫情改变了人们对本国现代产业体系的认知和政策导向，以美国为首的西方发达国家逆全球化趋势明显，提出"再工业化"政策，许多国家不惜采取"断链"以重塑自身产业链。后疫情时代，我们不得不对产业链问题进行认真分析研究。

一、产业链相关理论

　　早期较为成熟的产业链理论是马歇尔的企业间分工协作理论，再往前可追溯到亚当·斯密的分工理论。关于产业链相关理论的研究成果颇丰，涉及各个学科、各个领域。

（一）产业链概念界定

产业链的概念有狭义和广义之分。狭义的产业链主要针对商品的生产制造环节，它涵盖了商品从原材料开始一直到最终产成品的各个制造阶段，是一条完整的产品生产链条。广义的产业链以狭义的产业链为出发点，在此基础上尽可能地向上下游延伸。向上主要延伸到产品设计、技术研发环节；向下主要延伸到生产完成后的销售环节，即投放到市场以后的拓展环节。国内有关产业链的界定尚未形成一个具有共识性的概念，但通过对有关文献的梳理与思考，可得知产业链是一个多维概念，主要包括价值链、企业链、供需链、空间链四个维度。

1. 价值链的概念界定

芮明杰、刘明宇从价值链角度对产业链的概念进行了分析，他们认为产业链就是一个产品或者服务的增值过程，既离不开企业内部，也离不开企业的上下游，涉及该产品或服务从生产到最终交易的所有价值增加环节。郑胜利认为产业链是产业的价值链，他指出企业作为一个在市场上存在的综合体，必须为企业内外部创造应有的价值，而创造价值的这个过程就是企业的增值活动，所有增值活动的总和共同构成企业的产业链。

2. 企业链的概念界定

陈朝隆、陈烈和金丹华主要从企业角度进行切入，主张产业链是以企业为主体，分工与协作为根本，产业联系为纽带而形成的一个庞大的组织系统。游振华、李艳军认为产业链主要指不同的企业出于自身利益最大化的考量与其他企业围绕某一产品进行横向、纵向合作从而形成的一个动态性的组织体。卜庆军、古赞歌和孙春晓也从企业的角度定义了产业链，他们指出产业链其实是一个企业共同体，处于关系链上的各个企业共同生存、互利共赢，换句话说，就是以其中某一企业主导通过利益诱导而形成某种契约，为满足顾客的需求而联合的企业共生共存体。

3. 供需链的概念界定

周路明基于供需关系阐述了产业链的内涵，他指出产业链就是以某产业的具体分工协作与供需关系为基础，并在此基础上建立起来的一种动态的系统，他将产业链分为横向的协作链和纵向的供需链。刘刚也赞成周路明的主张，认为产业链是不同产业中的部分企业以相互之间的供求关系为关系纽带连接而成的一种网络组织形式。

4. 空间链的概念界定

刘富贵和赵英才一致主张产业链是在一定的空间范围之内，某一行业内的一些企业以具体某种产品为纽带，并根据一定的逻辑和空间顺序组合而成的企业战略联盟。李心芹、李仕明从空间维度对产业链进行了定义，产业链就是在某一地域范围内，某一产业中的部分企业由于产品、资本、技术等理由而联合起来的利益共同体。

综合上述几个维度的概念，产业链是在一定的空间范围之内，以某一产业内的部分企业为主体，以产品的供需关系为纽带，建立在分工与协作的基础上，以企业增值为目的，按照一定的逻辑顺序链接而成的一种动态性的链条式关联关系形态。

（二）产业链的形成

事实上，在市场上由于逐渐细化的社会分工，完全依靠一家企业提供某种产品或者服务是不切实际的，一家企业所能向顾客提供的产品或服务的价值上限不仅受制于企业自身的综合能力，而且受该企业上下游企业的约束。越来越复杂的社会分工与市场交易使得许多企业不得不联合起来，这种联合的过程给产业链形成创造了条件。产业链建立在社会分工的基础上，并随着市场交易程度的升级不断深化。

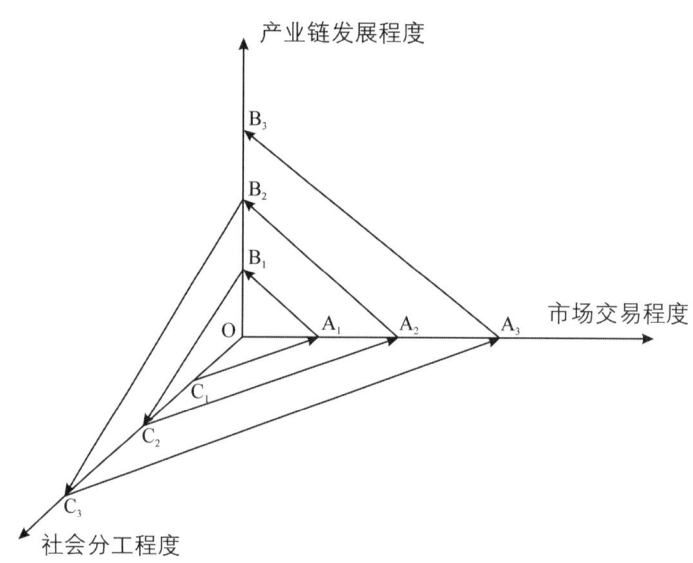

图 20-1　产业链的形成过程

如图 20-1 所示，以三条坐标轴的交点 O 为原点，该点的实际意义就是在没有社会分工，没有市场交易，也没有形成产业链时的原始状态。其中 A 表示的是市场交易程度，越靠近原点市场交易程度越低，也就是说从 A_1 到 A_3 表示的是市场交易程度的不断加深；B 表示产业链的发展程度，且 B_3 处的发展程度高于 B_2 处，B_2 处高于 B_1 处，离原点越远表示产业链发展程度越深，产业链形式越复杂化；同理，C_1、C_2 和 C_3 代表的是不同程度的社会分工，且 $C_3>C_2>C_1$。

其实，产业链的起点并不是原点 O，而是 C_1，即产业链形成的起点是社会分工。社会分工 C_1 导致了市场交易的出现，也就是 A_1 的出现，A_1 又进一步促成了 B_1 的形成。在 B_1 的作用下，需要更高程度的社会分工与之匹配，于是社会分工的程度就从 C_1 升级到了 C_2。以此类推，在 C_2 的影响之下，市场的交易程度也随之从之前的 A_1 上升到

A_2，相应地，产业链也从 B_1 发展到 B_2，如此循环往复，使得产业链在形成后不断升级优化。

二、新冠疫情对我国产业链的影响

改革开放以来，我国一直坚持"引进来"和"走出去"相结合的战略，凭借低廉的劳动力成本和广阔的消费市场，逐步成为"世界工厂"。世贸组织报告显示，在 2000—2017 年的 18 年间，全球产业链已经发生了翻天覆地的变化，中国已经成为全球产业链上不可或缺的一部分。2019 年末突发的新冠疫情虽然在短期内阻碍了我国产业链的正常运作，但很大程度上也彰显了我国在世界产业链上的重要地位，倒逼我国重构更加完整、系统的产业链。

（一）疫情对我国产业链的短期冲击

1. 疫情对供需链的冲击

我国劳动力的供给能力和成本优势是我国能够成为世界生产大国的重要原因，也是我国不断融入全球产业链的不竭动力。疫情期间影响供需链的因素包括：

第一，限制人口流动使一线工人无法返岗，供应链进行正常生产活动受阻。限制人口流动毋庸置疑是疫情防控最有效的手段，然而疫情得到有效控制的同时也使各省市的劳动力不能正常流动。根据国家统计局公布的人口数据，2020 年我国流动人口为 2.36 亿，比 2019 年末减少了 613 万人。人口流动受限使得一线生产制造工人和高层技术人员不能按时返岗，企业正常的生产和管理活动也无法正常进行，大部分企业都面临着生产现场的"少人化"甚至"无人化"，生产压力加重。

第二，交通管制及物流管制导致供应链中断或交货时间延长，影响产业链上下游生产。疫情期间，有些地区为防止疫情蔓延，施行道路交通管制和物流管制，虽然在国家的干预下有所缓解，但原材料供应、产品转运、成品转运时间较之前有所延长。上下游产业链之间无法像往常一样实现正常协作，其中一个企业的延迟复工就极有可能引发"多米诺骨牌"效应，影响整条产业链。供应的突然中断或交货时间延长会使企业无法按时生产，中间产品无法再生产，订单无法准时交付，最终导致产品无法及时进入市场流通。与此同时，我国是全球最重要的中间品出口国，疫情阻碍了我国企业恢复正常的生产经营活动，出口订单不能及时完成也影响了国际产业链的稳定。从产业链的形成过程分析，在疫情期间，受各式各样防疫措施的影响，社会分工协作受阻，进一步导致市场交易无法进行，最终结果就是无法形成完整的产业链。

第三，疫情导致医疗生产需求大幅上升，其他生产需求递延、减少甚至消失。与供应链相比，需求侧所受到的冲击更加明显，主要体现在需求增加、需求递延、需求减少和需求消失四个方面。首先，疫情的出现使人们对医用口罩、消毒液等物品需求大幅增加。其次，由于供应链受到了影响，企业的上下游不能完成有效的协作，订单无法按时交付，需求只能被迫递延。最后，对于一些大宗产品，受疫情影响，需求急剧减少，甚至一度降为零。

综合上述分析，在新冠疫情的冲击下，就我国国内而言，连接各个企业之间的关系纽带——产品供需关系受到巨大冲击，且社会分工与协作也受到防疫措施的约束无法正常进行，国内总供给和总需求在短期内均会减少，但是在疫情得到有效控制后均会逐渐恢复。

2. 疫情对价值链的冲击

产业链的形成是一个产品或者服务的增值过程。由于不同行业都有其各自的特点，疫情对不同行业在增值过程中的冲击也就各不相同。从行业特点来看，劳动密集型行业的增值受疫情冲击最为严重，如纺织服装行业。我国是全球最大的纺织服装生产国，在低端劳动密集型产业链中占据主导地位。首先，纵观此次疫情的蔓延过程，除了2020年疫情最严重的湖北以外，病例较多的省份是广东、浙江、江苏、河南、山东，其中广东、浙江、山东和江苏都是我国纺织服装的制造大省，这四个省份的出口额总和占全国纺织出口额的70%以上。疫情造成的突发性劳动力短缺，使这些省份的纺织企业无法正常进行生产制造，交通物流管制又使纺织企业的上下游无法有序配合，从商品的生产到最终交易的整个过程都困难重重，出口订单无法按时完成，商品的增值就无法实现。其次，纺织服装行业具有明显的季节性特征，春节期间本是纺织服装行业实现增值的关键时期，但是受疫情影响，旧的服装大量积压，商品的进一步增值受阻，新的服装又无法及时生产出来，导致企业无法创造新的价值。一系列的价值创造与增值活动的不畅增加了纺织服装行业产业链的断链和外迁风险。加之大部分纺织服装企业都是中小企业，抗疫情影响能力较弱，很有可能在疫情冲击下破产。

3. 疫情对企业链的冲击

从企业链的长短和复杂性这两方面来看，企业链越长、越复杂的制造业受疫情的冲击也就越大，如汽车行业。此次疫情对世界各国的汽车行业都产生了巨大的冲击。数据显示，2019年我国汽车行业的产量和销量均为世界第一。湖北省更是我国汽车制造大省，省内已经形成了以武汉、十堰和襄樊为主的"汽车走廊"，有一套较为完整的汽车生产体系。2020年初湖北汽车行业所受的冲击不容忽视。首先，由于人员和道路交通的管制，汽车零部件供应出现问题。在疫情严控阶段，汽车行业的员工不能按时返回工作岗位，工厂也不能及时恢复生产，汽车行业一度停滞。其次，受疫情的影响，我国汽车销售量也大幅下降。国家统计局相关数据显示，2020年1月和2月我国汽车的零售累计同比下滑 41%。2022 年上海疫情期间长时间的封城使我国汽车产业大面积停工，全国汽车产业链受到较大影响，汽车产业链条上的大部分相关公司股票持续下跌，这种现象一直持续到上海疫情得到控制，方有所好转。但是，疫情期间即使不生产也需要支付场地费和员工工资，这使得本就发展受阻的汽车行业雪上加霜。汽车行业由于自身企业链长且复杂的特点，即使复工复产也不能很快恢复到之前的状态，恢复周期相对较长。

4.疫情对空间链的冲击

从空间布局上来看，越是集中布局的制造业，受疫情影响的程度就越深。例如湖北不仅是我国的汽车制造大省，也是我国重要的光电行业供应大省，武汉是我国光芯片、面板、存储半导体的主要研发和制造基地。由于光电行业自身的独特性，短期内根本无法迅速找到可替代的供应商，加之电子原配件的库存不足以应对突如其来的疫情，电子行业的产业链面临中断的危险，若不能及时解决供应链的问题，将对电子产业的安全造成严重威胁。

总而言之，我国拥有较为完整的产业链，不论是在产业链的上游还是下游，各个企业之间的依存度都极强。同时政府积极出台各类政策帮助疫情下企业积极复工复产。因此，此次疫情在我国的迅速蔓延在短期内会给我国产业链带来不容小觑的冲击。随着防疫措施的落实、疫苗的接种，疫情在我国得到了有效控制，社会分工有序开展，市场交易也顺利进行，国内产业链基本上全面恢复。

（二）疫情对我国产业链在全球产业链地位的影响

新冠疫情在全球范围内的蔓延已经扰乱了正常的全球产业链，全球产业链出现自我脆断，正在进行进一步的重组与重建。

1.疫情使得全球范围内出现了产业回流的趋势

2018 年以来，美国就试图通过贸易战重塑世界产业链的布局，推动全球产业链的"去中国化"。加之疫情的迅速蔓延，多数国家和跨国公司意识到将产业集中布局于中国的做法存在较大的风险，引发了世界范围内对产业链过度依赖中国的忧虑。中国的防疫措施有效，疫情在中国得到迅速且有效的控制，在其他国家还忙于应对本国疫情的时候，中国早已成为防疫物资的主要出口国，这也引起了部分国家的忧虑，开始反思全球范围内的分工与产业链分布对他们的制约与影响。因此，在后疫情时代，各个国家都会更加重视产业链的整体安全性，出于对本国安全的考虑，一些关乎国家利益和民生需求的产业，将会出现大范围回归本土的趋势。在可预见的未来，全球范围内重要产业都将朝着回归本土的方向发展。如高端技术产业，许多发达国家为了继续维持其在计算机、芯片、通信等高附加值产业中的优势地位，已经对一部分高端产业进行了重新规划与布局。

2. 疫情使得全球产业链出现部分转移，加速推动全球产业链分散化布局

由于疫情增加了各个产业的断供风险，全球范围内的跨国公司将对其产业布局进行重新规划。虽然将产业集中在某个国家或某个区域可以集中生产、降低成本，但一旦再次遇到类似紧急事件，产业链上的任意一环受到影响，都将导致上下游乃至整个产业链的瘫痪。所以，后疫情时代，跨国公司为了降低自身风险，都主张"不把鸡蛋放在一个篮子里面"，也就不会将产业再集中布局在某个国家。本来受中美贸易摩擦的影响，许多跨国公司已经将部分产业迁出中国，新冠疫情再次提醒它们，就算不考虑中美贸易战，也不应该集中依赖某一供应商，供应多元化始终都是明智之选。目前看来，东南亚国家的劳动力成本优势日益凸显，产业链基础也在不断完善，已经初步具备了替代中国生产劳动密集型相关产品的能力，部分劳动密集型产业已经加快了向东南亚国家转移的步伐。而且这种产业链的转移开始出现向中高端产业链蔓延的趋势。如谷歌、微软等高新技术企业已经将部分生产线转移到了东南亚国家，以求分散和降低风险。但是，短期内由于产业链转移成本高，加之东南亚地区的基础设施和劳动力水平都与中国存在一定差距，所以并不会在短期内迅速撤出中国。但从长远看，低端的劳动密集型产业转移已是大势所趋。

（三）疫情对中国产业链的影响

虽然疫情对中国的产业链造成了短期冲击，但长期来看，疫情对中国产业链的影响是可控的。中国是制造大国，劳动力资源丰富，内需较大，基础设施等产业链配套能力较强，中国在后疫情时代的全球产业链上仍将保持独有的优势。

1. 劳动力资源丰富且成本较低

从产业链的形成过程来看，产业链的形成是建立在社会分工的基础之上的。我国劳动力资源丰富且成本较低，社会分工明确。面对此次突如其来的疫情，口罩的需求急剧增加。由于医疗卫生机构的物资储备不足，出现了"一罩难求"和"百元口罩"的问题。面对这一问题，国家当即采取措施，高薪召回口罩生产工人，应急审批其他企业进行口罩生产，从一开始的"一罩难求"到后来的日产量突破一亿只，再到满足国民需要的基础上援助他国，可见中国制造企业社会分工协作能力之强。基于有序的社会分工，随之而来的就是与之相匹配的市场交易程度。中国自身消费市场本就广阔，市场的交易程度较高，消费市场的规模和市场交易程度都是全球产业链布局的重要考虑因素，疫情在中国得到有效控制以后，强大的内需刺激着市场交易程度不断深化发展，完整的产业链也随即形成和发展起来。

2. 产业基础良好，供应链较为完善

中国产业基础良好，产业供应链较为完善，中国是全球唯一一个拥有所有工业门类的国家，具有全产业链优势。由于中国工业产值增速迅猛，中国制造业的产值在全

球产业链份额中的占比也在不断扩大，稳居世界产业链枢纽地位。围绕产业链形成的供需链、价值链、企业链、空间链体系均居于世界领先地位，综合优势明显。尽管此次疫情使得部分产业面临外迁的风险，但产业链的转移周期较长且产业链重塑成本较高，想要将产业链从中国转移出去需要一个复杂的过程，东南亚国家在短期内还不能完全承接中国的巨大产能。

3. 政策空间范围大，制度优势明显

新冠疫情在中国得到了有效的控制，政策空间范围较大，制度优势显著。在后疫情时代，中国推出多项减税降费等纾困惠企政策，各个部门惊人的执行力也向世界各国证明了中国具有有效应对突发性公关危机的能力，能够很好地控制疫情对于企业的冲击，保障企业有序运转，能够为世界产业链的正常运作贡献中国力量。此外，改革开放以来，中国始终坚持"引进来"和"走出去"，积极顺应经济全球化趋势，国内环境稳定。此次疫情使得部分国家纷纷采取了"中国+1"的模式，即主要生产基地放在中国，另选一国作为"备份"。但是随着疫情在全球范围内的扩散，中国的环境稳定优势会进一步彰显，外资企业的信心将日趋稳定。

总之，突如其来的新冠疫情在一定程度上冲击了中国产业链的发展，但明确有序的社会分工和较高水平的市场交易程度使得中国"世界工厂"的地位不会轻易改变，生产制造体系的日益完善、政策空间充裕和环境稳定优势日益显著也让中国产业链在未来的发展道路上更有底气。后疫情时代，中国依旧会是全球产业链布局的首选之地。

三、后疫情时代的产业链发展

新冠疫情给中国的制造业发展带来了一定负面影响，但也彰显了中国制造业的优势。此次疫情使得全球范围内的产业链重组，中国要抓住疫情带来的契机，采取相应的措施进一步促进中国制造业朝着高质量方向发展。

（一）加强公共危机管理，增强面对危机的"免疫力"

公共危机管理是对一个国家政府管控能力的考验，检验一个国家是否具有在危机来临时迅速统筹调动社会各界的资源从而化危为机的能力，它反映了一个国家在短期内的社会资源管控能力，是一个国家综合国力的重要体现。首先，要加强公共危机管理，就要完善危机预警机制，加强防控体系建设。危机预警机制是指在危机发生以前对危机进行科学预测，并做出警报的一种防御机制。在面对类似新冠疫情这种突如其来的危机时显得尤为重要。我们要设立专门的危机预警平台，做好预警、预报、预防的工作，强化政府在危机预警机制中的责任。其次，要完善应急管理长效机制，建立应急管理法律保障体系。我们要将应急管理做到常态化，做到常备不懈。在今后的危机管理中，国家务必引导各级政府做到危机管理常态化、系统化和规范化，并出台相应法律法规使危机管理走上法制化道路。最后，要做好危机后的社会保障体系建设，恢复正常的社会生产生活，保障社会民生。

（二）守住制造优势，警惕"去中国化"

此次疫情中国向世界展现了在制造业方面的优势，且这种优势将一直存在，并随着中国经济发展水平的提高而提高。相较于发达国家，中国发展制造业有着丰富的劳动力资源和广阔的消费市场，但是在自主研发和科技创新方面与发达国家还存在一定差距。因此，我们要不断加大在科技研发领域的投入，不断加大科研经费的投入力度，不断完善制造体系，完善供应链。依靠产业技术的升级与创新来实现中国产业的升级与转型。同时扩大内需，积极引导居民消费，发挥市场优势，守住中国的制造优势。还应看到，此次疫情使中国的制造业受到了一定冲击，导致部分国家将原本设在中国的企业迁出。我们要关注这种风险，扩大自身优势，吸引更多的外来投资，警惕产业"去中国化"。

（三）稳定国内产业链，积极嵌入国际产业链

产业链与国家经济发展息息相关。此次疫情冲击了中国的产业链，使得一些产业链一度陷入瘫痪。因此要关注中国产业链安全体系的建设，在面对突发情况时可以更好地实现对产业链的管理，提高中国产业链的抗风险能力。根据不同行业的发展规律，进一步优化产业链布局，营造良好的运营环境。随着疫情在全球蔓延，很多国家都实行了封锁国家、封锁城市等极端性防疫措施，许多企业停工停产，全球供应链动荡不安，原有格局被打破，世界范围内的产业链重组再造。因此中国要主动参与重组国际产业链，提高中国产业链的国际化水平，降低"掉链"风险。与此同时，通过举国上下的一致努力，中国已经实现有序复工复产，成为世界上为数不多的可以正常生产且有能力向其他国家提供医疗物资援助的国家。中小企业都应该抓住此次契机，密切关注世界范围内疫情的发展态势，时刻洞察全球产业链的断点和空缺部分，及时弥补这些空缺的部分，趁机契入全球产业链体系，争取我国的产业链从中游向中上游延伸，在整个产业链体系中掌握更大的主动权。

（四）积极培育新型产业链，抓住发展契机

虽然此次疫情给中国经济带来了很多负面影响，但也给中国许多行业带来了发展契机，我们要充分把握疫情下的潜在机遇。首先，加快培育医疗卫生产业链。中国既是制药大国，也是药物需求大国。疫情的出现使人们再一次深刻地认识到制药业的重要性。但是目前中国的制药产业还面临新型药物研发能力不足、规模化发展水平较低

的问题。疫情后，国家要加大对制药业的经费投入，提升其自主研发能力，扩大现有的发展规模。中医药业在此次抗击疫情中充当了重要角色，疫情后，国家也应采取相应措施鼓励和支持中医药业的发展。其次，大力发展数字经济，提高企业的智能化、数字化水平，维持好疫情期间涌现出的在线教育、在线办公、远程医疗等新型业态。一方面，要重视智能化生产的发展，建造智能工厂，聘请高新技术人才，提高车间智能化水平，减少生产对人力的依赖。另一方面，要更加重视远程办公和数字化管理，加快推进 5G 技术、人工智能、互联网等基础设施及相关产业链的构建。

（五）坚持对外开放，积极应对逆全球化

改革开放以来，中国始终坚持"引进来"与"走出去"相结合，以开放的胸怀接纳外来企业，以积极主动的姿态走出国门，经济发展水平有了质的飞跃，成为全球制造业大国，一跃成为"世界工厂"。事实证明，要想成为制造大国就要坚持对外开放，不断吸引外来投资，不断提升自身的竞争力。此次疫情使得全球范围内出现了逆全球化的趋势。在这种情况下，中国也要坚持对外开放，提升国际化水平，加强国际交流合作，向世界其他国家分享中国抗疫经验，积极主动地向需要帮助的国家伸出援手，构建人类命运共同体。

总之，新冠疫情无疑给全球范围内的产业链都带来了巨大的冲击。但是疫情在带来危机的同时，也孕育着新的发展机遇。就目前来说，中国应对新冠疫情的能力居于世界领先地位，这给中国产业链的发展与壮大提供了契机。我们必须主动抓住此次全球产业链重塑的发展机遇，实现中国产业链的转型升级，提升我国产业链的国际竞争力，使得中国在全球产业链中占据更为重要的地位。

📚 问题与思考

1. 简述产业链形成的过程。

2. 新冠疫情对中国产业链造成了哪些冲击？

3. 后疫情时代，中国应如何实现产业链升级？

参考文献

专著类

[1] 凯恩斯. 就业、利息与货币通论 [M]. 高鸿业，译. 北京：商务印书馆，1981.

[2] 夏普，等. 社会问题经济学：第二十版 [M]. 北京：中国人民大学出版社，2015.

[3] 张维迎. 经济学原理 [M]. 西安：西北大学出版社，2018.

[4] 里马. 经济分析史：第七版 [M]. 北京：中国人民大学出版社，2016.

[5] 曼昆. 经济学原理：微观经济学分册第七版 [M]. 梁小民，梁砾，译. 北京：北京大学出版社，2018.

[6] 任保平. 西方经济学说史 [M]. 北京：科学出版社出版，2014.

[7] 兰格. 政治经济学 [M]. 王宏昌，译. 北京：商务印书馆，2017.

[8] 诺斯. 经济史中的结构与变迁 [M]. 陈郁，罗华平，等，译. 上海：三联书店，上海人民出版社，1995.

[9] 波兰尼. 大转型：我们时代的政治与经济起源 [M]. 冯刚，刘阳，译. 杭州：浙江人民出版社，2007.

[10] 张维迎. 价格、市场与企业家 [M]. 北京：北京大学出版社，2006.

[11] 韦森. 大转型：中国改革下一步 [M]. 北京：中信出版社，2012.

[12] 林毅夫. 解读中国经济 [M]. 北京：北京大学出版社，2012.

[13] 罗新远. 企业技术创新比较研究 [M]. 西安：陕西师范大学出版社，2007.

[14] 林毅夫. 新结构经济学：反思经济发展与政策的理论框架 [M]. 北京：北京大学出版社，2012.

[15] 林毅夫. 繁荣的求索：发展中经济如何崛起 [M]. 北京大学出版社，2012.

[16] 李义平. 经济学百年：从社会主义市场经济出发的选择和评介 [M]. 北京：中国人民大学出版社，2014.

[17] 张维迎. 企业理论与中国企业改革 [M]. 北京：北京大学出版社，1999.

[18] 蔡昉，诺兰. "一带一路"手册 [M]. 北京：中国社会科学出版社，2018.

[19] 张五常. 新卖桔者言 [M]. 北京：中信出版社，2010.

[20] 海恩，等. 经济学的思维方式：第 12 版 [M]. 史晨，译. 西安：世界图书出版公司，2012.

[21] 阿玛蒂亚.贫困与饥荒.[M].北京：商务印书馆，2001.

[22] 阿玛蒂亚.以自由看待发展 [M].任赜，于真，译.北京：人民大学出版社，2002.

[23] 班纳吉，迪弗洛.贫穷的本质：我们为什么摆脱不了贫穷 [M].北京：中信出版社，2018.

[24] 伊斯特利.经济增长的迷雾 [M].姜世明，译.北京：中信出版社，2016.

[25] 亨廷顿.文明的冲突与世界秩序的重建 [M].北京：新华出版社，2018.

[26] 费孝通.乡土中国：生育制度 [M].北京：北京大学出版社，1998.

[27] 陈吉元，胡必亮.当代中国的村庄经济与村落文化 [M].太原：山西经济出版社，1996.

[28] 曹锦清.黄河边的中国 [M].上海：上海文艺出版社，2000.

[29] 罗新远.周礼村落 [M].北京：社科文献出版社，2018.

[30] 奥弗莱厄蒂.城市经济学 [M].北京：中国人民大学出版社，2015.

[31] 亨廷顿.变化社会中的政治秩序 [M].王冠华，刘为，译.上海：上海人民出版社，2015.

[32] 阿克顿.自由与权力 [M].侯健，范亚峰，译.北京：商务印务馆，2014.

[33] 何增科.新制度主义经济学到政治学 [M].北京：三联书店，1996.

[34] 克利特加德.控制腐败 [M].杨光斌，等，译.北京：中央编译出版社，1998.

[35] 魏德安.双重悖论：腐败如何影响中国的经济增长 [M].蒋宗强，译.北京：中信出版社，2014.

[36] 吴敬琏.比较 [M].北京：中信出版社，2003.

[37] 布坎南.自由、市场和国家 [M].吴良建，桑伍，译.北京：北京经济学院出版社，1988.

[38] 罗新远.西部区域经济理论探析与实证 [M].北京：知识出版社，2006.

[39] 欧文.贸易的冲突 [M].刁琳琳，陆殷莉，译.北京：中信出版社，2019.

[40] 汉密尔顿，杰伊，麦迪逊，著.联邦党人文集 [M].程逢如，等，译.北京：商务印书馆，2015.

[41] 戈德史密斯，马凯.科学的科学：技术时代的社会 [M].赵红州，蒋国华，译.北京：科学出版社，1985.

[42] 林语堂.美国的智慧 [M].刘启升，译.北京：群言出版社，2011.

[43] 奈特.经济学的真理 [M].王去非，王文玉，译.杭州：浙江大学出版社，2016.

[44] 罗素.西方哲学史：上卷 [M].何兆武，李约瑟，译.北京：商务印书馆，1963.

[45] 吉尔平.全球政治经济学：解读国际经济秩序 [M].杨宇光，杨炯，译.上海：上

海人民出版社，2006.

[46] 邓恩 . 全球政治经济学 [M]. 邓元兵，齐为群，译 . 北京：新华出版社，2015.

[47] 王正毅，张岩贵 . 国际政治经济学：理论范式与现实经验研究 [M]. 北京：商务
印书馆，2003.

[48] 卡普林斯基 . 夹缝中的全球化：贫困和不平等中的生存与发展 [M]. 顾秀林，译 . 北
京：知识产权出版社，2008.

[49] 杰克逊 . 人类网络：社会位置决定命运 [M]. 余江，译 . 北京：中信出版社，
2019.

期刊类

[1] 唐云锋，刘清杰 . 地方政府债务诱发金融风险的逻辑与路径 [J]. 社会科学战线，
2018（3）.

[2] 王海波 . 中国发展经济的基本经验 [J]. 首都经济贸易大学学报，2019（1）.

[3] 罗新远 . 中国经济持续增长的动因：基于一个简化统计指标的解释 [J]. 西北大学
学报（哲学社会科学版），2017（3）.

[4] 刘文超，李辉 . 熊彼特创新经济学视角下的供给侧结构性改革 [J]. 河北学刊，
2018（2）.

[5] 董琳 . 借鉴法国"双创"经验，推进我国"双创"事业 [J]. 全球科技经济瞭望，2017(1).

[6] 袁江天，张维 . 从企业理论看国企改革历程及未来研究方向 [J]. 广西大学学报（哲
学社会科学版），2003（5）.

[7] 周权雄 . 习近平国企改革思想的理论基础与时代价值 [J]. 探求，2017（3）.

[8] 戚聿东，张任之 . 新时代国有企业改革如何再出发：基于整体设计与路径协调的
视角 [J]. 管理世界，2019（3）.

[9] 吴强 . 西方企业理论述评与启示 [J]. 当代经济，2009（7）.

[10] 周冰洁 . 现代企业理论对我国企业改革的启示 [J]. 现代经济信息，2014（13）.

[11] 张钢 . 现代企业理论与组织创新研究 [J]. 科研管理，2001（1）.

[12] 宋政谦 . 国有企业改革的回顾与国际借鉴 [J]. 山东社会科学，2014（5）.

[13] 张维迎 . 从现代企业理论看国有企业改革 [J]. 改革，1995（1）.

[14] 沈祖炜 . 撒切尔的英国国企改革 [J]. 世纪，2016（3）.

[15] 钱鹤群 . 国有企业改革英国模式的启示 [J]. 信阳师范学院学报(哲学社会科学版），
2016（2）.

[16] 刘仕琦，段元萍 . 国企改革的国际启示：基于经济效率的角度 [J]. 改革与开放，

2016（19）.

[17] 王灏 . 淡马锡模式主要特征及其对我国国企改革的启示 [J]. 中共中央党校学报，2011（5）.

[18] 张瑜 . 海外国企改革启示 [J]. 中国金融，2018（5）.

[19] 吴敬琏 . 确立竞争政策基础性地位的关键一步 [J]. 中国价格监管与反垄断，2016（7）.

[20] 林毅夫，蔡昉，李周 . 国企改革的核心是创造竞争的环境 [J]. 改革，1995（6）.

[21] 黄速建，肖红军，王欣 . 竞争中性视域下的国有企业改革 [J]. 中国工业经济，2019（6）.

[22] 冯辉 . 竞争中立：国企改革、贸易投资新规则与国家间制度竞争 [J]，环球法律评论，2016（2）.

[23] 张世鹏 . 西欧各国的家庭社会福利政策与反贫困斗争 [J]. 当代世界社会主义问题，1995（3）.

[24] 刘永富 . 有效应对脱贫攻坚面临的困难和挑战 [J]. 智慧中国，2018（11）.

[25] 王文强 . 对历年中央一号文件的回顾与展望 [J]. 吉林农业，2018（3）.

[26] 高连水，孙嚣 . 对改革开放以来涉农中央一号文件的回顾和认识 [J]. 黑龙江粮食，2013（4）.

[27] 邓蓉 . 改革开放以来中共中央关于农业与农村一号文件回顾 [J]. 现代化农业，2019（7）.

[28] 郭庆海 . 小农户：属性、类型、经营状态及其与现代农业衔接 [J]. 农业经济问题，2018（6）.

[29] 邓曦泽 . 家庭联产承包责任制成功的原因、普遍机制及其走势：从"唯利是图"到"义利兼顾"[J]. 农业经济问题，2014（9）.

[30] 张欣彤，崔晨明，徐宁，刘春宇 . 基于路径依赖的家庭联产承包责任制研究 [J]. 农村经济与科技，2020（9）.

[31] 郭冠清 . 新中国农业农村现代化的政治经济学分析 [J]. 经济与管理评论，2020（5）.

[32] 陈锡文 . 论农业供给侧结构性改革 [J]. 中国农业大学学报（社会科学版），2017（2）.

[33] 蒋和平，杨东群 . 新中国成立 70 年来我国农业农村现代化发展成就与未来发展思路和途径 [J]. 农业现代化研究，2019（5）.

[34] 郭爱民 . 从英国农业现代化的历程看中国入世后农村土地问题的走向 [J]. 安徽史学，2003（6）.

[35] 郭白晋 . 试论印度绿色革命和农业现代化 [J]. 北方论丛，2015（6）.

[36] 孔祥智，穆娜娜 . 实现小农户与现代农业发展的有机衔接 [J]. 农村经济，2018（2）.

[37] 贾迎亚，臧高峰，任保平. 中国小农经济现代化的路径思考 [J]. 中国集体经济，2011（21）.

[38] 高长武."农村绝不能成为荒芜的农村、留守的农村、记忆中的故园"：从习近平同志对农村的担忧和期望说开去 [J]. 党的文献，2014（3）.

[39] 佟家栋，盛斌，蒋殿春，等. 新冠肺炎疫情冲击下的全球经济与对中国的挑战 [J]. 国际经济评论，2020（3）.

[40] 于敏，杨波，李丹青，等. 新冠肺炎疫情对中小企业的影响及对策研究 [J]. 财会月刊，2020（12）.

[41] 刘安长."新冠"疫情对我国的经济冲击及财政的对冲政策："非典"疫情下的对比分析 [J]. 兰州学刊，2020（4）.

[42] 李银河. 论村落文化 [J]. 中国社会科学，1993（5）.

[43] 贺雪峰，田舒彦. 资源下乡背景下城乡基层治理的四个命题 [J]. 社会科学研究，2020（6）.

[44] 张新文，张国磊. 社会主要矛盾转化、乡村治理转型与乡村振兴 [J]. 西北农林科技大学学报（社会科学版），2018（3）.

[45] 王德军，征玉韦. 乡村振兴战略下乡村文化建设研究 [J]. 甘肃农业，2021（3）.

[46] 项继权，刘开创. 城镇化背景下中国乡村治理的转型与发展 [J]. 华中师范大学学报（人文社会科学版），2019（2）.

[47] 王智勇. 特大城市人口调控的再思考 [J]. 北京工业大学学报（社会科学版），2019（2）.

[48] 贾若祥. 中国城镇化发展40年：从高速度到高质量 [J]. 中国发展观察，2018（24）.

[49] 梁蕴兮. 中国城镇化发展历程、问题及趋势分析 [J]. 经济视角（上），2013（10）.

[50] 傅雯娟. 城镇化战略与城建投融资体制改革 [J]. 城市发展研究，2002（4）.

[51] 曲铁华，王美. 民国时期高等教育政策的历史演进及特点探析 [J]. 现代大学教育，2013（4）.

[52] 汪华，孙霄兵. 中国高等教育70年：成就与政策 [J]. 中国高等教育，2019（12）.

[53] 马玉林. 布坎南的正义观及其困境 [J]. 科学经济社会，2014（2）.

[54] 张莹莹. 论教育福利的分配正义：罗尔斯正义论的启示 [J]. 国际公关，2019（5）.

[55] 康宇. 当代中国社会教育公平的理论探析 [J]. 兰州学刊，2006（8）.

[56] 吴愈晓，杜思佳. 改革开放四十年来的中国高等教育发展 [J]. 社会发展研究，2018（2）.

[57] 杨月斌，陈国坤. 商业贿赂犯罪态势及其惩防体系构建：以江苏为例 [J]. 廉政文化研究，2013（2）.

[58] 罗新远. 解读中国"特色腐败"的"双重悖论"[J]. 廉政瞭望（上半月），2018（1）.

[59] 刘伟. 经济新常态与供给侧结构性改革 [J]. 管理世界，2016（7）.

[60] 冯志峰. 供给侧结构性改革的理论逻辑与实践路径 [J]. 经济问题，2016（2）.

[61] 文建东，宋斌. 供给侧结构性改革：经济发展的必然选择 [J]. 新疆师范大学学报（哲学社会科学版），2016（2）.

[62] 洪银兴. 准确认识供给侧结构性改革的目标和任务 [J]. 中国工业经济，2016（6）.

[63] 张海洪. 突发公共卫生事件相关研究的伦理思考：基于新冠病毒肺炎疫情防控的思考 [J]. 中国医学伦理学，2020（4）.

[64] 李玲. 中国医改十年，回顾和展望 [J]. 中国县域卫生，2019（4）.

[65] 中国疾病预防控制中心新型冠状病毒肺炎应急响应机制流行病学组. 新型冠状病毒肺炎流行病学特征分析 [J]. 中华流行病学杂志，2020（2）.

[66] 李荷. 灾难中的转变：黑死病对欧洲文化的影响 [J]. 中国人民大学学报，2004（1）.

[67] 杜家骥. 清初天花对行政的影响及清王朝的相应措施 [J]. 求是学刊，2004（6）.

[68] 曾祥兴，李康生. 流感百年：20 世纪流感大流行的回顾与启示 [J]. 医学与社会，2010（11）.

[69] 阿丽塔，许培扬，田玲，张玢，刘晓婷. 基于文献的 1918 年西班牙流感中国疫情分析 [J]. 医学信息杂志，2010（1）.

[70] 芮明杰，刘明宇. 产业链整合理论述评 [J]. 产业经济研究，2006（3）.

[71] 郑胜利. 产业链的全球延展与我国地区产业发展分析 [J]. 当代经济科学，2005（1）.

[72] 陈朝隆，陈烈，金丹华. 区域产业链形成与演变的实证研究：以中山市小榄镇为例 [J]. 经济地理，2007（1）.

[73] 游振华，李艳军. 产业链概念及其形成动力因素浅析 [J]. 华东经济管理，2011（1）.

[74] 卜庆军，古赞歌，孙春晓. 基于企业核心竞争力的产业链整合模式研究 [J]. 企业经济，2006（2）.

[75] 周路明. 关注高科技"产业链"[J]. 深圳特区科技，2001（6）.

[76] 刘刚. 基于产业链的知识转移与创新结构研究 [J]. 商业经济与管理，2005（11）.

[77] 刘贵富，赵英才. 产业链：内涵、特性及其表现形式 [J]. 财经理论与实践，2006（3）.

[78] 李心芹，李仕明，兰永. 产业链结构类型研究 [J]. 电子科技大学学报（社会科学版），2004（4）.

[79] 赵昌文. 疫情对经济的影响是机遇和挑战并存 [J]. 中国品牌，2020（5）.

[80] 邹润芳. 疫后中国制造业的机会与方向 [J]. 中国工业和信息化，2020（3）.

[81] 洪卫. 疫情冲击对制造业供应链的影响分析及"后疫情时代"的政策取向 [J]. 西

南金融，2020（6）.

[82] 张诗雨 . 疫后我国将加速迈向制造业强国 [J]. 中国发展观察，2020（Z5）.

[83] 兰兰 . "链"中寻机 [J]. 中国服饰，2020（5）.

[84] 祝哲，彭宗超 . 突发公共卫生事件中的政府角色厘定：挑战和对策 [J]. 东南学术，2020（2）.

[85] 张国清 . 公共危机管理和政府责任： 以 SARS 疫情治理为例 [J]. 管理世界，2003（12）.

论文类

[1] 雷伟伟 . 中国国有企业改革回顾和问题探讨 [D]. 北京：首都经济贸易大学，2011.

[2] 仇荀 . 马克思主义贫困理论及当代中国贫困治理实践研究 [D]. 长春：吉林大学，2016.

[3] 王艳 . 中国牧区扶贫开发问题研究 [D]. 长春：吉林大学，2014.

[4] 梁霄 . 十六大以来中国共产党反贫困实践研究 [D]. 南宁：广西大学，2014.

报纸类

[1] 李义平 . 市场经济并非只有一种模式 [N]. 人民日报，2019-07-09（9）.

[2] 蔡昉 . 中国发展蕴含的工业化规律 [N]. 人民日报，2019-08-28（8）.

[3] 中华人民共和国国务院新闻办公室 . 中国的减贫行动与人权进步 [N]. 人民日报海外版，2016-10-18（5）.

[4] 熊玠 . 传统文化是独特战略资源：《习近平时代》选载 [N]. 学习时报，2016-06-16.

[5] 国家发展和改革委员会主任徐绍史 . 坚定不移走中国特色新型城镇化道路 [N]. 人民日报，2014-03-17（12）.

[6] 黄晋鸿，刘晴 . 人才生态系统作用凸显区域人才共享或成趋势："十四五"时期我国人才竞争前瞻报告 [N]. 光明日报，2020-12-21（16）.

[7] 习近平 . 把思想政治工作贯穿教育教学全过程 开创我国高等教育事业发展新局面 [N]. 人民日报，2016-12-09.

[8] 杨飒 . 2020 年全国教育事业统计主要结果发布 [N]. 光明日报，2021-03-02（3）.

[9] 王生升 . 在历史坐标中解析中美经贸摩擦的真相 [N]. 光明日报，2019-06-20（13）.

[10] 叶初升，唐晶星 . 发展经济学视野中的中美经贸摩擦 [N]. 光明日报（理论版），2018-10-16（15）.

[11] 卫兴华 . 澄清供给侧结构性改革的几个认识误区 [N]. 人民日报，2016-04-20.

[12] 王东京 . 供给侧结构性改革对经济学的创新性贡献 [N]. 光明日报，2019-12-03（16）.

[13] 王一鸣 . 加大政策力度助力制造业脱困 [N]. 经济参考报，2020-03-31（7）.

[14] 周子勋 . 疫情不会改变中国制造业长期存在的比较优势 [N]. 中国经济时报，2020-04-07（4）.

后记 HOU JI

危机中孕育着生机和生命

　　为经济类和管理类学生开设一门反映当代中国社会问题的经济学课程，这一想法最初来自我和张荣刚教授。我们最初的想法是帮助经济学和公共管理学交叉学科专业的研究生，使他们将自己所学的经济学、管理学方面的专业知识运用到分析中国当代的社会经济实践问题上，于是"当代中国社会问题经济学"这门课应运而生。最初这门课程由我和张荣刚教授主讲，后来尚海洋教授加入了我们的团队。由于这门课程的理论性、实践性、政策性和时效性比较强，因而深受学生喜爱，这门课程也成为西北政法大学研究生院的精品课程。而本书脱胎于该门课程的讲义。陆陆续续，我用了近六年时间，最终将其整理成书。在本书即将付梓之际，闫亚林、李晓宁和段坪利三位教授也加入这门课程的讲授当中，这门课程的师资阵容得以空前壮大。

　　几年来，为了提高这门课程的理论性、政策性和实践性，我经常与政府研究部门的朋友们见面"切磋"，并关注当前党和政府以及人民群众最关心的热点和难点社会经济问题。在本书写作与相关课程讲授的过程当中，先后得到了中共陕西省委政策研究室主任郑梦熊研究员、陕西省人民政府政策研究室主任杨三省教授、陕西省政协副主席李忠民教授、陕西省统计局统计研究所所长郭秦川研究员，陕西省社会科学院副院长王建康研究员等朋友和领导的大力支持和帮助，在此深表感谢！

　　回想开设并讲授"当代中国社会问题经济学"六七年来的往事，事非经过不知难。由于这门课程内容庞杂，讲的大多是当前最新的社会经济热点难点问题，时讲时新就显得非常必要。在上课时，每当看到同学们奋笔疾书、辛苦地抄写笔记，我都有一种深深的内疚感。因此暗下决心，一定要为同学们编写一本这门课程的讲义。但真正开始做这件工作时，却发现问题和困难接踵而来。尤其是当代中国面临百年未有之大变局，许多新问题或新情况需要理论界做出系统的阐释和解答，而这些新的概念、现象往往又支离破碎，缺乏系统的关于某一具体事件或者问题的完整研究成果。因此编写工作总是断断续续。在头一两年，面对这样一门全新的课程，为讲好这门课，我不敢有丝毫懈怠，几乎将所有空余时间都用来查找资料、修改课件。我还尝试将对部分章节的点滴体会心得撰写成论文，带去参加相关的学术会议，与同行切磋交流，并诚恳地向他们请教。关于大多章节专题，我发表了一些论文，以固化已有的思考心得。更重要的是，通过发表论文和面对面的学术交流，我收到了编辑和同行的各种建议，这使我的思维和认识得到进一步完善和提高，许多编辑和同行成为帮助我改进提升的良师益友，我也有幸成为一些杂志的审稿人。几年来，虽然工作岗位几经变动，但我的学术情怀和教育情结始终如一，为上好这门课不断地积累、默默地耕耘。但是由于编写工作繁重，加之行政事务缠身，在开始的几年，编写工作进展非常缓慢。

2020年（庚子年）新冠疫情突然暴发。因为疫情防控，所有人都要居家隔离办公，这反而为我腾出了大把的时间用于写作。我利用居家隔离的几个月时间，努力将课堂内容转化成文字稿。面对编写工作的内容更新和浩繁的工作量，在编写的过程中，我难免力不从心。转眼间，2020新学年的第一学期又要结束了，大家一直在期待着这本讲义，我只能勉力而为，将一本征求意见稿呈现给大家，希望广泛听取大家的意见和建议。疫情反反复复，此起彼伏，一晃两年时间马上又要过去了。整天工作忙忙碌碌，我甚至有过放弃的念头。

2021年与2022年新春交替之际，我所在的西安市因疫情而采取全城封闭静态管理措施。为了缓解学生的精神和生活压力，大家煞费苦心。疫情期间，我应邀为同学们开设了"学一点经济学"的课程讲座，将当时尚未出版的本书中的六章内容分享给西安培华学院的同学。令我意想不到的是，这些讲座受到了西安培华学院师生的广泛好评。同事看到我手中《当代社会经济学》的征求意见稿，纷纷鼓励我尽快付梓。在同事的不断鼓励和鞭策下，我终于"重操旧业"，对原来的征求意见稿进行了较大的补充和完善，对部分章节进行了较大幅度的修改，并新增了许多内容。

近年来，西安培华学院的办学规模和水平稳步提升，在校学生学业进步巨大，综合素质显著提高。相关专业学生已远远不满足于经济学理论的学习，需要培养他们运用理论分析解决实际问题的能力。2022年7月，西安培华学院教务管理委员会决定开设"当代社会经济学"这门课程并资助出版这本教材。在此我对西安培华学院的姜波理事长和全体同仁表示衷心的感谢！没有他们的鼓励、支持和资助，这本教材也许还会一拖再拖，甚至可能没有面世的机会。

　　危机中孕育着生机和生命。转瞬之间，新冠疫情已经持续三年。可以说，新冠疫情催生和孕育了这本书。在本书初稿征求意见期间，我收到了许多师生朋友的热忱反馈。特别要感谢西北大学徐璋勇和茹少锋两位教授，在本书创作之初他们提出了许多宝贵意见和建议。在本书的编写过程中，我经常讨教于北京大学的张维迎教授、中国人民大学的李义平教授和全国社保基金理事会副理事长王忠民教授。由于师出同门，他们三位不吝赐教，使我获益良多。另外，我要感谢西北大学出版社的马来社长以及我的学生，他们的期待、鞭策和鼓励，使我终于完成了多年的夙愿。在此书稿付梓之际，我要对为本书的创作给予支持和帮助的朋友以及为本书出版付出努力的同仁表示衷心的感谢！没有大家的关心、支持和鼓励，完成这样一个浩大的工程显然是不可能的。

　　由于公务繁忙，时间紧迫，加之自己水平有限，错误在所难免，敬请广大读者批评指正！

二〇二二年十月三十日